科学领导
推进发展方式转变

◆主　编　袁　准　程绍光
◆副主编　陈明文　唐琦玉
　　　　　缪炳堃　冷福榜

湖南师范大学出版社

图书在版编目（CIP）数据

科学领导推进发展方式转变／袁准，程绍光主编．—长沙：湖南师范大学
出版社，2011.6
ISBN 978 - 7 - 5648 - 0450 - 3

Ⅰ.①科…　Ⅱ.①袁…②程…　Ⅲ.①领导学—研究　Ⅳ.①C933

中国版本图书馆 CIP 数据核字（2011）第 087959 号

科学领导推进发展方式转变

袁　准　程绍光　主编

◇责任编辑：徐江涛　何海龙
◇责任校对：欧继花
◇出版发行：湖南师范大学出版社
　　　　　　地址／长沙市岳麓山　邮编／410081
　　　　　　电话/0731.88853867　88872751　传真/0731.88872636
　　　　　　网址/http://press.hunnu.edu.cn
◇经销：湖南省新华书店
◇印刷：国防科技大学印刷厂

◇开本：787×1092　1/16
◇印张：26
◇字数：471 千字
◇版次：2011 年 6 月第 1 版第 1 次印刷
◇书号：ISBN 978 - 7 - 5648 - 0450 - 3
◇定价：58.00 元

▲2010年11月15日，湖南省领导科学学会2010年理论研讨会在株洲隆重举行

▲湖南省人大常委会原副主任、学会会长
罗海藩作主题报告

▲湖南省人大常委会原副主任、学会原会长
赵培义出席会议

▲中共湖南省委组织部常务副部长、学会常务副会长
武吉海致开幕词

▲中共株洲市委书记陈君文致欢迎词并作大会发言

▲中共湖南省委党校原常务副校长、学会原副会长
周永生出席会议

▲湖南省社科联巡视员刘宏讲话

▲中共湖南省委党校湖南行政学院
常务副校（院）长、学会副会长徐晨光主持会议

▲湖南省人大农业委员会原主任、学会副会长
傅学俭出席会议

▲湖南师范大学校长、学会副会长
刘湘溶出席会议

▲湖南省司法厅厅长、党组书记，
学会副会长夏国佳出席会议

▲中共株洲市委常委、市委组织部部长
程绍光出席会议

▲中共湖南省委党校湖南行政学院副校（院）长、
学会副会长兼秘书长袁准宣读获奖论文名单

▲颁奖现场一

▲颁奖现场二

▲会议代表专题发言

▲会议代表专题发言

▲与会人员参观一

▲与会人员参观二

▲与会人员参观三

▲与会人员参观四

▲与会人员合影

努力提升转变经济发展方式的领导能力
（代序一）

罗海藩

加快经济发展方式转变是党中央面对国际国内新形势作出的一个重大战略部署，是当前全党必须努力实现的战略任务。我们学会今年以"提升领导科学能力，加快经济发展方式转变"为主题组织领导干部和专家学者共同研究这一重大课题，就是想集中大家的智慧和力量，以求在一些基本的问题上达成共识，推动湖南经济社会又好又快发展。

一、转变经济发展方式是新形势下的重大战略部署

在当前突出强调加快经济发展方式转变，是因为：

转变经济发展方式体现了对经济发展规律认识的不断深化。"十六大"以来，基于改革的伟大实践，党对我国经济发展规律的认识取得了新的重大进展，最终形成了用于指导我国社会主义建设的科学发展观。与此相适应，"十七大"明确提出了以转变经济增长方式到转变经济发展方式为内容的进一步转变我国国民经济发展方式的重要方针。这是我国经济发展方式的第二次历史性转变，其实质在于提高经济发展的质量：即主要通过科技进步和创新，在优化结构、提高效益和降低能耗、保护环境的基础上，实现包括速度质量效益相协调、投资消费出口相协调、人口资源环境相协调、经济发展和社会发展相协调在内的全面协调，真正做到又好又快的发展。

转变经济发展方式是贯彻落实科学发展观的内在要求。只有加快转变经济发展方式，才能适应全球需求结构的重大变化，有效应对日益激烈的市场竞争和日益突出的资源环境约束，不断提高经济发展的质量和效益，从而实现经济社会又好又快发展。只有加快转变经济发展方式，大力提高自主创新能力，推动产业结构优化升级，才能在国际经济技术竞争中赢得主动、抢占先机，从而为全面提升科学发展实力夯实物质基础。只有加快转变经济发展方式，加快发展社会事业，合理调整国民收入分配结构，才能更好地满足人民群众日益增长的物质文化需要，促使经济增长、分配合理、社会和谐形成良性互动局面，等等。可见，转变经济发展方式是贯彻落实科学发展观的内在要求。

转变经济发展方式是抢抓历史性发展机遇的战略决策。能否敏锐发现机遇、勇于抓住机遇，是对我们执政水平和执政能力的重要检验。正是准确把握世界发展趋势，充分利用国际环境提供的有利契机，中央把转变经济发展方式，作为推动我国经济社会发展的重要战略部署。我们只有因势利导，树立紧跟时代潮流的世界眼光，抓住机遇发展自己，在世界大势中争取发展的主动权，才能够乘势而上、顺风而行。当前，就是要抓住和用好发展的重要战略机遇期，加快推进经济发展方式转变，在新的思想高度上形成深化改革开放的共识，确立起符合科学发展观要求的思想观念、方式方法、体制机制。

转变经济发展方式符合当今世界经济转型的总体趋势。历史经验表明，每一次大的经济金融危机都是一次大洗牌的过程，都会引发经济结构的深刻调整。谁能在这轮经济变革浪潮中赢得先机，谁就将会在下一轮的国际竞争占据主动。当前，许多国家都在为"后危机时代"的经济发展做准备，纷纷推出以发展新兴产业为重点的新发展战略，美国推出"绿色新政"，日本提出"绿色经济和社会变革"方案，欧盟提出能源气候一揽子计划。如果我们仍然停留在原有的经济结构和发展模式上，就会在未来的国际经济竞争中陷入被动。进入回升向好的"后危机时代"，抓住机遇，瞄准发展中的深层次矛盾，转变发展方式，推进经济结构战略性调整，已成为当前我省经济建设的当务之急。

二、转变经济发展方式迫切需要提升领导能力

加快经济发展方式转变是在我国经济社会处于又好又快发展阶段的关键时期进行的一次深度变革，具有十分重要的现实意义与战略价值。

国际竞争的加剧要求提升领导能力。当前，全球经济格局正在分化重构，许多西方发达国家都在通过积极推动科技创新和经济转型，发展以低消耗、低污染、高效率为特征的"绿色经济"，使自身能尽快地走出危机阴影，赢得竞争新优势，努力抢占未来经济发展的制高点。例如美国强调把发展新能源作为推动经济复苏的关键，欧盟投入巨资发展绿色经济，日本重点开发能源和环境技术。在其他国家加快经济发展方式转变的背景下，本身就不具备科技优势、甚至是有一定差距的我国，国际竞争压力日益严峻。如果我们各级领导干部不痛下决心，通过积极学习，进一步提高改善经济发展质量的能力，进一步增强抵御国际市场风险能力，进一步提升后发赶超的能力，进一步提高在国际事务中的话语权和影响力，错失的不仅是地方发展进步，耽误的是国家民族发展的机遇。

确保经济持续发展要求提升领导能力。近几年来，在省委省政府的正确领导下，湖南经济社会发展进入快车道，经济总量已跃居全国第十位，人民生活显著改善。但是在传统的经济发展方式背景下，过于强调对GDP的崇拜，使得我们的经济增长资源消耗过大、环境污染严重。高投入、高消耗、高污染、低水平、低效益的"三高两低"情况成为一个普遍现象。实际情况表明，传统的依靠物质投入和外延扩张的经济发展方式已难以为继。我们各级领导干部要化解传统经济发展方式带来的困局，就必须提升确保经济持续发展的领导能力，加快经济发展方式转变，从而保持经济长期平稳较快发展，顺利实现全面建设小康社会、加快推进社会主义现代化的目标。

维护社会和谐稳定要求提升领导能力。我们所要建设的社会主义和谐社会，应该是民主法治、公平正义、诚信友爱、充满活力、安定有序、人与自然和谐相处的社会，其中特别强调人与自然和谐相处，要达到生产发展、生活富裕、生态良好的状态。但传统的经济发展方式给环境带来了严重的污染，对群众生产生活、身体健康与财产安全造成了较严重的危害，已逐渐成为近些年影响社会稳定的重要因素。特别是居民的收入增速与GDP增速比例不相协调，人民群众认为对经济发展成果享受不够，公平感与认同感不强。当前在我省一些地方群体性事件时有发生，影响社会和谐稳定，必须引起我们的高度重视。各级领导干部必须按照建设社会主义和谐社会的要求提升自身领导能力，切实提高老百姓的生活质量和幸福指数。

三、在转变经济发展方式中突出提升三种能力

提升转变经济发展方式的领导能力，我们必须选好着力点、选准突破口。胡锦涛同志系统提出了我国加快经济发展方式转变的总体战略布局，明确了工作中的八个重点，集中而言，就是要求各级领导干部

要重视调整经济产业结构、协调社会发展、加强自主发展与对外交流三个方面能力的提升。

1. 调整经济产业结构方面

第一，必须具备加快推进经济结构调整的能力。把调整经济结构作为转变经济发展方式的战略重点，按照优化需求结构、供给结构、要素投入结构的方向和基本要求，加快调整国民收入分配结构，加快调整城乡结构，加快推进城镇化，加快调整区域经济结构和国土开发空间结构，既着眼于化解过去积累的矛盾和问题，又为经济不断迈上新台阶、长期保持平稳较快发展创造条件。

第二，必须具备全面提升产业技术水平的能力。加快推进产业结构调整，适应需求结构变化趋势，完善现代产业体系，加快推进传统产业技术改造，加快发展战略性新兴产业，加快发展服务业，促进三次产业在更高水平上协同发展，全面提升产业技术水平和国际竞争力。

第三，必须具备加快推进农业发展方式转变的能力。按照湖南的实际，坚持走特色农业现代化道路，加快构建粮食安全保障体系，加快构建现代农业产业体系，加快推进农业科技创新，加快推进农业经营体制机制创新，大幅提高农业综合生产能力，大幅降低农业生产经营成本，大幅增强农业可持续发展能力，全面提高农业现代化水平，扎实推进社会主义新农村建设。

2. 协调社会发展方面

第一，必须具备大力推进资源节约型社会建设的能力。必须承认，能源和其他重要资源的约束压力在日益加大：湖南是一个内陆省份，缺煤少电，无油无"气"。只有加快建立资源节约型技术体系和生产体系，促进绿色经济、循环经济、低碳经济发展，才能更好地推动我省走上生产发展、生活富裕、生态良好的文明发展道路。

第二，必须具备大力推进环境友好型社会建设的能力。当前，一方面随着经济规模的扩大，排放也相应地增大；另一方面，人民收入和生活水平的提高，人们对环境污染的容忍度降低。必须加快推进节能减排，加快环境综合治理，不断维护和提升环境的承载能力，只有这样，才能不断满足人民群众生活水平提高后对环境质量的新要求。

第三，必须具备大力推进人口均衡型社会建设的能力。人口与资源环境是相互联系、相互影响的有机统一体。必须紧紧围绕改善民生、富国强民，加快推进人口与经济社会的协调发展，针对社会发展和民生领域的突出问题，大力推进以改善民生为重点的社会建设，千方百计扩大就业，加快推进农民工市民化，加快社会保障体系建设，加快发展面向民生的公益性社会服务，更好推进经济社会协调发展。

3. 加快实施"走出去"战略

由于历史和区域的多种原因，湖南经济社会发展内陆性特征十分明显，一、二、三产业结构很不合理。在 2008 年金融危机后，沿海发达省份一些落后产能向内地转移，如果不加以注意，很可能对我省经济发展造成负面影响。所以转变发展方式，我们必须立足湖南实际，注重自主创新，加快提高自主创新能力，加快科技成果向现实生产力转化，加快实施"走出去"战略，不断提高我省开放型经济水平。

四、提高转变经济发展方式领导能力的途径

1. 用科学的发展观和正确的政绩观武装各级领导干部

科学发展观是坚持以人为本，全面、协调、可持续的发展观。以人为本，就是要把人民的利益作为一切工作的出发点和落脚点，不断满足人们的多方面需求和促进人的全面发展；可持续，就是要统筹人与自然和谐发展，处理好经济建设、人口增长与资源利用、生态环境保护的关系，推动整个社会走上生产发展、生活富裕、生态良好的文明发展道路。实践表明，对科学发展观理解得愈深刻，贯彻落实的行动就愈自觉、愈坚定。各级领导干部要高度重视、认真抓好科学发展观的学习，坚持深入持久地学，全面系统地学，真正学深学透、学懂弄通。要把学习科学发展观与转变经济发展方式等一系列重大战略思想结合起来。通过学习，各级领导干部要不断加深对科学发展观的认识和理解，全面掌握科学发展观的精神实质、深刻内涵和基本要求，切实把思想和行动统一到科学发展观的要求上来，不断增强贯彻落实科学发展观的自觉性和坚定性，坚持以科学发展观统领全局，推动经济发展方式的转变。

要树立和落实正确政绩观，以正确的观点和态度看待政绩，积极创造经得起实践、群众和历史检验的政绩。近年来，一些领导班子和领导干部在政绩观上出现了一些偏差，尤为突出和严重的是，有的地方政府唯 GDP 马首是瞻，把 GDP 的增长作为评价政绩的唯一标准，忽视了经济、社会的全面、协调、可持续发展。各级领导干部必须根据本地区经济社会发展实际，合理确定发展的目标和思路，正确选择发展的模式和道路，科学制定发展的规划和措施。要坚持人民群众是历史创造者的观点，坚持以人为本，坚持发展依靠人民，发展为了人民，发展的成果由人民共享。

2. 切实加强各级领导干部对转变经济发展方式规律的学习

经济发展方式的规律对于我们认清经济发展方式的内涵、把握经济发展的方向、掌握经济发展的脉络具有重要作用。因此，各级领导干部必须加强对于经济发展方式转变规律的学习。

各级领导干部学习转变经济发展规律的基本途径，一是通过学习系统掌握和正确运用于经济社会领域的科学理论和知识。例如学习现代经济知识，努力把握社会主义市场经济的内在要求、运行特点和基本规则，了解各种调控手段的特点、原理和功能，提高驾驭市场经济的能力。二是充分发挥科学技术在推动经济发展方式转变中的作用。这就要求认真学习科技知识，了解最新科技成果及其产业化前景，把握其对经济发展方式转变可能产生的深刻影响，科学确定自主创新和产业结构调整的主攻方向，提高推进自主创新的领导能力。三是贯彻依法治国方略，坚持依法转变经济发展方式。这就要求认真学习法律知识，强化法治意识，规范从政行为，提高依法指导经济发展的能力。

3. 各级领导干部在实践中实现能力的不断积累与提高

实践是能力形成和提升的试验田，是知识转化为能力的根本途径。湖南省第九次党代会以来，在省委省政府的正确领导下，各级领导干部积极投身转变经济发展方式的实践，已经取得了巨大的成绩。要坚持对实践经验进行及时总结，上升到理性，同时也要注意分析总结工作中的失误和教训。不断把实践中探索的成功经验和行之有效的工作方法积累起来、坚持下去，做到边实践边总结边提高，围绕中央制定的"十二五"规划的宏伟目标，发奋进取，勇往直前，为推动湖南经济社会又好又快发展作出我们应有的贡献。

（作者系湖南省人大常委会原副主任、湖南省领导科学学会会长）

提高科学领导能力　推进"四化两型"建设
（代序二）

陈君文

　　科学发展，关键在科学领导。加快转变发展方式，推进"四化两型"建设，提升科学领导能力至关重要。领导能力强，发展才会好；用人风清气正，发展才会风生水起。近年来，我们认真贯彻省委、省政府"四化两型"战略部署，紧扣转方式、促"两型"这条主线，切实提升科学领导能力，全市呈现经济发展来势喜人、转变方式态势强劲、社会和谐趋势向好的良好局面。2009 年提前一年实现"十一五"规划的主要目标。2010 年 1—10 月，实现经济总量、投资总额、消费总额、财政收入、城乡居民收入"五个大幅增长"。GDP 增长15.6%，全社会固定资产投资增长 40.1%，全社会消费品零售总额增长 18.8%，财政总收入增长 33%，城乡居民人均收入分别增长12.6% 和 16.6%。实践中，我们体会到，提高科学领导能力，关键在提升"五力"。

一、着力提升决策力

　　决策力是领导者的第一能力。决策是否正确，直接影响一方发展，决定事业成败。

　　坚持科学决策。紧扣发展第一要务，牢牢把握事关全局、事关长远、事关百姓的大事，进行科学谋划。这几年，我们通过科学论证，在发展定位上，确立了"以现代工业文明为特征的生态宜居城市"的定位，强调工业特征，强调现代文明，强调生态宜居。在发展重心上，突出推进新型城市化，开展"四创四化"（创建国家卫生城市、国家交通管理模范城市、国家环保模范城市、全国文明城市，实施城市绿化、美化、亮化和数字化），牢固树立"抓城市就是从战略上抓发展，就是抢占发展制高点"的理念。在发展支撑上，大力发展优势产业，切实打好"三五牌"：抓"5115"工程，培育 5 个年销售收入过100亿、10个过50亿的大企业；抓"5大百亿项目"，建设神农城、湘江风光带、华强文化产业基地、职教城、美旗物流园；抓"5大千亿产业集群"，打造轨道交通、汽车、航空航天、服饰、陶瓷千亿产业集群。正因为决策科学，思路对头，株洲的发展速度才越来越快，发展质量越来越好，发展后劲越来越强。

坚持民主决策。发扬民主是避免和减少决策失误的重要途径。实践中，我们充分发扬民主，把各个层次、各个领域的力量和智慧凝聚到科学发展上来。重大事项坚持集体决策，市四大家一把手定期碰头，交心通气，达成共识才做出最后决策。不管是城市发展规划，还是产业发展规划，都聘请国际一流专家进行顶层设计，保证了决策的科学性。同时，特别注重问政于民，广泛听取社会各界的意见，集中各方面的智慧。这几年，每作一项重大决策，每上一个重大项目，都要提请人大代表、政协委员评议，召开网民见面会，举行市民听证会，赢得老百姓的充分信任和支持。

坚持依法决策。这是推行依法治市，建立法治政府的重要保证。在依法决策中，突出做到"三化"：决策制度化，确保有法可依；决策规范化，确保按章执行；决策程序化，确保有序运行。株洲作为传统工业城市，环境污染治理的任务相对较重。这几年，我们依据有关环保法律法规，采用经济措施"罚票子"、组织措施"摘帽子"、法律措施"戴铐子"，重拳治理环境污染，取得明显成效。现在，我们正在加快创建全国环保模范城市，26项指标已有19项达标。

二、着力提升创新力

创新是发展的根本动力，是领导干部弥足珍贵的品质。株洲作为国家"两型社会"建设综合配套改革试验区，最大的优势就是先行先试，最大的权力就是大胆创新。

观念要创新。发展落后，根本是观念落后。我们把解放思想作为加快发展的"总开关"，牢固树立"五个敢于"理念，敢于负债搞建设，敢于让利促开放，敢于放权活体制，敢于创新谋发展，敢于大胆用干部。特别注重用市场的办法抓经济、用市场的手段谋发展。在项目建设上，"五大百亿工程"全部采取市场运作，引进战略投资者，不需要财政花钱。神农城建设，进展顺利，今年9月30日神农广场正式对市民开放，国庆期间接待游客40多万。全部建成后，可以吸纳1.2万人就业，每年贡献税收3个亿，是转方式的标杆工程，科学发展的低碳工程。在城市管理上，大胆推行市场化改革，城市环卫、道路养护、园林绿化，都采取市场化模式，全部交给公司经营，既降低了管理成本，又提升了管理水平。城市绿化承包给专业公司，城市绿化率达到47.8%，两年时间增加了10.1个百分点。实践证明，观念新，局面就新；思想活，全盘就活。

措施要创新。创新必须有实实在在的硬举措，不仅要全面推进，更要重点突破。我们按照科学发展的要求，每年明确工作重点，一往无前抓推进。为落实"四化两型"战略，今年我们突出打好城市提质、园区攻坚、旅游升温"三大战役"。打好城市提质战，提升城市品位，让老百姓生活更美好；打好园区攻坚战，发展园区经济，为老百姓创造更多就业机会；打好旅游升温战，发展富民经济，提高老百姓生活质量。实践中，我们做到一切工作促推"三大战役"，一切安排服务"三大战役"，一切要素保障"三大战役"。现在，"三大战役"已经成为株洲项目建设的主战场、干部干事的主战场、科学发展的主战场。近两年，启动城市提质重点项目60个，开工园区项目259个，实施旅游项目35个，有力推动了科学发展。

机制要创新。推进科学发展，必须创新机制，勇于拆除框框，敢于摆脱束缚。现在不缺按部就班的干部，缺的是敢于创新的干部；不缺四平八稳的干部，缺的是敢闯敢试的干部。创新有风险，不干事，就没有过失，事干的越多，过失可能越多。我们宁用创新中有过失的人，也不用处处谨慎却毫无建树的人。只要是有功于株洲发展的，我们都大胆启用；只要是法律法规没有禁止的，我们都大胆尝试；只要是有利于转方式、促"两型"的，我们都大胆突破，努力营造鼓励创新、宽容过失的社会环境。

三、着力提升执行力

一个地方抓发展的水平，关键看领导班子的工作水平；领导班子的工作水平，关键看抓落实的水平。我们坚持"三有"用人导向，真正让想干事的有机会，能干事的有舞台，干成事的有地位。

把心思集中到"想干事"上。"想干事"，就是要务"正业"。想问题、作决策、办事情，都要少琢磨上面知道不知道，多考虑群众需要不需要；少琢磨对自己是否有利，多考虑对发展是否有利。推动科学发展，关键在于实干。对领导干部来说，"实干"是本分、是境界，也是最好的工作方法。转方式的突破口在哪里？促"两型"的关键点在哪？改善民生的着力点在哪里？我们把推进新型城市化作为转变方式的切入点、"两型"建设的突破口、改善民生的硬举措。突出"四创四化、三管齐下"，"四创"让城市更优美，"四化"让城市更靓丽，"三管齐下"让城市更精彩。去年创建国家卫生城市和国家交通模范管理城市一举成功，今年获评"中国十大最具价值投资城市"，福布斯 2010 中国大陆最佳商业城市排名从第 82 位提升到第 61 位，国家环保模范城市有望明年创建成功，创建全国文明城市正在深入推进。

把本领体现在"会干事"上。"会干事"，就是要从全局的高度处理问题，以长远的眼光思考问题，掌握发展规律，顺应发展潮流，科学推进工作。为营造干事创业氛围，我们建立了科学的考评机制，既重决策，更重实干；既重"官评"，更重"民评"；既重年度考核，更重平时考察，做到考核内容定量化，考核评议社会化，考核操作简便化，考核运用刚性化，真正让"会干事"的有机会，赢得了社会各界的普遍认同。在中组部组织的干部满意度民调测评中，株洲市连续三年排名全省第一。在公安机关组织的社会治安满意度民意调查中，连续两年排名全省第一。

把目标锁定在"干成事"上。"干成事"是领导干部正确政绩观的最终体现。重执行，就是树立"落实第一、结果第一"的观念。作为领导干部，给了舞台就要唱好戏，担负职责就要尽到责，认准的事就要抓到底，始终坚持情况在一线掌握，问题在一线解决，工作在一线落实，成效在一线检验，只有这样才能把事干成，干出成绩。近两年，在创建国家卫生城市、推进新型工业化和"两型社会"建设等重点工作中实绩突出的干部，都得到了提拔重用，形成了正确的用人导向，助推了经济社会发展。

四、着力提升意志力

人生就像赛跑，坚持就是胜利。自古以来，凡成大事者都有超常的意志力。领导干部一定要培养坚毅的意志力，坚持不懈，永不言弃。

要有"火车头"的精神。株洲是"火车拖来的城市"，株洲精神就是"火车头"精神，就是敢于争先、一往无前。干事创业，一定要像"火车头"一样，永争一流，永远向前。周强书记、徐守盛省长多次寄语株洲，要成为全省"转方式、建'两型'"的排头兵，要求我们为全省"十二五"发展"挑重担、创经验、做贡献、探路子"。株洲作为"两型社会"综合配套改革试验区、长株潭城市群的重要增长极、武广高铁"黄金带"上的黄金点，有条件、有能力、有信心成为新一轮发展的排头兵。我们要大力发扬"火车头"精神，努力把株洲建设成为转变方式的引领区、"两型"建设的示范区、加快发展的爆发区，打造成全省经济社会发展的重要引擎。

要有"推土机"的魄力。"推土机"无所畏惧，勇往直前。面对困难，面对矛盾，要敢于挑战、敢于碰硬、敢于克难。越是困难，越是艰苦，越能反映一个人的作风和能力。做"推土机"式的干部，就要有果敢的作风、超常的能力，接受任务不找借口、执行任务不怕困难、完成任务不打折扣。株洲创卫、创交模等工作，之所以能够一次次获取成功，就是因为有一大批"推土机"式的干部。去年，我们在实施"技防"改造工程时，最初一些群众不理解，工作有阻力。通过做细工作，克服困难，全力推进，对全市 27 条主次干道 1751 栋 18560 户进行技防改造，拆除防盗窗，安装智能隐形防盗网。现在，城市更加清爽，安全更有保障，群众更加满意，所有的技防户入室盗窃发案为零，市区入室盗窃发案率下降了 40%。

要有"马拉松"的毅力。跑马拉松的过程，就是比毅力的过程，坚持跑完全程，就是最终赢家。抓发展创事业，任何时候都不能松劲，如何艰难都不能泄气，只有不为风险所惧，不被干扰所惑，才能登上成功的彼岸。我们实施"三大战役"、"三五"工程等重大部署，事关当前，事关长远，必须一环扣一环，一步跟一步，一届接一届地干。

五、着力提升情感力

情感力是智慧的体现，是人格的支撑，是成功的基础。实现科学发展、推进"四化两型"，是一项伟大事业，需要真情实感，坚持真抓实干，才能取得真正成效。

始终对发展充满真情。领导一方发展，造福一方百姓，既是责任所在，也是情感所系。领导干部的能力，要体现在科学执政上，体现在科学发展上，体现在改善民生上，真正做到对发展负责，对历史负责，对老百姓负责。近两年，我们下决心关停污染企业，不惜牺牲 30 多亿元工业产值、3 亿税收，依法关停和搬迁了 123 家污染企业，淘汰落后生产线 113 条，拆除 291 根烟囱，减少污染排放，加大环境整治，推进科学发展。现在株洲天更蓝，地更绿，水更清，空气良好天数率达 97.7%，市区饮用水源水质达标率、水功能区达标率均达到 100%。

始终对工作充满激情。工作激情，是一种积极向上的态度，更是一种高尚珍贵的品质。有了激情，一个人可以释放巨大的潜能，可以产生无穷的活力，使枯燥变得生动，狭隘变得坦然，困境变得顺利。领导干部要让激情在工作中燃烧，让能量在实干中释放，始终保持高涨热情，自觉增强工作的预见性、主动性、创造性，顺势而为，借势而动，乘势而上。只要有利于推进"四化两型"，有利于提高发展水平，有利于改善人民生活，就要敢于负责，敢于担当。

始终对人民充满深情。科学发展的核心是以人为本，"四化两型"建设的出发点和落脚点都是造福人民。领导干部对老百姓充满深情，就要在想问题、办事情、作决策时，多为民着想、多为民办事、多为民造福。这几年，我们坚持群众收入、财政收入、社会事业与 GDP 同步增长，大力加强以全民社保、城镇低保、城乡环保和就业、就学、就医"三保三就"为重点的社会事业，努力实现机关干部、老干部、工人、农民收入年年都有提升。城镇低保由 220 元提高到 270 元，今年又提高到 300 元；农村保障标准提高到每年 825 元至 1000 元，月人均补差 53 元；农村新型合作医疗参合率达到 95.3%；投资近 9 亿元建设市中心医院。民生支出占到财政总支出的 70%，让群众得到更多实惠。

（作者系株洲市委书记）

目　录

第一篇　转变观念

启动发展方式转变的总开关 ……………………………… 袁　准（3）

现代领导思维与加快经济发展方式转变 ……………… 曾祥永（9）

转变经济发展方式的一项重大战略任务 ……………… 范小新（14）

领导发展观念创新与加快经济发展方式转变 ………… 周德睿（19）

加快经济发展方式转变必须提高战略思维能力 ……… 罗昭义（24）

以科学发展理念推动经济发展方式转变 ……………… 肖　蕾（29）

树立现代领导思维

　　——加快欠发达县市经济发展方式转变的关键 ………… 吴建平（33）

以领导思维创新推动可持续发展 ……………………… 资金议（37）

坚持科学领导是加快经济发展方式转变的根本保证 ………… 冷福榜（41）

领导干部观念的转变

　　——转变经济发展方式的题中要义 ……………… 黄建明（46）

科学发展观与领导工作创新研究 ……………………… 谢光荣（50）

赢在理念的新加坡 …………………………………… 曹桂清（54）

创新领导观念谋发展 ………………………………… 刘声华（56）

以科学发展观指导经济发展方式的转变 ……………… 石　晶（60）

战略思维助推"两型社会"建设

　　——株洲市转变发展方式，建设"两型社会"的调查 … 陈明文（64）

第二篇　创新体制

经济结构调整的前提与路径 …………………………… 曹炯芳（71）

"两型社会"建设的必由之路 ………………………… 罗文章（75）

以制度创新提升政府执行力 …………………………… 王丹丹（80）

改革和完善领导体制 …………………………………… 谢和波（85）

经济方式转变的关键 ……………………………… 彭赛美（89）

经济发展方式的制度创新 ………………………… 李晓军（94）

健全落实科学发展观的长效机制 ………………… 肖　湘（99）

经济社会可持续发展的必由之路 ………………… 乐观清（103）

诚信政府与社会和谐 ……………………………… 唐　珍（108）

网络问政是网络时代的新景象 …………… 邹鲁清　周若辉（112）

数网并张遏制"隐性腐败" ……………………… 欧阳满生（116）

社会管理中的群众工作站 ………………………… 尹燎原（120）

发展方式转变与组织工作创新 …………………… 谭弘发（124）

找准组织工作服务经济发展方式转变的着力点 … 曹普华（129）

建设学习型党组织刻不容缓 ……………………… 郑文飞（134）

以基层党建制度创新促进科学发展 ……………… 李秋葆（139）

党代表选举中的主要问题 ………………………… 毛政相（143）

创新干部选用制度 ………………………………… 黄　山（147）

创新用人机制　推动县域经济发展方式转变 …… 韩永华（151）

第三篇　增强素质

在转变发展方式中全面提升领导干部素质 ……… 盛荣华（157）

提高科学领导能力与加快转变经济发展方式的思考 … 唐文峰（162）

提升领导干部素质　加快经济发展方式转变 …… 李树成（165）

提高干部素质　加快经济发展方式转变 ………… 黄有泰（169）

提升领导干部素质是加快转变经济发展方式的保证 … 黄先耕（174）

提高领导干部推进经济发展方式转变的能力 …… 赵达军（179）

提高领导干部在经济发展方式转变中的领导力 … 王雪珍（183）

切实提高领导低碳经济发展的能力 ……………… 覃正爱（187）

有效提高领导低碳发展能力的若干思考 ………… 卢岳华（192）

提高领导创新能力　推进"两型社会"建设 …… 彭益民（196）

关于提高领导干部执行力的思考 ………………… 左小琳（201）

参政党的领导力建设 ……………………………… 许奕锋（205）

增强领导者的非权力性影响力 …………………… 雷金桂（208）

改进领导作风　促进科学发展 …………………… 朱水平（212）

转变经济发展方式必须切实改进领导干部作风 … 李胜利（216）

加强领导干部作风建设　促进地方经济发展方式转变 …… 罗爱凤（219）

廉洁从政与加快经济发展方式转变的思考 ……………… 柳彦芳（223）

领导干部之德性与幸福的关联 …………………………… 何良安（226）

第四篇　改进方法

以人才勃兴促永州经济发展方式转变 …………………… 文锦菊（233）

适应经济发展方式转变　领导工作方式要增强"四性" …… 石树林（237）

以领导方式转变促发展方式转变 ………………………… 李　伟（242）

关于经济发展方式转变的若干思考 ……………………… 缪炳堃（245）

加快经济发展方式转变 …………………………………… 陈良钦（250）

转变领导方式是促进发展方式转变的关键 ……………… 吴玩礼（254）

以领导方式转变促进经济发展方式转变 ………………… 黄木发（257）

顺应大势　加快湖南经济发展方式转变 ………………… 刘晓玲（260）

与时俱进　切实转变党的领导方式 ……………………… 姚源东（265）

提升企业创新能力是转变经济发展方式的突破口 ……… 胡爽平（269）

加快产业转型升级　打造国际旅游精品 ………………… 龙儒文（272）

试论江华如何转方式调结构 ……………………………… 唐耀富（277）

创新经济发展方式　构建生态农业发展战略新格局 …… 阳　婕（281）

以领导工作方式转变促进经济发展方式转变 …………… 侯春城（285）

创新领导方式方法　促进县域经济发展 ………………… 钟　英（289）

转变农业经济发展方式的思考 …………………………… 左湘明（294）

切实转变经济发展方式　努力走发展特色农业之路 …… 廖世文（298）

试论转变经济发展方式视阈下的农村环境污染治理 …… 卢美玲（302）

破解农村环保难题 ………………………………………… 侯苏勤（307）

化解乡村债务的对策与思考 ……………………………… 彭凤鸣（310）

因地制宜　加快推进永州市新型城市化 ………………… 刘燕屏（313）

株洲市城市管理调研报告 ………………………………… 杨　丹（316）

城市创建对城市经济发展的作用 ………………………… 胡　旭（322）

关于株洲转变经济发展方式的调研报告 ………………… 黄升旗（326）

科学领导对加快经济发展方式转变的促进 ……………… 李江远（331）

第五篇　提升绩效

建立健全市县领导班子考核评价体系 …………………… 彭爱华（339）

用绩效评估助推"四化两型"建设 ……………………… 李建新（344）

领导干部考核评价要体现群众公认 …………………… 肖琼辉（348）

完善干部政绩考核评价体系 …………………… 李诗衡　朱全宝（352）

领导干部政绩观的几个问题 …………………… 秦贤义（355）

地方党政领导绩效考评的现状与改进 …………… 李超显（358）

地方政府绩效评估的问题与对策 ………………… 唐琦玉（363）

"两型社会"建设中的领导干部政绩考评 ………… 黄　菊（368）

健全乡镇绩效考核机制 …………………………… 杨华宏（371）

完善促进科学发展的干部考核评价机制 ………… 田松柏（374）

完善领导干部政绩考核评价机制 ………………… 张　慧（377）

完善干部考评机制　加快发展方式转变 ………… 王建华（382）

完善领导干部考核机制　促进经济发展方式转变 … 刘布光（385）

创建节约型机关　促进"两型社会"建设 ……… 谭迪光（389）

完善政绩考评机制　降低政府行政成本 ………… 李　飞　龙建（392）

建立绿色政绩考核体系 …………………………… 何吉多（397）

后记 ……………………………………………………………（400）

第一篇 转变观念

启动发展方式转变的总开关

袁　准

　　"加快发展方式转变"是党中央面对国际国内新形势新挑战作出的战略部署，是摆在我们各级领导面前最紧迫最重大的攻坚战。攻坚克难，要求我们坚持党的思想路线，根据新时代新任务的新要求，冲破传统的发展理念束缚，以不断提升的发展能力推动科学发展。

一、转变发展理念是历史发展的必然选择

　　发展方式是指人们认识世界推动社会发展的思维方式和行为方式的总和。从人类历史发展过程来看，一定的发展方式总是与一定时代的生产力发展水平相联系，总是与一定历史时期人们对于如何发展、怎样发展这些基本问题的认识息息相关。近代资本主义社会以来，蒸汽机应用，电气化的推广，信息技术的突飞猛进，这一切无不首先得益于人们对于客观世界的认识深化，对于科学技术作用于生产力的自觉认同。凡是熟悉世界近代史的人都知道，没有欧洲文艺复兴运动，没有以牛顿力学为代表的自然科学对基督教神学的冲击，就不会有现代科学技术的产生和发展。

　　回顾一下改革开放 30 多年走过的路程，可以使我们对理念形态转变的重要性有更清醒的认识。正是由于对文化大革命以来"左"的路线惨痛教训的反思，有了真理标准的大讨论，才有党的十一届三中全会的重大转折；1992 年春天邓小平南方谈话后，我们对于什么是社会主义、怎样建设社会主义有了全新的认识，党的"十四大"才能提出发展社会主义市场经济，建立社会主义市场经济体制的目标。进入新世纪新阶段，我们对于为谁发展，怎样发展有了新的认识，提出了科学发展观的重要战略思想。总结改革开放以来我们辉煌成就的原因，最根本的一条，就是始终坚持解放思想、实事求是、与时俱进，勇于直面经济社会发展中的重大理论和实际问题，在实践中认识真理、推动发展。

　　今天，我们已经站在历史发展的一个新的起点上。世情、国情、党情

的新变化给我们带来了难得的发展机遇，又使我们面临严峻的挑战。当前，全球经济格局正在分化重构，许多西方发达国家都在通过积极推动科技创新和经济发展方式转型，发展以低消耗、低污染、高效率为特征的"绿色经济"，使自身能尽快地走出危机阴影，赢得竞争新优势，努力抢占未来经济发展的制高点。例如美国强调把发展新能源作为推动经济复苏的关键，欧盟投入巨资发展绿色经济，日本重点开发能源和环境技术。从国内情况来看，30多年的改革开放使人民物质文化生活极大改善，社会主义制度的本质特征得到了真实的体现。党的"十七大"提出建设社会主义和谐社会，其出发点和归宿点就是要满足人民群众对更高生活水平的新期待，但传统的发展模式使我们面临着环境、资源越来越大的压力。中国是一个人口大国，也是一个人均资源小国。我国人口占世界人口的20%，可耕地占7%，淡水资源占6%，木材占2.5%，煤炭占11%，石油占2%，天然气占0.8%。所以我们的一些资源对外依存度很大：铁矿石47.3%，锰矿石65%，铬矿石99%，铜68%，铝36.8%，镍49%，石油50%以上。这样大的资源发展依存度，在很不太平的现实国际环境中，我国经济可持续发展的风险和挑战显而易见。世界银行专家指出，中国经济30年超常规发展所依托的高消耗低产出的发展方式正逐渐濒临瓶颈，越来越稀缺的资源无法长期满足中国经济增长的长期巨额消耗。

严峻的挑战摆在我们面前，依靠传统的发展方式无法解决中国经济社会可持续发展的问题，世界上其他国家不可能养活中国，中国人也不需要外国人养活。解放思想，走自己的路，加快发展方式转变，促进中国经济社会可持续发展，这是我们这一代人无法回避而必须勇于承担的历史责任。

二、转变发展观念必须抓住关键重点突破

创新发展理念，必须抓住关键重点突破，坚决抛弃不符合科学发展观要求的经验主义、惯性思维，切实把经济社会发展转到以人为本、全面协调可持续发展的轨道上来。

必须从"又快又好"发展转到"又好又快"发展。中国社会主义建设在"一穷二白"的基础上起步，为了迅速改变这种状况，必须要有一定的发展速度，甚至是高速发展，这在特定的历史条件下有一定的合理性，但难以持之以久。过去多年以"快"字开头的"赶超"战略使我们在"高投入、高消耗、高污染"的道路上迅跑，虽然换来了一时的快速发展，但在资源环境上付出了沉重的代价。事实告诉我们，只有质量好、效益高、消

耗低、环保优的发展才能使"快"具有实质追求的意义；不好的快速发展，则是一种资源的低效配置甚至是错误配置，会加大浪费而得不偿失。然而，持之以恒地把"快"放在首位的粗放式经营方式，惯性很大，形成了固定的思维方式，不易扭转。要转变经济发展方式，首先要在指导思想上对"好"和"快"来一个再认识，是先"好"再"快"？还是先"快"再"好"？这不是一个简单的文字游戏而是一个严肃的政治问题，指导思想是灵魂，决定大政方针的走向，差之毫厘、谬以千里。反思历史的经验教训，必须把"好"摆在"快"的前面，使"快"服从于"好"，好中求"快"，才能有效遏制单纯追求 GDP 增长的政府偏好，真正把发展方式转到依靠科技进步和提高劳动者素质上来，努力实现好中求快、又好又快。

必须从"国富民强"发展转到"民富国强"发展。发展为了谁？为谁而发展？这不是一个理论问题，而是一个严肃的政治问题。新中国建立以来，基于内忧外患的严峻形势，必须集中国家有限的财力物力建设独立的工业体系和国防，我们强调"大河没水小河干"，没有强大的祖国，何来富裕的生活，坚持在分配上先国家，后集体再个人，这在当时特定的历史条件下是十分必要的，就是在国家综合实力已经比较强大的今天，我们作计划、办事情也还必须把国家的利益、社会整体利益放在第一位。但是过去我们相当长时期内，在制定政策和落实执行当中，常常片面强调国强，自觉不自觉忽视民生，留下许多历史包袱，近年来，我国综合国力不断提升，国内生产总值逐年攀升，而政府财政收入与居民收入增幅之间的差距却有明显拉大的趋势，社会贫富差距越来越明显。自 1995 年到 2009 年的 14 年里，政府财政税收年均增长 16%，城镇居民可支配收入年均增长 8%，农民的纯收入年均增长 6.2%。显然，国家财税收入速度递增，远高于 GDP 增幅，更是远高于民众收入增幅。有人认为，财富集中于政府手中，便于政府打造民生工程，建立民生政府，事实上这不全面。现在各地办公楼越建越豪华，三公（公车消费、公款吃喝、公费出国）开支居高不下，社会奢侈之风盛行，无不与政府手中掌握过多的国民收入有一定的关系，国外有研究报道，"中国政府是最强势的政府，是最有钱的政府"。政府手里掌握的货币干什么用，不是为自己，必须用于教育、卫生等公共领域，特别是当"财政蛋糕"做大以后，公共财政、民生财政的理念一定要强化，这一点对于解决新时期人民内部矛盾显得尤为重要，健全市场配置资源机制、加快调整国民收入分配格局已成为当务之急。

必须从片面依靠"扩大开放"发展转到重点依靠"扩大内需"发展。

从世界各国发展的一般过程来看，"投资、出口、消费"是拉动经济发展的三驾马车，缺一不可，而我国30多年却走出了一条奇特的道路，即推动经济发展主要依靠投资和出口带动。究其原因，主要是因为改革开放初期，国内市场不成熟，企业尚未发育，资金严重短缺，再加之当时特殊的国际环境，使我们能充分利用境外的资金、技术、市场优势，走劳动密集型产业发展道路，推动中国经济持续高速发展；但这种发展模式现在遇到了很大困难：其一，由美国次贷危机引发的国际金融危机导致中国外部市场的显著收缩，特别是东南亚等发展中国家劳动密集产业发展起来之后，我国劳动力成本低的优势已不复存在；其二，由于内生产动力不足，教育体制改革、医疗体制改革、社会保障改革没有和经济发展同步，使中国城乡居民的消费长期在低水平徘徊，对中国经济增长产生了重大影响。在一定意义上可以说，扩大内需已成为后金融危机时代促进国家持续发展的重大战略，也就是说我们过去主要是集中在扩大开放、激活外循环机制上出主意、谋发展，现在则必须把很大精力转移到激活内循环机制上下工夫、谋进步，更加关注民生，更加注重社会公平正义，主动改革理顺不合理的分配体系，这一切要求我们的观念要来一个根本性的转变。

必须从满足"中国制造"发展转到追求"中国创造"发展。改革开放以来，我国抓住了经济发展的机遇，用30年的时间，完成了别国需要100年、200年才能完成的事情。这个奇迹最重要的表现就是"中国制造"像潮水一般涌到了世界各地，尤其是美国、欧洲、日本等发达国家。《世界知识》杂志曾经刊文说，中国正在成为世界上最大的出口国，"中国制造"业已获得世界市场的共识，中国已经成为世界工厂。另一个不争的事实是，当今世界贸易，美国人在卖专利，欧洲人在卖技术，中国人在卖产品。中国人为什么热衷于卖产品？既有经济实力不强的历史原因，更有观念意识落后的制约：在我国，很多厂商缺乏品牌经营的能力和意识，习惯于下游加工，以挣"辛苦钱"为满足。据报载：一个在珠江三角洲生产计算机的鼠标在美国市场大约能卖20多美元，设计者大约拿走三分之一，而我们只有约五角钱；一双耐克鞋的国际价值大约在200美元，设计者拿走约二分之一，作为生产者的我们只有约10美元。我国是服装生产大国，但我国出口的服装，有自己品牌的尚不足10%，大都是贴牌生产或来料加工。到东南沿海的一些小城镇看一看，不少企业的"中国制造"实际上是给国外名牌打工，生产能力很强，利润回报不高。30多年来，中国的经济以10%的年增长率发展，外汇储备世界第一，贸易和外资世界第二，但在创新竞争力方面世界排名 29 位。过度的"中国制造"造成的自然资源和能源的过度消耗，环境和生态的破坏，极大的阻碍了中国经济的进一步发展。所以，必须在全民中唤起危机意识，"中国制造"已经走到历史尽头，我们不可能长期依靠给国外品牌打工生存。中国人从来不缺创造的智慧和才能，缺少的是创造到品牌的意识，以致在国际竞争中屡屡吃亏。中国企业走向世界，必须在经营理念上来一个革命性的改变，即从过去主要依靠卖苦力、卖产品大步转向卖品牌卖标准的轨道，这是转变经济增长方式、推进新型工业化进程的关键。

三、转变发展观念必须着力提升领导能力

历史和现实告诉我们，实现科学发展务必创新发展理念，而创新发展理念务必通过各级领导干部的能力来实现。因此，围绕观念创新来提升各级领导干部领导科学发展的能力就显得尤为重要和紧迫。

首先要提高领导干部科学判断形势的能力。形势者，世界潮流之谓也。中国革命的先行者孙中山先生有一名言："世界潮流，浩浩荡荡，顺之者昌，逆之者亡。"这就清醒地告诉我们，世界发展源流是一定历史时期经济基础和上层建筑矛盾运动发展的产物，是不以人的主观意志为转移的必然趋势，聪明的政党和个人，只有紧紧抓住机遇乘势而上才能有所作为，否则就会在历史的博弈中丢盔弃甲、落荒而逃。转换发展方式，引领科学发展，最重要的是我们各级领导干部要以宽阔的眼光观察世界，把今天的中国、今天的湖南放到世界经济政治的大背景下来思考，从经济全球化、政治多极化、科学文化网络化的格局中谋划立足点，抢占制高点。这种高人一筹的观察应变能力并不能自发产生，它来源于正确的世界观和方法论的指导，来源于对实际发展情形历史和现状的了解和把握，必须通过长期学习、思考才能逐步养成。

第二，要提高领导干部求真务实的能力。能不能求真务实，敢不敢求真务实，既是一个工作态度、工作作风、工作方法问题，更是一个工作能力问题。求真务实是党和群众对一个领导干部起码的要求，也是解决现实生活中"虚、浮、飘"问题的根本。领导干部求真务实，关键是要学会运用唯物辩证法观察问题、分析问题、解决问题。转换发展方式，要一切从实际出发，从自己领导和工作的部门和单位的客观现状出发，沿海和内地不一样，长沙和湘西也不一样，所以不能一刀切、齐步走。我们过去太强调求同思维，喜欢提上下同样的口号，办左右同样的事，以为这样就是政

令统一，就是和上级保持高度一致，在实际工作中吃了很多苦头。各地情况千差万别，转换经济发展方式，决不能鹦鹉学舌、人云亦云，而必须在众多的任务和复杂的事物面前，分清主次，把握重点，区别轻重缓急，抓住主要矛盾和矛盾的主要方面，采取有效措施加以突破。这需要有坚强的党性，有对党和人民事业无限的忠诚。

第三，要提高领导干部科学决策的能力。科学决策，是领导干部做好一切工作的前提，也是加快发展方式转换的基础。做到科学决策，一是吃透中央和上级精神，把思想和工作重点转入"调结构、转方式、保民生"轨道；二是要注重调查研究。坚持把调查研究作为成事之基和谋事之道，吃透本地的基础条件、比较优势、发展潜力、制约因素等情况，摸清当前和未来一个时期工作的难点和重点；三是要找准本地本部门工作与上级要求和本地工作大局结合的着力点，增强前瞻性和预见性，努力使决策既关注现实，又富有远见，既符合上级的要求，又符合人民群众的意愿。

第四，要提高领导干部联系群众的能力。人民群众的信任与支持是我们党引领经济发展方式转换的力量源泉和胜利之本。经济方式转换必然导致领导方式、分配体制的相应调整，其实质是利益博弈，牵涉千家万户，关乎发展稳定。人民的利益高于一切。党的领导干部，倘若在思想和行动上背离了人民群众意愿，损害了人民群众的利益，就是丧失了领导资格。

第五，要提高领导干部依法行政的能力。领导干部提高依法行政能力，最重要的是在实践中自觉做到坚持党的领导、人民当家做主和依法治国的有机结合，把思想、作风、工作方式方法尽快纳入依法行政的轨道，不断提高依法决策、依法管理的能力。加快做好新形势下经济发展方式转变的各项工作，既要靠民主，更要靠法制。要采取各种有效的方式方法，加强对领导干部依法行政情况的监督，把权力运行置于有效的制约和监督之中，为依法行政创造良好的环境条件，保证和促进各项工作依法运行。

（作者单位：中共湖南省委党校 湖南行政学院）

现代领导思维与加快经济发展方式转变

曾祥永

综合判断国际国内经济形势，转变经济发展方式已刻不容缓。对领导干部而言，从思维定式中摆脱出来，及时转变自己的思维方式，开拓创新，加快经济发展方式转变，具有十分重要的意义。

一、现代领导思维是加快转变经济发展方式的需要

领导思维是领导者在长期实践中积淀而成的起着支配领导者认识和行动的一种思维观念，它是与一定时期内的社会经济发展形势相适应的。

1. 现代领导思维是适应经济发展环境新变化的需要。目前，我国经济社会发展进入了全面建设小康社会、加快社会主义现代化建设的新阶段，经济的市场化、国际化和工业化、城镇化步伐加快。经济发展环境的变化相应地引起了领导环境和客体的变化，因此，领导干部要及时转变领导思维和方法，适应不断发展变化的客观形式，用现代领导思维，创造性地开展工作。一是领导环境发展变化。过去由于经济社会结构比较单一，领导干部依靠直接经验也能做好工作。但随着经济体制、经济运行方式、社会组织形式以及群众的生产生活方式的发展和变化，特别是经济全球化、社会信息化步伐的加快，科学技术和知识经济的迅猛发展，依法治国方略的全面实施，民主法制建设的日臻完善，利益主体多元化、社会矛盾复杂化、多样化，在这样的社会历史背景下，领导干部如果还一味地沿用传统的、陈旧的思维和方法，其领导行为就会步入误区，就会造成领导成效违背工作初衷，影响社会经济的健康可持续发展。二是领导客体发展变化。随着经济社会的深刻变化，人民群众的素质也在不断提高，他们的市场经济意识、民主法制意识和科技意识明显增强，对领导干部的领导方式和方法要求也越来越高。面对着变化了的领导对象群体，如果再用老眼光来看问题，或用老办法来解决矛盾，就会使我们很多领导干部处于"老办法不管用，新办法不会用，照搬别人的办法不能用"的尴尬境地。

2. 现代领导思维是实现转变经济发展方式新突破的需要。从当前我国经济发展方式转变的总体情况来看，离科学发展还有很大差距，在重点领域和关键环节上仍然相当滞后。一是经济增长高度依赖国际市场，投资率偏高，国际贸易顺差偏大，消费率偏低的增长格局不可持续；二是主要依靠物质投入的传统发展方式与资源环境的矛盾日益突出，部分地区资源环境承载能力已接近极限，资源环境约束矛盾日益突出，外延型扩张模式难以为继；三是经济发展技术含量不高，企业技术创新能力不强，产业结构不合理，大量低水平产业粗放生产，部分产能严重过剩；四是居民收入在国民收入分配中比重偏低，城乡居民、不同社会群体之间收入差距过大，不仅造成投资和消费不平衡，而且影响社会和谐稳定；五是广大人民群众对生活水平和质量的要求不断提高，对干净的水、新鲜的空气、优美环境等方面的要求越来越高，但生态总体恶化趋势尚未根本扭转，环境治理任务相当艰巨。原有的经济发展方式的不适应性更加凸显，加快经济发展方式转变日益成为保证我国经济发展和社会和谐的内在要求。因此，面对着经济发展出现的新问题、新挑战，作为现代领导者、决策者不得不尽快作出抉择和行动，根据经济形式发展的变化，运用现代领导思维，预见未来，开拓创新，迎接挑战，加快转变经济发展方式，促进社会经济的科学、快速发展。

3. 现代领导思维是落实科学发展观新要求的需要。科学发展观是马克思主义中国化的最新成果，是统领当代中国经济社会发展全局的指导思想。以人为本、全面协调可持续的科学发展观，进一步明确了我国经济社会发展的本质目标、基本内涵、总体思路、模式选择和根本动力。转变经济发展方式，是在探索和把握我国经济发展规律的基础上提出的重要方针，是从当前我国经济发展的实际出发提出的重要战略，也是全面贯彻落实科学发展观的重要内容。这就需要领导干部不断更新发展理念，丰富发展内涵，开拓发展思路，创新发展模式，破解发展难题，提高发展质量，大力推进节约发展、清洁发展、安全发展。需要领导干部坚决摒弃先粗放后集约、先污染后治理的发展老路，摒弃片面追求 GDP 产出而不计资源环境成本投入的陈旧思路，努力促进经济增长由主要依靠投资、出口拉动向依靠消费、投资、出口协调拉动转变，由主要依靠第二产业带动向依靠第一、第二、第三产业协调带动转变，由主要依靠物质资源消耗向主要依靠科技进步、劳动者素质提高、管理创新转变，真正实现国民经济又好又快发展。

二、滞后的领导思维影响了社会经济的可持续发展

有什么样的现代领导思维，就会有什么样的改造社会的目标，就会有什么样的认识社会、改造社会的实践活动。

1. 静态思维容易导致认识和行为产生偏差。静态思维是一种凝固的、规范的思维程序，其特点就是死板的教条的演绎，静止地观察事物，不能把握事物的发展变化规律，对事物发展的复杂性、突变性估计不足，忽视对事物现象进行跟踪研究和把握，导致思想认识与社会实践之间产生偏差。当前这种偏差表现为，就是把党的以经济建设为中心的基本路线，片面地理解为单纯的经济增长和发展。毋庸讳言，以经济建设为中心是我党针对过去那种以阶级斗争为纲"左"的指导思想而实施的拨乱反正的伟大战略，以经济建设为中心实际上就是以社会主义现代化建设事业为中心，就是要求全党把工作重心转移到社会主义现代化建设事业上来，促进整个社会和人自身的全面发展。然而，实践中由于部分人以一种凝固的静态的教条的思维方式去认识，常常把经济"中心"理解为经济"唯一"，把社会主义现代化建设理解为单纯的经济增长，把人变成了实现经济增长的工具和手段，以追求物质生产资料增长为主要目的，而忽略人的精神需求、思想道德建设和人的全面发展，对精神文明建设和人的思想道德建设抓而不紧或者根本不抓，不惜以道德的沦丧来换取经济的一时"繁荣"，导致社会"真善美"难行，而"假丑恶"盛行。这种片面抓经济建设，而不顾社会精神文明建设和人的思想道德建设的行为，既不利于人的全面发展，也不利于社会的整体发展，更有悖于党的"以经济建设为中心"的基本路线。

2. 单向性思维容易形成功利主义的价值取向。作为现代领导讲求政绩本来无可厚非，但追求什么样的政绩，却值得推敲和考察。"有没有政绩，主要看经济"，这是当前部分领导干部心中一种普遍存在的单向性思维，从一个向度去观察事物，思考问题，把政绩与经济发展的指标简单地画等号。为了追求政绩，只考虑本单位、本部门、本地区的利益，不惜损害其他单位、部门、地区乃至社会和全人类的利益。为了追求政绩，不顾环境污染、生态失衡、自然破坏、资源耗尽，争上一些看得见、摸得着、见效快的"门面"工程，追求任期内能产生政绩的"快变量"，急功近利，杀鸡取卵，搞掠夺性经营和生产，一切以怎么"显眼"就怎么做，关心的是个人政绩，关心的是自己头上的"帽子"，屁股底下的"位子"，只盼着任期内"政绩显赫"后，便一走了之，包袱留给后任，后患留给人民，这与其说是"政

绩", 而不如说是一种"劣迹"、"败迹"。

3. 非理性思维容易产生鲁莽和轻率的工作决策。领导就是决策。现代领导日理万机, 对每一事物和问题的处理都应做出慎重的选择和决策, 在瞬息万变的现代社会, 领导的每一选择和决策都会对社会和人民产生影响。然而, 部分领导局限于感性直觉和感觉经验, 跟着感觉走, 凭感觉决策, 凭主观臆断, 草率鲁莽, "立项目时拍脑袋, 批项目时拍胸脯, 出了问题时就拍屁股", 缺乏慎重的调查研究, 缺乏严肃的立项论证, 更缺乏作为领导者的使命感和责任感, 或为迎合上级领导, 或为盲目攀比, 或为一己之私, 根本不顾本地区、本单位的工作实际和状况, 盲目地"贪大求洋", 争项目, 争投资, 拼设备, 拼消耗; 争建开发区, 投资房地产, 不少轰轰烈烈的"拍脑袋、拍胸脯"的大项目、大工程, 如今成了自然资源破坏殆尽、生态失衡的"大包袱"、"大后患"。人民群众为这些"包袱"、"后患"所带来的困扰怨声载道, 真可谓是"一人非理性决策, 数代人喝不完的苦酒"。

三、创新领导思维, 加快经济发展方式转变

创新领导思维, 转变经济发展方式, 全面推进我国经济可持续发展, 是当前每个领导干部所应尽的责任和义务。

1. 进一步解放思想, 以思想的大解放加快经济发展方式转变。解放思想的空间越大, 思路越开阔, 加快经济发展方式转变、推动科学发展的空间就越大。因此, 领导干部要进一步解放思想, 转变发展观念, 从思想禁锢中冲闯出来, 做到观念上到位、决策上到位、方法上到位, 真正把科学发展观在加快转变经济发展方式中贯彻好、落实好。要进一步把解放思想的成果由观念层面向实践层面转化, 以思想的大解放加快经济发展方式的转变。当前, 我国经济体制深刻变革、社会结构深刻变动、利益格局深刻调整、思想观念深刻变化, 改革发展稳定的任务十分艰巨, 尤其是在加快经济发展方式转变的情况下, 更新观念要求更高、难度更大, 必须坚持正确方向、牢牢把握主动权, 在思想解放中, 着力完善有利于转变经济发展方式的体制机制, 注重转变政府职能, 转变领导方式、转变工作方法; 着力创造机制、创造氛围、创造环境、创造条件, 更好地凝聚合力、激发活力, 真正把发展的目的转到为民惠民上来。

2. 掌握科学思维方法, 以科学的观念引领经济发展方式转变。转变经济发展方式, 必须大胆破除束缚科学发展、阻碍经济发展方式转变的陈旧观念、思维定式、体制机制和行为习惯, 用新观念看待新问题, 以新方法

解决老问题。如果我们的思维仍然在旧框框里打转转，发展方式、结构调整也必然还会在旧模式里兜圈子。然而，目前部分领导干部认为，转变发展观念就是钻政策空子，就是不计成本的投资，就是争取贷款和项目，就是一味追求跨越式发展，于是脱离实际、急功近利，搞劳民伤财的"政绩工程"、"形象工程"。显然，这是与转变经济发展方式背道而驰的，是不符合科学发展观的。因此，领导干部必须掌握现代科学的思维方法，及时转变发展观念，把自己从传统思维中解放出来、从条条框框中解放出来，从不正确的政绩观中解放出来，使自己的思想观念与科学发展的要求相符合，与加快转变经济发展方式的目标相一致，从而把握好发展规律，发现、抓住并利用好机遇，在发展中促转变，在转变中谋发展。

3. 培养良好思维品质，以最佳的思维效果促进经济发展方式转变。思维品质体现了领导思维的个性差异，是领导思维能力的综合反映，关系到领导活动的成败。领导干部要快速高效地加快转变经济发展方式，就必须要不断培养自己良好的思维品质，追求各种思维方式高效的综合运用，以达到思维的最佳效果。一是培养思维的独立性。在转变经济发展方式过程中，领导干部要不受传统观念的束缚，不受旧的发展观束缚，善于依据客观事实独立地思考问题，善于运用求异思维，敢于提出怀疑，开拓创新。二是培养思维的广阔性。在转变经济发展方式过程中，领导干部要对事物不拘泥现成结论，能从多方位、多角度、多层次进行思考和探索，对复杂性问题善于灵活变通，对随机性、突发性问题善于应变决断。三是培养思维的深刻性。在转变经济发展方式过程中，领导干部要善于从纷繁复杂的事物中抓住事物的本质，深入思考，不为表面现象、枝节问题所迷惑，善于对丰富的感性材料进行去粗取精、去伪存真、由此及彼、由表及里的加工思考，研究探索事物发展的趋势和规律。四是培养思维的超前性。思维的超前性要求人们处理好当前和未来发展之间的关系，要求今天的发展能为未来的发展留有充分的余地。领导干部培养自己思维的超前性，就能善于由过去和现在去推测、估计事物发展的趋势或可能的结果。五是培养思维的系统性。加快经济发展方式转变，领导干部就应具有系统的思维，善于从整体和全面出发去思考和分析问题，把问题和对象放在与之紧密联系的有机整体中去分析研究，从问题和对象本身所固有的各个方面、各种联系上去把握问题，去解决问题，以促进经济的健康、可持续发展。

（作者单位：中共常德市委党校）

转变经济发展方式的一项重大战略任务

范小新

转变经济发展方式、调整优化经济结构是一场新的革命。经济结构的调整首先在于人才结构的调整，产业素质的升级根本在于人才素质的升级。对于长沙而言，打造一支数量充足、结构优良、竞争力强的产业人才队伍，已经成为壮大支柱产业、转变发展方式的一项重大而紧迫的战略任务。

一、着眼长远发展，大力实施支柱产业人才引领战略

1. 强化一个理念。支柱产业是区域经济发展的第一动力，人才是支柱产业发展的第一资源。着眼于我市支柱产业发展壮大的战略需求，充分发挥产业人才的引领和支撑作用。牢固树立人才引领支柱产业发展的理念，坚持抓发展必须首先抓产业、抓产业必须首先抓人才、抓人才必须首先抓投入，以更大的力度推进支柱产业发展急需紧缺人才的引进、开发、使用，做到产业人才资源优先开发、产业人才结构优先调整、产业人才资本优先积累、产业人才投入优先保证，坚定不移地走人才兴产业、产业聚人才之路。

2. 实施两大计划。深入实施《长沙市引进国际高端人才三年行动计划(2009—2011年)》和《长沙市引进储备万名优秀青年人才工作计划》（以下简称"两项引才计划"），围绕支柱产业急需人才要求，加大人才引进开发力度，通过3至5年努力，引进30个高端领军人才团队、2000名高层次人才（其中高层次管理人才1000名，高层次研发人才1000名），引进和培养20万名高技能人才，培养和储备100万名技能型实用人才，建设一支壮大支柱产业、促进经济发展的产业大军。

3. 坚持三项原则。坚持政府引导与市场运作相结合原则，正确处理政府、企业、市场三者关系，充分发挥政府引进、培育人才的宏观调控职能和市场配置人才资源的基础性作用，进一步确立用人单位人才开发的主体地位，以市场竞争促进人才发展，以市场机制实现人才资源优化配置。坚持引进与培养相结合原则，着眼支柱产业发展需要，既大规模培养技能实

用人才、高技能人才等产业人才，又进一步加大高层次人才的引进力度，以不断壮大产业人才队伍的规模和实力。坚持高端领军人才与实用技能人才相结合原则，围绕我市人才队伍结构现状、用人单位需求意向和产业发展布局规划，准确把握高端领军人才与实用技能人才的比例、结构和数量，引进和储备一批现在急需、长远必需的产业人才，着力打造一支规模适当、结构合理、素质优良的人才队伍。

二、加大引进力度，打造高端领军人才和高层次人才高地

1. 创新引才政策。加大人才引进力度，是打造高端领军人才和高层次人才高地的主要渠道。找准产业需求与人才政策的结合点，构建比较完善的人才政策体系，大力支持支柱产业重点企业引进急需人才。在"两项引才计划"中设立专门项目，对支柱产业发展急需的高端领军人才和高层次人才，进行重点支持、优先引进，确保支柱产业急需的高端领军人才和高层次人才占"两项引才计划"总数的70%以上。参照外地做法，加大在启动资金、工作场所、公寓住房、创业风险投资、资金担保和技术成果入股等方面加大扶持力度。对于支柱产业发展急需的国际一流高端领军人才团队，制定特殊政策给予特殊奖励，切实增强引才政策的感召力和吸引力。

2. 丰富引才方式。实施人才引进国际化战略，进一步放开引才视野，拓宽引才渠道。加强与海外华人社团、留学生组织、猎头公司等机构合作，聘请驻外使领馆科技参赞作为海外引才顾问，主动承办中央部委海外人才相关活动。落实建立海外领军人才联络站计划，在欧美、日韩等发达国家建立3~5个人才联络处，实行全方位接触、点对点引进。坚持依托项目引才、活动引才和企业引才，将招商引资与招才引智紧密结合起来。每年由市委、市政府主要领导带队，在举办大型招商引资活动的同时，组织相关部门及企业，随团引进支柱产业急需人才。既举办综合性大型招聘会，又组织相关企业主动对接国内外相关产业聚集区，定期举办专题招聘活动集中引进专业人才。

3. 夯实引才平台。加快"政产学研"合作步伐，为产业人才提供广阔的发展空间。进一步发挥市科技发展资金杠杆作用，加大对支柱产业重点企业研发平台建设的支持扶助力度，力争在3年内引进大企业总部和研发中心10家以上，新建一批重点企业工程技术中心、博士后工作站，支持引进一批国家级科研机构落户长沙。建设园区创新创业平台，以高新区、经开区、长沙国家生物产业基地等园区为重点，力争在3年内新建1个国家级创

新创业基地、1个留学生创业园，使长沙成为高端领军人才和高层次人才的集聚区。拓展个人发展平台，对引进的高端领军人才和高层次人才，优先推荐申报和安排国家、省市科技计划，优先向国内外金融机构、风险投资公司推荐项目，优先纳入国务院政府津贴专家及国家、省市各类优秀人才选拔计划。

三、加大培养力度，努力壮大高技能人才队伍

1. 强化教育培养。职业技术教育是产业升级的重要推动力。优化教育布局。建好长沙职业教育基地，启动建设长沙职业教育创业园，以"一园一基地"为依托，引导职业院校、技工院校聚集发展。成立高技能人才校企合作指导委员会，进行整体规划指导。推动专业和课程改革，创建一批与长沙产业紧密对接的特色专业，实现专业对接产业、课程对接岗位。落实企业参与校企合作税收优惠政策，鼓励院校与企业发挥各自的优势，广泛实行订单培养、定向培养和合作办学。发挥企业人才培养的主体作用，引导企业在注重使用人才的同时加大人才培养力度，鼓励采取"师傅带徒弟"、"名师工作室"等方式培养更多实用人才。

2. 强化评价激励。高技能人才队伍建设，既靠培养，更要激励。提高高技能人才待遇水平。建立技能人才最低工资标准，保障"五险一金"全覆盖，逐步提高技能人才待遇水平。落实技师、高级技师津贴发放政策，确保高技能人才队伍稳定。拓宽高技能人才成长通道。

3. 强化投入保障。建设高技能人才队伍，投入是关键。加大财政投入。将高技能人才工作经费列入财政预算，并随着财政收入的增长逐年提高。鼓励社会投入。制定税费减免、建设用地等优惠政策，鼓励社会资本兴办职业技术教育，积极扶持民办职业院校。鼓励公办职业院校吸纳民间资本和境外资金，探索多元化办学体制和民营化办学模式，形成公办民办共同发展的格局。落实企业投入。研究制定企业职工经费管理办法，确保企业按职工工资总额的 1.5% ~ 2.5% 比例建立职工教育培训经费，用于高技能人才培训的经费不少于30%。制定中小企业职工经费统筹使用办法，对自身没有能力开展技能人才培训的企业，由劳动保障等部门统一组织培训。

四、坚持使用为本，用好用活产业人才

1. 立足发展留住用活产业人才。充分利用支柱产业"三高人才"资源，坚持使用为本，全面推行产业人才聘用制度和岗位管理制度，构建人人能

够成才、人人得到发展的人才使用评价体系。按照人才的知识、技能和能力与其岗位相匹配要求来安排和使用人才，做到才得其位，位得其才，责权统一。借鉴美国摩尔公司做法，采取人才使用委托制、组织人才联盟、跨行业间使用人才等模式，借鸡生蛋、借船出海，用好用活急需紧缺的产业人才。加大投入力度，大力完善人才生活服务设施，创造良好环境，调动人才的积极性和创造性，发挥人才的潜能与活力。定期召开产业人才座谈会，深入了解人才对政府、企业、社会的诉求，切实帮助人才解决在生产生活和创业富民中的困难问题，增强人才对长沙的认同感、归属感和奉献意愿，培育更具吸引力的人文氛围和发展空间。

2. 引导企业充分发挥主体作用。抓好产业人才队伍建设关键是要发挥好企业主体作用。支持和引导企业建立现代企业人力资源管理体系，政府部门免费培训企业人力资源管理人员，提高企业人力资源管理水平。积极引导和大力支持企业按照其自身发展需要建立合理的薪酬激励机制，既适当拉开不同人才的报酬档次，又统筹兼顾不同人才的正当权益。鼓励和支持有条件的企业加大人才投入，建设和使用好工程技术中心、博士后工作站等科研平台。支持鼓励企业开展重大管理创新、技术革新，提高生产科研水平。市委、市政府对企业获得省级以上科技奖项、重大科技创新等给予奖励，对其中发挥重大作用的人才给予物质奖励，授予荣誉称号，宣传其优秀事迹。引导企业加强对人才的人文关怀，创造积极向上、团结和谐、充满人情味的企业文化，促使人才自觉以主人翁的责任感参与企业的管理、生产和经营活动，实现人才成长进步与企业发展壮大"双赢"。

3. 支持产业人才大胆创新创业。倡导全民创业的生动局面，重点扶持产业人才初始创业，鼓励产业人才投身"二次创业"。加大与支柱产业相关的中小企业特别是初创企业的支持力度，激发高端领军人才的创新创业活力。设立创业创新金融专项资金，成立长沙市创业担保公司，为创业投资企业在产业化生产过程中提供贷款资金担保。对科技创新创业遇到挫折、企业创业不成功的领军人才投资，由市财政给予担保公司80%的担保资金补偿，营造鼓励成功、宽容失败的创新创业环境，积极推进高端领军人才所创办企业生产的产品市场化，对于符合政府采购条件的企业产品，优先参与政府采购项目招投标，拓展企业营销渠道。积极组织高端领军人才创办企业参加"广交会"等交易展示活动，设立高端领军人才企业产品（专场）专柜，帮助企业推介产品、开拓市场，支持产业人才在提升支柱产业效益、服务经济社会发展中做大做强。

五、健全三大体系，切实优化人才队伍发展环境

1. 进一步健全组织体系。加强对产业人才工作的领导，建立产业人才工作联席会议制度，制定出台产业人才工作的相关政策措施，定期研究产业人才队伍建设的有关事项。发挥市委人才办的枢纽作用，组织相关职能部门协调解决产业人才引进开发培养中的具体问题，形成各级各部门共同推进产业人才引进开发的工作合力。设立高端领军人才、高层次人才和高技能人才培养专项资金，列入财政预算，主要用于产业人才的创业资助、科研补助、待遇补贴、住房安置、引进奖励等工作。

2. 进一步优化服务体系。按照"引进之初当保姆、发展之中当导师、成功之后当保安"的理念，为产业人才提供全天候、全方位、全过程的优质服务，营造有利于各类人才成长成功的良好环境。设立"长沙人才大厦"，作为人才服务中心综合办公服务平台，提供"一站式"快捷服务，实行人才政策集中落实、人才服务集中办理、人才信息集中交流，使各类人才引得进、干得好、留得住。强化"长沙人才网"功能，开辟网上人才服务大厅，实行网上申报、网上审核、网上办理、网上服务。开通产业人才服务热线，及时接受政策咨询，提供快捷服务。搭建信息交互平台，重点建设高层次人才、国际化人才、紧缺人才、高技能人才、实用人才等信息库，及时编制发布《长沙市急需紧缺人才目录》，实现人才信息共享、资源共用。出台《长沙市引进人才待遇落实办法》，设立长沙高级人才公寓和蓝领公寓，建立健全引进人才住房保障、出入境签证、子女入学和高端领军人才配偶安置等制度，在条件允许的园区集中建设国际学校、国际医院、酒店商场等，优化人才发展环境，解决人才后顾之忧。

3. 进一步完善激励体系。把产业人才工作纳入各级党政领导班子和领导干部绩效考核评价体系，进行量化考核，促进支柱产业人才工作深入开展。在"星城友谊奖"的基础上，设立"杰出人才奖"、"引进人才奖"和"人才工作先进单位"等奖项，加大奖励额度，对作出突出贡献的单位、企业和各类人才进行重奖，营造重才惜才聚才的浓厚氛围。利用境内外主流媒体，加大我市产业人才政策、人才计划的对外宣传力度，提高政策的影响力和针对性。加强对创新创业优秀人才和产业人才工作先进典型的宣传，进一步营造尊重知识、珍惜人才、崇尚创新的舆论氛围。

（作者单位：中共长沙市委）

领导发展观念创新与加快经济发展方式转变

周德睿

思想是行动的先导，观念决定成败。观念的正确与否、先进与否直接影响到一个地区的发展方向、发展水平和发展后劲。不同的发展观念会导致不同的发展结果，在发展过程中也会伴生不同的影响。因此，要创新经济发展方式的观念，尤其是领导干部要带头创新发展观念，才能有效地推动经济健康有序地发展。

一、加快经济发展方式转变需要创新领导发展观念

发展是世界主题，发展方式转变是时代潮流。在后金融危机时代，世界各国纷纷把目光聚焦发展方式转变，相继推出以新兴产业为重点的新发展战略。我国长期以来的速度型、外延型、粗放型经济发展方式，面对新形势，软肋尽显，难以为继，发展方式的整体转型迫在眉睫。贯彻落实科学发展观，转变发展方式，关键在人，关键在观念。

1. 确保经济持续发展的内在要求，决定领导创新发展观念到了"等不起"的程度。事物的发展是量变和质变的统一。经济增长的量变到一定程度，必然呼唤经济发展方式的质变；经济发展方式一旦发生质变，就会引领新的经济增长。经过30多年的改革开放，我国GDP以年均9%以上的速度持续增长，我国经济总量已排在世界前列。在国际金融危机中，我国虽然在"保增长"上打了一场漂亮战，但我国经济的整体运行质量仍不容乐观，经济发展动力不足，发展质量与效益不高，经济发展过度依靠工业等许多深层次的矛盾尚未得到有效解决，对经济的可持续发展构成较大威胁。目前国民经济发展中存在的这些突出矛盾和问题，要求我们领导干部急需加快转变经济发展方式。要转变经济发展方式，必须创新经济发展观念。当前，许多领导干部经济发展观念明显与经济持续发展的科学要求不相适应，这就决定领导干部创新经济发展方式的观念，必须加快，不能再等了。

2. 促进社会和谐稳定的迫切需要，决定领导创新发展观念到了"坐不

住"的关口。经济发展的方式与发展质量直接关系到社会的和谐稳定。传统发展方式造成的严重环境污染、资源消耗过高等引发的人与自然乃至人与人、人与社会之间的矛盾，对群众生产生活、财产安全与身体健康造成了较严重的危害，已逐渐成为近几年影响社会稳定的重要因素。一些资源枯竭型城市与区域由于接续、替代产业发展缓慢，形成大量失业人员，也引起了越来越多的社会问题。与此同时，既有发展模式下的分配结构也存在较大缺陷，居民的收入增速与 GDP 增速比例不相协调，人民群众在共享经济发展成果中的公平感与认同感不高，影响了社会和谐，加剧了社会风险，要求我们在发展经济的同时，要把社会财富这个"蛋糕"做大，也要通过合理的收入分配制度把"蛋糕"分好，以提高老百姓的生活质量和幸福指数。经济发展方式的滞后，还影响了我国的文化、教育、卫生、生态文明建设等各项社会事业的健康发展。构建社会和谐稳定的严峻形势，决定必须加快经济发展方式的转变。当前，许多领导干部的经济发展方式观念，与构建和谐社会的要求还不相适应，领导创新思想观念，形势紧逼，已到了"坐不住"的关口。

3. 赢得国际竞争优势的战略选择，决定领导创新发展观念到了"慢不得"的地步。经济史表明，世界经济在历次大的危机后，都会有一个结构的大调整、大变革。百年一遇的国际金融危机的惊涛骇浪还未平息，一场争夺未来发展制高点的大赛已悄然展开。全球主要经济体都在为下一步发展进行战略新布局，纷纷把新能源、新材料、生物医药、节能环保、低碳技术等作为新一轮产业发展投入的重点。我们应顺应国际经济发展大势，充分利用好我国经济率先回升的先发优势和良好条件，及时抓住机遇加快转变经济发展方式。

二、领导发展观念定式是经济发展方式转变的障碍

加快经济发展方式转变，最大的障碍就是一些领导干部思想认识上的不理解、不到位。也正是因为如此，才出现了领导干部重"政绩"、人民群众看问题的偏差与尴尬。目前，领导干部思想观念中存在以下几种思维定式。

1. "粗放型增长"观念，使资源消耗较大。在发展思路上，有些领导干部忽略基本国情，认为"外来的和尚会念经"，误认为国外的、发达地区的观念都是"先进"的，政策向"洋"倾斜。一些后发地区容易沿袭发达国家、发达地区成功的发展经验和发展模式，走那种依靠大量消耗资源、

能源而换取经济高速增长的"老路",与先发地区同业竞争、同构发展的"熟路",粗放发展、低质增长的"套路",牺牲人文、生态环境为代价的"弯路",跳不出传统发展思路的束缚。有的领导干部盲目上项目、盲目铺摊子,向环境、资源索取较多,在赢得经济增长的同时,对自然资源采取杀鸡取卵、竭泽而渔的方法,使环境压力急剧上升,能源土地资源难以为继。有的领导干部尽管懂得集中集聚集约发展、有污染须治理的道理,但是到了经济发展与环境发生矛盾的时候,常常是项目建设优先,能源消耗和环境污染问题的处置在后。虽然近30年来我国经济高速发展,取得了很大的成绩,但能源资源付出的代价过大,环境污染严重。这样的发展观念严重制约了经济的可持续发展。

2. "见物不见人"观念,使民生改善较少。传统的发展观,偏重于物质财富的增长而忽视人的全面发展,简单地把经济增长等同于经济发展而忽视经济社会的全面进步。一些领导干部往往走经济发展较快、老百姓得实惠少的"狭路",看不到群众对发展的新期待,为发展而发展,把一串串数字当做发展目的,而忽视了改善人民生活这一根本目的。一些领导干部虽然强调要提高人民生活水平,不断满足人民日益增长的物质文化需求,但对经济社会发展、城乡发展、发展与富民统筹不够,改善民生注重老百姓生存性需求,而忽视老百姓的发展性需求和幸福感的提升,这样的发展观念亟待匡正。在发展成果分配上的观念,一些领导干部往往难以做到公平和效率的合理兼顾,讲效率容易过于注重在一次分配环节上调动发展积极性,忽视社会财富在二次分配环节上的公平,忽视社会弱势群体日益增长的保障、救助需求和应有权利。

3. "GDP论英雄"观念,使经济效益较低。多年来推进转变经济发展方式虽有一定成效,但经济发展总体上仍呈粗放状态。"GDP崇拜"在一些领导干部心中仍驱之不散,重速度轻效益的现象还在一些领域存在。在发展绩效评价上,有的仅仅以GDP增长速度的快慢来衡量一个地区的发展水平和一个干部的发展政绩,而忽视人文的、资源的、环境的指标。在追求经济增长过程中,受"GDP论英雄"观念的影响,有些领导干部片面追求GDP、利润最大化,重视短期利益,忽视社会经济的"均衡"与和谐发展、可持续发展,忽视"社会责任"和文化发展。有些领导干部就往往想建最大的企业、最高的楼……或进入多少强,不愿意做夯实基础的事,发展质量不高,经济效益不高。尤其在应对国际金融危机中又曲解"保增长"目标,一些人又复发并滋长过多注重GDP的偏向,放松了经济发展方式转变和结构优化。如果在今后的发展中不能很好地解决这些问题，社会风险将会因积累而增大。

4. "小成即满"的观念，使经济发展较慢。"小成即满"思想，就是取得小小的成绩就自满自足，沾沾自喜，不思进取的消极思想。当前领导干部队伍既存在小胜即满、小富即安、小步慢跑和怕冒风险、怕担责任、求稳怕乱等思想，又存在锐气钝化、勇气弱化的现象。有的对前人的做法不敢变，怕出毛病、怕上级责怪、怕同级嘲笑、怕下级疑惑，对发展大局、人民利益考虑得少；前怕狼后怕虎，只防出错，不求出新。有的讲改革成果多，正视问题少；安于现状多，突破局面少；保护利益多，改变利益格局少；讲改革风险多，讲勇于改革少；算改革成果多，兴改革举措少。领导干部这样的思想观念难以适应科学发展。对于一个人来说，有了这种思想容易导致思想僵化封闭，盲目自大，得意忘形，跟不上时代的潮流，被社会唾弃；对于一个地区的发展来说，则会痛失发展机遇，停滞不前甚至出现倒退现象，可谓是"辛辛苦苦几十年，一夜回到解放前"，给发展造成不可弥补的巨大损失。

5. "重外贸拉动"观念，使经济发展力较弱。长期以来，我国重国际市场、轻国内需求，经济增长高度依赖国际市场，外贸依存度从改革开放之初的9.7%上升到目前的60%，远高于世界平均水平。如此之高的外贸依存度，带来与国际市场"同此凉热"的高风险度。长期以来，领导干部受"重外贸拉动"观念的影响，政府重国际市场开发，使我国企业自主创新能力不足，缺乏核心技术、缺乏自主知识产权，更多的只是依靠廉价劳动力的比较优势、依靠资源能源的大量投入来赚取国际产业链低端的微薄利润。即使我国是"世界工厂"的光环，也掩不住90%的出口商品是贴牌产品的尴尬。在巨浪滔天的金融海啸里，这些没有自己"头脑"和"心脏"的贴牌企业更容易"沉没"。

三、创新领导发展观念助推经济发展方式转变

推动经济发展方式转变，要取得实质性进展，首先要解放思想，创新观念，打破固有的思维定式，要有破釜沉舟的魄力，除掉那些不符合科学发展、与转变发展方式相悖的陈腐观念，换出一颗清新的"绿色大脑"，树立科学发展理念。

1. 必须树立"开拓创新"的发展观念。要创新观念，首先要有思想。没有思想，谈创新，是无源之水，是无本之木。创新观念说起来中用，领

导干部在工作中，不学习、不思考、不反省的却多，循规蹈矩的现象却较严重。领导干部要创新，要善于学习。"事有所成，必是学有所成"。领导干部要对照科学发展观的新要求，在回顾总结成绩中反省自己，在国际国内发展大格局中审视自己，用全面建设更高水平小康社会的标尺衡量自己，在解决与科学发展要求不适应不符合不协调的观念和问题中革新自己，切实做到"好字优先"、"好中求快"，走科学发展的新路。

2. 必须树立"以人为本"的发展观念。科学发展的根本目的在于推进人的全面发展，核心是"以人为本"，归根结底就是要让老百姓分享改革发展的成果。在转变发展观念上，要树立发展为人民的观念，领导机关和领导者应按照以人为本的科学发展观的要求，把人民的根本利益放在第一位，始终把提高人民的物质文化生活水平和健康水平作为发展的出发点和归宿，通过发展的具体实践真正把以人为本落到实处。

3. 必须树立"增长不是发展"的发展观念。经济增长是经济发展的基础，没有经济增长谈不上经济发展，但增长并不一定带来相应的发展。也就是经济总量扩大了，经济结构没有优化，经济增长的质量没有改善，国家的综合实力和人民生活的综合质量没有实质性提高等。要建立科学合理的考评指标体系，树立用发展方式的实绩决定干部的升迁去留的观念，彻底改变唯 GDP 论发展的观念。

4. 必须树立"可持续发展"的发展观念。"皮之不存，毛将焉附?"人与自然的对立统一客观上要求人们正确地认识和尊重自然界的基本规律，合理地改造自然界，实现人与自然的和谐发展。

5. 必须树立"统筹兼顾"的发展观念。要在中国这样一个人口众多、各地区经济不平衡的国家实现现代化，就不能简单地套用一些国家单纯地推进工业化的增长方式，而必须树立统筹城市与农村的协调发展，东部的率先发展与中部的崛起、西部的大开发、东北老工业基地的振兴相协调，制造业与服务业的发展相适应的观念。

（作者单位：中共永州市委）

加快经济发展方式转变
必须提高战略思维能力

罗昭义

深入贯彻落实科学发展观，加快经济发展方式转变，是我们党探索社会主义建设规律取得的重大成果和战略举措，关系到改革开放和社会主义现代化建设全局。

一、深刻认识在转变经济发展方式中提高战略思维能力的必要性

战略思维是指研究全局性、长远性和根本性认识规律的思维方式，是人们分析和解决宏观性、前瞻性、政策性等重大战略问题的立场、观点和方法，是对经济社会发展运动规律的思考与把握，是领导者思维能力、思维水平、思维成果的高度体现。而战略思维能力，指的是自觉认识事物发展的客观规律，确立战略观念，进行战略思考和研究，在工作中能够高瞻远瞩，对带全局性的计划和策略，对决定全局和长远的重大事情，进行正确筹划和实施。

首先，只有提高领导者的战略思维能力，才能提高加快经济发展方式转变的自觉性。当前，我国的现代化建设正处在一个关键阶段。本世纪头20年是我国现代化建设的重要战略机遇期，从现在到2020年只剩下10年时间，在未来这段时间里，能否推动科学发展、促进社会和谐，能否让社会主义中国在国际竞争中始终立于不败之地，一个重要的决定性因素，就在于我们能否在转变经济发展方式上取得实质性进展。多年来，我们推进经济发展方式转变取得了一定成效，但从总体来看，以速度型、外延型、粗放型增长方式为主要特征，资源消耗大、低技术含量、加工粗放的增长方式并没有根本性转变。以胡锦涛同志为总书记的党中央，正是从把握"后危机时代"的发展主动权，提升我国在世界经济格局中的位置，以及从解决我国经济运行中的突出矛盾，实现全面建设小康社会奋斗目标、满足

人民群众过上更好生活新期待的全局出发，作出了加快经济发展方式转变的重大战略决策。各级领导只有提高战略思维能力，才能深刻领会和正确把握中央关于加快转变经济发展方式的深刻内涵和精神实质，把思想和行动统一到中央的新要求新部署上来，审时度势，顺势而为，更加自觉、更加主动、更加坚定地加快转变经济发展方式。

其次，只有提高领导者的战略思维能力，才能准确把握加快经济发展方式转变的战略目标和基本要求。胡锦涛同志在省部级主要领导干部深入贯彻落实科学发表观、加快经济发展方式转变专题研讨班上的重要讲话中，系统提出了我国加快经济发展方式转变的总体战略布局，明确了八个重点：一是加快推进经济结构调整，把调整经济结构作为转变经济发展方式的战略重点；二是加快推进产业结构调整，适应需求结构变化趋势，完善现代产业体系；三是加快推进自主创新；四是加快推进农业发展方式转变，坚持走中国特色农业现代化道路；五是加快推进生态文明建设，深入实施可持续发展战略；六是加快推进经济社会协调发展，大力推进以改善民生为重点的社会建设；七是加快发展文化产业；八是加快推进对外经济发展方式转变，不断提高开放型经济水平。各级领导者只有提高战略思维能力，才能深刻认识和准确把握胡锦涛同志关于加快经济发展方式转变的战略目标和整体工作思路，做到在实际工作中突出战略重点，抓住关键环节，坚定不移调结构，更大力度抓创新，脚踏实地促转变，大力发展社会事业，切实改善民生，加强生态文明建设，使转变经济发展方式的成效不仅促进经济又好又快地发展，而且使人民群众享受到更多的实惠。

再次，只有提高领导者的战略思维能力，才能保持各种经济关系的协调性。从经济发展理论来看，经济发展方式转变体现在三个方面，一个是由主要依资投资、出口拉动转变到消费、投资、出口协调拉动；二是由过去经济增长过度依赖第二产业来拉动向第一、第二、第三产业协同拉动转变；三是经济增长由过去过度的依赖物质资源消耗转变到依靠技术进步、改善管理和提高劳动者素质。实现了这三个转变，我国经济就可驶入创新驱动、内生增长的发展轨道。而要实现这三个转变，关键是要保持各种经济关系之间的相互协调性。在"后危机时代"，我们在抓住结构调整的有利时机，保持宏观政策基本取向的同时，应特别加强宏观经济的协调性。一是内外需协调发展。对外要反对贸易保护主义，加大扶持力度，积极开拓国际市场，稳步扩大出口；对内要加速推进收入分配体制改革，提高劳动者报酬所占 GDP 比重、缩小收入差距及提高居民总体消费倾向，并建立和健全基本公共服务体系，形成有利于居民消费增长的社会环境。二是综合运用财政政策和货币政策，防止泡沫经济形成。三是保持金融市场协调发展。四是推动区域协调发展。一方面要继续实施区域发展总体战略，完善区域发展政策，推动形成东西部协调发展的合作和互动机制。另一方面要完善区域政策，调整经济布局，完善主体功能区建设。五是加大创新力度。把增强自主创新能力作为转变经济发展方式的中心环节。六是要基本形成城乡、区域协调互动发展机制和主体功能区布局。在我们这样一个13亿人口大国，既要有繁荣的城市，也要有繁荣的农村，两者要相互支撑；只有农业、农村、农民的问题得到较好解决，我国才具备经济发展和社会稳定的基础，才能实现城市的健康发展。各级领导者只有提高战略思维能力，才能从全局、整体上妥善处理各种经济关系之间的内在联系，加快经济发展方式转变。

二、加快经济发展方式转变中提高战略思维能力的途径

我们认为，在加快经济发展方式转变中提高领导者的战略思维能力，主要应做到：

1. 加强理论修养，努力提高理论思维能力。战略思维能力本质上是一种理论思维能力，需要深厚的理论功底。在加快经济发展方式转变中提高领导者的战略思维能力所需要的理论修养，主要是三个方面：一是学习哲学，掌握马克思主义的世界观和方法论。在某种意义上说，战略思维就是马克思主义哲学世界观和方法论在领导工作中的生动体现和具体运用。领导者加强自身的哲学修养，注重理论思维的锻炼，是提高战略思维能力的前提。通过学习马克思主义哲学，掌握观察、分析、解决问题的立场、观点、方法，科学判断和准确把握加快经济发展方式转变中的新情况、新问题。二是经济理论，特别是市场经济理论。应当说，改革开放以来，我们各级领导者的经济理论知识虽有很大提高，但经济发展中的新情况层出不穷，我们决不盲目乐观。三是各种专门的理论知识。各级领导者不但应当具有胜任本职工作的专业知识，还应当尽可能多地拥有一些历史、政治、文学、科技、法律等方面的学识。通过刻苦钻研，领导者具备这三个方面基本的理论修养，就具备了在经济发展方式转变中提高战略思维能力的理论功底。

2. 领导者要在加快经济发展方式转变的决策中正确运用战略思维。从领导科学的角度看，决策是领导工作的核心，在现代社会中，领导工作的

首要职能是决策。领导者在加快经济发展方式转变中正确运用战略思维进行决策，必须做到：一是坚持全局与局部相结合。作为一个领导者，应着力对具有战略性、全局性、关键性的问题进行深入研究，提出方向性的战略决策；同时要对具体问题，如产业政策、生产布局、重点工程、基础设施等，做出战术性决策，做到统筹兼顾，把宏观与微观统一起来。这样，就能够抓住本地区的大局，总揽宏观，搞活微观，把握整个领导工作的主动权。二是坚持内情与外情相结合。个别地区和部门领导者的决策方式至今依然是"内向型"的：他们只注重本地资源，不注意利用国际国内两种资源；只注重本地市场，不重视国际国内两个市场；只注重启动内力，不注意借用外力，不善于在更大的空间实现生产要素的优化重组，构筑自己的新优势。一个地方要实现经济腾飞，必须在充分启动内力的同时，最大限度地借助外力，把"内向型"决策转到适应社会主义市场经济发展要求的"外向型"决策上来。这是改革开放给我们的深刻启示，也是战略思维的基本要求。三是坚持决策的民主和集中的统一。加快经济发展方式转变中的问题是复杂的，领导者要作出正确决策，必须摒弃"一言堂"，建立领导、专家、群众三结合的民主决策制度。要尊重知识，尊重人才，广开言路，博采众长，积极吸收各方面的意见和建议，并在此基础上进行科学的分析、归纳、总结和提炼，做出符合本地经济社会发展实际的科学决策。四是坚持决策的科学性和可操作性相结合。加快经济发展方式转变中的正确决策不是最终目的，其最终目的是要落实，是要使经济又好又快地发展。所以，领导者在加快经济发展方式转变中的决策及其部署，既要有很强的思想性、指导性，又要具备很强的现实针对性和可操作性。只要领导者能在加快经济发展方式转变中做到上述四个结合，就能够抓住经济发展中的大局，总揽宏观，搞活微观，把握整个加快经济发展方式转变的主动权。

3. 注重对领导者在加快经济发展方式转变中战略思维能力的考核。一是要确立坚持科学发展、积极推进加快经济发展方式转变的用人导向。转变经济发展方式是一场持久战，很多是不能在一两任领导任期内所能完成的。因而既要看眼前或任期内的政绩，也要看长远的政绩；既要看可持续发展能力不断增强，还要看生态环境的不断改善，等等。各级领导者应该明确，那种"一届政绩完，竟需百年还"的事不能干；那种只要一时一地的"金山银山"而毁掉绿水青山，即以破坏资源牺牲自然环境和老百姓的生存条件为代价的事更不能干。应该把就业、资源、环境等过去被视为"软任务"的指标列入政绩考核范围，确立一种胸怀大局、着眼长远的符合科学发展的政绩观。二是创新符合科学发展政绩观的考核机制。在加快经济发展方式中要全面、客观、公正地评价领导者的政绩，一定要创新考核机制。做到坚持定性考核和定量考核相结合、集中考核和经常性考核相结合、党组织的考核和群众的评价相结合、做到既听取上级领导的意见、又要听取一般干部群众的意见。三是实施严格的政绩监督和政绩责任追究机制。对领导者战略思维能力的考核，不是为考核而考核，而是要对考核结果实行奖优罚劣。要通过检查、调研、督办、暗访等形式，及时发现领导者在加快经济发展方式转变中出现的问题，及时予以提醒和纠正。对于当时被认为是政绩，经实践检验明显虚假，造成严重损失的，必须进行责任认定和责任追究。使各级领导者真正为官一任，造福一方。

（作者单位：中共湖南省委党校 湖南行政学院）

以科学发展理念推动经济发展方式转变

肖 蕾

转变经济发展方式是关系国民经济全局的重大战略任务，这一任务的完成需要以适应时代发展要求的新的理念来支撑。

一、转变经济发展方式刻不容缓

1. 资源、环境的压力。从大多数国家的经济发展历史看，工业化从粗放型增长方式起步是一个共同现象。即在工业化的初期，企业总是倾向于大量使用廉价的资源，最大限度地扩大生产规模，尽快进行资本积累。因此，高投入、高消耗、追求高增长率和大规模生产是这一阶段工业增长的显著特点。而在发展中国家的工业化初期，除了上述特点外，往往还表现出以直接模仿发达国家成熟工业技术、因循发达国家的工业技术路线，以及对资源的高度依赖等特点。作为一个发展中国家，中国的工业化进程也必然具有类似于一般发展中国家的某些共性。从经济整体短缺到成为全球第二大经济体，我国也付出了很大的代价，如资源消耗过多、环境污染严重等。

从资源的压力看，《中国的能源状况与政策》白皮书指出，虽然中国能源总量比较丰富，但中国人口众多，人均能源资源拥有量在世界上处于较低水平。其中，煤炭和水力资源人均拥有量相当于世界平均水平的50%，石油、天然气人均资源量仅为世界平均水平的1/15左右。耕地资源不足世界人均水平的30%，资源状况堪忧。

从环境的压力看，我国的环境问题具有一定的特殊性，发达国家的工业化百年来分阶段推进，因而也是分阶段解决环境问题。而我国在30余年的快速发展过程中，污染物大量排放，超出环境承载力，生态建设也遭到较为严重的破坏，"先污染，后治理"的发展导向给环境带来了严重破坏。

资源紧张、环境破坏对现有的经济发展方式提出了挑战，只有转变经济发展方式才能应对已有的资源、环境压力。

2. 金融危机的压力。我国已经融入全球化进程，是世界经济体系的一个组成部分，全球金融危机对我国来说不是一件完全外部的事情，反思此次金融危机，我国在转变经济发展方式、促进经济协调发展上还需要下工夫。消费需求、投资需求和净出口需求是拉动经济增长的"三驾马车"，而现阶段，我国投资率偏高，消费率偏低；经济增长对国际市场的依赖程度高，国内有效需求不足。解决这一问题，根本思路是要转变经济发展方式。

3. 增长主义的压力。经济增长通常指产量的增加，国内生产总值的增长，即 GDP 的增长。然而，以 GDP 为中心的"增长主义"给社会发展带来了很多弊端。一方面，经济增长强调的是量的扩张，片面追求经济增长就会引发一些地方政府的"GDP 大战"、"跨越式发展热"等使资源环境蒙受严重损失的闹剧。另一方面，经济增长涵盖的内容局限于经济领域，不能反映社会发展的全貌。单一的经济增长往往建立在资源高消耗、环境高污染、劳动力低成本等因素上，却不会关注就业、社会公平、生态建设等社会问题。

二、转变经济发展方式需要更新发展理念

"转变经济发展方式"是一个长期而艰巨的任务，这一任务的实现和完成需要新的理念来支撑。转变经济发展方式是一个领导者执政理念的根本转变。

1. 以人为本的理念。以人为本，不仅主张人是发展的根本目的，回答了为什么发展、发展"为了谁"的问题；而且主张人是发展的根本动力，回答了怎样发展、发展"依靠谁"的问题。"为了谁"和"依靠谁"是分不开的。人是发展的根本目的，也是发展的根本动力，一切为了人，一切依靠人，二者的统一构成以人为本的完整内容。以人为本并不否认经济发展、GDP 增长，但它强调经济发展、GDP 增长归根到底都是为了满足广大人民群众的物质文化需要，保证人的全面发展，这是在转变经济发展方式的过程中不可偏移的准心。

2. 协调发展理念。以协调与和谐为目标的发展有别于以经济增长为唯一目标的发展，协调发展的理念强调要正确处理快与好的关系，"十七大"报告要求增强发展的协调性，努力实现经济又好又快发展。"好"字当头，要求"快"以"好"为前提，好中求快。不仅要继续保持国民经济快速发展，而且要更加注重推进经济结构的战略性调整，努力提高经济发展的质量和效益。

3. 创新的理念。转变发展方式必须富有创新的理念。"十七大"报告指出，提高自主创新能力，建设创新型国家，这是国家发展战略的核心。经济发展也应当是富有创新的发展，创新是一个国家或地区打开成功大门的"金钥匙"，是经济发展的不竭动力。创新，既包括思想观念创新、体制机制创新，也包括工作方式方法创新，创新存在于经济社会的各个领域。要通过建立激励创新的体制与政策体系，让全民创新的激情充分地迸发出来，动员全社会力量投身于国家经济发展的伟大事业。

4. 可持续发展理念。既满足当代人的需求，又不损害对后代人满足其需求的能力的发展即称为可持续发展。它缘起于环境保护问题，但今天已经成为涉及可持续经济、可持续生态和可持续社会三方面协调统一的全面性战略。它要求人类在发展中讲究效率、关注生态和谐与追求社会公平，最终达到和谐发展。转变经济发展方式是实现可持续发展的必然要求，必须以可持续发展理念为指导，既要达到发展经济的目的，又要保护好人类赖以生存的大气、淡水、海洋、土地和森林等自然资源和环境，使子孙后代能够永续发展和安居乐业。

5. 发展低碳经济理念。低碳经济是以低能耗、低排放、低污染为基本特征的一种经济发展模式，其本质是通过制度创新、技术创新和管理创新，从根本上减少人类对化石能源的依赖、减少二氧化碳等温室气体排放的可持续发展的生态文明模式。低碳经济发展模式是人类经济发展方式的一场深刻变革，不仅涉及传统的产业结构和能源结构的变革，而且也涉及人类传统生产方式、生活方式和消费方式的变革。发展低碳经济是转变我国经济发展方式的必然选择，对促进我国经济持续健康发展具有重要的战略意义。

三、树立科学发展理念，转变政府职能

转变经济发展方式长期没有做到，原因是存在体制障碍。因此，转变经济发展方式还需要扫除体制障碍，以科学发展的理念为指导，转变政府职能。

1. 提供科学的制度安排。目前，一些地方政府片面追求经济增长，"以GDP论英雄"，这与现行的"以GDP论政绩"的干部考核标准有关，领导干部是经济发展方式转变的组织者和推动者，因此领导干部树立科学发展的理念对转变经济发展方式具有重要意义。要完善干部考核制度，从对GDP的简单考核转变为对提高公共服务能力、扩大就业、促进社会协调发

展、保护生态环境和提高资源利用效率等综合考核，以引导各级领导干部按照新的要求去转变自己的职能，克服 GDP 崇拜，把主要精力放到推动经济发展方式转变上来。

2. 提供正面的政策引导。在转变经济发展方式中，企业的创新能直接带来低能耗、低污染、低排放，政府虽然不能代替企业，但也可以提供有效解决外部性问题的制度安排，在引导经济发展方式转变中发挥关键作用。政府的政策应当使价格完整地反映资源环境成本，应当促使企业把社会为其负担的成本内部化，以充分利用资源和防止环境污染，促进经济发展方式转变。

3. 提供充足的公共产品。提供公共产品可以说是政府在现代市场经济中的一种最基本的职能。政府应提供充分的公共产品，着力培育高级生产要素。文化教育、人力资源、生态环境、基础科学、经济信息、基础设施等的建设和发展，是经济发展的重要基础。在这些领域投资的收益会惠及整个社会，而这些靠以价格机制为核心的市场不能使生产和供给得到最优，这就需要政府承担起责任，做好公共产品和服务的提供工作，推动经济发展方式转变。

4. 提供公平的竞争环境。市场经济的精髓在于竞争，竞争的有效性有赖于公平竞争的环境。创造公平竞争的环境是政府的责任，也是政府的优势，政府应充当好"裁判员"，为市场公平竞争创造和维护必要的制度环境。

目前，转变经济发展方式对我国而言已刻不容缓，而我国综合国力的提升，科学发展观的逐步贯彻，政治经济体制的不断完善等都为转变经济发展方式提供了现实基础。随着政府职能的转变，领导干部发展理念的更新，转变经济发展方式的任务必将进一步落到实处。

（作者系中共湖南省委党校 湖南行政学院行政管理专业硕士研究生）

树立现代领导思维

——加快欠发达县市经济发展方式转变的关键

吴建平

转变经济发展方式，对诸多欠发达县市而言，就是既要解决发展失当的问题、加快产业结构调整，又要解决发展不足的问题、加速后发赶超进程。在这个迫切而艰巨的任务面前，领导干部是否具备现代思维，显得尤为重要。实践证明，各级干部特别是主政一方的县委书记，只有树立现代领导思维，提高战略思考能力，才能清醒把握事物发展的客观规律，对决定全局和长远的重大事情进行正确筹划和实施，牢牢掌握科学发展的主动权。

一、注重培养登高望远的战略思维

战略思维是关于实践活动的全局性、长远性思维。古人云："自古不谋万世者，不足谋一时；不谋全局者，不足谋一域。"万世之谋，全局之谋，就是战略之谋。战略思维能力是领导干部应当具备的基本素质，在转变欠发达县市的经济发展方式的实践活动中，更加需要各级领导干部跳出局部利益、谋划全局发展，跳出眼前利益、谋求长远发展，正确处理各方面、各阶段之间的关系。

对很多欠发达县市而言，缺少的不是市场赖以存在的劳动力和资本等要素，也不是脱贫致富的干劲和热情，而是高瞻远瞩、切合实际的战略目标和胸怀全局、科学合理的长远规划。因此，欠发达县市的领导干部必须具备战略思维能力，把全局作为观察处理问题的出发点和落脚点，以长远利益作为最高价值追求，认真研究区域战略目标、战略布局、战略重点、战略保障、战略步骤、战略转变等一系列事关全局的战略问题，带领群众确定一条既符合规律又适合自己、既管长远发展又具有操作性的发展道路。这是所在县市最根本的大局，也是领导干部最重要的职责。笔者担任县委书记的新化是全省最大的国家级贫困县，2006年人均GDP总量和人均一般财政预算收入，均不足全省的1/4，全县有近10万人尚未脱贫；全县交通、电力、水利等基础设施极为落后，产业结构很不合理；由于长期在艰苦条件下工作和生活，部分干部群众产生了随波逐流、坐等靠要的不良心态。几年来，我们跳出新化谋发展，将新化放在全省、中西部乃至全国的大背景中进行谋划，将新化放在较长的发展阶段中予以考量，提出了打造湘中区域性中心城市的战略目标，推进了"农业稳县、工业强县、城建兴县、旅游活县、文化塑县"的战略布局，确立了"兴工强农、基础先行、项目带动、协调发展"的战略重点，强化了作风转变、环境优化、项目建设等战略保障，极大地凝聚了人心、增强了合力，形成了科学发展、富民强县、加速赶超的良好态势。三年来，全县GDP总值分别增长11.9%、13.1%、13.9%，先后超过县域最高增幅、全市平均增幅和全省全国平均增幅，显示出又快又稳、跨越发展的强劲态势；2009年全县工业化率提高2.5个百分点，达到21%，迈入了工业化初期的门槛；城市化提高2.5个百分点，达到22%，湘中区域次中心城市雏形粗具。这些数据表明，在区域战略的引领下，新化经济发展方式的转变取得了初步成效。

二、注重培养随机应变的动态思维

相对于发达地区来说，欠发达县市的最大的矛盾不是发展不够"好"、不能持续的矛盾，而是发展不够"快"、很不充分的矛盾。欠发达县市要转变经济发展方式，必须有高质量的项目和高强度的投入。只有增量投入的持续扩大，才能推动经济总量的不断扩张，才能带动发展质量的有效提升，才能实现经济社会的全面跨越。如何充分利用发展机遇上项目、调结构、转方式，促进县域经济又好又快发展，是摆在欠发达县市领导干部面前的重要课题，迫切需要我们突破刻舟求剑的静态思维，具备应时顺变的动态思维。

"事未至而预图，则处处常有余；事既至而后计，则应之常不足。"动态思维要求用变化的眼光看待事物，在思维对象实际发生变化之前，就能够准确判断、把握、预计其未来可能出现的各种趋势、状态和结果，提高预见性和洞察力，增强对发展趋势的把握能力。作为欠发达县市的领导干部，要谋求区域经济的大发展，就必须有前瞻的眼光、高度的敏锐性、较强的预见性和洞察力。唯有如此，才能抢抓机遇，乘势而上，否则，就会被现象牵着鼻子走，永远落在别人后面。交通设施落后，是制约新化经济社会发展的最大瓶颈，多年来干部群众日思夜盼但又无可奈何。但作为主职领导，我们一直没有放弃努力。我们认为，在国家对融资、供地实施宏观调控的大背景下，欠发达县市的基础设施建设当然会受到影响，但随着宏观调控的日见成效和国际国内环境的不断变化，国家总会将关注的目光转向欠发达县市的基础设施建设。因此，我们在周边县市彷徨等待的时候，结合省、市、县实际，积极主动谋划了娄怀、张桂、湄琅等高速公路和沪昆高铁经过新化的走线，扎实地做好了支线机场、资江三桥、河道疏浚及省道争取等前期工作，谋划了投资总额超过 500 亿元的大量新项目、好项目。在 2008 年底国际金融危机猛然袭来、国家加大中西部基础设施建设及"十二五"规划编制等重要时刻，这些精心谋划、准备充分的项目纷纷进入中央、省、市投资计划。交通设施的改善，确立了新化在湘中地区的交通枢纽地位，促进了旅游、矿产、农业产品和劳动力资源向经济优势、竞争优势的转化，为新化经济社会又好又快发展奠定了坚实的物质基础。

三、注重培养多元互动的求异思维

世界上没有两片完全相同的树叶，同样，县域经济的发展道路也各不相同。这就要求欠发达县市的领导干部广开思路，打破常规，全面思考，立体分析，从照搬先进经验、被动接受区域辐射的常规模式中解放出来，充分利用地方特色和比较优势，不断发展壮大自己。

欠发达县市一般是传统的农业大县。这既是缺憾，但同时也蕴藏着机遇，只要敢于、善于"反弹琵琶"，这一劣势就可能转化为发展优势。例如新化，受历史原因和主客观因素的制约，一直没有跳出农业大县的圈子。但偏僻封闭的山区农村和传统粗放的低效模式，同时也给我们留下了难得的旅游资源：域内山川秀丽、风光旖旎，富自然之美；底蕴深厚、特色鲜明，富文化之美；民风淳朴、社群和谐，富生态之美。这就为新化发展旅游经济提供了难得契机。因此，我们经过认真分析后，突破思想禁锢，破除思维定式，放宽发展视野，提出了"旅游活县"的发展战略，将"发展旅游产业"当作致富百姓、发展经济的重要举措来推进。经过四年努力，新化旅游产业实现了从无到有、从弱到强的跨越式发展，扛起了湘中旅游的龙头，成为旅游者心驰神往的"新宠"，昔日的"穷山恶水"，正逐步向"青山绿水""金山银水"嬗变。2009 年新化旅游综合收入已达 GDP 的 6.8%，带动了现代服务业的快速发展。

四、注重培养统筹兼顾的系统思维

现代领导思维，追求的是最佳领导效果，不能局限于一时、一事、一地、一域、一个对象、一种方式方法。具备系统思维，对于领导者来说，就是要从客观实际出发，遵循和运用全面的观点、联系的观点、发展的观点、两点论与重点论相结合的观点来认识和处理问题，绝不能因为某些短期发展问题而困扰长期发展战略的有效执行，切实从制度、财力和人员上保证战略目标的落实和实现。

如果将欠发达县市的发展状况比喻成一只"木桶"，那么就会发现很多"短板"制约了这只木桶的使用效率，造成了诸多要素资源的浪费和闲置。因此，欠发达县市的领导干部必须跳出"就经济抓经济"的孤立思维，树立大经济的观念，将关系到经济发展大局的工作统统纳入到经济工作的范畴，为转变经济发展方式营造良好的软硬环境。受居民千百年积淀下来的生活陋习影响，很多欠发达县市都是脏、乱、差的"重灾区"，明显削弱了县域经济社会的竞争实力、制约着加速赶超的崛起进程，新化也不例外。为彻底走出这个环境、经济、社会相互牵制的"恶性循环体系"，我们将创建省级卫生县城、省级文明城市视为促进县域经济社会发展的"牛鼻子"，全党动员，全民参与，全县铺开，深入持续地开展了卫生文明创建活动。这一活动极大地顺应了人民群众改善生活环境、拓展文明领域的新期待和新要求，明显增强了新化对资本、人才等市场要素的吸引力和凝聚力，为转变经济发展方式提供了良好的氛围和平台。

思维是对领导活动起指导和决定作用的因素，是领导活动的灵魂。欠发达县市的领导干部，作为领导活动中占主导地位的思维主体，必须充分发挥现代领导思维在领导工作中的重要作用，提高自身综合素质，培养良好思维品质，在县域经济发展方式转变中创造出无愧时代的业绩。

（作者单位：中共新化县委）

以领导思维创新推动可持续发展

资金议

加快经济发展方式转变，是我国经济发展方式的第二次历史性转变，其实质在于提高经济发展的质量，实现经济社会的可持续发展。而推动中国社会的可持续发展关键在党，关键在党的各级领导干部，关键在各级领导干部创新思维方式。

一、可持续发展体现了思维创新的本质

可持续发展的主要目标是维护人类社会与自然生态环境和谐共处，使人类社会具有长远的持续发展能力，它要求我们的发展观从单纯追求经济增长的片面发展，转变为人、社会、自然的整体持续发展。这不是一般的发展思路的转变，而是一种思维方式的创新，体现了思维创新的本质。

一是思维的综合性创新。可持续发展思想从片面追求经济发展转变为追求人类社会的全面发展，它经历了一个由传统发展模式中的个体本位、群体本位向类本位转变的思维主体本位的变化过程，它打破原有思维的限制，把思维的触角从单面和个体拓展到人类社会和自然环境的各个部分和各个方面，在更高的层次、更广阔的背景和更广泛的关系中进行综合和思维，在人类社会、自然生态环境、经济增长等各种复杂关系和联系的网络上演绎推出人类社会可持续发展思想。

二是思维的超前性创新。可持续发展思想是对传统发展观的反思和批判，它克服了传统以经济为中心的发展思想，立足于现在展望未来，对世界未来发展的走向、趋势、可能、结局进行理性的思维和预测，规划人类社会未来的发展，以促进人类实现一种恢弘的超时空的全面发展，这种全面发展不断满足当代人和后代人的生存需要，实现人类及其文明的延续；并在每个历史时段上，都实现人类生活质量提高，经济不断发展，资源永续利用。

三是思维的多向性创新。可持续发展实现了由单向性思维向多向性思

维转变。人类社会的发展应该是多向性的全面发展。人类社会之所以长期存在单一的片面的经济发展行为，就是因为长期以来，在人类社会生产实践中人类思维的单向性，决定人类认识社会的片面性，片面地以经济增长的速度来衡量社会的发展，从而造成了目前人类社会环境污染、资源匮乏、贫富不均，人口爆炸等种种恶果，阻碍和制约人类社会的发展。因此，以单纯追求经济增长来促进人类社会发展，只能把人类社会引入资源日益枯竭、生态日益恶化的危机之中，是单向性思维所产生的苦果。而对人类社会发展及其过程进行多角度、多方面、多因素、多向度的观察和思考，把握人类社会发展的多种可能和趋势，采取不同的措施和对策以推进人类社会可持续发展的思维则是典型的多向性现代思维。

二、部分领导干部思维方式守旧制约可持续发展

在我国之所以目前可持续发展的实施现状令人担忧，很大程度上是因为部分领导干部思维方式守旧，局限于原有的思维方式和思维定式。

1. 静态思维：人的认识和行为产生偏差的根源

静态思维是一种凝固的、规范的思维程序。这种思维的特点就是死板的教条的演绎，静止地观察事物，不能把握事物的发展变化规律，对事物发展的复杂性、突变性估计不足，忽视对事物现象进行跟踪研究和把握，导致思想认识与社会实践之间产生偏差。当前这种偏差表现为，就是把党的以经济建设为中心的基本路线，片面地理解为单纯的经济增长和发展。毋庸讳言，以经济建设为中心是我党针对过去那种以阶级斗争为纲"左"的指导思想而实施的拨乱反正的伟大战略，以经济建设为中心实际上就是以社会主义现代化建设事业为中心，就是要求全党把工作重心转移到社会主义现代化建设事业上来，促进整个社会和人自身的全面发展。然而，实践中由于部分人以一种凝固的静态的教条的思维方式去认识，常常把经济"中心"理解为经济"唯一"，把社会主义现代化建设理解为单纯的经济增长，把人变成了实现经济增长的工具和手段，以追求物质生产资料增长为主要目的，而忽略人的精神需求、思想道德建设和人的全面发展，对精神文明建设和人的思想道德建设抓而不紧或者根本不抓，不惜以道德的沦丧来换取经济的一时"繁荣"。这种片面抓经济建设，而不顾社会精神文明建设和人的思想道德建设的行为，既不利于人的全面发展，也不利于社会的整体发展，更有悖于党的"以经济建设为中心"的基本路线。

2. 单向性思维：形成功利主义的价值取向

"有没有政绩，主要看经济"，这就是当前部分领导心中一种普遍存在的单向性思维。为了追求政绩，只考虑本单位、本部门、本地区的利益，不惜损害其他单位、部门、地区乃至社会和全人类的利益。为了追求政绩，不顾环境污染、生态失衡、自然破坏、资源耗尽，争上一些看得见、摸得着、见效快的"门面"工程，追求任期内能产生政绩的"快变量"，急功近利，杀鸡取卵，搞掠夺性经营和生产，一切以怎么"显眼"就怎么做，怎么有利于个人政绩就怎么做为工作重点，关心的是自己头上的"帽子"，屁股底下的"位子"，而不顾环境污染、资源浪费、自然破坏、人民群众的贫富，只盼着任其内"政绩显赫"后，便一走了之，包袱留给后任，后患留给人民，这与其说是"政绩"，而不如说是一种"劣迹"、"败迹"。

3. 非理性思维：产生鲁莽和轻率的工作决策

领导就是决策。现代领导日理万机，对每一事物和问题的处理都应做出慎重的选择和决策，在瞬息万变的现代社会，领导的每一选择和决策都会对社会和人民产生影响。然而，部分现代领导局限于感性直觉和感觉经验，跟着感觉走，凭感觉决策，凭主观臆断，草率鲁莽，"立项目时拍脑袋，批项目时拍胸脯，出了问题时就拍屁股"，缺乏慎重的调查研究，缺乏严肃的立项论证，更缺乏作为领导者的使命感和责任感，或为迎合上级领导，或为盲目攀比，或为一己之私，根本不顾本地区、本单位的工作实际和状况，根本不顾环境污染、资源耗尽、生态失衡，盲目地贪大求洋，争项目，争投资，拼设备，拼消耗；争建开发区，投资房地产，不少轰轰烈烈的"拍脑袋、拍胸脯"的大项目、大工程，如今成了自然资源破坏殆尽、生态失衡的"大包袱"、"大后患"。人民群众为这些"包袱"、"后患"所带来的困扰怨声载道，真可谓是"一人非理性决策，数代人喝不完的苦酒"。

三、创新领导思维方式，推动经济社会的可持续发展

从上述分析可看出，可持续发展不是一般的发展思路的转变，而是人的思维方式的创新而导致社会发展观的更新。因此，推动中国社会可持续发展，领导者要立足于创新自己的思维方式。

1. 确立科学的世界观和价值观

科学的世界观和价值观是人们正确的思维方式和行为的基础。推进中国社会可持续发展，领导者科学的世界观和价值观特别重要，在处理人与自然、环境、社会以及当代人之间、当代人与后代人之间的矛盾上，领导

者有了科学的世界观和价值观，就能在认识自然、改造自然、处理社会矛盾时，转变人是自然的主人、无穷无尽地向自然宣战、索取的世界观，树立人类与自然平衡协调、爱惜资源、爱护环境、尊重社会的世界观；就会转变追取个人功利主义、个人本位主义的非理性价值观，树立集体主义、社会主义的理性价值取向和价值观念；就会转变单纯追求经济总量增长的传统发展观，树立经济、社会、精神文明、物质文明等相互协调发展的可持续发展观；就会转变只追求物质享受的毫无节制的消费观念，树立物质享受与精神文化需求相统一的消费观念，全面推进中国社会可持续发展。

2. 把握可持续发展思维方式的时代特征

一般说，现代领导采用什么样的思维方式，并不完全取决于个人因素，而是和时代的特征、科学的发展、民族文化的传统等有着密切关系。当前，时代已从单纯追求经济增长的片面发展向人类社会可持续发展转变，现代领导的思维方式也应适应社会和时代的发展要求，迅速实现思维方式的转变。首先，应该变一维单向的思维方式为多维的、系统的思维方式。其次，应该变静态的、超稳定性思维方式为动态多变的思维方式。再次，应该变习惯、保守性的思维方式为创造性、开拓性的思维方式。

3. 培养自身良好的思维品质

现代领导者要实施有效的领导，就应追求各种思维方式高效的综合运用，以达到思维的最佳效果，就必须在实践工作中不断培养自己良好的思维品质，这种良好思维品质主要表现为五个方面：一是思维的独立性。二是思维的广阔性。三是思维的深刻性。四是思维的超前性。五是思维的系统性。传统发展观的哲学基础是人类中心说，它导致人的思维局限于人的范畴，而人和自然、资源、环境、生态的协调、和谐、统一，则是可持续发展观的哲学基础。可持续发展思想就是要求人们用系统的观点来对待自己和他人，调整人和自然、环境、资源、生态的关系。推动中国社会可持续发展，现代领导就应具有系统的思维，善于从整体和全面出发去思考和分析问题，把问题和对象放在与之紧密联系的有机整体中去分析研究，从问题和对象本身所固有的各个方面、各种联系上去把握问题，去解决问题，以促进人类社会自身，人类与自然、环境、生态等和谐的发展。

（作者单位：中共湘潭市委党校）

坚持科学领导是加快经济发展方式转变的根本保证

冷福榜

转变经济发展方式，是我们党在新时期发展中国经济的战略选择。坚持科学领导是加快转变经济发展方式的根本保证。

（一）

首先，从我国实现经济发展第一轮转变来看，坚持科学领导是根本前提。改革开放以来，我国经济发展方式的第一轮转变，是在摒弃传统计划经济时期发展方式的基础上实现的，是一次全方位、历史性的转变。实践表明，这一轮转变，显著改善了我国经济社会结构，促进了开放型经济体系的形成，推动了国民经济快速发展，提高了人民生活水平，增强了国家综合实力，作用巨大，意义深远。这一轮转变是在什么背景条件下实现的？具体地说，是以经济建设为中心，以改革开放为动力，以党的政治优势为保证，较好组合和利用了市场大、劳动力成本低而素质较好、工业体系相对完整及基础设施持续改善等有利条件，才形成了粗具中国特色的经济发展竞争优势。这一轮转变尽管有许多不足之处，但从总体上看是比较成功的。

其次，从抓住机遇、应对挑战来看，能否实行科学领导是根本考验。党的"十七大"以来，理论界一直在讨论一个问题，我国经济有没有可能继续保持10至20年的高速增长。据有的经济学专家分析，在中国的工业化、城镇化进程大体完成以前，已经驶入快车道的中国经济完全有条件、有潜力持续保持快速增长的势头。但是，从另一方面看，近些年来我国经济社会发展也面临一系列新挑战。来自国内的挑战主要有：生产要素成本普遍上升，资源约束日趋强烈，生态环境治理任务更加繁重，金融体系的风险越来越大，发展不平衡加剧和收入差距扩大趋势可能影响社会稳定，等等。来自外部环境的挑战更是复杂多变，例如，由于国际经济秩序不合理，特别是由于以美元为主导的国际金融体系不健全，经济全球化可能带来全球经济运行的风险加大；随着全球经济规模继续扩大，温室气体排放对全球气候的影响将越来越大，国际社会和自身发展要求我国减排的压力会越来越大；随着以信息技术为主导的新科技革命的发展和生产要素成本的相对变化，我国作为发展中国家在经济科技方面面临来自发达国家的压力也将会加大。在这种情况下，如何抓住机遇、应对挑战，首先考验的是各级领导的科学性与有效性。因为存在的这些挑战和问题不是局部的、单一的、孤立的，而是带有全局性、综合性和彼此关联性的，也不是头痛医头、脚痛医脚可以解决的，必须有系统的、统筹的、坚强有力的措施，才能主动应对并妥善解决。

再次，从突破重点、加快转变来看，提高科学领导能力是根本条件。当前，加快转变经济发展方式，不是对已有发展方式的根本否定，而是对已有发展方式的完善与提升。因此，这种转变不同于第一轮转变，有其特殊性和难度，攻坚性和技巧性更强。要找准重点，突破难点，加快转变，收到实效，提高科学领导能力是根本条件与保证。一般认为，当前加快转变有三个重点：

一是要把发展的指导思想由主要追求经济增长转变到实现经济社会又好又快发展上来。我国在方方面面发生翻天覆地变化的同时，发展不平衡的问题更加凸现，已引起人们的担忧，因此，首先需要提高推动发展指导思想转变的领导能力。正如中央所要求的，"各级党委要准确把握发展趋势，科学谋划发展蓝图，努力创新发展模式，加强对发展的统筹协调，切实提高发展质量"。

二是要优化经济结构，推动实现多个转变。这主要包括：推动主要以低成本的物质和劳动要素投入为主的增长方式向以知识和技术投入为主的发展方式转变；推动高消耗、高排放、低附加值的产业结构向低消耗、低排放、高附加值的产业结构转变；推动城乡分割的发展格局向城乡一体的发展格局转变；推动区域非协调发展向区域协调发展转变，等等。毫无疑问，这些都是当前加快转变经济发展方式的重点内容。

三是要完善体制机制，为转变发展方式提供制度保障。这主要包括：通过深化财政、金融和规划体制改革，完善经济监管体制，提高宏观调控水平和防范各类风险的能力；为了抓住这些重点，加快经济发展方式转变，还必须力争在许多方面取得突破。一是要切实提高资源利用效率，减少污染排放；二是要转变政府职能，提高服务科学发展的能力；三是要深化国有企业改革，构建竞争新格局；四是要提高自主创新能力，完善国家创新体系，等等。要在这些方面取得重大突破，既是一场攻坚战，也是一场持久战，必须克服多种困难，排除各种阻力，但最主要的一条：就是要坚持社会主义市场经济改革方向，通过不断深化改革来推动经济发展方式的转变。党的十七届五中全会提出，改革是加快转变经济发展方式的强大动力，必须以更大的决心和勇气全面推进各领域的改革。而要保证改革真正成为加快转变经济发展方式的强大动力，关键在于提高科学领导的能力，特别是提高改革决策能力、改革协调能力、改革创新能力。

（二）

第一，要提高改革决策能力。早在改革开放初期，邓小平同志就反复强调，解决中国面临的问题，一要靠发展，二要靠改革。"发展是硬道理"，"不改革没有出路"，是他的名言。三十多年来，通过推行改革开放，中国的发展取得了巨大成就，但在前进中也出现了许多新的问题。要解决这些问题，既不能放松发展，也不能动摇改革。前进中出现的问题，仍然需要通过深化改革来解决。这就提出了提高改革决策能力的任务。

提高改革决策能力，一是要重视调查研究，掌握真实情况。比如说，公车问题已是 2011 年中央纪委监察部作为专项清理的一项重点工作。中央办公厅和国务院办公厅将要出台有关公车配备使用的新规定，这个规定将比过去更加严格。但是，目前对全国党政机关与行政事业单位公车配备使用的情况仍然不是很清楚，公车消费数额说法很不一致。例如，2009 年 7 月 4 日出版的《羊城晚报》刊载评论说："中共中央党校《学习时报》曾披露，2004 年全国公车消费达 4085 亿元。"而 2010 年 12 月 27 日出版的《中国经济周刊》报道称：目前全国党政机关及行政事业单位公务用车总量为 200 多万辆，每年公务用车消费支出 1500 亿~2000 亿元。目前对全国公务用车的情况还没有摸清楚，说明改革的前提工作还做得不扎实，公开性和透明度不够，要实现科学决策是做不到的。因此，提高改革决策能力，各级领导首先要重视调查研究，掌握真实情况和数据。二是要尊重专家意见，也要倾听群众呼声。每出台一项改革措施，应该听取和尊重专家意见，因为作为专家对某项事物或工作总是有专门研究，站得高，想得深，看得远，但有时也有片面性，容易受官方意志和既得利益者左右。而群众的呼声往往代表多数人的诉求，是制定政策的基本出发点。三是要坚持从国情出发，也要大胆借鉴国外先进经验。想问题、定政策、出措施必须从国情实际出发，这是一项正确原则，但也容易成惯性思维和处事保守的借口。发展市场经济，很多方面已经与国际接轨，改革和完善各种管理都要大胆借鉴、推行国外的先进经验和模式。比如反腐倡廉问题、促进社会公平正义问题、教育、医疗改革问题等，都要敢于和善于学习国外的先进做法。

第二，要提高改革协调能力。科学发展观的基本要求是全面协调可持续。发展要讲协调，改革作为推动发展的动力也要讲协调。这好比一台汽车，如果四个轮子中有的供力大些，有的供力小些，运行就难以平衡，就会失去安全保障。这些年来，我国在方方面面发生翻天覆地变化的同时，发展不平衡问题更加凸现，已经引起人们的担忧和社会不和谐。这主要表现在：一是城乡发展差距扩大。改革开放后城乡收入差距曾一度有所缩小，1983年城乡人均收入比为1.82:1，但后来又逐步拉大，2009年扩大到3.33:1。二是区域发展差距明显。2009年我国东部地区年人均收入为38587元，西部地区为18090元，差距达2万余元。从省际差别来看，最高的上海市年人均收入为76976元，最低的贵州省仅为9187元，两地相差67789元。三是除经济差距外，城市、区域之间基本公共服务水平的差距也较大。发展不平衡，概括地说，就是指在发展过程中出现了不协调、不匹配、不和谐的关系。造成当前我国发展不平衡问题的原因是多方面的，有自然原因、历史原因，但主要是政策和体制原因。政策和体制原因，就与改革不协调、改革后续措施与调查研究未跟上等有直接的关系。现在突出的表现，就是政治体制改革明显滞后于经济体制改革。除此，其他的一些改革由于进展不平衡、不协调，也带来了新的问题和矛盾。所以，转变经济发展方式，解决发展不平衡问题，要重视提高改革协调能力。十七届五中全会强调，必须以更大的决心和勇气全面推进各领域的改革。提高改革协调能力，就是要自觉、主动地保证各领域、各系统、各方面改革的深入、配套与协调，使上层建筑更加适应经济基础发展变化，更加适应经济发展方式转变与进步，为科学发展提供有力保障。

第三，要提高改革创新能力。创新是一个民族进步的灵魂，是一个国家兴旺发达的不竭动力。创新与改革是紧密联系的。没有社会改革，就没有民族、国家意义上的创新。改革是创新的动力和过程，创新是改革的目标和成效。改革不是为改革而改革，而必须体现创新的精神和成果。据2007年12月《解放日报》报道，湖南益阳市的板溪锑矿因涉嫌低价违规转让曾遭到职工强烈反对。因为购买方"西部矿业"仅出资5588万就可将价值几十亿的百年品牌买到手。其中有一个细节是这样的：2003年8月当地政府就作出了推动全市国企改革的决定，要求2年内必须完成改革，并纳入当地政府年度考核范围。而板溪锑矿的改革是县里最晚的，显然是拖了当地国企改革的"后腿"。这就意味着板溪锑矿的改革时间很紧，在紧迫的时间内完不成改革，那么在年度考核中，政绩就会受到影响。正因为如此，有关部门才想方设法推动板溪锑矿的改革。至于以什么价格转让，是不是按照法定程序办，对于一些领导管理者来说，已经不重视，重要的是只要有改革就行了。可见，这样的改革不是为了创新，不是为了促进经济发展，也不是为了建立现代企业制度，而纯粹是为了改革而改革。这样的改革没有创新和社会价值，自然遭到职工强烈反对。所以，改革要出成果，不能脱离创新，即创新出新的东西，包括物质的和精神的成果。

提高改革创新能力，一是必须强化学习意识，端正学习态度。学习意识是创新思维的前提，只有尊重前人和同时代人已有的成果，才可能在这些成果的基础上推陈出新。一个领导者，不论自己的工作取得多么大的成绩，都应该站在前人和同时代人的肩膀上思考问题，而不是撇开他们思考问题。二是必须树立问题意识，鼓励成绩面前找差距。中国人所崇尚的"学问"，既包括"学"，也包括"问"。没有问题，何来学问，何来长进！因此，问题意识对于创新思维来说是不可或缺的。在某种意义说，新提出来的问题越是典型，越是尖锐，提出者的改革创新能力就越强。一个高明的领导者在成绩面前，应该鼓励部下找差距，提问题，而不是与此相反。如果取得了一点成绩就沾沾自喜，不允许或害怕别人找差距、提问题，改革创新能力就难以提高。三是必须树立批判意识，激励创造性思维。创造性思维与创新思维是紧密联系的，只有敢于创造才会有创新。如果说，学习意识和问题意识是为创造性思维打下基础，那么批判意识就是对这个基础进行清理。从哲学的角度看，"批判"就是否定意义上的创造。改革深入到目前，要克服保守思维、惯性思维的消极影响，提倡进取、开放思维，激励创造与创新思维，必须树立和强化批判意识。批判意识就像拆掉基地上的旧建筑物，而旧建筑物被拆得越彻底，新建筑物也就越可靠，创造性思维的幅度也就越大，创新能力的提升也就越充分。推进改革、发展，就需要有更强的创造性思维和创新能力。

（作者单位：中共湖南省委党校 湖南行政学院）

领导干部观念的转变

——转变经济发展方式的题中要义

黄建明

转变经济发展方式，是胡锦涛总书记在党的"十七大"报告中提出的一个全新的命题，是党在探索和把握我国经济发展规律的基础上提出的重要方针；湖南省委要求全省上下以只争朝夕的紧迫感，发扬改革创新的精神，抢抓机遇、迎难而上，以建设"两型社会"作为我省加快经济发展方式转变的方向和目标，以发展方式的转变推进"两型社会"建设，推动经济社会又好又快发展，争做科学发展的排头兵。这对于我省今后经济社会的发展具有全新的指导意义，也对新形势下全省各级领导干部创新思维、转变观念提出了更高的要求。

一、转变经济发展方式必须以转变领导干部的观念开新河

转变经济发展方式内容丰富，涵盖面广，转变的方式有多种多样，但首要的、起核心作用是人的转变，是人的思想观念的转变。

转变经济增长方式，即从粗放型增长方式转变为集约型增长方式。这是针对我国过去存在的片面追求经济增长速度的实际情况而提出来的，实践证明，转变经济增长方式的理念，对指导我国经济发展曾经起到了非常积极的作用。但是，历史发展到今天，我们的经济发展理念仍落后于时代的要求。在新的发展形势下，按照科学发展观的要求，我们必须以人为本，从最广大人民的根本利益出发，努力实现经济社会全面协调和可持续发展。确定了这样的发展新目标，就不能单纯依靠转变经济增长方式来实现了。只有"转变经济发展方式"，才能有效实现"经济社会全面协调和可持续发展"的新目标。

科学发展观的核心是以人为本。以人为本的发展目的决定了经济发展方式必须转变。实现以人为本的发展，不仅要求始终把不断满足人民群众日益增长的物质文化需要作为经济发展的根本目的，而且要求经济发展方

式必须符合发展阶段和人民的新要求。这包括经济发展方式要体现发展内容的全面性，即符合全面建设小康社会的要求；要体现发展过程的均衡性和发展成果分配的公平性，要体现发展环境和条件的可持续性。这些都要求加快转变经济发展方式，从注重数量和速度的粗放型发展转向注重效益和质量的集约型发展。

转变经济发展方式，不仅是产业结构、需求结构、投入结构的调整转变，更是经济发展理念、思路、方法与工作方式的深刻变革，这就要求各级党员干部特别是领导干部在发展观念、思维方式上，必须彻底改变和摆脱既有思维方式的束缚和路径依赖，绝不能以牺牲环境和浪费资源为代价求得快速发展，绝不能以扩大社会矛盾为代价求得快速发展，绝不能以增加历史欠账为代价求得快速发展，要始终坚持以经济建设为中心不动摇，咬定科学发展不放松，充分发挥政府和市场"两只手"的作用，一心一意谋科学发展，坚定不移地坚持协调推进新型工业化、新型城镇化、农业现代化和信息化，坚持谋大谋深谋远，坚持统筹兼顾，坚持重视发展社会事业与改善民生紧密结合，坚持城乡区域协调发展，坚持经济效益、社会效益和生态效益相统一。

二、转变经济发展方式必须以转变领导干部的观念为动力

转变经济发展方式的关键是转变领导干部思想观念。领导干部观念转变的程度，决定和影响着经济发展方式转变的速度和力度。

转变经济发展方式必须重视发展社会事业和改善民生，由此，领导干部的思想观念就必须毫不犹豫地转变到发展社会事业和改善民生问题上来。从深层次上看，这实际上涉及对经济发展与社会发展关系的正确认识。经济发展是社会发展的基础和前提，社会发展是经济发展的根本目的和内在要求。发展经济只是一种手段，最终目的在于促进社会事业发展，保障和改善民生，不断提高人民生活水平和促进人的全面发展。近些年来，我国在发展经济的同时，更加重视发展社会事业和改善民生，采取了一系列重大措施，包括：取消农业税，结束种田交税的历史；实行真正免费的义务教育；建立覆盖城乡的社会保障制度框架；实施标准更高的扶贫开发政策；制定和实施中长期科技发展规划纲要等。这些措施取得了明显成效，经济发展与社会发展的协调性显著增强。特别是在应对国际金融危机冲击中，我们坚持把发展社会事业和改善民生作为扩内需、保增长的重要思路，从公共投资、项目安排和政策扶持等方面都给予重点倾斜，实践证明也是完

全正确的。国际金融危机和国内近年来的突发性灾难给我们的一个重要启示就是：越是在困难的情况下，越要注重发展社会事业和改善民生，这是贯彻落实科学发展观的重要任务，是全面建设小康社会的迫切要求，也是转变经济发展方式、扩大国内需求的重要途径和重要着力点。

每个地方经济发展不一，具体情况不同，抓转变都有不同的切入点。如果按固有思维，照常规办事，就没有多少创新，也不可能有大的起色，只能随大流，跟在他人的后头发展。要使当地经济腾飞，超越他人，就得有超强的智慧，比他人更高超的本领，这个智慧就是新的观念、新的思路，这个本领就是站得更高、看得更远，立足于当前，谋划于长远，不怕打破"坛坛罐罐"，不计较"一城一地"的丢失。近些年来，湖南省委省政府采取了强硬措施，关停了234家造纸企业，同时引进先进环保型生产技术设备，重点做大做强了50多家造纸企业。结果，不仅使环洞庭湖地区的造纸能力大大提高了，更重要的是使洞庭湖变大了变美了，从中可见决策者过人的胆略和魄力。观念的转变是经济转变的前提，观念新，决心就大，下手就狠，发展就快。

领导干部必须充分认识到在加快经济发展方式转变过程中实现观念转变的迫切性和必要性，用新理念谋划新思路，用新措施推动新突破，才能有力地推进发展方式转变，实现发展新跨越。思维创新、转变观念能使人耳聪目明，把住良好时机。市场瞬息万变，能否抓住时机，切中要害，关键是把握机遇，机遇不是时时出现，往往是一逝而过，谁能把握机遇，谁就把握了发展的主动权，谁就有可能抄近路，少走弯路，又好又快的占领制高点。谁把握了机遇，谁就有可能乘势而上，实现弯道超车，实现跨越发展。要抓住机遇，就得有敢拼敢闯、敢为人先的韧劲，不犹豫，不徘徊，看准了的事就办，不错过良机。不少地方发展总是天时、地利"运气好"，奥秘就在于，抓住了机遇，把机遇当作"宝"，紧紧跟踪毫不放松。

三、转变经济发展方式必须以转变领导干部的观念作保障

加快经济发展方式转变，既是一场攻坚战，也是一场持久战。

首先，转变经济发展方式要立足于满足人的需要。一是要满足人的基本生存需求。当人的低层次需求得不到一定程度的满足时，他的生命的延续就缺乏最基本的保障。当一个社会生活在低层次需求的人数较多时，这个社会就会动荡不安。所以经济发展与转型首要的、迫切的任务是解决弱势群体基本的生理、安全需要，尽可能地使他们的低层次需要得到满足，

然后培养高层次需要，这是一个社会稳定发展的基本条件，也是社会进步发展、文明和谐的标志和象征。二是要在改革与转变中，把"以人为本"当作加快转变的出发点和落脚点，让群众受益得利。三是要不断满足人们更高层次的需要。在经济发展与经济发展方式转变中使人们的物质生活不断提高，政治民主不断进步，文化生活不断丰富，思想道德和科技文化素质不断提高，人自身的政治、经济、文化、利益不断实现，人的全面发展程度逐步提高。

第二，转变经济发展方式要立足于使人民生活得更有尊严。转变经济发展方式本身就是一种人性化的回归，经济的发展必须以"让人民生活得更加幸福、更有尊严"为目的，以"以人为本"为指向。一是要把大力发展经济放在首位，把社会财富这个"蛋糕"既做大又分好，为人们在物质上和精神上都能活得更体面、更幸福，拥有尊严提供物质基础；二是应尽快走出片面追求 GDP 增长指标和"见物不见人"的发展误区，从更多关注群众的物质需求转变到更加尊重人的全面发展、满足民众更高层次的精神需求上；三是加快影响人民幸福感的经济结构和社会结构的调整。

第三，转变经济发展方式要立足于全面提高人的素质。当今世界，一个国家的现代化水平主要取决于人的素质状况，人的素质直接影响和决定着经济的发展潜力、发展速度和发展质量。一是全面提高人的素质可以促进经济快速增长。二是全面提高人的素质可以促进技术进步。三是全面提高人的素质是实现科技创新、产业升级、结构优化的深层基础。

促进领导干部思想观念转变，把实现人的全面发展作为加快经济发展方式转变的重要保障，要切实加强思想、组织、作风、制度建设。各级领导干部要努力掌握和善于运用贯穿于科学发展观之中的马克思主义立场观点方法，不断提高战略思维、创新思维、辩证思维能力，增强工作的原则性、系统性、预见性、创造性，正确指导加快经济发展方式转变的各项工作。要巩固发展解放思想大讨论和深入学习实践科学发展观活动成果，完善加快经济发展方式转变的体制机制和政策导向，引导各级领导干部进一步增强加快经济发展方式转变的自觉性和主动性。围绕科学发展选准干部、配强班子、聚集人才、建设队伍，从干部和人才上为加快经济发展方式转变提供有力保证；切实加强和改进新形势下党的基层组织建设和党员队伍建设，从夯实组织基础上为加快经济发展方式转变提供有力保证；加强党的作风建设，从营造风清气正的发展环境上为加快经济发展方式转变提供有力保证。

（作者单位：中共岳阳市委党校）

科学发展观与领导工作创新研究

谢光荣

一、领导工作创新的重要性

当前，我国正处于社会转型的关键时期，经济体制、经济运行方式、社会组织形式、利益分配格局和人民群众的思想观念、生产生活方式等，都发生且正在继续发生着深刻的变化。这些新的变化对各级行政领导的领导方法提出了新的更高要求和更为严峻的挑战。

传统行政领导工作方法的弊端也逐渐暴露出来，如运动型、指令型、封闭型、集权型、散漫型、随意型等行政领导方法明显已不适应时代的要求。权力过分集中，党政关系没有完全理顺；人治现象较为突出，法治领导模式有待进一步完善；"以领导为本"而不是"以人为本"的行政领导观念根深蒂固；行政领导过程暗箱化、教条化，缺乏有效监督与更正体制等落后的领导工作方法在我国众多具体行政领导工作中仍然时有发生，屡见不鲜。

可见，进一步改进行政领导方法和方式，实现行政领导方法的创新，不仅事关党和政府的领导水平与执政能力的提高，也是当前加强党的建设，做好各项行政领导工作面临的一个重大而紧迫的课题。

二、科学发展观在领导工作创新中起重要作用

科学发展观是坚持以人为本，全面、协调、可持续的发展观。

以人为本的观点，在于把人民的利益作为一切工作的出发点和落脚点，不断满足人们的多方面需求和促进人的全面发展；全面在于不断完善社会主义市场经济体制，保持经济持续快速协调健康发展的同时，加快政治文明、精神文明的建设，形成物质文明、政治文明、精神文明相互促进、共同发展的格局；而协调，就是要统筹城乡协调发展、区域协调发展、经济社会协调发展、国内发展和对外开放；可持续，则是要统筹人与自然和谐

发展，处理好经济建设、人口增长与资源利用、生态环境保护的关系，推动整个社会走上生产发展、生活富裕、生态良好的文明发展道路。

科学发展观的核心是以人为本，以科学发展观指导领导工作，体现了为人民服务的宗旨和以人为本的理念。作为国家公共权利的执行主体，公务人员特别是领导者的行政领导方法对实现政府的行政目标起着至关重要的作用。21世纪，国内外形势已经并将继续发生深刻的变化，新的行政环境和条件对我国各级政府的行政领导方法提出了新的要求和挑战。以人为本思想的深入人心，全面、协调、可持续的发展观决定了领导工作将不仅仅局限于旧有的僵硬的格局模式。因此，进一步改进行政领导工作方法，实现新时期行政领导工作方法的创新，是各级政府适应新形势、完成新任务的现实需要，也是做好各项行政领导工作的必然选择。

科学的方式方法是领导工作创新的重要基础。领导工作改革创新是一项系统工程，不仅体现在思想观念、价值取向和工作内容上，而且体现在领导形式和工作方式方法上。领导工作的内容与方式方法相辅相成，相互作用，两者缺一不可。内容为方式方法之根本，方式方法为内容服务。科学的方式方法，能够使领导工作的内容实质更好地得到实施，使领导工作的质量更高。方式方法创新在推进领导工作中具有基础性、支撑性作用，也是反映领导工作水平的重要标志。

科学的方式方法促进领导工作的自我发展完善。改革开放以来，领导工作在改革创新中不断丰富完善，取得了一系列重大发展和突破，同时也存在一些长期沉积的问题。因此，必须改革一些与经济社会发展不适应、不符合的方式方法。实践证明，推动领导工作与社会的融合和体制机制的创新，增强领导工作与经济社会发展的适应度，促进了领导工作的发展和完善。

科学的方式方法提高领导工作社会满意度。提高领导工作社会满意度，关键是坚持公道正派，坚持以人为本、以民为本，坚持利民、不扰民的治政方针，加强廉政建设，树立良好形象。这不仅要求领导人员解放思想、转变作风，而且要创新方式、改进方法，一方面进一步扩大民主，保证群众的知情权、参与权、选择权、监督权。如在干部的选拔培养与任用上，充分听取广大干部群众的意见，科学运用考察结果，量才适用，人岗相应，做到了群众满意，干部舒心，社会平稳。另一方面，践行科学发展观的核心理念，坚持以人为本，树立并加强为人民服务的意识，多解决一些突出问题、热点问题，提高广大人民群众对领导工作的满意度。

三、运用科学发展观创新领导工作的思路

在新形势下推进领导工作方式方法创新，必须深刻把握领导工作的时代特征，遵循科学的方法论，以开阔的思路广泛吸收和借鉴其他工作领域的先进经验和优秀成果，使领导工作方式方法具有时代性，富于科学性，体现创造性。

创新领导工作的观念，转变服务方式。领导工作归根到底是为人民服务。提倡服务型领导方式，要求各级领导放下架子，主动与基层接触，与广大人民群众和各类人才各级人员接触，鼓励他们说真话，听取他们的意见和想法，真正了解他们的工作、思想状况，为他们排忧解难，把政府职能所界定的责任落到实处，寓管理于服务之中。

创新领导工作的体制，运用民主方法。树立领导工作的民主理念，就是要尊重党员群众主体地位，切实保障党员群众民主权利，提高工作透明度，使各级党组织和广大党员的愿望得以充分表达，权利得到充分保障，不断增加和谐因素，减少不和谐因素，提高工作的凝聚力。要大力推进党内民主建设，努力探索扩大基层党内民主的多种实现形式。比如，对事业单位、农村、社区、企业、机关党组织领导成员，由党员大会或代表大会选举产生，使党员群众真正拥护的人走上领导岗位，切实解决基层领导班子战斗力不强、威信不高的问题。

创新领导工作的过程，引入市场机制。领导工作要适应形势的发展，既要发挥好党的政治优势和组织优势，调动一切积极因素，又要发挥市场机制作用，充分利用全社会的人力、物力和财力，激发广大党员和各级党组织参与政府工作的积极性，不断提高政府工作的政治效益、经济效益和社会效益。如探索组织工作中竞争性干部选拔方式，让更多优秀人才参与进来，让优秀人才在公平竞争环境中脱颖而出，形成良性、合理的有序竞争格局，切实防止选人用人中的不正之风，等等。总之，要使领导工作更加契合市场经济的内在规律，更加符合社会管理规律。

创新领导工作的技术，借鉴经济领域的一些做法。引入经济工作领域的有效做法，使领导工作更加规范化、精细化。在领导工作中实行成本核算，就是以最少的投入达到最好的产出，包括直接效益、长远影响、党内反应、社会评价等。要善于借鉴和运用现代社会发展成果和先进科技手段，在领导工作中注入新的技术元素，使之随着时代的发展不断进步，充满生机与活力。特别要充分发掘互联网的功能，拓展其服务人民群众、服务党

员干部、服务社会的功能，构建政务公示社区，建立治理范围内信息资源库，开设领导网上接待日，开展更大规模的与人民网上交流互动的活动，使领导工作与现代信息技术对接，建立领导工作信息新模式。

要正确处理继承传统与创新的关系。过去领导工作中形成了一些好的方式方法，要总结完善，不断发扬。抓住重点，带动全局。从解决事关全局性、根本性的问题入手，善于从重点部位和关键环节切入，不断破解难题。大力发展基层探索性的实践。根据形势、任务和环境的变化，还要不断深化对领导工作内在规律的认识，善于在继承的基础上，更新思想观念、工作方法、工作手段，在继承中发展，在发展中创新。

各级领导工作还要坚持求真务实的工作作风。创新不是标新立异，不是一味求新，不是图热闹、搞形式。工作方式方法创新要紧密结合工作内容，紧密结合工作实际，紧密结合人民群众的迫切需求，在务实中推进，在实践中创新。大力弘扬求真务实精神，倡导真抓实干的良好风气，不尚空谈，不慕虚荣，不搞"运动式"的"一阵风"，脚踏实地，使领导工作方式方法来源于实践，植根于社会，服务于群众。

（作者单位：娄底市煤炭局）

赢在理念的新加坡

曹桂清

转变经济发展方式可以从多方面探讨，借助别国的成功经验，对于我们尽量减少失误，推动经济社会快速发展是十分必要的。

新加坡是个岛国，四面临海，新加坡又是个小国，驾车环游，1.5个小时就能周游全国。新加坡还是个"穷国"，穷就穷在它的资源，就连淡水都靠进口，然而就是这样一个小国（面积707平方公里）、一个岛国、一个资源匮乏之国，它却是一个世界上公认的现代化之国。新加坡是世界上第四大金融中心、码头集装箱吞吐量最大的航运中心、世界第三大炼油中心，世界500强企业大部分总部或地区总部设在新加坡，它的人均GDP2009年达到3.7万美元。新加坡330万公民，170多万永久居民人人有其居，不为房发愁。教育、医疗等社会保障在新加坡人心中不是一个犯难的事情。公认的小国，公认的资源匮乏之国，为什么会成为公认的现代化之国、公认的花园之国？新加坡的建国史给了清楚的回答：1965年，新加坡因为穷得民不聊生，穷得腐败横行，穷得社会秩序混乱，马来西亚当局以甩掉包袱为目的，宣布新加坡不再是该国的自治邦，要求其独立建国。此时用一穷二白来概括新加坡是名副其实。探寻新加坡45年的发展史，让它短期腾飞的主要原因是什么？

一、不断转换发展方式，是新加坡经济腾飞的法宝

探索新加坡经济发展的轨迹，不断转换发展方式的痕迹非常明显，不同年代，经济模式各不相同，20世纪60年代劳动密集型经济，70年代资本密集型经济，80年代技术密集型经济，90年代知识密集型企业，目前他们大力发展服务型经济。60年代，他们无资金、无资源、无技术，这种情况下他们立足国情，对外开放，发展劳动密集型产业，主要从事低端制造业（纺织业、制鞋业、电子产品加工组装）、修船业。70年代，他们有了一定经验，有了一定积累后，面对同行业的竞争，他们及时转型，发展资本密

集型产业，主要从事造船业（修船升级为造船）、石化工业。这两个行业，一是资金投入大，二是石化工业需要原油，但他们抢占先机，依托世界市场都很好地解决了。第一次成功转型，新加坡经济社会发展有了质的提升。80年代进一步转型升级，用技术密集型产业替代资本密集型产业，电脑等信息产业成为先导产业，经济突飞猛进使新加坡成为亚洲四小龙；90年代升级为知识密集型产业，大力发展生命科学、制药、环境保护等产业。目前，在此基础上，大力发展服务业，提出服务出口的理念。提出总部经济，把跨国公司的总部请到新加坡来；提出教育出口，医疗服务出口的理念。新加坡整合世界优质教育资源，对本国公民的教育是社会福利化服务，但对国外到新加坡留学的学生却是商业化服务。"9·11"事件之前，世界上很多富人都到美国体检、保健、就医，但"9·11"事件之后，美国入境政策从紧，新加坡抓住这一机遇，整合世界优质医疗资源，把从前在美国就医、保健的这些富人、这些国际"病人"请到新加坡来（他们近期目标是让每年100万国际"病人"来新加坡就医），拉动新加坡第三产业，今年五月份影星赵薇在新加坡生孩子，就是国际"病人"的一个例子。每一个国际"病人"、每一个留学生都在新加坡有一笔不菲的消费。纵观新加坡发展史，就会清楚发现，不断转型升级，是他们成功的法宝。

二、转换理念，合理定位，会变"没有"为"拥有"

新加坡本国有资源吗？没有，新加坡本国有市场吗？也没有。但新加坡转换理念，合理定位。一是推出总部计划，把世界大企业特别是500强企业总部或区域总部请到新加坡来，2010年重量级企业总部或区域总部将达到500家，总部的作用在哪里？"总部"在产业链的开发端运作，推动新加坡技术创新。"总部"在新加坡配置各项生产要素、整合世界市场和资源，"总部"带动新加坡服务业，通过"总部"变没有为拥有。二是鼓励本国企业走出国门，带技术、带资金、带品牌，利用国外的市场、资源、劳动力等资源发展壮大企业。苏州新加坡工业园就是新加坡企业走出国门，整合世界市场和资源的一个范例。

不断转型，使新加坡始终抢占经济发展的先机，不断转型，使新加坡始终成为行业发展的排头兵，拥有更多的话语权和定价权，不断转型，使新加坡有更多的机会抢占市场和配置资源。

（作者单位：中共常德市委党校）

创新领导观念谋发展

刘声华

领导观念和思路对于我们事业的健康发展起着重要的引领推动作用。炎陵县县乡两级领导干部以及村级干部务必站在炎陵经济社会发展大局、站在承担炎陵未来发展的历史使命、为子孙后代造福的高度，充分认识当前加快经济发展方式转变的意义，顺应全球低碳化发展潮流和经济社会发展的规律，清醒认识本地区的历史和现状，准确定位未来发展目标，树立低碳旅游发展思路，创新低碳旅游发展方式。

一、创新观念，明确思路

低碳旅游是指在旅游发展过程中，通过运用低碳技术、推行碳汇机制和倡导低碳消费方式，以获得更高的旅游体验价值和更大的旅游经济、社会、环境效益的一种可持续旅游发展新方式。发展低碳旅游，需要政府及其主管部门运用行政、经济手段创造有利的宏观环境和内在机制。

随着人类生态文明建设的推进和节能减排理念的深化，低碳发展和消费方式正日益影响和诱导着人们的生产和生活。旅游作为人类文明进步的产物，具有响应低碳经济模式，倡导低碳消费方式的先天优势。从旅游产业特征上说，旅游业是节能减排的优势产业，也是当前最适宜发展低碳经济的领域。未来20年或更长时间尺度内，低碳发展方式将成为重要的战略竞争高地，谁在低碳旅游发展方式转型，在低碳旅游目的地的构建进程中走在前面并有效推进，谁就会在旅游目的地竞争格局中拥有更大的发展机会和发展空间，拥有发展的主动权和话语权。

炎陵县人口不足20万，拥有2030平方千米的土地，森林覆盖率达83.5%，2009年获"中国绿色名县"和"中国十佳绿色城市"称号。无论是从"古、红、绿、俗"等旅游资源及其开发现状来看，还是从已确立的"生态立县、旅游强县"发展战略和"生态、宜居、文化"发展定位来看，以及从旅游发展的后发优势来看，炎陵县各级领导干部都应解放思想、创新观念，牢固树立低碳发展思路，打低碳牌、出低碳招，通过低碳吸引物的营造、低碳技术的运用、碳汇机制的构建和低碳生活方式的倡导来推动低碳旅游发展，进而努力创建低碳旅游示范区。

二、宏观统筹，微观服务

首先，政府及其旅游主管部门要制定一个相对完备的低碳旅游发展规划，确立炎陵旅游业节能减排的战略思想和阶段性目标，并对景区景点、乡镇社区、重点行业降碳节能提出具体要求或考核指标。同时，要明确各相关主体责任，建立协调机制，对启动、实施、宣传教育和成果推广应用等环节作出具体分工和制度安排。

其次，要争取将炎陵低碳旅游发展纳入国家应对气候变化和节能减排框架体系，以分享国家资源，更好地利用各项倾斜政策和专项资金，解决炎陵县缺资金、缺技术、缺人才等难以突破的瓶颈。

再次，要发挥政府公共服务职能，构建一个技术支撑平台。如建设低碳技术研发创新、策划管理机构，重点解决建筑节能、酒店节水、新能源利用、低碳交通工具营运、控污减排方法、农家乐小水能自给供电和沼气自产自供、新技术成果转化、重大节事活动的低碳策划宣传等问题，为低碳旅游开发提供技术服务和支撑。

三、政策引导，定标示范

一是政府可运用产业政策、财税政策、人才政策、环保政策和行政管理等宏观调控手段，鼓励扶持各旅游行业主体开发低碳旅游产业。政府在公共财政预算中应安排旅游业节能减排专项资金，对低碳旅游示范点和绿色环保旅游产品给予直接投资或补贴，同时起到引导社会民间资本投入的作用；政府相关职能部门可引导帮助旅游经营者有计划有步骤地改造更新运营技术和设施设备，通过使用清洁能源和环保交通工具、改造减排技术、实现升级转型，以适应低碳旅游发展的需要。

二是政府制定标准，规范旅游业低碳化发展。要实现低碳旅游目标，仅仅把低碳旅游当作一个定性概念，喊口号式地运作是远远不够的，而必须要有量化指标体系。因此，应着手起草《炎陵县低碳旅游标准》来引导和规范。鉴于目前国内外没有低碳旅游的统一标准，我们在制定标准时可以参照有关研究成果，结合炎陵特点，分类进行，择期试行，能量化的量化，难以量化的则要有明确具体的操作行为规范。

三是组织实施示范项目和示范点建设，做好试点推广。可遴选有代表性的景区景点、旅游乡镇、社区街道、酒店宾馆和旅游项目或节日活动，对其进行低碳打造和包装，从不同层面进行试点，总结经验，形成模式，加以推广。比如，炎帝陵、神农谷景区的全面试点；策源梨树洲生态村、十都密花生态园、三河星光现代农业观光休闲村、大院生态农场等示范点建设；围绕"拜华夏第一祖、走井冈第一站、吸亚洲第一氧、登湖南第一峰"开发系列低碳游示范项目。

四是引导旅游经营者开发低碳旅游产品和低碳旅游方式。如将"古、红、绿、俗"旅游资源单项或交叉整合打包包装的低碳旅游线路产品；碳排放极低的自行车、徒步游产品；符合碳汇机理的旅游"碳中和"或"碳平衡"产品，即在出售或提供旅游产品时，附加出售低碳配套服务，要求游客对自己出游所直接或间接制造的二氧化碳排放承担中和义务，按碳中和所需的经济成本向相关专门机构或旅游经营主体支付一定的环保、低碳项目建设费用，或亲自参加植树及其他环保活动；鼓励或约束旅游者以共乘方式出游，公共交通条件成熟后，景区内禁止外来车辆、公务车及出租车进入，配置环保旅游观光车、电瓶车、畜力车、人力车等少污染或无污染的交通工具；对凡响应不使用一次性餐具和洁具、落实废弃物分类回收、不主动提供塑料袋、使用节能节水技术装置的商家标示"低碳营业商（酒）店"称号；配备负有低碳旅游推广义务的导游，向游客作低碳旅游宣传，并引导控制游客旅游行为。

四、宣传教育，营造氛围

研究表明。如果中国 13 亿人口积极参与节能减排 36 项日常生活行为，则年节能总量约为 7700 万吨标准煤，相应减排二氧化碳约 2 亿吨。如果全国照明有三分之一使用 LED 节能灯，则每年可节约用电 1680 亿度，相当于两座三峡水电站一年的总发电量。可见个人的节能减排潜力巨大。因此，政府和旅游主管部门要充分认识到个体对节能减排的作用，加强宣传教育，引导旅游经营者、旅游者和旅游目的地居民，使他们对发展低碳旅游的重要性和必要性有充分的认识，树立低碳旅游理念，进而向外界展示我县在低碳行动方面所作的努力和成效。

可考虑由炎陵旅游协会向全县旅游行业发出低碳旅游倡议书，鼓励旅游经营者签订低碳旅游协议，形成低碳联盟，推广、交流节能减排经验和技术，探讨如何从旅游经营各环节推行低碳方式、提供低碳产品、传播低碳文化，共同营造良好的低碳旅游氛围。

也可考虑由县旅游主管部门制定、发放低碳旅游手册。收集、整理国内外低碳旅游的实用技术和方法，按照旅游六要素精心设计，形成便于游客携带和操作、易于为旅游目的地居民所掌握和理解的低碳旅游手册。如"食"，调整饮食结构，不使用一次性餐具，优先使用当地原材料制作的食品等；"住"，不使用一次性洗漱用品，优先入住有节能减排标志的酒店或农家小旅馆；"行"，共乘交通工具，骑自行车，乘清洁能源电瓶车或步行；"游"，自备垃圾袋，不留碳足迹；"购"，少买或不买用塑料袋包装的旅游商品，优先购买当地特产和环保产品；"娱"，优先选择康体健身、休闲娱乐等低碳旅游体验活动。同时，开发并提供低碳旅游、节能减排的计算方式，让游客在每次旅游活动后，自行计算出从事低碳旅游所减少的碳排放，从而提高旅游者节能减排的成就和乐趣、意识和能力。

（作者单位：中共炎陵县委党校）

以科学发展观指导经济发展方式的转变

石 晶

改革开放以来，中国经济长期高速发展，是目前全球主要经济体中最高增长纪录的创造者和保持者，被称为"中国奇迹"。但与此同时，出现了经济结构和产业结构发展不协调、经济增长中大量资源被过度开发和生态环境的破坏以及地区间经济发展差距显著增大等问题。解决中国经济可持续发展问题，必须以科学发展观为指导加快推进经济发展方式转变。

一、从"转变经济增长方式"到"转变经济发展方式"

发展经济是人类探讨的永恒主题。发展模式是发展观念的具体体现。传统发展观的核心是物质财富的增长。这种发展观把经济发展等同于经济增长，并把经济增长率作为衡量经济发展的唯一指标，认为只要提高经济增长率，社会财富就会自然增长，经济会自然发展起来，而且认为物质财富的无限增长似乎是社会进步的唯一标志。在传统发展观指导下的经济活动，只考虑眼前的功利与实用，不顾及人类的长远利益。为了追求物质财富的增长，人们不顾一切地掠夺资源，使经济增长的目标建立在生态环境被破坏的基础上，社会两极分化趋势严重，忽视社会公平。使得我国经济增长中出现资源的高消耗、环境污染严重、产业结构失衡、居民收入差距扩大等现象。显然，这种发展模式难以实现经济、社会和环境的可持续发展。

中央从新世纪新阶段的实际出发，努力把握发展的宏观规律，着眼于丰富发展内涵，创新发展观念，开拓发展思路，破解发展难题，明确提出了要牢固树立和认真落实科学发展观的要求。这个"要求"强调的是全面、协调、可持续发展，经济、政治、文化全面发展。

经济发展不等于经济增长，经济发展方式与经济增长方式是两个既有联系又有区别的概念。"十六大"以来，基于改革的伟大实践，党对我国经济发展规律的认识取得了新的重大进展，最终形成了用于指导我国社会主义建设的科学发展观。与此相适应，"十七大"明确提出了以从转变经济增长方式到转变经济发展方式为内容的进一步转变我国国民经济发展方式的重要方针。"转变经济增长方式"改为"转变经济发展方式"，虽然一词之差，但寓意深刻，影响深远。这是我国经济发展方式的第二次历史性转变，其实质在于提高经济发展的质量：即主要通过科技进步和创新，在优化结构、提高效益和降低能耗、保护环境的基础上，实现包括速度质量效益相协调、投资消费出口相协调、人口资源环境相协调、经济发展和社会发展相协调在内的全面协调，真正做到又好又快的发展。

科学的发展观与转变经济发展方式，在马克思主义关于人得到全面而自由发展理论上存在内在统一性。马克思主义认为，生产力发展的根本目标是人类自身的发展；为了使广大人民得到全面而自由的发展，科学发展观的核心是以人为本，就是要以人民的根本利益为本，促进人的全面发展。转变经济发展方式，就是要使经济发展不仅涉及生产力的发展，而且涉及生产关系的发展；不仅包括经济数量的增长，还包括经济效益的提高；不仅包括社会财富的增长，还包括社会财富分配的公正、合理；不仅包括经济效益的提高。还包括社会效益的提高。这正是科学发展观以人为本理念的反映。其次，科学的发展观与转变经济发展方式，在发展观念和发展模式上存在内在统一性。科学发展观要求必须坚持协调可持续发展，要求现代化建设各个环节、各个方面协调发展，实现速度和结构质量效益相统一，走出一条节约能源资源、科技含量高、经济效益好、资源消耗低、环境污染少、人力资源优势得到充分发挥的可持续发展新路子。转变经济发展方式不仅包括生产从粗放型向集约型的转变，而且还包括经济结构优化升级、经济发展与人口资源环境相协调、实现经济社会永续发展，这一切正是科学发展观的内在要求。我国目前将中国特色社会主义事业的总体设计安排由原来的经济、政治、文化三位一体发展目标，转变为经济、政治、文化、社会四位一体的发展目标，以发展内涵的全面性为出发点，要求在发展中兼顾整个社会包括物质文明、政治文明、精神文明、生态文明的全面进步。而转变经济发展方式同样包括经济、政治、文化、社会等方面的内容。经济增长的目标是 GDP 的增长，经济发展的目标是推动经济、政治、社会、文化、生态的全面发展，经济发展除了 GDP 的增长之外，还有整个社会的发展和进步。

当前影响我国国民经济未来发展的因素已不再局限于单纯的经济增长模式，而是已扩大和涉及整个国民经济结构的各个方面。只有在宏观上加强对国民经济运行和发展的调控，才能实现和确保我国经济社会又好又快地发展。转变发展方式，核心就是要坚持以科学发展观为统领，在加快上下工夫，在转变上动真格，在发展上见成效。

二、转变发展方式必须在着力点上加快推进

1. 坚持统筹兼顾、优化经济结构，协调发展

一要统筹协调经济社会各方面因素，实现经济发展方式的转变。经济发展方式可以理解为实现经济发展的方法、手段和模式，其中不仅包含经济增长方式，还有结构、质量、效益、等方面的内容。而且发展方式是由经济、政治、社会、自然等多个方面因素组合而成的方式，组合方式要比增长方式复杂得多，每个因素都对经济发展产生影响。以科学发展观为指导，不仅要求注重经济成长的数量与质量，而且也要重视社会成长的数量与质量。它涉及社会各方面发展的多重价值目标。这些目标之间相互影响和反馈，使得经济和谐与社会和谐相互促进。在此基础上实现科学发展。

二要抓住经济结构战略性调整这一经济发展的主线，着力解决服务业这个薄弱环节。经济结构决定资源消耗结构、收入结构、人口结构，影响着城市功能、环境质量、生活品质。调整经济结构就真正推进了经济发展方式的转变，使经济协调发展。调整经济结构重点要突破服务业这一薄弱环节。目前我国服务业发展存在总量不足、结构不合理和增长速度趋缓等矛盾，致使服务业增加值在 GDP 中占的比重不仅大大低于发达国家，也明显低于发展中国家的平均水平。发展服务业除了要靠有关的政策环境、人力资源、资金、技术外，最有效的办法是扩大开放。要充分发挥服务业在扩大就业、优化产业结构、提高国民经济整体效益和促进经济社会协调发展，落实贯彻科学发展观方面的重大作用，以实现制造业与服务业的发展相适应，对外贸易全方位展开与国内需求的不断扩大相平衡。

2. 坚持以人为本，注重人的发展和经济质量

一要充分调动人民群众的积极性、主动性和创造性。着眼于满足人民群众的需要和促进人的全面发展，着眼于提高人民群众的生活质量和健康素质，切实为人民群众创造良好的生产生活环境，让经济发展的成果惠及全体人民，这正是科学发展观的本质要求。

二要继续缩小贫富差距，保持和谐的收入公平关系。目前特别要强化对低收入群体再分配政策，低收入群体由于各种原因，仅靠市场机制是难以改善其收入状况的。政府必须通过再分配途径，在政策上给予各种倾斜

和优惠，使低收入群体能够通过非市场途径获得一部分收入。同时要提高培育、扩大中等收入群体的力度。共同富裕是社会主义原则和目标，衡量共同富裕的一个重要标准就是看是否扩大了中等收入群体的比重，分配格局是否逐步实现了中等收入者占大多数，其实质就是不断抑制过大的收入差距，走共同富裕的道路。

3. 建设资源节约、环境友好社会，发展循环经济

既要实现人与人之间的和谐共处，又要促进人与自然的和谐共生，使经济发展和人口、资源、环境相协调，实现经济和谐、持续、健康发展。

一要合理使用、节约和保护资源，提高资源利用率。我国人均资源量严重不足，人口多、资源相对不足的基本国情，决定了我国要建立健全资源有偿使用制度和法规，确保资源的合理开发和有偿利用。政府应积极利用财税政策，调控稀缺资源的供给和需求。如实行资源有价开采与使用，调动生产者开发和使用替代资源的积极性。

二要加大环境保护和治理污染的工作力度，强化环境质量的综合治理，使环境质量得到明显改善。要加快产业结构升级的步伐，加快从传统工业向新型工业的转化。停止和限制高消费、高物耗、低效率、低产出的产业和企业的生产。政府应制定和完善标准，对高消耗、高污染行业新建项目，要从能源、水资源消耗以及土地、环保等方面提出更为严格的产业准入标准。依法建立严格的管理制度，并加大执法和监督检查力度，以控制和治理污染。增加研发投入，完善创新载体，构建以自身企业为主体，科技人才高度集聚、产学研紧密结合的科技创新体系，并采取有效措施，加大技改力度，强化对引进技术的消化、吸收、创新，努力促进科技成果向现实生产力的转移，提高科技进步对经济增长的贡献率。大力发展环保产业，加强环境保护关键技术和工艺设备的研究开发，继续加快推行清洁生产技术。抓好重点流域、区域、海域的污染治理。

（作者单位：中共通道县委党校）

战略思维助推"两型社会"建设

——株洲市转变发展方式,建设"两型社会"的调查

陈明文

作为领导者,一定要有战略思维,对国际国内的形势有一个正确的判断,对本地的实际情况有一个清醒的认识,对地方的经济社会发展进行科学的谋划,这就是领导的大智慧。

近几年,株洲市社会经济发展快,城市面貌变化大,原因何在?通过调研,我们感到,株洲市成功的经验就在于株洲市委、市政府抓住了"两型社会"建设实验的大好机遇,通过科学谋划,在转变经济发展方式、加强城市管理等方面采取了一系列行之有效的重大举措,从而取得了较好的效果。

一、正确判断形势,抓住发展机遇

2007年12月长株潭城市群被国务院确定为全国资源节约、环境友好型社会(简称"两型社会")综合配套改革试验区,"两型社会"建设对株洲发展是有利还是不利?当时认识并不统一。有人认为,"两型社会"试验就是要限制传统产业的发展,这对于老工业城市株洲的经济发展无疑是有影响的,因此,产生了"有害论"和"限制论",是"穷人做富人的事"。株洲市委、市政府面对这些思想,积极引导,让大家认识到这是一个千载难逢的机遇。一是为株洲市的发展指明了方向,确定了目标;二是大大提升了株洲市的战略定位,使它和长沙、湘潭一起纳入了国家发展战略体系;三是获得了先行先试的政策,从而得到了先行一步的机会;四是能得到更多的"两型社会"建设的项目和资金支持;五是"两型社会"的建设对环境的改善,能增强城市的吸引力,有利于新型工业的发展。因此,株洲市委、市政府围绕"两型社会"建设,提出以"建设现代工业文明为特征的生态宜居城市"为目标,并通过实施发展"两型"产业、打造友好环境、推进改革试验、建设示范区、培育"两型"文化等措施,全面建设"两型社会"。

二、立足本地实际，科学谋划发展

面对"两型社会"建设的机遇，要促进本市经济社会的发展，就要进行科学谋划。

1. 坚持规划引领。株洲市委、市政府高度重视规划的作用，一是认真做好各项规划的编制与修订，从《株洲市总体规划》、《"两型社会"株洲核心区发展战略规划》到《株洲市综合交通体系规划》、《株洲市公共交通专项规划》等专项规划和各示范区、各重点项目的建设规划，建立了一套完善的规划体系；二是在规划编制与修订过程中，突出"两型社会"的主题，围绕这一主题调整区划，优化空间结构，加强环境保护，并具体体现在每个规划中；三是为充分发挥规划的指导与激励作用，株洲市的一个重大举措就是投资 1.2 亿元修建了建筑面积 10400 余平方米的株洲市规划展览馆，它是湖南省目前唯一一家城市规划展览馆，也是目前国内一流的城市规划展览馆。走进展览馆，株洲市区域规划的大气势就能尽收眼底。

2. 突出战略重点。株洲市委、市政府在对株洲的社会经济进行科学谋划中，围绕"转变发展方式，建设两型社会"的目标，确立了"四个十"的战略重点。即十大基础工程：包括高速公路、湘江五桥、湘江风光带、市中心医院、城市路网、垃圾焚烧发电厂和重金属工业废水处理厂、神农城、铜塘湾港区和物流园区、职教城。十大产业项目：包括轨道交通千亿产业集群、南车时代百亿工程、北汽控股南方生产基地、湖南华强科技文化产业基地、攸县煤电一体化项目、有色产业技改、航空城建设、风电产业园、釉下五彩陶瓷创意产业园、神农福地和湘水湾生态公园。另外，还有办好"十件民生实事"，推进"十大改革"。

3. 搞好示范带动。为加快经济发展方式转变，株洲市建立了三个示范区，并且各有分工。云龙示范区依托深圳华强、欧洲小镇、云峰湖公园等项目带动文化产业、物流产业、休闲产业的发展，建设生态城、文化城、旅游城；天易示范区重点发展风电等高科技产业、环保生态产业，建设创新科技园、生态工业园、生态宜居区；清水塘循环经济示范区把发展循环经济作为"两型"园区建设的核心，重点抓好株洲冶炼集团公司等企业的循环经济试点工作，全面推进清洁生产，加快循环经济产业发展，走出一条经济效益好、资源消耗低、环境污染少的新路径，在全国起到示范作用。

三、把握发展趋势，转变发展方式

要实现建设两型社会目标，就必须加快经济发展方式的转变。株洲市作为一个老工业城市，传统的生产方式占主导地位，要转变发展方式意味着要重新寻找出路，这是一个艰难的选择和决定。但是，株洲市领导以其特有的智慧和勇气毅然作出了自己的选择。

1. 注重发展"两型"产业。近年来株洲市加快调整产业结构，大力发展新兴战略性产业，努力实现从"高碳"向"低碳"、从"制造"向"创造"、从"黑色"向"绿色"转变，全面构建"两型"工业体系。一是实施"5115"工程。采取特殊政策、特殊奖励、特殊服务，培育一批旗舰企业，并充分发挥这些企业的引领带动作用；二是打造"五大千亿产业集群"。即轨道交通、汽车、航空航天、服饰、陶瓷等5个千亿产业集群。这五大产业都是"低碳"产业，技术含量高，资源消耗少，带动能力强。三是建设"五大百亿工程"。建设投资100亿的神农城，打造全球华人炎帝文化景观中心；建设投资120亿的湘江风光带，打造东方的"莱茵河"；建设投资150亿的华强文化产业基地，打造湖南的动漫、创意、休闲文化产业基地；建设投资100亿的职教城，打造中南地区最大的职业教育基地；建设投资20亿美元的中国美旗集团物流项目，打造美旗国际采购与区域物流中心华中基地，构建新型工业化的重要载体。这"五大百亿工程"，对提升城市品位，壮大城市实力，增强发展后劲，将起到十分重要的促进作用。

2. 强力推进污染治理。近年来，株洲市全面实施"蓝天、碧水、净土、静音"行动。一是严格项目准入标准，坚决做到"五个不批"和"三个不准"，环境影响评价和"三同时"制度执行率100%，环评执行率100%。二是加强减排治污，2008年不惜减少2亿元税收，拆除了华银电力公司2台12.5万千瓦火力发电机组高达180米的烟囱；2009年关停11家重金属污染企业和69家造纸企业，取缔24家"十五小"企业；完成二氧化硫减排项目和化学需氧量减排项目各30个，市区空气质量良好率达92.81%。2010年又拆除48根烟囱，城区累计拆除烟囱241根。三是加强湘江综合治理，完成了老霞湾港水变清一期工程及清水塘25口水塘镉污染治理，列入省、市限期治理的16家企业全部达标，湘江株洲段水质保持国家III类标准。

3. 积极创建低碳城市。在株洲，我们随处可见"低碳"融入城市生活的现象，"低碳"正成为株洲城市生活方式新标杆。在全国范围内，株洲市最早提出"低碳公交"理念，地方财政每年安排 1000 万元专项资金支持电动或"油－电"混合动力公交，三年时间，将用电动或"油－电"混合动力公交车取代现有的 700 多辆传统能源公交车。混合动力客车噪音低、无黑烟、出勤率很高，较传统柴油动力的公交车每百公里至少节油 5 公升。目前，正在制订创建低碳城市试点方案，准备从低碳产业、低碳交通、低碳建筑、低碳社区、低碳生活、低碳环境、低碳管理等 7 个层面着手，推动传统产业低碳化改造、大力发展循环经济和现代服务业；继续推行公交车电动化三年行动计划、推进出租车油改气工程；建设一批低碳示范建筑；制定政策、鼓励市民购买低碳产品等举措，为低碳城市建设谋篇布局。

四、创新工作思路，破解发展难题

要建设两型社会，转变发展方式，面临的困难和问题是不少的，要解决这些问题和困难，沿用传统的思维方式和工作方法肯定是行不通的，这就要求领导者要创新工作思路。

1. 过"关"斩"将"，抓住关键。株洲市委书记陈君文同志提出，推进城市现代化一定要"过五关、斩六将"。"过五关"就是要抓住五个关键，第一是明晰城市定位；第二是发展城市产业；第三是搞活城市经营；第四是提升城市品位；第五是塑造城市文化。"斩六将"从管理者层面讲，就是整治"软、懒、散"；从市容市貌层面讲，就是治理"脏、乱、差"。过"关"斩"将"这既是一种方法，也是一种态度和决心。

2. 三大战役，攻坚克难。这些年围绕城市管理、产业发展的重点、难点问题，株洲市领导提出要打好三大战役，集中力量，重点解决。一是打好城市提质战。主要是通过加强城市管理，搞好城市建设，改革城市管理体制等措施，不断增强城市的承载力和发展活力。二是打好园区攻坚战。主要是通过建设产业园区，培育产业集群促进株洲工业发展。三是打好旅游升温战。主要是通过做好旅游产业发展规划，建设旅游长廊，打造旅游精品工程来发展株洲的旅游产业。通过这三大战役，我们可以看到株洲的城市管理和城市建设实现了一个大跨越，走在了全省的前列；在园区建设、产业集群、经济发展等迈上了新台阶。

3. "四创四化"，群众动员。"四创"即创建国家卫生城市、国家交通管理模范城市、国家环保模范城市和全国文明城市。2008 年，株洲仅仅用了 8 个月时间，一次性完成 157 条小街小巷、38 条主次干道、40 公里城市道路、5.6 万平方米的人行道板、31 座临街建筑物、176 公里地下管线改造，使城市面貌焕然一新，先后获得了"国家卫生城市"、"国家交通管理模范城市"等称号。"四化"即实施城市绿化、亮化、美化和数字化。坚持连续2年大栽树、栽大树，全市共新栽冠木100多万余株，绿化率达到50%。完善了33条道路的路灯，亮化了10条主要干道、6个主要节点、4个标志性建筑、3条商业街、2个主题公园。提高科技手段，建设数字株洲，打造了三个数字化管理平台，水平居于全国一流。同时统一拆除防盗窗，安装隐形防盗网。通过这种方式，既动员了群众的广泛参与，也得到了群众的大力支持。

4. 管理到位，奖惩激励。一是责任分解到位。株洲市委、市政府安排部署的每一项工作，都有一份责任分解表，会把每一件事的领导、牵头单位、参与单位的工作、职责等都分解到位，使每个单位的职责都非常明确。各区、各相关职能部门要根据本单位、本部门的具体任务，制定详细的实施方案。严格实行目标管理责任制，层层签订责任状，形成逐级负责的目标考核体系；二是考评到位。设立专门的考评机构；制定了专门的考评标准；完善考评网络，建立四级考评体系；改进考评手段。三是督办督查到位。包括有专门机构督查；领导亲自督查；发动群众举报督查。如城管局颁布《关于奖励市民短信举报城市管理问题的通告》，对通过短信和彩信方式举报城市管理问题的市民进行奖励。四是奖惩激励到位。株洲市推出的奖惩激励措施，不仅体现在单位的目标管理上，而且具体落实到与个人的工作绩效以及监督举报情况挂钩。如在城市管理中，卫生监督员基本工资并不高，而收入也不低，其中相当一部分收入是通过奖励的形式获得的。同时，每个市民都可以通过短信举报城市管理问题而得到奖励。

（作者单位：中共湖南省委党校 湖南行政学院）

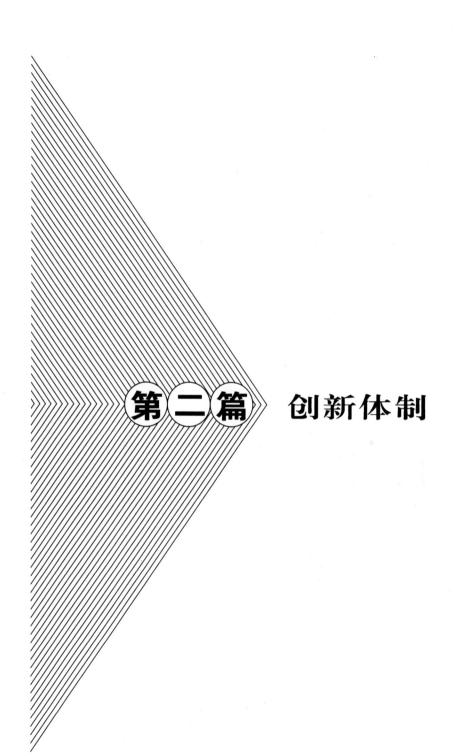

第二篇 创新体制

经济结构调整的前提与路径

曹炯芳

国内经济回升内在动力仍然不足，结构性矛盾仍很突出。结构调整不是权宜之计，而是战略之举；不是即兴之策，而是当务之急。

一、结构调整要把握好四个前提

1. 在保持一定投资强度的前提下调结构

要继续巩固经济回升的基础和保持经济稳定增长，投资的作用不可忽视。尤其是处于中部欠发达地区，处在工业化中级阶段的省份，保持一定的投资强度，有利于保持经济社会发展速度，有利于加快"两型社会"建设、新型工业化和新型城市化进程，也有利于经济结构调整纵深发展。调结构与扩投资并不矛盾，关键是要做好两者的有机结合，要在调结构中进一步端正投资方向，优化投资结构，提高投资质量；要在投资中明确产业重点，加快技术升级，增强附加效应。

2. 在着力扩大消费需求的前提下调结构

必须坚持扩大内需的方针，特别是要扩大最终消费需求，着力增强消费需求对经济增长的拉动作用，努力形成内需主导型经济。从现实来看，我们也具备立足于扩大消费需求推动发展的有利条件：一是消费结构面临升级；二是城镇化加速发展；三是消费者信心指数提升，十分有利于消费扩大。

3. 在加大民生改善力度的前提下调结构

中央经济工作会议指出"要把改善民生、发展社会事业作为扩大内需、调整经济结构的重点，坚定不移加以推进"。因此，我们要在保障和改善民生的前提下来思考扩内需、调结构的问题。扩大内需的内在动力在于居民的消费能力和消费意愿，居民的消费能力和消费意愿则取决于保障和改善民生的状况。居民收入水平高则消费能力强，社会保障到位则消费意愿强。我们要改革收入分配体制和格局，提高城乡低保标准；要推进城市户籍制度改革，消除农民进城限制，提高城镇化水平；要加快廉租房和保障性住房建设、教育及社区医疗卫生等改革，完善社会保障体系，使越来越多的人敢于消费。这是繁荣消费和调整经济结构的前提条件。

4. 在改革创新体制的前提下调结构

合理的制度结构与有效的制度创新是提高经济效益的基本保证。制度绩效是有生命周期的，这就决定了我们必须依据经济形势的变化而不断地进行制度创新。我们要依据经济关系市场化、企业行为自主化、宏观控制间接化、经营管理法制化等市场经济的四个一般特征，深化体制改革与机制创新，立足于企业内在力量来推动经济结构调整和经济发展，着力推进资源性产品市场准入和价格形成机制改革，推进财税体制改革，推进金融和外汇管理体制改革，推进国有企业改革和支持非公有制经济发展。还要深化收入分配体制改革，深化社会保障体系改革，深化医疗、卫生、教育等方面改革。

二、结构调整要着眼于七大路径

推进经济结构调整向纵深发展的核心，是着力于国民经济整体素质和竞争力的提高以及经济结构的优化升级，实现优势行业的规模化，区域经济的特色化，资源配置的市场化，经济运行的信息化。要实现这一目标，就必须着眼于"七大路径"选择：

1. 企业结构抓大不放小

从金融危机发生以来，很多地方所采取的应对危机、稳定经济的措施依然主要依靠政府出手。政府政策指向偏强弱小，在投融资和发展重点上重大轻小和重公轻民，使大量民营中小企业生存空间缩小，进而停产倒闭，造成"国进民退"，导致经济主体结构逆转。所以，我们必须坚持有进有退、公私兼顾的原则，支持大型企业继续做强的同时，不能忽略大量中小企业的生存与发展，从战略上调整经济布局和企业结构。一是做大做强优势企业。对那些符合国家产业政策、有发展前景的重点企业，要通过重点技术改造等措施，提高整体素质。二是做专做精一批中小企业。

2. 技术结构就高不就低

技术结构的状况和水平对整个经济的发展，社会的进步起着重要作用。在激烈的市场竞争中，能否在高新技术及产业领域占据一席之地已经成为竞争的焦点。要大力推进以自主创新为内核的新型工业化，积极促进高新技术产业化，不断优化企业技术结构，占领产业发展制高点，赢得市场竞争的空间。一是强化企业在技术创新中的主体地位。二是改善技术市场环境。三是促进科技成果转化。

3. 产业结构兴工不弱农

继续大力实施"一化三基"战略，坚定不移地走新型工业化道路。重点是推动产业升级换代，用信息化改造传统产业，加快发展以电子信息、先进装备制造、新能源、新材料、生物制药等为代表的高新技术产业，用信息化和高新技术改造与提升传统工业，不断提高工业产业结构的质量。农业作为重要的基础产业，只能强化不能削弱。要加强政府在产业结构调整中的宏观调控作用，大力实施农业结构调整与升级的战略，加大投入力度，改善基础设施条件，提高科技水平，转变发展方式，不断增强粮食综合生产能力、抗风险能力、国际竞争力和可持续发展能力。同时，努力发展现代农业，如生态农业、休闲观光农业等，积极推进其农业产业化进程，走信息化与农业产业化相结合之路。

4. 资本结构跑贷不轻股

从 2008 年四季度开始，出于全力保增长的需要，一些地方全力上项目、跑贷款，虽然保证了经济增长，但忽视了信贷结构的恶化。对此，中央经济工作会议明确了有保有压的信贷调整政策，即"加大信贷政策对经济社会薄弱环节、就业、战略性新兴产业、产业转移等方面的支持，有效缓解小企业融资难问题，保证重点建设项目贷款需要"。信贷结构的调整并不意味着收缩信贷，而是为了"提高信贷效益和质量"。我们要抓住此次调整的机遇，一方面，结合"两型社会"建设、新型工业化、民生建设和低碳经济等符合国家信贷支持政策的项目和企业，努力争取信贷支持。另一方面，要加大资本市场发展和直接融资步伐。调整和优化资本结构，还要发展资本市场，建立多元化的投融资体系，其中股票融资对于整个融资体系的建设，起着一个基础性的支撑作用。要积极创造条件鼓励大型企业（集团）上市，培育中小企业在国家创业板上市。通过资本市场上市，既有利于中小企业的公司治理结构，又增加了资本金的支持，还能带动信贷的进一步扩大，带动股权投资。

5. 产销结构重产不滞销

供应→生产→销售，即原料→产品→商品，应是一个完整的产销链，任何一个环节出问题都会影响经济效益与企业利润。结构调整丝毫不能忽视产销结构的优化，一方面要抑制过剩产能的继续扩张；另一方面要加强市场引导，鼓励订单生产，优化流通环节，加快产业升级。特别是在经济全球化加剧的今天，要注重企业升级和转型，向上下游延伸价值链，提升产品附加值和市场竞争力。既要注重产品的研发与创新，推进生产研发一体化，提升产品附加值，实现从"制造"向"创造"的质变；又要重视品牌经营和营销网络的建设，通过供应链整合资源和连接客户，畅通销售渠道。

6. 产品结构扶优不护劣

产品结构调整是经济结构调整的重要一环，要把产品结构调整作为实施战略调整的重中之重，着力培育一批有市场潜力、有区域特色、有科技含量和附加值较高、对战略带头产业和支柱产业有带动作用的优势产品，塑造湖南产品的品牌优势。具体来说，主要是通过扶优打劣，区别对待，来优化产品结构。对于适应市场需求、盈利能力强的产品，特别是那些高附加值、低资源消耗、高生产效率、低生产成本的具有自主知识产权的、科技含量高的品牌产品，要大力扶持；对于那些产能过剩、没有销路、经济效益差、没有竞争力的产品，要下决心淘汰；对于一些假冒伪劣的商品，要坚决打击绝不手软，从而实现产品结构的升级换代。要帮助、引导企业根据企业的核心能力和市场需求进行产品战略定位，推行差异化产品发展战略，即研发和生产区别于竞争对手并在行业内具有自身特色的产品，用特色来提高竞争优势。这种战略不失为在产能过剩、市场竞争不断激化态势下一种较好的产品调整战略。

7. 业态结构务实不避虚

国际金融危机发生以来，从虚拟经济领域衍生出来的金融泡沫，给实体经济带来了巨大冲击，但我们并不能就此否定虚拟经济的贡献和作用。在市场经济体制下，实体经济与虚拟经济密切相关、不可分割，并共同促进市场经济的前行，不可偏颇偏废。一方面，要发展壮大实体经济。实体经济是一个国家经济稳定运行的最广泛基础，直接决定了生产生活资料的供给，决定了人们生活水平提高的程度。实体经济指标往往反映在社会生活的各个领域，并直接与民生疾苦和企业生存联系在一起，越是在经济结构深刻变革的时期，实体经济的稳定运行对于维护社会经济秩序往往越重要。另一方面，要协调发展虚拟经济。虚拟经济可以通过独特的高流动性和高投机性，吸引大量闲置和分散资金投入股票、债券和其他衍生金融品等虚拟资本中，为实体经济提供金融支持；可以通过股权置换、控股收购等产权交易调节国民经济，使得资本结构处于一个不断优化的过程，从而提高社会资本的资源配置和实体经济的效益。因此，我们不能因噎废食，讳言虚拟经济的倍增效应，重要的是虚拟经济要与实体经济在发展速度上、在规模形成上、在比例确定上协调一致、统筹发展。

（作者单位：中共湘潭市委）

"两型社会"建设的必由之路

罗文章

　　2007年12月长株潭城市群被正式确定为国家"两型社会"建设综合配套改革试验区以来，取得显著成效，受到广泛关注。发展低碳经济是湖南"两型社会"建设的必由之路，不仅需要相关技术及相应制度变革，更需要领导决策思维和决策行为决策变革，以进一步提升领导决策水平，更好地服务于"两型社会"建设。

一、发展低碳经济呼唤领导决策变革

　　一般认为，低碳经济是一种以低能耗、低污染、低排放为特点的发展模式，是以应对气候变化、保障能源安全、促进经济社会可持续发展有机结合为目的的规制世界发展格局的新规则。其实质是提高能源利用效率和创建清洁能源结构，发展低碳技术、产品和服务，确保经济稳定增长的同时削减温室气体的排放量。其核心是能源的高效率和洁净的能源结构，关键是技术创新和制度创新。从世界经济发展不平衡、南北经济发展差距悬殊等角度来分析，低碳经济是发展中国家赶超发达国家、优化本国经济发展模式的一种最佳选择。

　　低碳经济作为一种新的经济现象或新的经济发展模式，其丰富内涵包括：①政治维度。所谓"低碳经济既是科学问题，更是一个政治问题"，讲的就是低碳经济中所包含的政治因素。②经济维度。从20世纪70年代开始，人类进入"后工业经济时代"，即新型工业化时代，这意味着必须对传统的经济发展结构作出调整，从高碳能源经济发展模式转向高能效、低能耗、低排放的经济发展模式，即低碳经济模式。③文化维度。低碳经济是与绿色文明、生态文明联系在一起的。低碳经济将导致一个彻底改变人类生产方式和生活方式的低碳文明。低碳经济要成为一个地区经济发展模式和政治选择，成为该地区先进文化代名词。它是一种文明进步的象征，将成为生活主流和城市发展主流。

若我们仅从低碳经济的基本概念和特点出发来解读它，那么低碳经济本身只是一种经济运行模式，一种微观领域的经济现象的理论阐述。但若站在政治的、经济的、文化的以及它们之间关系的角度来解读低碳经济，则其意境完全不同。当它作为一种政治选择，反映的是该国度或该区域将进入到一个新的发展阶段，将选择一种新的经济发展模式；当它作为一种经济制度，反映的是该国度或该区域要完全依托市场，采取市场机制充分发展新型工业化、新型农业化、新型城市化；当它作为一种文化内容，则显示着该国度或该区域在文化品位上的提升，在文明追求上的进步，在人的精神与大自然的灵魂之间架起一座相互默契沟通的桥梁；而当它作为政治、经济和文化共存发展的基础，低碳经济则是该国度或区域全民共同的愿景、选择和决策。因此，当今世界，各国各区域的战略决策都围绕着低碳经济而展开，这也就对一个国家或地区的领导决策层提出了一个更新、更高的要求。众所周知，中国的经济支撑重点是第二产业，能源消耗一直居高不下，碳排放量在世界仅次于美国，虽然我们并不认为采用低碳经济模式就一定意味着GDP下降，但要把一种结果预期不明确的事情付诸实践，肯定需要决策者的非凡的决策勇气和决策行为。

二、低碳经济条件下领导决策思维的变革

"两型社会"建设本身就包含着发展低碳经济，即低碳经济是科学发展的经济，首先应做到科学谋划，科学发展。而要做到此点，即需要引领社会发展低碳经济的领导更具有开放之心、谋划之心。因而，在领导决策的思维上首先就要具有发展低碳经济的肯定和决心。具体来说，发展低碳经济，领导应具有以下几种决策思维：

1. 战略思维

战略思维是指领导者应从全区域、全社会总体战略的角度来制定低碳经济决策和实施有关管理，以应对多变的外部环境，包括政治、经济、文化环境，全面发展低碳经济、绿色经济、人文经济。这种战略思维应包括具有全局意识、超前意识、创新意识、长远意识等。从发展阶段来看，无论国际还是国内，都刚刚破题；从涉及面来看，是一个涉及社会生产与生活方式乃至价值观念变化的庞大发展体系，内涵丰富。发展低碳经济是践行科学发展观的重要手段，是全面转变经济发展模式，创新发展路径。湖南作为全国"两型社会"建设的试点，要对发展低碳经济的挑战有一个全面的应对措施，站在全面、总体的高度来把握，来运筹，来精心设计。"富

民强省"和"四化两型"发展战略，是在准确把握湖南省情基础上的一种总体规划和运筹，体现了发展低碳经济的战略胸怀和眼光。

2. 系统思维

所谓系统思维，就是把人们认识的对象作为系统来进行研究。其思维活动程序，是从对象的整体性出发，先综合，后分析，最后再形成一个新层次的综合。系统性思维活动方法，注重从对象的整体性结构和功能去把握对象的整体效应。同时，从对象的系统内部要素之间的关系和作用中，把握其对象的系统结构。在低碳经济条件下，领导要具有系统性思维，就应当把低碳经济作为一个推进经济社会全面发展的突破口，遵从低碳经济发展的基本规律，全面分析发展低碳经济的现实条件，参与低碳经济发展的全部过程。各级领导要在低碳经济发展中作出系统性的决策安排，从湖南"两型社会"建设发展的全局出发，从低碳经济发展的省情环境、发展路径、发展手段和方式、发展功能、发展的科学技术应用、发展的综合利用等多方面考虑并作出综合的、均衡的决策。

3. 多极思维

世界本来就是多极化的。在低碳经济条件下，各级领导的各项决策，都应不折不扣地执行低碳经济的总体规划，全面系统地开展各项经济工作。同时领导的决策站在同一整体的维度，又不能僵化，不能从单一的角度、单一的手段去解决低碳经济时期出现的所有问题，而应该有多极思维，以全局的眼光，从多极的角度，采取多种发展的路径，达成统一的目的。由于每个区域发展低碳经济的资源不一样，每个区域的发展的速度、发展的项目、发展的技术水平都是不一样的。领导在作出发展低碳经济的各项决策时，都应该因地制宜，采纳那些真正符合本地经济发展实际的决策方案。

4. 结构思维

如果说，战略性思维是一种高度，系统性思维是一种整体，多极思维是一种维度，结构性思维则是把高度、整体和维度贯穿起来的网络。结构性思维的本质就是逻辑，其目的在于对问题的思考更加完整、更有条理。也即结构性思维并不意味着对思考的问题进行机械、简单的肢解。事实上，许多问题是一团纵横交结的乱麻，结构化思维在于帮助我们一个一个找到线头，理清思路，而不是否认事物之间的相互联系。领导决策发展低碳经济千头万绪，特别是对于我们刚刚开展这一项经济发展之大举措的区域来说，更是要从源头上解决多种困难、多个问题，因此，在领导决策时，必须理清这些困难、这些问题当中的逻辑点，抓住低碳经济发展的要害，顺藤摸瓜，一一找到发展的线条，然后将各个线条串联起来，形成低碳经济发展的互动网络，走出一条良性循环的低碳经济发展道路。

5. 创新思维

发展低碳经济，关键是技术创新和制度创新，而如果没有创新思维的科学决策，则不可能推进技术和制度创新。创新意味着更新、改变、创造新的事物。1912 年，当美国哈佛大学教授熊彼特第一次把创新引入经济领域时，注定这本身就是一种创新，同时迎来了全面创新的社会和时代。我们要发展低碳经济，要解决低能耗、低污染、低排放的关键技术问题，要建立清洁发展机制、碳交易机制等制度机制，就必然要在技术革新和制度革新上下工夫，这些都对各级领导的创新思维提出了更高的要求。

三、低碳经济条件下领导决策行为的变革

行为决策理论的发展大致经历了三个阶段，从最初对一个决策对象的"判断"和"抉择"，扩展为决策过程的所有环节，如情报阶段、设计（判断）阶段、抉择阶段、实施阶段，再到假设传统模型、分析要素、归纳行为特征、实验检验的演绎阶段。行为决策理论的一般研究范式为：提出有关决策行为的假设—证实或证伪所提出的假设—得出结论。这就决定了决策行为是与决策思维紧密相关的。只有在正确的决策思维下，才有可能采取正确的决策行为。经济决策行为除了科学的分析之外，还包括一定的直观或主观分析、判断。低碳经济是新生事物，短期内很难把握其发展的全部规律。党政领导要变革决策行为，引领低碳经济朝着良性发展轨道前进。

1. 由集权型决策向民主型决策转变

罗伯特·坦南鲍姆和沃伦·施密特将领导行为模式分为七种：①独裁型；②推销型；③报告型；④咨询型；⑤参与型；⑥授权型；⑦自主型。这七种领导行为模式没有优劣之分，在不同的情景环境下可以采用不同的模式。但它们之间的区别也比较明显，即前三种是领导集权型决策，后四种逐步过渡到民主型决策。发展低碳经济意味着要应用创新性技术，发展一种人类生产优化的新型工业化，构建宜居国家或区域，使人与自然和谐共处，谱写人类新篇章；发展不是为了 GDP，也不是为了经济"绿色"，而是为了人更好地和谐生存，为了人类的绿色文明。发展低碳经济是为了全体公民的福祉，领导决策不能想当然。

2. 由非确定型决策向风险型决策、确定型决策转变

民主决策型政府，要在定量决策上下工夫，以保证决策的客观性和公

正性。定量决策有三种：①非确定型决策。如果对一个决策判断事件出现的概率不清楚，就需要用非确定型方法，包括冒险法、保守法和折中法等。②风险型决策。风险型决策的目的是使收益期望值最大，或者损失期望值最小。③确定型决策。确定型决策亦称为标准决策或结构化决策，决策没有风险，只要满足数学模型的前提条件，数学模型就会给出特定的结果。低碳经济是在21世纪才被迅速提到各国议事日程上的一种经济发展模式，其发展风险是存在的。在对低碳经济具体发展道路、发展目标、发展方式、发展手段等的选择上，应该依据现有科学技术手段，依据公民集体力量，量化分析，科学决策。

3. 由单一决策模式向综合决策模式转变

因为低碳经济发展的技术创新、制度创新等都还只是刚刚启动，所以难免会在一些方面存在不足之处，要想实现经济增长的新模式转换，还有很长的一段路要走。从领导决策的角度来看，对于低碳经济发展中暴露出的一些问题与困难，任何单一的决策模式可能都不足以完全解决。领导人员要切实转变决策思维，认真学习决策方法，采取科学合理的决策方式，实施有针对性的综合决策行为，为全面发展低碳经济引航向，保力度，出水平，促拉动。在湖南"两型社会"建设过程中，领导者要时时牢记历史使命，全力在决策思维引擎上发力，在决策行为和方式上与科学决策对接，采取综合的决策模式，助推"四化两型"建设。

（作者单位：中共长沙市委党校 长沙行政学院）

以制度创新提升政府执行力

王丹丹

制度带有根本性、战略性和全局性，它直接影响到政府公共政策执行的绩效。针对政府公共政策执行中存在的问题，需要以科学发展观为统领，从政府治理实际出发，探讨整体推进政府公共政策执行的体制机制创新，努力把政府公共政策执行力提高到一个新的水平。

一、改革政府纵向权力配置制度

1. 科学划分中央与地方政府的事权范围

所谓科学划分事权，是根据中央政府与地方政府在国家管理中的地位和作用，从法律上规定中央政府与地方政府的事务管理范围及拥有的权力。可以按照公共产品的层次性来合理划分各级政府的事权范围：中央直接负责涉及国家整体利益、全局利益的全国性公共产品，如国防、主权、外交等；地方政府负责提供凡是关于地方局部利益和地方自主性、地方自主发展的公共产品；中央和地方共同承担的兼有全国性和地方性公共产品特征的事项，如跨地区大型基础设施、环境保护等。提供公共产品和服务权限的划分原则应该是，地方政府能够承担的一律下放；必须由中央承担的，中央不能推卸责任。只有这样，才能解决一系列现存的问题，才能逐步建立起一个既能发挥中央权威又能增强地方活力的事权关系。

2. 合理确定中央与地方政府的财政收支比例

完善分税制度，按照责权利对等的原则调整中央与地方财政收支的范围。中央政府负担的宏观调控、收入再分配、社会安全类公用产品供给的支出由中央财政负担，而由地方政府承担的基本建设投资项目、固定资产更新改造及新增项目等，则应由地方财政支出负担。通过划分中央与地方的事权以及相对应的财政支出责任，可以清除地方财政不合理负担，减少地方财政赤字。

二、调整政府横向职能配置制度

1. 建立政府决策、执行、监督职能分开新体制

目前政府决策权、执行权、监督权没有形成相互协调而又相互制约的关系。解决政府权力过分集中和环节过多、职责不清、相互掣肘、执行动力不足等问题，必须实行政府政策决策、执行、监督职能分开的体制和机制：由政府领导和政府组阁部门首长组成的政府全体会议为政策决策层，管政策制定和对政策执行的监督；由政府职能部门组成相对独立并对决策层负责的政策执行层，只管政策执行而不管政策制定。政策决策层与政策执行层的关系，由二者签订政策执行合同书的方式确定，给执行层以独立执行权。同时强化人大和审计、监察部门对政府职能部门的监督，形成秉公执法的机制，切断政策执行权与官员利益联系的链条。

2. 加强政府机构编制管理立法

我国的机构编制管理不规范，造成机构恶性膨胀，职能交叉重叠。这就需要将我国的机构编制纳入法制化轨道，从根本上遏制机构的恶性膨胀。机构编制管理立法，即将过去那些行之有效的管理办法和措施予以法律上的确认，上升为法律条文，逐步实现规范化、制度化。应该进一步转变职能，精简机构，明确职责，以行政体制改革的成果为前提加速编制管理的法制化进度。特别是对于政府行政机关的具体职能配置，内部机构设置等，尤其是程序性规定，需要机构编制的专项法律予以规范。机构编制立法是对宪法和组织法等有关政府机构编制管理法律法规的补充和完善，使政府机构的设置有法可依，避免政府部门之间因机构设置缺乏规范而造成职能配置交叉重叠以及由此而导致的政策执行不力。

三、完善政府行政的监督制度

1. 监督权力独立化

一是要强化内部监督主体的独立性。首先，要对内部监督的双重领导体制进行改革，建立起自上而下独立垂直领导的监督体系。让行政监察部门在体制上独立，不隶属于行政部门，提高其地位，使之与同级监督对象的地位平等。其次，要实行自上而下的垂直领导，下级机关仅接受上级监察部门的领导，包括领导干部由上级选派，各项经费开支由上级解决，在履行职责过程中只向授权组织负责，不受同级政府领导和其他机关的干扰，以增强监察部门的独立性和权威性。

二是要保障外部监督主体的权力地位。首先，明确国家权力机关、司法机关的监督职能。要理顺执政党、国家权力机关和政府行政机关三种权力关系，制定国家权力机关对公共政策执行监督的具体内容、方式、程序、手段以及咨询、预算、调查、弹劾、罢免等实施办法，从制度上保证各级人大及其常委会不仅在形式上有职而且在实质上有权。其次，对在监督体系中的社会监督组织，要通过立法等形式保障其权力地位。例如，尽快制定并颁布《人民监督法》、《新闻舆论监督法》等法律法规，使各类社会监督主体的地位权限有明确的法律根据。

2. 监督步骤程序化

执行前监督、执行中监督和执行后监督这三个步骤是相互衔接、密不可分的整体，任何一个步骤出了问题，都将直接影响对政策执行的有效监督，因此，必须注意政策执行监督的所有程序。

从完善行政系统内部监督过程来看，政策方案在执行前，政策执行机构要向上级或专门财政部门提交预算方案；在执行的不同阶段要做出阶段性的决算报告，以确保执行过程的廉洁与高效。

从外部监督来看，首先，要加强政策执行的公开制度。除涉及党和国家的机密外，其余有关政策执行活动的内容都必须依据法律程序和规章制度，在一定范围内公布于众，这样才能使政策执行活动广泛置于公众的关注和监督下。其次，要利用新闻传媒和网络对执行情况进行监督。社会舆论的监督范围广泛、传播速度快、冲击力大，能够直观迅速地反映存在的问题，是一种非常有效的监督形式。最后，要通过立法保障社会监督的有效性。应该通过立法保障公共舆论的自由，使之成为与立法、行政、司法并立的特殊监督主体，使社会监督权威化、法制化。

3. 监督责任规范化

在公共政策执行监督过程中，往往过于注重权力，而忽视其应该负有的责任，因此，要进一步规范和完善监督责任追究制度。一是明确责任主体。要改变以往只把政策执行主体作为责任主体的认识和做法，对政策执行的监督主体也应根据其职责和义务，明确其为相应的责任主体。二是优化制度设计。首先，要明确责任。明确界定各监督主体所拥有的权力以及政策评估、责任检查的依据；其次，权责要一致。监督主体所承担的责任要与其所处的职位、掌握的权力及其拥有的资源相一致。三是要认真落实责任追究制度。要严格按责任制度办事，并实施责任永久追踪制度。同时，要建立健全责任追究体系，尽快将当前责任追究的范围从主要限于安全事故领域和重特大事故领域扩大到所有政策执行领域。

四、建立政府的绩效评估制度

1. 制定科学的评估指标体系

在单纯追求经济发展的陈旧的绩效评估体系的指引下，政策执行主体往往会为了自身利益，使执行行为呈现出异化特征，因此必须用科学的方法，制定政府政治绩效、经济绩效、文化绩效、社会绩效的全面评价标准。指标设置应尽量具体化、数量化；指标的制定应有评估专家和评估对象共同参与，以保住指标的有效性与可行性。在具体的评估指标中，首先要进一步建立健全岗位责任制，这是落实其他评估标准的直接依据。其次要增强现行评估指标的科学性，评价内容要和岗位职责一致。将对执行主体的评估与不同岗位责任制和目标责任制相结合，使评估标准具有较强的针对性。再次，不能局限于德、能、勤、绩、廉方面的笼统评估，而应制定考核测评表，细化为可量化的指标。

2. 合理运用政策执行的评估结果

对公共政策执行力进行评估后，还应该重视评估结果的运用。政策执行力评估结果的运用包含四个方面：一是检验政府自身及组织成员预定目标的实现程度。该运用方式有利于推进政府的目标管理，全面提升地方政策执行力。二是为地方政府人员变动与人事制度改革提供依据，有利于地方政府部门坚持重实效的用人导向，把那些德才兼备、成绩突出和群众公认的优秀干部及时选拔到领导岗位上来。三是推进地方政府的预算管理，促进财政资金的有效使用。此种运用方式能够彻底改变预算核定主观性和随意性的弊端，提高编制预算的科学化水平。四是完善按实绩论奖惩的激励约束机制。通过对评估结果的运用，进一步发展和完善地方政府内部的奖惩机制，这也是增强组织内部的科学性、有效性和权威性的根本所在。

3. 政策执行评估体系的制度保障

地方政策执行力评估体系最突出的问题在于没有明确的法律制度作保障，评估的依据多为"红头文件"，盲目性强，变动性大，缺乏统一规范，从而使公众正确评价政府执行力缺乏实践上的基础前提，最终造成了制度阻碍。要解决上述问题，实现地方政府执行力的持续改进，必须给予地方政府执行力评估以立法保障。要借助法律的力量推动地方政府执行力的提升，通过完善立法使我国地方政府执行力评估走上制度化、规范化的道路。一方面，通过立法明确地方政府执行力评估在政府管理中的重要地位，加强地方政府执行力评估的统一规划和指导。通过规范性文件，详细规定地方政府执行力评估的评估主体、评估对象、评估范围、评估方式方法、评估指标和评估结果的运用，把分散于多种管理机制中的评估内容、程序和方法以法律法规的形式整合起来，逐步实现地方政府执行力评估的法制化。另一方面，必须确立地方政府执行力评估在政府机关中所处的地位，从而树立地方政府执行力评估的权威性。这样不仅能够保证执行力评估的客观性、稳定性，还能保证在评估中所搜集的评估信息、开展的评估活动、分析的评估结果与提出的改进方案等评估的全程畅通无阻，从而保障了评估的准确、有效和公正。

（作者单位：湖南科技信息职业技术学院）

改革和完善领导体制

谢和波

加快经济发展方式转变，遇到深层次上的体制机制障碍，必然要求体制转型，要求科学的领导体制和运行机制作保证，从而提高各级党委的执政能力。

一、理顺四个关系，科学运行"常委分工负责制"新体制

科学运行"常委分工负责制"这一新的领导体制，关键是要理顺以下四个方面的关系。

1. 理顺书记与常委的权责关系

按照"授权充分，各负其责"的原则，根据每个常委的能力特长，进行合理分工，明确责任，做到工作量大致均衡，责、权、利相互统一。一是要科学划分党政"一把手"的主要职责。二是要科学界定县市区委专职副书记的职责。三是要科学界定党委常委的主要职责。

2. 理顺党委与政府的权责关系

新体制下，党委常委除兼任政府领导职务外，原则上不再分管政府职能方面的工作。对于兼任政府副职的常委，其工作分工和职责定位，应以政府为主；所分工负责的政府工作，应根据区域经济社会发展的实际需要合理安排。要进一步明确县委常委会与政府常务会在经济工作决策上的职责，防止以县委常委会代替政府常务会。

3. 理顺"一个党委"与"三个党组"的关系

对县市区来讲，党委是指县市区委全会，在全会闭会期间由常委会主持日常工作；"三个党组"是指县市区人大常委会、政府、政协三个党组。在领导体制上，党委对人大、政府、政协的领导要通过三个党组来实现，人大、政府、政协三个党组对党委负责，是党委总揽全局，协调各方的重要组织保证。党委在积极支持人大、政府、政协开展工作的同时，努力营造团结、协调的工作氛围，使各方依照法律和章程独立负责、协调一致地

开展工作，切实把党委的重大决策和工作部署落到实处。在全局工作上，党委要总揽不包揽，协调不代替，各方的事仍由各自去办，各方之间的事由党委来协调。事关全局的大事必须由党委统一领导和部署，具体工作由各有关党组根据各自的职责组织实施。建立和完善"一个党委"与"三个党组"之间定期沟通协商工作制度，从机制上实现党委对人大、政府、政协的领导，真正有效发挥地方党委党组的领导核心作用。

4. 理顺党委"内三会"与"外三会"的关系

①正确处理党代大会、全委会、常委会的关系，完善党委权力架构。一是确保党代大会的最高决策地位，真正从体制上确保党代表成为党内民主决策的主体。二是发挥全委会集体决策作用，常委会的工作必须向全委会报告，全委会对常委会实施监督。三是发挥常委会在全委会闭会期间的议事协调作用。②正确处理党代会与人代会、政协会的关系，防止"三会"重复建设。一是在指导思想上，始终坚持党对重大问题的领导权，保证党在政治、思想、组织上的领导。二是在会议内容上，党代会必须坚持"党代表重在议党"的原则，以此来指导人代会、政协会。三是在工作程序上，先召开党代会，后召开人代会和政协会，解决好领导与被领导的关系问题，做到制度化、规范化、程序化。

二、优化决策程序，认真完善党委议事决策新机制

1. 建立决策调研咨询制度

一是决策前的调研。坚持做到不调研不决策。二是决策预案公开，为最终科学决策打下基础。三是有关事项的决策，必须征求专家意见。四是广泛征求党代表、人大代表的意见，充分听取他们的意见建议。五是完善党代表列席会议制度。

2. 规范党内议事决策规则

①规范议题提出。决策议题的提出主要有以下几种途径，一是党委提出决策议题；二是代表联名提出决策议题；三是书记、副书记、常委根据有关规定提出决策议题。②规范会前酝酿。会前酝酿是贯彻民主集中制原则的重要一环。应就会前酝酿的程序、步骤以及酝酿的范围、方式、组织实施，各种意见的收集及处理，书记、副书记、常委在酝酿中的行为等作出规定。应建立重大问题决策前"专题酝酿"机制，确保常委会科学决策，防止决策失误。③规范会中讨论。全委会和常委会在讨论时，必须对发言讨论的程序步骤作出规定。④规范表决方式。重大事项及干部任用的决策，

必须采用票决的方式。全委会票决范围一般应包括：关于全县经济、社会发展的中长期规划；重大改革方案的制定和决策；对党的自身建设作出的重要决定；对重要干部拟任人选和推荐人选的表决；其他需要表决的重要事项。常委会票决范围一般应包括：按照干部管理权限，任免、推荐和提名干部；一定数额国有资产的处置、投资方案；其他需要表决的重要事项。

3. 实行党务公开

推行党务公开，有利于进一步拓宽县市区委与人民群众的沟通渠道，促进县市区党委改进领导方式和工作方式。县市区党委应该公开的主要内容，适宜在党内公开的，可通过党内有关会议、文件、简报、党员大会、机关局域网等多种形式，及时向党的各级组织和党员通报；适宜对社会公开的，可采取在党务公开栏、广播电视、党报党刊中设置党务公开栏目，并逐步把电子党务作为公开的基本形式之一。对社会普遍关注的重大党内事务，还可举办党务工作新闻发布会，以扩大公开面和社会影响力。

三、搞好权力制衡，切实加强对党委权力运行的监督

1. 关键环节的合理分权

一是在酝酿环节实施分权。在减少副书记职数、实行"常委分工负责制"的新体制下，县级地方党委讨论决定本地区重要干部任免前进行个别酝酿的主体，不仅限于书记层，还应扩大到常委中的相关人员。二是在讨论决定环节实施分权。全委会讨论决定重要干部任免的对象不能仅限于党委、政府领导班子正职的拟任人选，还应适当扩大到部门党政一把手，并逐步实行电子表决。通过适当扩大干部酝酿、讨论决定的主体和范围，改进方式，切实改变用人权过分集中于党委核心层甚至"一把手"的现象。

2. 建立述职评议制度

县市区党代会闭会期间，由全委会、常委员行使党代表权利。这种权利运行的制度，要求常委向委员负责、委员向党代表负责、党代表向党员负责。在实际工作中，建立述职评议制度，可以达到强化责任的效果。一是要建立全委会评议常委会制度。一般情况下，县市区委常委每年年终应在全委会上公开述职，全委会成员根据常委述职情况，结合平时了解的情况进行评议，评议结果作为考核常委实绩的重要依据。二是建立党代表评议全委会委员制度。本着实事求是、促进工作、客观公正的原则，在党代会年会上，党代表要对县市区委"两委"成员进行评议。三是建立党员评议党代表制度。通过直选出来的党代表，一般情况下，每年要向选区内的

党员报告一次履行代表职责情况，接受党员的评议。

3. 实行党代表质询制度

实行质询制是党代表履行监督职权、发挥自身作用的重要途径。党代表 10 人以上联名，可以书面提出对质询对象的质询案。质询案由主席团决定，交被质询对象在主席团会议、大会全体会议、提出质询案的代表团会议、提出质询案的代表参加的会议上口头答复，或者书面答复。

4. 开辟多种社会监督渠道

对县市区党委权力运行监督，在高度重视党内监督的同时，还需健全多种社会监督网络，加强外部监督。一是注重新闻媒体监督。通过电视、广播、网络等媒体，对群众关注的问题及时公开，接受社会的监督。二是坚持实名举报制度。设立专用监督举报电话和举报箱，畅通群众信访渠道，提倡实名举报。三是主动接受人大、政府、政协以及司法部门监督。正确处理党委的领导地位，主动接受人大及其常委会的监督。积极创造条件，强化行政监察职能，重视领导干部的经济责任审计。自觉接受政协民主监督。保证司法机关独立办案，主动接受司法机关的监督。

（作者单位：中共常宁市委党校）

经济方式转变的关键

彭赛美

2010 年 2 月胡锦涛同志在省部级干部落实科学发展观研讨班上讲话时指出:"我们必须紧紧抓住机遇,承担起历史使命,把加快经济发展方式转变作为深入贯彻落实科学发展观的重要目标和战略举措,毫不动摇地加快经济发展方式转变。"转变发展方式是时代赋予我们领导干部的重任,作为领导干部应毫不犹豫的承担这一重任,为发展我国经济作出自己的贡献。

一、领导干部要充分认识转变经济发展方式的紧迫性

我国 GDP 的增长主要是靠粗放扩张实现的,这种发展方式已经产生了严重的后果。

首先是能源消耗量大,利用效益低。据统计,近 20 年来,中国经济增长 6 倍,资源消耗却增长几十倍。20 世纪后 10 年,我国石油消费量增长 100%,天然气增长 92%,钢增长 143%,铜增长 189%,10 种有色金属增长 276%。我国的能源利用效率比发达国家普遍低 30% ~ 40%。我国每创造一美元国民生产值所消耗的煤、电等能源是美国的 4.3 倍、德国和法国的 7.7 倍、日本的 11.5 倍。工业万元产值用水量为 103 立方米,而美国只 8 立方米,日本为 6 立方米。可以看出,我国经济发展中能源消费量大幅度增加,能源消费增长率高于 GDP 增长率。

其次是生产导致的环境污染严重。根据世行报告,中国每年因环境污染造成的损失达到 2830 亿人民币,其中,仅水污染一项,估计一年经济损失约 500 亿元。专家分析表示,造成环境污染引起的经济损失原因很多,但国家规划布局失误,调控措施不力和公民环保意识不强是主要原因,也就是决策是失误的。

第三是产品附加值低。我国国内生产总值增长速度快,但是由于原创不够或产品科技含量不高,导致产品附加值低,虽然产值大,但给我们带来的效益并不高。特别是像珠三角、长三角等制造业的大量产品属于代工

产品，附加值很低。2007年我国跻身世界第二大机床生产大国，但产品基本是低端的普通机床，出口只能卖每台120美元，利润空间很小。

第四是高能耗导致资源匮乏。地质学家经过几十年的勘测证实，由于巨大的人口基数和粗放式经济飞速发展带来的高消耗，中国已成为"资源弱国"。50年后，中国除了煤炭外，几乎所有的矿产资源都将出现严重短缺，其中50%左右的资源面临枯竭。资源不足将成为制约中国经济快速发展的最大困难，也将成为破坏我们美好生活的最大隐患。

从上面的情况可以看出，近30年赶超型的发展模式，使中国付出了沉重的代价。因此，转变经济发展方式，使我国经济社会实现可持续发展，是摆在我们面前的紧迫任务。

二、转变经济发展方式要靠领导干部正确的政绩观

1. 经济发展方式转变的关键是领导干部政绩观的转变

正确的政绩观包括两个方面的要求：一是干部政绩必须符合整个社会、全体人民的当前和长远利益，为全社会和广大人民群众所需要和所拥护。二是干部政绩必须符合客观实际和科学规律。正确的政绩观是转变经济发展方式的迫切需要。只有领导干部政绩观正确，干部的决策行为才会符合推动经济进入创新驱动、内在增长的发展轨道，以实现经济发展方式的根本转变。

2. 政绩考评在经济发展方式转变中起着"指挥棒"的作用

建立科学的干部政绩考评机制对于促使领导干部积极推动经济发展方式转变，无论是在发展理念、政策制定还是在履职方式上都具有决定性的影响。构建与经济发展方式转变相适应的科学的干部政绩评估体系，对广大干部促进经济发展、民生改善、社会和谐稳定与生态环境优化等方面的工作绩效，进行全面系统地考核，才能从根本上改变干部的发展理念与工作方式，引导领导干部的从政行为，促使领导干部把加快经济发展方式转变为自觉行动。政绩考评又是经济发展方面的"指示器"，政绩考评不仅对领导干部的从政行为具有极强的导向作用，而且在很大程度上引领着经济发展的方向。

3. 建立科学的政绩考评机制是引导、激励领导干部切实转变经济发展方式的重要制度杠杆

经济发展方式的转变，必须要有制度的保障，要有制度的导向。干部政绩考评是党管干部的刚性手段，是选拔任用干部和干部升降去留的重要

依据。通过建立体现科学发展观和经济发展方式转变要求的干部政绩考评体系，并按此评价干部的工作实绩，为干部的选拔任用和升降去留提供客观、公正的依据，对政绩突出的干部进行有效激励，对政绩考核不合格、甚至严重背离经济发展方式转变要求的干部予以惩戒，方能更好地引导、激励广大干部切实推进经济发展方式转变。可见，科学的干部政绩考评机制作为重要的制度安排，在推动经济发展方式转变中具有重要的、刚性的杠杆作用。

在推动经济发展方式转变中，必须用好政绩考评这根"指挥棒"。但是目前干部政绩考核评价还存在一些不足，主要表现在：一是重经济指标，轻非经济指标；二是注重显绩，忽视潜绩，重当前利益，轻长远发展客观规律；三是政绩考评未能很好体现分类指导原则；四是考察失真、评价失准、用人失误的现象仍有存在；五是考核指标比较原则，可操作性差；六是政绩考核方法亟待改进；七是重视考评过程，忽视结果运用。所以我国现行的干部政绩考核办法，还远不能适应科学发展的需要，远不能适应经济发展方式转变的要求。而正确的政绩观依赖于科学的政绩考评机制。为了加快推动经济发展方式的转变，必须建立和完善科学的干部政绩考评机制，否则会妨碍经济发展方式的转变。

三、经济发展方式的转变要靠领导干部的科学决策

加快经济发展方式转变，是党中央根据国际国内经济形势做出的科学决策，是深入贯彻落实科学发展观的主要目标和战略举措，是我国经济领域的一场深刻变革，是决定我国现代化命运的又一次重大抉择。然而如何加快经济方式转变，领导的决策至关重要。决策的正确与否直接关系着事业成功与失败，前进与倒退。一个地方，一个行业，一个企业最大的失误莫过于决策失误。科学决策的过程也是统一思想、凝聚人心、激发斗志、形成合力的过程。有的领导干部并不是不会决策，并不是看不到问题，如绵延一公里多的黑色泡沫散发着刺鼻气味，弥漫在淮河的主要干流上，河边，百名当地村民长跪不起，请求从北京来的国家环保总局检查组救救他们赖以活命的水源，难道省、地市就没有环保局吗？他们没看到不知道吗？他们不知道危害吗？他们是受政绩观的约束，受 GDP 的政绩的影响，不得不违背自己的良心，而作出不正确的决策的。还有明知房地产不能再发展了，但没有房地产，就会减少 GDP 的增长，就会影响到自己的政绩，进而影响到乌纱帽。还有的地方明知国家要消灭城乡二元结构，却还在那里诱

惑老百姓购买城镇户口来增加财政收入。有的地方明知道哪个企业会污染环境，或产能过剩，但为了本地的一点小小的财政收入，引进或者让其企业继续生存。这些都是受到政绩观的影响而胡乱决策、错误决策。所以我认为转变经济发展方式，关键在于各地方领导的正确科学的决策，而要正确、科学地决策除了要有正确的政绩观外，还要做到如下几点：

1. 深入调查，掌握第一手材料

科学决策源于对实际情况的透彻了解，对客观事物的深刻把握。这就需要深入调查研究，调查研究是我党的优良传统和作风，是谋事之基，成事之道。没有调查就没有发言权，更没有决策权。作为领导干部不能闭门造车，要多下基层去了解情况，不能只听下面汇报，要多实地走一走，看一看，深入群众，听到群众真正的呼声。我们个别领导，人还没下去，就事先通知下面，然后下面的领导把材料写好，把谈话的群众代表安排好，教他们怎么说，不许怎么说，把持有不同意见的群众支开，等领导一下来，什么都是事先安排的，不会出一点差错。这种欺上瞒下的做法屡见不鲜，领导是无法掌握第一手材料的。要真正掌握第一手材料，就要像康熙微服私访一样。

2. 注重研究

这就是说对调查得来的材料，组织人员进行研究，理清经济发展方式转变的思路，行的继续，不行的就要坚决拿下，决不姑息。

3. 决策要科学化、民主化

决策科学化需要决策者树立四种意识。一是全局意识。"不谋全局者不足以谋一域，不谋万世者不足谋一时"。决策者只有树立全局意识，才能以宽广的眼界胸怀全局，做到审时度势、与时俱进；才能以宏观的战略思维分析全局，做到顺势而动、因势利导，才能以"牵一发而动全身"的辩证思维谋划全局，做到高瞻远瞩、统筹兼顾，从而保证决策的科学性。二是程序意识。决策有一个过程。决策的过程只有用严格的程序来控制，才能产生科学的决策。只有正确认识和准确把握科学决策的基本程序，严格按照这些程序进行决策，才能避免凭经验盲目决策、凭直觉仓促决策、凭感情随意决策和凭印象片面决策的倾向，确保决策过程的规范性、决策结果的科学性。三是民主意识。民主决策是科学决策的核心。离开了民主决策，科学决策就无从谈起。领导干部要提高自身的领导决策能力，就必须强化民主意识，时刻遵循民主决策的原则，博众人之长，减决策之误。四是修正意识。由于人的认识的局限性和客观事物的发展变化的不确定性，有些决策尤其是重大问题的决策，不可能一次拍板就完全符合实际。在决策实施的过程中，难免会发现决策中的缺陷或失误，也可能由于客观条件变化导致原决策不适应新情况。因此，决策者应树立高度的修正意识，密切关注决策方案的实施进展情况，捕捉新的信息，发现方案执行过程中新出现的问题，抓住新的机遇，及时对原方案进行调整、修正和完善，切不可为了保全自己的形象或维护私利，回避问题，隐瞒失误，在错误的道路上越走越远。

　　总之，在经济发展方式转变过程中，关键在于领导的正确的政绩观和决策的科学化、民主化。其次才是技术、资金、措施等。因为决策贯穿了管理的全过程，什么事情都是先决策，经济方式的转变亦如此。

（作者单位：中共湖南省直机关党校）

经济发展方式的制度创新

李晓军

改革开放以来，我国经济发展取得了举世瞩目的成就，但经济增长的质量和效益还没有根本提高，资源环境制约等问题日益严重，转变经济发展方式的任务十分艰巨。

一、我们目前的发展方式所正面临的挑战

改革开放以来，我国经济发展方式的第一轮转变是在摒弃传统计划经济时期经济发展方式的基础上实现的，是一次历史性的转变。在目前的国际国内形势下，我国经济社会发展面临新的问题和挑战，必须推进新一轮经济发展方式转变。尤其是当前后金融危机时期，国际经济结构和消费模式发生重大变化：一方面低碳经济正在催生新产业成长和结构性变革；另一方面发达国家居民收入和消费行为的变化，正在改变全球性生产－消费格局。这一切都迫使我们重新反思当前经济发展方式。

1. 经济增长高度依赖国际市场，投资率偏高，国际贸易顺差偏大，消费率偏低的增长格局不可持续。

据国家统计局核算，2009 年一季度社会消费品零售总额实际增长 15.9%，居民消费实际增长率不足 9%。在社会消费品零售总额增长中，政府和企业的贡献 66%，而城乡居民消费只占 34%。同时对外依存度从 20 世纪 80 年代的 20% 左右上升到 2008 年的 60% 以上，远超出世界 41% 的平均水平。

2. 主要依靠物质投入的传统发展方式与资源环境的矛盾日益突出，部分地区资源环境承载能力已接近极限，资源环境约束矛盾日益突出，外延型扩张模式难以为继。

目前我国经济增长仍主要依靠物质资源消耗，能源资源对外依赖较大。据海关统计，2009 年中国石油进口 2.04 亿吨，石油消费进口依存度达 52%。

3. 经济发展技术含量不高，企业技术创新能力不强，产业结构不合理，大量低水平产业粗放生产，部分产能严重过剩。

在国际标准分类的 22 个大类中，我国制造业占世界比重有 7 个大类列第一，15 个大类列第三。但制造业增加值率约为美国的 4.38%、日本的 4.37% 和德国的 5.56%。2008 年我们消耗了全球 36% 的钢铁、16% 的能源、52% 的水泥，仅创造了全球 7% 的 GDP。

4. 居民收入在国民收入分配中比重偏低，城乡居民、不同社会群体之间收入差距过大，不仅造成投资和消费不平衡，而且影响社会和谐稳定。

改革开放以来，城乡居民消费支出反向发展。1978 年到 1990 年，城镇居民消费率从 37.9% 上升至 50.4%；而农村居民消费率从 62.1% 下降至 49.6%。自 2003 年以来，城镇居民消费率跃居到 70% 以上，农村居民消费率滑落到 30% 以下，这种趋势一直在持续。

5. 广大人民群众对生活水平和质量的要求不断提高，对干净的水、新鲜的空气、优美环境等方面的要求越来越高，但生态总体恶化趋势尚未根本扭转，环境治理任务相当艰巨。

如 2007 年我国仅化石能源二氧化碳排放就达 60 亿吨，居世界第一位。今后 10 年 GDP 若以 8% 速度增长，那么化石能源二氧化碳排放的绝对量将接近百亿吨，减排任务相当艰巨。

6. 创新能力不足，服务业发展严重滞后。目前，我国仅发明专利就逾百万件，但专利技术转化率不足 1%，专利成果产业化更差。由于缺乏核心技术和自主知识产权，我国企业不得不将每部手机售价的 20%、计算机售价的 30%、数控机床售价的 20%～40%，支付给国外的专利持有者。2008 年我国服务业增加值占 GDP 的比重在 40% 左右，这一指标远低于全球平均 67% 和经合组织国家平均 73% 的水平。

二、转变经济发展方式存在的主要困难

1. 没有树立可持续发展的观念

许多地方部分领导干部对转变经济发展方式的重要性和迫切性认识不足，只看到传统经济增长方式带来的短期效果，而轻视或忽略了自然资源、生态环境等支撑发展的客观条件的恶化。同时主观上又不愿意打破在传统经济增长方式下形成的利益格局，不愿意舍弃眼前的既得利益，不愿意承担任何改革创新的风险而习惯于坐享其成。

2. 消费对经济增长的拉动作用较弱

消费、投资和出口常被认为是拉动经济增长的"三驾马车"，其中，以消费最能驱动经济增长。然而，受到依靠行业投资拉动经济增长的传统模式影响，造成我国的经济增长过度依赖于投资和出口，消费对经济增长的拉动作用逐步减弱。按支出法计算，我国居民最终消费支出额对国内生产总值增长的贡献率由 2000 年的 62.3% 下降到 2007 年的 48.8%，相应的，投资和货物与服务净出口总额占国内生产总值的贡献率分别为 37.9% 和 51.1%。经济增长较高地依赖于投资和出口，使得我国长期陷入产能过剩、有效需求不足、贸易顺差较大的压力。

3. 产业结构不合理已成为转变经济发展过程中的突出矛盾

依据产业结构演变的规律，随着工业化进程的深化，发达国家进入后工业化时期后，第三产业对经济增长的贡献超过了第一产业和第二产业。第三产业不仅吸收了从农业和工业部门转移的劳动力，而且还为第一产业和第二产业提供人才、资金和技术等生产要素。然而，随着我国经济的快速发展，虽然第三产业在国民经济中的比重不断增加，但其仍滞后于工业的发展。按不变价格计算，第三产业总产值对国内生产总值增长的拉动虽由 2000 年 2.9% 上升到 2007 年 5.1%，但相应年份，第二产业总产值对国内生产总值的拉动却由 5.1% 上升到 6.5%。

4. 降低资源消耗和污染排放任务艰巨

节能减排是转变增长方式和提高人民生活质量必由之路。自 2003 年以来，国家一直将节约资源和保护环境作为关系长远利益的重要战略方针。然而，由于工业特别是高耗能的电力、钢铁等的行业和高污染的电解铝、化工等行业增长过快，2009 年单位国内生产总值能耗仅下降 10.08%，化学需氧量、二氧化硫排放量只分别减少 6.61% 和 8.95%，这将使得未来节能减排的形势更加严峻。

5. 自主创新能力不强限制了经济发展方式的转变

自主创新是国家竞争力的核心，是转变经济发展方式的关键。当前我国已具备了自主创新的基本条件，但自主创新的能力依然较弱。一方面，拥有自主知识产权的技术较少，技术相对于资金和人才更为缺乏；另一方面，自主创新的激励机制未能有效地发挥功能，如与自主创新密切相关的知识产权保护法律的规范程度和执行力度有待加强等。

三、加大制度创新，以制度创新有力促进经济发展方式的转变

制度是经济发展的重要因素，制度创新是加快转变经济发展方式的动

力。我们要走中国特色发展道路，加快转变经济发展方式，迫切需要加强制度创新。

1. 从制度设计方面，要完善经济发展方式转变的体制机制和政策导向

首先要以更大决心、用更大气力来推进财税体制、收入分配制度、生产要素价格形成机制改革，健全相关法律法规，进一步完善有利于加快经济发展方式转变的体制机制和利益导向。其中重点是要完善国民收入分配制度，提高居民的收入水平。一方面，应完善按劳分配为主体、多种分配方式并存的分配制度，因地制宜、因时制宜地探索生产要素参与分配的模式。另一方面，应推动建立企业职工工资正常增长、扶持低收入群体和提高农村居民收入，保障居民财产性收入稳步增加的长效机制。其次要进一步完善财税政策、信贷政策、环保政策、土地政策、贸易政策和技术标准，加强发展规划引导，形成系统的政策体系和强大的政策合力，切实体现区别对待、有保有压，以更加完善的体制和更有针对性的政策促进经济发展方式转变，保证科学发展。

2. 从结构优化方面，要提高自主创新能力，实现经济发展方式的转变

首先要扩大内需，特别是居民消费需求，把国内市场巨大潜力发挥出来，拉动经济结构调整优化。其次要加快建立以企业为主体、市场为导向、产学研相结合的技术创新体系，大力推进原始创新、集成创新和引进、消化、吸收再创新。再次是要依据产业的特性，采取差异的产业投资政策。投资政策一直是作为世界各国引导产业资本流向的重要手段。为此，政府应依据产业特性制定细化的投资政策，对于需要鼓励发展的第三产业，应设立行业之间更为相对有效的投资优惠刺激政策，依据内外资同等国民待遇的原则，以引导资金、人才等生产要素流向第三产业，提高第三产业在国民经济发展中的贡献度。

3. 从深化价格机制改革方面，应注重健全资源和环境价格制度

首先价格机制是市场机制配置资源的核心，合理的价格机制能有效地引导资源要素向高效益领域配置，而且还能促进资源的节约和集约利用，保护生态环境，提高资源的利用和环境保护双重效应。因此，应建立能及时反映市场供求信息的高效价格机制，避免价格机制失灵带来的资源配置扭曲。

其次资源和环境价格制度是价格机制的重要组成部分，可通过设计长效的资源和环境价格机制推进社会的节能减排。一方面，要建立资源和环境价格的形成机制，资源和环境定价应综合考虑资源开发和使用以及环境

代价；另一方面，要制定环境污染的价格补偿机制，对向环境排放污染的要提高收费标准，提高行业或企业投资的环境标准进入门槛，合理利用和保护环境。

4. 从考核评价机制方面，建立加快经济发展方式转变的组织保障机制

经济发展方式转变，推动科学发展，正确的政绩导向是关键。考核地方和部门领导干部工作业绩，既要看发展速度和规模，更要看经济结构是否优化，自主创新水平是否提高，就业规模是否扩大，收入分配是否合理，人民生活是否改善，社会是否和谐稳定，生态环境是否得到保护，可持续发展能力是否增强。要看是否真正做到好字当头、又好又快，从而使经济发展方式转变成为各级党委和政府的自觉行动。同时还要注重对自主创新激励制度的创新。为了加快转变经济增长方式，又为了建设创新型国家，我们尤其需加大"自主创新激励制度"的创新。如知识产权保护制度是自主创新激励制度的核心构成，对于知识产权保护制度的创新，一方面，应进一步完善中国的知识产权保护法律，另一方面，应增强知识产权的执法力度，加大对侵犯知识产权的惩罚水平，提高知识产权侵权的成本。此外，对于自主创新的必要环节，还应建立自主创新的资金投入、划分与使用保障，创新人员的激励和管理以及自主创新产品的投融资和采购等制度。

（作者单位：中共浏阳市委党校）

健全落实科学发展观的长效机制

肖 湘

科学健全落实科学发展观的长效机制，既是管方向、管长远、管根本的制度建设，更是确保巩固和扩大全党开展的深入学习实践科学发展观活动成果，促进经济社会全面协调可持续发展，提高党的建设科学化水平的关键所在。

一、健全落实科学发展观长效机制的目标体系

健全落实长效机制目标体系应设计为一个由总体目标和具体目标组成的层次结构。

1. 健全落实科学发展观长效机制的总体目标

学习实践科学发展观活动的总体要求是要实现"党员干部受教育、科学发展上水平、人民群众得实惠"。

2. 健全落实科学发展观长效机制的具体目标

第一，紧扣贯彻落实科学发展观这个主题，抓住重点领域和关键环节构建长效机制。即注重科学健全落实经济社会发展综合评价、科技创新、环保约束、财税分配、民生保障等体制机制和政策法规，解决保障和促进科学发展的制度缺失和制度障碍问题。第二，总结学习实践活动的成功做法经验，把有效做法制度化、管用经验长效化。即注重把组织学习调研、开展分析检查、推动整改落实、解决突出问题的成功经验构建成长效机制，并不断健全落实。

二、健全落实科学发展观长效机制的制度体系

1. 健全落实推动经济社会科学发展的体制机制

一是健全落实促进经济社会全面协调可持续发展的政策体制。学习实践科学发展观的长效机制首要的是：围绕加快推动发展方式转变，着力加强对促进经济社会发展转型的宏观政策研究，制定出台产业发展、自主创新、环保约束等一系列规划纲要和政策法规，建立健全公共财政对民生投

入的正常增长机制等。二是健全科学发展与完善社会主义市场经济体制的互动机制。要进一步实现科学发展，必须全面深化体制改革、扩大开放，充分利用社会主义市场经济的活力，完善"充满活力、富有效率、更加开放"的体制机制平台，夯实微观基础，从制度上更好发挥市场在配置资源中的基本性作用。三是健全切实转变发展方式和发展循环经济的机制。这是贯彻落实科学发展观长效机制的主要内容，需要突出解决四个问题：首先，提高经济质量要着力实现"三个转变"。其次，进一步调整产业和产品结构，加大淘汰高耗能、高污染、低效率的产业，扶持高新技术产业长足发展，认真改造传统产业，有效地保护名牌产品，鼓励制造特色产品。再次，倡导生态文明，强化节能减排，大力促进循环经济的发展。最后，夯实科学发展的微观基础企业。企业是市场的主体，是最基础的经济细胞。没有企业的支撑，落实科学发展观便成为无源之水、无本之木。

2. 健全落实领导干部深入学习实践科学发展观的制度机制

第一，健全学习培训和理论普及制度。结合学习型党组织和学习型领导班子建设，把科学发展观作为思想武装的长期任务，坚持"五个结合"（即正面教育与自主教育相结合、加强学习与解放思想相结合、理论武装与推动实践相结合、由上带下与上下联促相结合、党内教育与党外参与相结合）的做法，并在此基础上健全学习培训制度，完善党委（党组）中心组学习制度和领导班子定期务虚制度，提高领导干部运用科学理论分析和解决实际问题的能力。第二，健全提高领导科学发展能力的机制。围绕科学发展目标，从培养、选拔、考核、管理四个方面构建促进各级领导班子和领导干部提高领导科学发展能力的体制机制。第三，健全体现科学发展观要求的考核评价机制。坚持以贯彻落实中央"一个意见、三个办法"为抓手，一是健全体现科学发展观和正确政绩观的领导班子和领导干部考核评价机制；二是注重考评结果运用，健全绩效奖惩机制。第四，健全改进作风服务群众的制度。总结学习实践活动中干部深入基层、了解社情民意、多为群众办好事、办实事的有效做法，健全领导干部接访走访、建立基层联系点、与困难群众结对帮扶等制度。完善党性定期分析制度，坚持党员干部讲党性、重品行、作表率，把科学发展观的要求转化为增强党性修养、提高思想觉悟的自觉行动。

3. 健全落实基层党建领导体制和工作机制

总结完善和推广"四议两公开"、"一定三有"、"三有一化"、"农事村办"、设岗定责、党员承诺等做法经验，探索建立民情恳谈、票决听证等办法；着力健全党委统一领导、组织部门牵头协调、行业职能部门加强指导的基层党建领导体制和工作机制，进一步健全完善维护社会和谐稳定等各个层面的工作机制。

4. 健全落实科学发展舆论引导与环境优化机制

要以把握正确导向、引领科学发展为重点，全力构建"大宣传、大文明、大文化"科学发展舆论引导机制，为科学发展营造良好的舆论氛围；健全完善以优化政策环境和法治环境为重点，全力营造宽松良好的科学发展环境、充满活力的创业环境和文明和谐的社会环境。

三、健全落实科学发展观长效机制的运行体系

1. 健全落实层层负责的领导责任制和问责机制

一是着力完善落实科学发展观各项重大决策部署的领导责任、督办检查、跟踪问效、行政问责等规章制度。明确每一级领导对长效机制落实的职责任务，保证每一项机制一经出台，就能够扎扎实实地施行。二是完善政府优化服务方式机制。推进政企分开，做到越位的复位。将应由企业决策的事项交给企业，增强企业发展活力；推行政社分开；推进政事分开。

2. 健全落实监督评价考核管理机制

对业已建立的长效机制，要建立对机制运行效果的考核评估制度，定期评估各项机制的运行和落实情况。要进一步增强时间观念和效率意识；要进一步健全目标考核责任制，改革和完善督察制度和奖惩制度。每年结合干部业绩考核和领导班子评价，对长效机制的执行情况作出全面系统的检查考核，并将结果作为绩效评价的重要依据。

3. 健全落实党员群众民主参与制度

通过党员代表大会、人民代表大会、政协会议、社区群众组织、企业职工代表大会、学校学生会、农村村民自治组织等形式和途径，吸收党员群众参与机制制订、检查机制落实、促进问题整改，对机制的执行情况进行检查监督，对贯彻过程中的问题进行如实反馈。

4. 健全落实企业科学发展战略机制

一是把提升效益作为企业科学发展的战略目标。二是把提高自主创新能力作为企业科学发展的战略基点。三是把发展循环经济作为企业科学发展的战略举措。坚持将企业经济增长方式的根本转变和产业结构的战略调整结合起来，进行深刻的技术革新，优化产业结构、产品结构和能源结构，积极推动经济增长方式从外延粗放型向内涵集约型转变，创资源节约型、

环境友好型企业。

四、健全落实科学发展观长效机制的保障体系

1. 健全落实组织保障机制

深入贯彻落实科学发展观长效机制，推动经济社会科学发展，组织部门必须坚持用科学发展观统领组织工作，着力培养造就高素质的干部队伍特别是一大批善于领导科学发展的领导干部。组织部门应坚持民主、公开、竞争、择优，不断完善干部选拔任用机制，使善于领导科学发展的人才脱颖而出；完善体现科学发展观和正确政绩观的干部考评管理体系，为落实科学发展观长效机制提供坚强组织保障。

2. 健全落实人才保障机制

健全人才保障机制，重在人才队伍建设：要切实把品德、知识、能力和业绩作为衡量人才的主要标准；要着眼于人才总量的增长和人才素质的提高，找准做好人才工作的着重点和着力点；促进人才合理交流，优化人才发展环境，建立人才引进的科学评价机制等；抓好各类人才的知识更新教育和业务培训；各级领导干部要在尊重人才、爱护人才、服务人才方面起表率作用。

3. 健全落实技术保障机制

要发挥好科学发展观长效机制的作用，就需要健全技术保障机制，不断更新技术手段，提高科学发展的科技含量。着力健全科学发展信息网络化管理机制，及时掌握各地各部门科学发展动态；健全远程电教系统，搞好落实科学发展观长效机制的宣传工作；健全科学发展观长效机制社会化评议网络，吸引社会公众参与对各级各地区各部门科学发展的监督约束和评议工作。

4. 健全落实物质保障机制

健全物质投入保障机制，包括财力支撑、经费保障以及促进经济社会发展必不可少的基础设施建设。在资金投入上，要注重协调，要逐年平衡财政对区域、城乡发展中的投入，要继续向中西部贫困地区、民族地区经费倾斜，增加财政对社会事业的投入。同时要搞好节约，对落实科学发展观长效机制的经费要专款专用，切实发挥经费的最大效用。

总之，健全落实科学发展观长效机制的关键在于科学合理地设计目标体系、制度体系、运行体系、保障体系。四个体系相互联系、相互促进，共同组成一个有机整体。

（作者单位：中共湖南省委党校 湖南行政学院）

经济社会可持续发展的必由之路

乐观清

建设服务型政府是政治体制改革的重要内容，是经济社会体制改革的关键部分。服务型政府一日不建设，经济社会可持续发展必然是难题。所以党的"十七大"作出了要建设服务型政府的重要战略决策。

一、建设服务型政府的总体目标

十七届二中全会进一步通过了《关于深化行政管理体制改革的意见》，提出了到2020年要建设起比较完善的具有中国特色社会主义行政管理体制的服务型政府的总体目标。这个总体目标从根本上讲是"三个根本转变"：①通过改革，实现政府职能向创造良好发展环境，提供优质公共服务，维护社会公平正义的根本转变；②实现政府组织机构及人员编制向科学化、规范化、法制化的根本转变；③实现行政运行机制和政府管理方式向规范有序，公开透明、便民高效的根本转变，建设人民满意政府。

2008年2月23日中央政治局学习时，胡锦涛总书记指出：建设服务型政府，关键是推进政府职能转变、完善社会管理和公共服务，重点是保障和改善民生。要围绕逐步实现基本公共服务均等化的目标，逐步形成惠及全民的基本公共服务体系。

二、当前我国建设服务型政府存在的主要问题

建设服务型政府首要的是要注意转变和科学配置政府职能，解决好政府应该做什么的问题。政府职能就是政府的职责和功能。职能是政府的核心，也是建设服务型政府的核心。改革开放以来，特别是1988年首次提出转变政府职能以来，政府职能转变取得了很大进展。但同时也还没有完全到位，表现在：

1. "经济调节"主要问题是"越位"

宏观经济的调控权主要在中央政府，省级政府有一部分宏观调控权。

我国一个省，有的省管的范围非常大，就像一个比较大的国家。如有的面积达 180 万平方公里，有的人口超 1 亿，有的有近 3 万亿人民币的 GDP。但是不能层层都抓经济调节。如果层层都抓，必然导致地区封锁。层层招商引资、搞开发区必然导致招商引资和搞开发区的恶性竞争。现在市、县、乡都要抓经济调节，特别是直接用行政手段配置资源，干预经济，这是不行的。这也是产生腐败的重要原因之一。"越位"还表现在审批过多过滥；直接包揽了应由市场、企业、非政府公共组织处理的事务；直接干预各种协会、社会团体和自治组织的管理运作；变相经营企业和公司等。

2. "市场监管"主要问题是"不到位"

假冒伪劣产品关系到一个知识产权的保护问题。这确实是一个难解决的社会矛盾。如果政府不保护知识产权，社会的创造力从哪里来？美国从建国起，专利制度就写进了宪法。所以，美国建国后不久专利很多，有我们都熟知的专利大王爱迪生等，这些专利大王使美国很快成为世界发明大国、科技强国。这值得我们借鉴。现在外国人动不动就要在知识产权方面跟我们打官司。我们创新这个词用乱了，什么叫创新？不那么简单。我们的社会正处于转型阶段，面对转型社会的成员来说，能适应的是少数。大多数人没有足够能力和素质参与市场竞争。我们的政府不能为他们提供保障，他就只能用不规范的行为参与规范的市场竞争。这可能是中国市场经济面对的最大现实，或叫不按规则出牌或叫不依法办事。

3. "社会管理"主要问题是"错位"

有的行政部门利用行政资源谋私利，"公器私用"、设租寻租。例如环保部门主要是保护环境，但有的因待遇差，卖环保指标。计划生育部门卖计划生育指标。公安部门利用赌博牟利（或叫"放水养鱼"）。民政部门自己罚款自己用。林业部门以砍伐森林来赚钱。防洪部门，前几年有一个很大的市在防洪堤上建别墅。广告很气派叫把长江送给您。结果全是违章建筑，要全部炸掉，损失一个多亿。最后谁来承担损失，开发商有责任，明知道违章还要建，但审批部门更有责任。所以，社会管理主要是"错位"。

4. "公共服务"主要问题是"缺位"

政府主要是提供公共服务，政府应从竞争性领域退出。现在的确有少数的基层政府，从好的方面讲是发展经济，从不好的方面讲就是搞所谓"政绩工程"、"面子工程"、"形象工程"。有一些领导对把路修好、楼修好非常有兴趣，但对搞好公共教育、公共医疗、社会保障、公用事业服务、公共科技服务这些都不太感兴趣。这是"公共服务"的"缺位"。

三、建设服务型政府是经济社会可持续发展的必由之路

在当前历史条件下为什么要建设服务型政府？从大的方面讲是全面贯彻落实科学发展观的需要。

1. 从经济方面来看

我国经济结构严重畸形，甚至影响到了国际关系。产业结构严重畸形是因为经济过度依赖出口和投资而内需严重不足，经济过度依赖出口和投资而内需严重不足又进一步导致产业结构畸形化。为什么产业结构畸形化？因为我国服务型政府没有完全建立，社会保障体系严重缺失。社会保障体系的缺失又导致整体工资及可支配收入增长缓慢，中国人的"未雨绸缪"的自保意识将决定住房、教育、医疗支出，保障性储蓄主导我们国人的消费、投资结构及行为，进一步加剧国人的日常消费支出的减少。这种现象必然导致产业结构的进一步畸形化。这又反过来影响到中国的发展不得不集中在投资和出口领域，促成外汇增长过快。对内而言，它将给国内经济带来货币供应增长过快，流动性过剩等问题，造成潜在的通货膨胀压力。在国际上，这只会进一步恶化当前业已存在的中国经常项目盈余和美国经常项目逆差状况，导致中美贸易摩擦升级，甚至有可能严重影响到中美关系。

2. 从建设服务型政府的背景来看

首先是 1994 年我国实施分税制改革后，地方政府为了增加地方的财政收入，最早提出了建设服务型政府的口号。例如 1995 年广东顺德市就提出"六个行政"（即依法行政、规范行政、高效行政、透明行政、服务行政、廉洁行政），后来成都、南京、天津、重庆和上海等地也相继提出了建设服务型政府并有一些具体的行动。其次加入 WTO 后，为了与 WTO 规则接轨，我们开始了大量削减行政审批制度改革。再次是 2003 年，SARS 在中国引发的公共管理危机，暴露了我国政府职能在公共服务方面的严重缺失和缺位，直接导致了我国政府改革目标的重新调整，深化了我们转变经济建设型政府为服务型政府的必然性认识。

3. 从我国古代的历史来看

不建设服务型政府，我们的经济社会就不能平稳、持续、协调发展。我们楼建得很漂亮，城市像欧洲，农村像非洲，人心不顺、也不会稳。如果不搞公共服务体系建设，不重视民生，其他都是空的。中国封建社会产生了两个非常强大的王朝，一个叫秦朝，一个叫隋朝。秦朝统一了六国，

建了长城，建了相当于现在的高速公路，东西、南北干道，保证皇帝快速出巡，但秦朝只存在 15 年。隋朝也很厉害，魏晋南北朝 300 到 400 年的动荡，到隋朝统一了，建了京杭大运河，但隋朝的历史也只有 37 年！什么原因？中央政府高度集权，不给老百姓休养生息的机会，用今天的话说就是不关注民生，不注重建设服务型政府。所以，我们如果不解决人们的共同富裕问题，基本公共服务问题，发展问题，经济就不能持续发展，社会就不能长期稳定，国家也不能长治久安。因为经济越发展，少数人越富有，社会越不稳定。经济社会要协调发展，不能一条腿长，一条腿短，否则，怎么会跑得快？所以建服务型政府要强调配套。

4. 从国外的情况来看

所谓的"拉美陷阱"，拉美的阿根廷、巴西，在 20 世纪 80 年代以前非常富裕，人均 GDP 达到了 6000～7000 美元，80 年代严重衰退，1981 年到 1989 年 GDP 累计下降了 8.3%，1990 年至 1999 年 GDP 年均增长只有 1.4%。什么原因，贫富差距太大，基尼系数最低为 0.44，最高为 0.66。例如巴西的贫民窟就非常严重，有的居住有 100 多万人，有的地区警察进去都被打出来，完全依赖黑社会治理，晚上不敢出门，很混乱。到目前为止，世界上没有一个国家可以不通过完善公共服务与社会福利制度而成为发达国家的。例如 1960 年，日本人均 GDP 大体相当于 900 美元的水平。日本在 1960 年前后，开始完善全面的社会保障制度，使日本开始了长达 40 余年的经济增长过程，顺利跨越了 2000 美元、3000 美元、8000 美元、20000 美元这几个经济增长的重要台阶。1988 年日本人均 GDP 达到 23570 美元，超过了当年高收入国家的平均水平（18150 美元）。在人均 GDP 达到 1000 美元后，日本通过完善社会保障制度，在不到 30 年的时间内，完成了对发达国家的赶超过程。又如美国和英国在 1890 年前后进入了人均 GDP1000 美元左右（按 PPP 计算的人均 GDP4000 美元左右）阶段，由于当时美、英政府过于迷信市场自我调节的能力与自由竞争机制，没有及时建立社会保障制度，经济长期停滞、徘徊在 1000 美元左右并导致了 1929 年世界经济大危机。

5. 从市场经济发展历史来看

经济增长主要经历了两种方式。一是以产权保护公共服务和市场秩序公共服务为平台的传统增长方式。人均 GDP1000 美元之前，重视产权保护、市场竞争和产业进步。二是以人力资本投资公共服务和社会保障公共服务为平台的现代增长方式。人均 GDP1000 美元之后，重视人力资本投资公共服务（教育公共服务）、社会保障和技术创新公共服务（科技公共服务是经济增长的推进器），这是以人为本的经济增长方式。我国现已进入第二种经济增长阶段。

6. 从社会基本矛盾来看

建设服务型政府也能出生产力。现在三驾马车拉动经济，它们是出口、消费和投资。我们出口占的比重太大，同时受到各方面条件的束缚。投资拉动，是不是要继续加大力度，各级政府已经有很多刺激经济的"万亿"计划，老是这样刺激经济就会持续发展吗？很多经济学家们说了，这只不过是把当下的危机延迟罢了。现在关键是要提高消费能力和消费水平，但是前几年我们的消费所占比重是30%左右，这个与经济发展很不协调。我们很多专家学者包括领导讲，车很便宜，老百姓为什么不买？房价也降了，为什么不买？因为老百姓要优先考虑养老，优先考虑医疗，优先考虑子女教育等。政府如果把这些都抓起来了，国家加大投入，老百姓养老没有后顾之忧，大病有统筹医疗，教育费用降低了，这样整个老百姓就敢消费了。一消费经济就带动起来了，经济就会持续发展。2009年我国GDP总值是33万亿左右，人均GDP接近3000美元，按联合国标准我们是人均中等偏下，比印度的人均要高得多，印度人均1000多美元。但是他们在教育、医疗方面比我们满意程度高，投入占GDP的比重要比我们高。所以我们急需确立到2020年前，在教育、医疗、社会保障这些方面要达到中等发达国家水平，要推进公共服务的均等化。如果到2020年我们全面小康了还不能达到这个目标，我们就不能说是为人民服务的服务型政府，所以任务非常艰巨。党中央、国务院非常重视，加大了财政转移支付力度，加大了对公共服务方面的投入，近几年以来，不断有一些新举措，包括九年义务教育真正免费、新农村合作医疗改革、新农村建设和农村养老保险的试点改革等。这些都是推动我国经济社会持续快速发展的重要保证，也是推动我国经济社会持续快速发展的必由之路。

（作者单位：中共常德市委党校）

诚信政府与社会和谐

唐 珍

在诚信文化建设的过程中，首先应该从构建诚信政府方面入手，政府的职能定位决定了政府在构建和谐社会中具有重要地位和作用。诚信既是和谐社会的普遍性道德诉求，也是政府行政行为合法性合理性的道德基石。

一、构建和谐社会对诚信政府建设提出新要求

当代中国诚信政府的主要特征有：一是人民性，二是法制性，三是利益的一致性，四是实践的自觉性。政府诚信最直观地落实在每一个公务员公务行为的诚信上。

和谐社会呼唤社会诚信，诚信政府催化诚信社会。构建和谐社会不仅加快了政府职能转变步伐，也是推动诚信政府建设的价值判断和现实诉求。构建和谐社会推动政府职能的深刻变革。和谐社会是社会发展的更高层次，当然地对政府自身改革和建设提出了更高要求。

1. 政府必须以全社会利益的视角来制定公共政策，实施公共管理，体现公共性。

2. 政府必须以服务为基本角色定位，把公共服务和公共产品的供给状况和供给水平，作为反映政府职能和责任到位情况的重要标志，体现服务性。

3. 政府必须协调好社会各个阶层的利益，满足各个阶层的需求，尽力使社会的所有阶层、所有成员均能够各尽其能、各得其所，体现整合性。

4. 政府必须担当起道德性角色，打造诚信政府。政府作为社会公共权力的载体，承担着社会公共管理的角色，那么，它就有责任推动和实现社会的道德升华和社会风尚的改良。打造诚信政府，倡导社会诚信的道德风尚，才能为社会和谐奠定坚实的道德观和价值观基础。

二、诚信政府是构建和谐社会的主导力量

建设诚信政府，直接影响和谐社会政策法规的贯彻执行，影响和谐发展环境的优化改善，影响和谐社会经济秩序的规范稳定，一定意义决定着构建和谐社会的进度和成效。

1. 诚信政府是和谐社会核心价值的倡导者和力行者

"诚信友爱"是和谐社会的基本内涵之一。和谐社会一定是诚信社会。在诚信社会中，政府要带头倡导并身体力行"诚信"二字。从政府行政理念上看，政府执政为民首先要取信于民。如果政府失去诚信，常常出尔反尔，不仅降低政府的公信力，背离政府管理目标，也必将损害行政效率，影响政府的权威和形象。从政府的影响来看，政府的诚信度直接影响全社会的诚信水平。政府失信将在社会各个层面上产生消极影响，甚至导致社会的普遍失信。人无信不立，政无信必垮，国无信则衰。诚信政府必定是和谐理念的积极倡导者与和谐实践的主动力行者。

2. 诚信政府是和谐社会实现路径的探索者和推动者

在现代社会，诚信的政府必然会通过创造有利于国家经济发展和所有居民增加收入的环境，创造一个使社会中的每个人都参与分享社会建设的过程和成果的机会，让发展的成果惠及最广大人民群众；诚信的政府必然会坚持法治先行，依照现代法治理念，按照诚信、公开、公平、公正的原则，建立、完善各种保障经济社会正常运作的法律机制，做到"言必行、行必果"，使社会各阶层间关系融洽，社会成员间相互尊重，相互帮助，真诚而有活力的不断进步发展；诚信的政府必然会提高整个社会的公共责任意识，不仅对政府自身的行为负责，也对公众和利益相关者负责，从而产生强大的凝聚力和向心力，促进社会和谐发展。

3. 诚信政府是和谐社会机制的协调者和维护者

构建和谐社会是一个全面的动态的发展过程，需要建立和综合利用各种社会机制，促进社会和谐发展。①诚信的政府必然会大力营造充满活力的经济环境，让一切劳动、知识、技术、管理、资本活力竞相迸发，让一切有利于社会进步的创造愿望得到尊重，创造活动得以实现，创造才能得以发挥，创造成果得以肯定；②诚信的政府必然会营造民主平等的政治环境，提高政府的公信度，采取切实措施主持、倡导和维护社会公平，建立言行一致、既讲公平又真正实践公平的政府；③诚信的政府必然会营造文明和睦的人文环境，大力倡导"爱国守法、明礼诚信、团结友善、勤俭自

强、敬业奉献"的基本道德规范，努力提高公民道德素质，促进人的全面发展，夯实构建和谐社会的人文基础；④诚信的政府必然会营造安定团结的基层环境，坚持以政策法律为依据，以群众的承受能力为限度，按照"以人为本"的要求，始终把解决最基层的民生问题放在第一位。

三、推进政府诚信能力建设

推进政府诚信建设，关键是提高政府诚信能力。政府诚信能力是政府执政能力的重要组成部分。一般来看，政府诚信能力是指政府履行法定职能及公开承诺的实力，不仅包含政府承担经济社会责任方面的"硬能力"，也包括政府公务员素质、绩效水平等方面的"软能力"。政府诚信能力是政府诚信体系有效运行并发挥作用的保障。应从以下几个方面加强政府诚信能力建设：

1. 制定政府诚信建设规划方案

政府是诚信建设的具体组织者、倡导者、实施者和维护者，必须重视自身诚信建设的规划。研究制定政府诚信建设规划方案，应以政府关联事项信息公开、资信收集、资源整合及完善制度为切入点，按照"政府主导、公开运作、社会参与"的原则，通过以点带面、分步实施的运作模式，推动政府诚信建设水平的整体提升。把诚信建设融入政府自身建设中，建立考核约束、政府自律、社会监督三者相辅相成的诚信管理体系，充分发挥舆论在政府诚信建设中的作用。

2. 建立政府诚信信息管理体系

根据政府行政流程再造和政府效能建设的需要，建立畅通的诚信信息收集渠道，及时收集记录政府部门及其公务员诚信信息，并将信息收集和管理范围扩大到执行公务行为的所有机构和人员。研究建设政府公务员诚信信息系统，实现与公务员录用信息系统、公务员培训教育信息系统、公务员考核信息系统、干部管理信息系统和政府政务信息管理系统等信息互联共享功能。研究制定《公务员诚信信息管理暂行办法》，不断充实政府部门及其公务员的诚信记录。开展以政府自律和他律相结合的诚信支撑体系建设，做好诚信制度安排、诚信行为记录、信息发布和信用评价等工作。

3. 建立政府诚信指数评级制度

根据诚信意愿评价指标体系和诚信能力评价指标体系，建立政府诚信指数。政府诚信指数等级评定标准包括政府依法行政情况、政府信息公开程度、政府工作效率、公务员知识化专业化水平、政府预决算执行情况、人民群众对政府服务的满意度等。建立系统有效的政府诚信指数的持续评价机制和联动分析机制，政府诚信指数定期向社会公布，接受社会监督。

4. 建立政府诚信激励惩罚机制

诚信得不到褒扬，失信得不到惩罚，失信成本过低，势必造成"劣币"逐"良币"。建立政府诚信奖惩机制，不仅会逐步消解改变失信者的恶习，更是对诚信者信心的保护，同时也有利于引导建立正确的社会诚信道德评价标准。根据实际需要，建立诚信激励机制，把政府部门及其公务员的诚信表现与其切身利益直接相关，推行诚信从优制度；同时建立失信惩罚机制，让不讲诚信的人受到应有惩罚，使其不敢失信。应把诚信度纳入政府绩效管理及考核评价的条件，让诚信"美誉度"在公务活动中发挥惩戒效应，形成"诚信受益，失信受损"风气。

5. 积极培育政府诚信文化

政府的诚信文化集中体现为行政主体行为规范、运转协调、公开透明、廉洁高效。人民群众从政府工作人员真诚为人民谋利益的行为中受到感召，并自觉效法，从而形成以诚信为本、操守为重的良好社会风尚。政府应重视诚信文化建设，加强对政府机关工作人员诚信观念的宣传教育，积极培育诚信文化。有针对性地、持之以恒地做好宣传、教育和培训工作，使每一名政府公务员深入了解诚信、认同诚信、实践诚信，全面提高政府部门和公务员的诚信意识，形成融合民族文化传统、时代精神风貌和政府职能要求的新时期的诚信文化氛围。

（作者单位：中共通道县委党校）

网络问政是网络时代的新景象

邹鲁清　　周若辉

截至 2010 年 6 月底，中国网民规模达到 4.2 亿人，居世界第一位。网络对当今中国社会正在发挥着全方位巨大影响和作用，网络问政正在成为网络时代中国政治生活的新景象。

一、网络问政催生了党的创新性思维

互联网正在对人们的认知方式、思维模式、思想观念产生深刻的影响，也在改变我们的执政观念。尽管我们党已经执政治国 60 多年，积累了丰富的执政经验，但是在网络条件下治国理政，却是上世纪 90 年代以后互联网大规模进入社会生活以后的事情。网络问政使执政党的执政方式中包含前所未有的强大的科技含量，所遇到的新情况和新问题，也是前所未有的。网络问政最重要的价值是催生了党的领导和执政方式变革的创新性思维，其重大意义在于：

1. 它反映了一种全新的执政方式和理念

网络问政表达了党和政府以一种前所未有的特殊方式践行着以人为本、执政为民的理念，体现了对网民的尊重和对网络民意的重视。

2. 它开辟了推进建设社会主义民主政治的新的独特渠道

"互联网政治"时代的到来，改变着现实政治信息的传播方式，改变着政治生态环境，也为公民的参政议政，推动民主政治的发展提供了新的途径。

3. 它表明了党对于以网络为代表的新兴媒体作用的高度重视

面对互联网的利用、建设与管理等一系列新课题对于执政党执政能力的挑战，中国共产党作为代表先进文化和先进生产力发展方向的执政党，必然从战略层面做出积极的反映。

网络问政是否被重视，已经成为各级领导干部思想是否解放、与时俱进的重要标志。身处网络时代的党政干部必须高度重视网络问政及其作用，把网络看成是新的施政手段和治理工具，把网络问政看成是提升领导和执政水平和能力的重要新平台。

二、网络问政推动了中国民主政治的进步

1. 高层领导亲自上网咨询问政，为推动中国民主政治树立了榜样

网络问政蔚然兴起的标志性事件，是 2008 年 6 月 20 日在《人民日报》创刊 60 周年之际，胡锦涛总书记到人民日报社考察，在人民网"强国论坛"，通过视频直播与网友进行在线交流。他指出，"互联网已成为思想文化信息的集散地和社会舆论的放大器，我们要充分认识以互联网为代表的新兴媒体的社会影响力"。他强调，"网友们提出的一些建议、意见，我们是非常关注的。我们强调以人为本、执政为民，因此做事情、做决策，都需要广泛听取人民群众的意见，集中人民群众的智慧。通过互联网来了解民情、汇聚民智，也是一个重要的渠道"。温家宝总理也多次通过大型门户网站与网友直接对话，在线进行交流和沟通，倾听网民对政府工作的意见，了解民众当前最关心的议题，引来如潮好评。

2. 各级党政官员积极参与网络问政，网络成为治国理政的重要平台

随着信息技术的快速发展，互联网已经成为党和政府联系群众的重要纽带。网络作为平等、互动、多元、人性化的交流工具，越来越受到各级党政官员的重视，已成为了党和政府治国理政的重要新平台之一。党政最高层领导与网友在线进行交流和沟通，其强大的示范作用，更促使网络问政蔚然兴起，带来党的执政方式变革与创新的新风尚。正是通过网络问政，提高了治国理政的水平。近年来在关乎国计民生的重大决策问题上，在解决群众关心的切身利益问题上，在积极解决社会公众关注的一些热点问题上，人们看到了党和政府主动征求网民意见，推动科学决策，推动中国经济和社会大发展的良好社会效果，也关注到了网络问政正日益彰显出它特有的作用，网络正在成为党和政府治国理政的重要新平台。

3. 网络问政成为表达民意、参政议政、社会监督的重要渠道

互联网的普及，正在改变着人们的生活方式，也包括政治生活方式。由于互联网的开放性、平等性、匿名性、互动性等特征，为公民的政治参与提供了更为自由、即时、直接的意见表达空间。信息技术日新月异的发展，为数量众多的网民参与网络问政准备了充分的技术条件。网民是网络问政中的平等双向主体之一。网络问政的兴起，凸显当今社会公民的主体意识不断增强，通过网络参与决策和社会管理要求逐步提高。网络问政的

风起云涌，离不开网民的广泛认可和积极参与。但同时也必须指出，网民的网络问政也应如同现实问政一样，需要以事实为依据，以法规政策为准绳；提出的诉求要合情合理；需遵守公德良俗和保持必要的理性和克制。网络问政的兴起，始自网民积极、热情的参与，更需网民理性的精心呵护。

三、网络问政需要正确对待的几个问题

1. 网络问政只是辅助的问政和议政方式

网络问政对密切执政党和人民群众的血肉联系，推进公民的政治参与和民主政治建设，推进科学决策和工作作风的改变，推动党的执政方式创新有着积极作用，应该充分肯定。但也必须指出，网络问政是制度救济的一种渠道和形式，这应该成为对网络问政基本的政治立场和政治定位。对网络问政的这种定位说明，相对于我国现有的政治体制而言，无论网络问政的主体是谁，它们如何互动和取得什么效果，网络问政都只是一种辅助的问政和议政方式。它不可能也不必代替既有的体制内的政制安排。因此，我们不应将网络的作用任意夸大，不应过多、过度地依赖网络问政，而削弱现实中执政党、政府组织和相关制度安排的力量和作用。在这个意义上说，网络问政只是一种工具和平台，只是我们完善党的领导方式和执政方式的助推器。

2. 网络问政落在实处决定网络问政的生命力

近年来，各级党政官员充分利用网络问政，更全面、快捷地通过网络"面对面"听取民意，问政于民、问需于民、问计于民，使工作部署更加切合实际，使党和政府决策更加能体现公共性，明显促进了政府工作作风的转变和工作效能的提高，带来了在切实解决国计民生现实问题方面不错的表现，以及民众对政府工作满意度的不断提高。这说明，网络问政的根本目的在于，利用快速便捷的互联网，通过与广大网民直接互动交流，求计问策，改进传统的执政方式，形成高效、民主、科学的公共决策机制，提高政府的工作效率，切实解决关乎国计民生的现实问题，落实执政为民的理念。风起云涌的网络问政，其成功的关键之处就在于，较好地实现问政于民众和问事于政府的有机结合，解决好了网络问政与现实的关系。

尽管当前的网络问政在表面上声势浩大并夺人眼球，但在实际效果上与公众的期望仍有一定的差距。民众对网络问政的效果持观望、质疑态度，说明他们更期待网络问政不是"问了白问"，网上拍砖不是"拍了白拍"，说明他们更希望通过网络问政能取得解决问题的实效。决定网络问政的生

命力的或者说民众最需要看到的，是党和政府部门对民意的态度及解决问题的效率和效果。虚拟网络世界美好的东西，只有最终在现实世界中得到对接，才能真正发挥作用和取得实效。因此，网络问政，前提在"问"，重点在"政"，关键在"行"。网络问政根本立足点和出发点应是要"以人为本"，通过网络问政了解社情民意、倾听百姓心声，切实为民众解决各种民生问题，让人民群众得实惠。

3. 正确区分网络民意与"伪民意"

网络民意是民意的重要组成部分，在一定程度上代表特定社会群体的意愿。从中央到地方的各级领导干部积极参与网络问政，充分肯定网络民意的作用，对网民是一种极大的鞭策与鼓励，促使网民参与网络问政的热情更加高涨。当前网络民意主要指向表达利益诉求、积极参政议政、行使民主监督三个方面。

推进网络问政常态化，重视和了解网情民意是重点。必须时刻关注民众通过网络在表达民意、反映诉求、完善决策、解决实际问题方面的各种信息。了解网情民意、加强交流互动，不但有助于民众更加便捷地参政议政，进一步维护公民自身的合法权益权利，也有助于党和政府随时接受舆论监督，增强施政透明度，提高行政效率，树立良好形象，使网络民意最终在现实的公共决策和政策执行过程中展现出来。

在网络问政双向的互动过程中，也存在一个去伪存真、仔细筛选和甄别网络民意信息的问题。网络民意的一个重要特征就是可能具有盲目性和非理性。在网络上，公众与政府既可能因通过网络良性的互动而受益多多，也可能因网络的开放和民意表达的不畅而产生隔阂和意见冲突，还可能因部分网民言论的过激或恶意，政府恐怕网络失控而产生对网络的惧怕心理。因此，我们既不能惧怕网络，要高度重视网络民意，又不能把网络所反映的民意当作民意的全部，更不能被"伪民意"和虚假网络信息所误导，影响党和政府的决策行为。网络问政虽是借助虚拟的网络空间进行的，但"问"的行为主体最终还是现实中复杂的人。网民中的诚心问政者固然值得鼓励，但也不排除网民中确有个别好事者或别有用心之徒不是问政而是扰政。

（作者单位：中共株洲市委党校）

数网并张遏制"隐性腐败"

欧阳满生

"隐性腐败"比简单的权钱交易等"显性腐败"影响更大，危害更烈，更应引起我们的警惕，更应加大惩治力度，从而把反腐败斗争推入"深水区"。

一、隐性腐败的种种表现

1. 内幕交易。一些官员利用职务上的便利，把工程项目、招标底线、拍卖底价、股票交易内幕等秘密信息提前透露给亲朋好友，让他们"近水楼台先得月"，获取巨大的利益。然后获利者给信息提供者暗中以丰厚的回馈。

2. 预期受贿。一些官员在位时利用职务便利，为请托企业大肆谋利，并约定退休后兑现"好处"。由于这个过程很隐秘，时空跨度大，较之传统腐败手段更"高明"、更"安全"。

3. 干股分红。一些官员利用职务上的便利为请托人谋取利益，收受请托人提供的"干股"。这些官员不掏分文，却能净赚企业的大量"分红"。

4. 借赌敛财。一些官员利用职务上的便利为请托人谋取利益，为了隐蔽地得到请托人通过的"回报"，就假借赌博的方式收受请托人财物，以掩人耳目，避公开受贿之嫌疑。

5. 借鸡生蛋。一些官员利用职务上的权势，以"合作"开办公司或者其他合作投资的名义开办以赢利为目的的经营实体。为规避法纪制裁，官员不以自己真实的名字参与投资和管理，而是以亲属作为"替身"，为其谋取非法利润。

6. 转手倒卖。一些官员利用职务上的便利为请托人谋取利益，为使其受贿披上合法的外衣，与请托人串通，以明显低于或高于市场的价格向请托人买入卖出房屋或其他物品，从中收取"差价"。

7. 礼来不往。一些官员利用婚丧嫁娶、生日、生病住院等机会，大肆收受礼金、礼品与财物，为避受贿之嫌，说是什么"礼尚往来"，但实际上是"剃头挑子一头热"。

8. 隐性特权。一些官员把公款当做私房钱，用于装饰豪华办公室、旅游、吃喝或支付个人待客、交通、通讯乃至健身、按摩、吸高档烟等费用；在福利、医疗、住房、用车等多方面的个人生活项目上享受额外照顾。

9. 文笔捞钱。一些官员利用职务影响及在文化方面的一技之长，捞取不正当的钱财。如通过讲课、编书、策划等所谓"合法"途径，到下属单位捞取巨额"辛苦费"，而且"雅兴"越来越高，这是新的"高级"腐败动态。

10. 接受色贿。一些请托人摸准了某些官员好色的"软肋"，便有意为其安排色情服务与性贿赂。由于"色情贿赂"带有极大诱惑性和粘连性，官员一旦上了钩，百分之百难以脱身。

二、把反腐数网布向"深水区"

上述这些由"地上"转为"地下"、由直接转为间接、由"现货"转为"期权"、从赤裸裸的权钱交易转为隐蔽性较强的"隐性腐败"，具有发现难、认证难、取证难、涉及面广、法规常常触及不到等特点。但"隐性腐败"无论怎样隐蔽，总是"万变不离其宗"，腐败的本质特征是权力的滥用，最终要表现为权力和利益的交换。因此，我们必须数网并张，使预防监督到位，惩处措施到位，打击力度到位，这样，隐蔽在"深水区"的腐败就能得到有效遏制。

1. 布下严密的分权制衡网

自改革开放以来，我国反腐败的措施和力度在不断增强，但腐败现象却在大幅增加、巨贪却在不断打破纪录。原因何在？根本问题出在权力机制上。在发达国家分权制衡越来越严密成熟之际，我国的公权力却出现了"封建化"趋势，一个单位、一个部门、一级政府的人、财、物、事四种权力，集中在"一把手"的一支笔上，这就出现了许许多多的"小王国"。"一把手"拥有了绝对权力，就会形成专制，腐败不腐败就在他的一念之间。

腐败的基本特征是以公权力谋私利，要防止官员以权谋私，在权力机制上就要建立严密的分权制衡网，让每个官员手中的权力都具有相对性，不容许绝对权力的存在。就我国目前的情形而言，完善分权制衡要痛下决心、花大力气做好五个方面的事情：第一，确立独立的反贪机构，用于侦察所有政府官员的腐败；第二，确立独立的司法系统，用于判断官员的行为是否违法；第三，确立独立的审计系统，用于判断官员是否滥用公权；第四，建立独立的人事考评体系，从而保障官员严谨地依法办事；第五，制定区分人、财、物、事管理的法规，从而使各类官员权责清晰、透明。

2. 布下严密的官员监督网

温家宝总理在全国依法行政工作会议上强调："要健全行政监督体系和问责制度。要更加重视人民群众和社会舆论监督。要依法保障人民群众直接监督政府的权利。支持新闻媒体对违法或者不当行政行为进行曝光。"官员在位，就在行使着人民赋予的权力，权力如果失去有效的监督就会滋生腐败。为防止和揭露官员暗中以权谋私，就必须建立严密的官员监督网。

我们要进一步解放思想，大胆改革我国反腐败机制体系中的监督机制，全方位设置"电子眼"，"全天候"运行：一是借鉴国外和香港的经验，建立独立的官员腐败侦察机构，主动侦察官员的腐败行为，打破"民不报官不究"的定式，而转向"挖洞寻蛇打"。二是落实刚性的官员上离任财产申报制度、亲属从业申报制度、离任审计制度。申报与审计、举报不相符的，给予严厉惩罚。三是极大地调动人民群众反腐败的积极性，切实建立健全奖励和保护举报人制度。特别是要花大力气强化广大人民群众对腐败"零容忍"的强烈意识，转变许多人"由他去吧"的麻木态度，使人人眼中容不得"沙子"，让人民群众"雪亮的眼睛"盯死腐败分子。四是建立腐败问题问责制，一人出了严重的腐败问题，同级和上级的相关领导要引咎辞职，这样做，外国有先例，我们借鉴它，可以使某些领导另一只"闭着"的眼睛睁开来，这样，党内监督才能真的"动真格"。五是放开主流媒体对腐败的监督和揭露，让他们多做"马前卒"，不要一味放"马后炮"。国外许多腐败案的揭露，记者、媒体首建其功，值得我们学习。我们真正把以上五个方面的网眼织密了，官员以权谋私的"空间"就会大大缩小。

3. 布下严密的纪律约束网

无论是对"显性腐败"还是对"隐性腐败"，在纪律约束方面，党中央、国务院早就颁布了《中国共产党纪律处分条例》、《行政机关公务员处分条例》，这两个条例对党内外干部以权谋私行为及其处分作了较为详尽的规定。

2010年以来，中央和有关部门已经出台或即将出台新的规定，对新形势下产生的各种"隐性腐败"进行了界定，并规定了相应的惩处措施。中央印发的《中国共产党党员领导干部廉洁从政若干准则》，在禁止"利用职权和职务上的影响谋取不正当利益"等8个方面对党员领导干部提出了52

个"不准"，规范了党员领导干部的廉洁从政行为；中办、国办先后颁布的《关于领导干部报告个人有关事项的规定》和《关于对配偶子女均已移居国（境）外的国家工作人员加强管理的暂行规定》，对加强领导干部和国家工作人员管理提出了更加具有可操作性的规定；针对日益增多的内幕交易案件，中国证监会正在会同有关方面继续细化、完善"操纵市场"、"内幕交易"两个认定指引，同时加快推进"信息披露违法案件责任认定指引"和"会计机构人员证券违法认定指引"等规则的出台。从上述条例、准则、规定、规则看，可以说，对"隐性腐败"已经形成较为严密的纪律约束网。目前，关键的问题是，各级纪检监察部门及其他相关部门要把这张网好好地张起来，发现闯网者毫不留情地网住他。形成触网必缚，少有漏网之鱼的态势。

4. 布下严密的法律惩治网

从我国反腐败斗争的历程看，"前腐后继"、"边反边腐"、"老鼠越抓越大"的怪现象值得深刻反思。腐败"恶性循环"的原因是多方面的，从法治的角度看，法网不严是重要原因之一。例如，许多"隐性腐败"，法律没有涵盖，因而认定难，取证难，得不到法律的惩罚，致使一些腐败分子逍遥法外，也使一些"后腐者"转向"曲线腐败"。又如，一些大腐败分子虽然被抓住了，但是，由于有巨额的金钱和财物是"隐性腐败"聚敛的，当事人缄口不说明其来源，法院只能以"巨额财产来源不明罪"定案，从而使"大腐"逃避了更加严厉的惩罚，使法律对腐败的震慑力大为减弱。

为惩治深层次的"隐性腐败"，迫切需要织密法律惩治网。要尽快建立和完善我国专门的反腐败法律体系，对腐败范围、行为、表现等作全面、详细的界定，把目前一些纪律方面的规定和没有纳入规定而实属腐败的表现统统归入"腐败雷区"，并适当做一些前瞻性的规定。对腐败行为的惩罚，法律要从严规定，"触雷者"必挨炸。要借鉴新加坡的作法，对官员腐败采取有罪推定原则。被告人占有不能作出令人满意说明的、与其收入来源不相称的财力或财产，就无须证明有任何具体贪污、受贿行为，即可推定为贪污或受贿所得，据此处以刑罚。要确保司法独立，拒绝说情风，抵制"大人物"，使暴露的腐败分子用腐败手段寻求的保护伞失去作用，进而"拔出萝卜带出泥"，挖出隐藏更深更大的腐败分子。

（作者单位：中共常宁市委党校）

社会管理中的群众工作站

尹燎原

洞口县在村一级全面建立"群众工作站",探索用群众工作统揽新时期农村基层社会建设和社会管理工作大局,不断转变社会管理观念,创新社会管理体制、机制和方法,提高社会管理能力,促进了社会有序、稳定、和谐发展。

一、群众工作站的主要做法

从 2009 年 9 月开始,洞口县在全县所有村(社区)设立"群众工作站",从县乡两级选派 1278 名干部驻站开展工作。其主要做法是:

1. 创新理念换思路

创建群众工作站是洞口县委、县政府着眼于新时期新形势的变化,在改进政府行政方式,有效加强社会管理上作出的一项重大决策部署。用群众工作统揽信访稳定、社会管理工作,用群众工作的理念、手段、方法处理群众诉求、社会管理矛盾,才能实现经济社会全面协调可持续发展。

2. 整合资源建平台

就是建立一个综合受理群众诉求、有效解决群众问题、快速化解矛盾纠纷的工作新平台。在组织形式上,设立了社情民意收集处理、矛盾纠纷排查化解、社会建设指导三大中心;在职能定位上,明确群众工作办的主要职能是研究群众工作政策,集中反映社情民意,排查化解矛盾纠纷,同时还承担以改善民生为重点的社会建设协调任务;在职责权力上,赋予群众工作办社会建设指导权、直接交办督办权、重大决策评估权、考核奖惩建议权等四项权力。

3. 健全网络成体系

就是建立健全以县乡镇党委群工办为龙头、以区域性群工总站为纽带、以村(社区)群众工作站为基础、以群众工作信息员为前哨,上下联动、左右协调的四级群众工作网络。该网络做到:一是全覆盖;二是明职责;

三是强服务；四是定时间。

4. 完善机制强保障

通过建立完善科学、规范、高效的长效机制，为群众工作提供强有力的制度保障：一是民意沟通机制；二是矛盾化解机制；三是人员选派机制；四是经费保障机制；五是评议奖惩机制。

二、群众工作站的初步成效

1. 化解了矛盾，保持了稳定

群众工作站把办公室搬到群众的"家门口"，提前介入，耐心疏导，妥善协调，真情息访，基本做到了"小事不出村，一般问题不出乡"，架起了党群干群沟通的桥梁，畅通了反映社情民意的渠道，形成了解决矛盾问题的新机制，有效维护了稳定。

2. 实惠了群众，改善了民生

群众工作站工作队员全心为群众提供政策、科技、信息、法律等方面的服务，帮助群众解决上学难、看病难、居住难、出行难等生产生活方面的问题，改善群众的生产生活条件，受到群众广泛好评。

3. 转变了作风，密切了关系

通过工作队员与群众零距离接触，有效消除了与群众的隔阂，群众普遍反映，如今党和政府与老百姓更近了，有什么问题只进群众工作站"一扇门"就有了着落，真的很方便。干部在参与群众工作站的工作中得到了锻炼，提高了能力，增长了才干，学会了怎样与群众打交道，怎样做群众工作。群众也改变了对干部的看法，愿意找干部谈心交流，有困难和问题找干部反映的多了。

4. 促进了发展，提升了实力

科学发展观深入人心，率先发展、科学发展、协调发展的自觉性得到增强，经济社会保持又好又快发展势头，群众工作站成为农村经济发展的"助推器"。

5. 加强了管理，夯实了基础

通过群众工作站的设立，使得乡镇政府实现管理重心下移，零距离、无缝隙、主动式和全方位地为群众服务。这对于密切党群关系，改进机关作风，了解民情民意，都起到了至关重要的作用。乡镇干部普遍反映，群众工作站一方面培养和锻炼了干部，使得乡镇干部切实了解了农村的实际情况；另一方面，通过"下去一把抓、回来再分家"，使乡镇领导对基层的情况、要求都有了实时的了解。

6. 政策宣传入户，作用发挥明显

群众工作站工作队员进站通过举办专题培训班、入户走访、集中宣讲等有效方式，加强了对现行中央惠农政策、农村法规的宣传，解除了群众不信任基层干部的问题，政策"直通"农户居民，发挥了工作站的应有作用，促进了各项工作的顺利开展。

三、群众工作站带给我们的启示

洞口县大力推进农村社会管理体制改革，是在该县近年来经济社会发展进入快车道、迫切需要统筹城乡发展的历史时刻提出的，其经验启示我们：

1. 群众工作站是密切党群关系的现实选择

密切联系群众是我党的优良作风和政治优势。一切为了群众，一切依靠群众，从群众中来，到群众中去，是党的根本工作路线。马克思主义执政党的最大危险，就是脱离群众。要保持党的先进性，必须进一步密切党同人民群众的血肉联系。建立群众工作站制度，就是从坚持群众路线出发，努力寻找一个密切联系群众的着力点。无论是为群众办实事好事、排忧解难，还是倾听群众呼声、体察群众疾苦；无论是代理信访、化解矛盾、宣传教育引导群众，还是了解群众意愿、集中群众智慧，核心都是维护群众利益，调动和激发群众的积极性和创造性，带领广大群众推动各项事业顺利开展。广大干部带着感情深入基层、深入群众，问需于民、问计于民、问政于民，密切了党群干群关系，加强了干部作风建设，党的先进性在基层得到体现，党员的先进性在工作中得到弘扬。

2. 群众工作站是做好新形势下群众工作的客观要求

科学发展观的核心是以人为本，坚持以人为本，高度重视并切实加强新时期群众工作，把提高广大干部做好群众工作的能力作为一项重大而紧迫的战略任务抓实抓好，是贯彻落实科学发展观的必然要求。实践证明，干部对群众有感情，群众对干部才有感情，干部和群众贴心，群众对干部才真心。建立群众工作站，就是努力探索一条做好新时期群众工作的新机制，从实际出发，因地制宜，因时制宜，用新措施应对新情况，用新办法解决新问题，用新思路解决新矛盾。

3. 群众工作站是创新农村社会管理的有效途径

长期以来，农村的社会管理一直是一个薄弱环节。改革开放以来，尽管农民的生活水平有了较大提高，但村里公共事务管理停滞落后、各种利益矛盾错综纠缠的缺陷一直存在，极大地制约了农村社会的整体发展。村干部由于素质的局限，往往没有把社会管理作为自己的主要职责，加剧了农村社会管理的混乱和失序。洞口县的群众工作站就是工作体制和机制、思路和方法创新的结果，农村社会管理体制创新的最大亮点，就是为农村的社会管理找到了一个主体，形成了一个机制，创造了一个平台，把农村社会管理纳入了各级领导班子职责范围，创造性地实现了政府行政管理与基层群众自治的有效衔接和良性互动。事实证明群众工作站是做好新时期社会建设和社会管理的有效途径。

4. 群众工作站是在一线锤炼干部的有效手段

作为基层领导干部，重点是提高推动科学发展的能力、正确处理矛盾和维护社会稳定的能力，其中最重要的是提高做好群众工作的能力。因为任何工作都需要引导、发动群众去推进，任何宏伟目标都需要团结、带领群众去实现。群众工作站可以使广大干部在实践中研究和把握新形势下群众工作的特点和规律，探索新途径、新方法，不断提高组织群众、宣传群众、教育群众、服务群众的本领。

5. 群众工作站是促进社会和谐稳定的可靠保证

构建社会主义和谐社会，重心在基层，重点是基础。科学发展与社会和谐相辅相成，互为目标，没有科学发展就没有社会和谐，没有社会和谐也难以科学发展。洞口在全县农村和社区建立群众工作站，通过采取教育、协商、疏导等办法，把不稳定隐患化解在基层、解决在萌芽状态；通过代理群众信访机制，使群众的合理诉求得到表达、合法权益得到保障、公平正义得到维护；通过了解掌握舆情信息，及时分析排查，及时通报信息，积极预防和妥善处置各类矛盾纠纷，最大限度地减少和防止各类群体性事件发生。

（作者单位：中共洞口县委组织部）

发展方式转变与组织工作创新

谭弘发

推动经济发展方式转变，关键在人。组织工作应当积极、主动适应经济发展方式转变的需要，立足于党委满意和群众满意，着眼于组织保证和人才支撑，着力于抓好落实和推进创新，特别是切实做好人的文章，在促进方式转变、推动科学发展中创造新成就。

一、用明确的导向引导人

推动经济发展方式转变，要求各级领导班子和广大干部转变思维、改进作风、提高能力、创造实效。做到这一点，导向是第一位的。

1. 树立能干事才有舞台的导向

转变经济发展方式是我国经济领域的一场深刻变革。完成这一重任，需要宽阔的视野、开拓的精神、创新的思维和积极的实践。组织工作要把发现、培养、选任这种类型的干部作为当前的一个突出重点，真正做到能者上、平者让、庸者下，引导干部在转方式、调结构中敢作为、能作为、善作为、有作为，凝聚转方式、调结构的强大推力。

2. 树立有实绩才会重用的导向

实绩是摸得着的能力，看得见的作风。转变经济发展方式到底做得怎么样，最直观的是实绩，最有说服力的也是实绩。要破除论资排辈的用人观念，坚持选人用人注重实绩。要破除平衡照顾的用人观念，从干部的实绩出发，强化实干是干部第一竞争力的观念。

3. 树立得民心才被信任的导向

转方式、调结构，最终要落脚到群众得实惠。检验转方式、调结构的成效，根本标准是群众满意。干部的工作能力、工作作风、工作成效，群众是看得最清楚的。要在干部选拔任用中，进一步加大听取、吸收群众意见的力度，真正把在转变经济发展方式实践中得到群众拥护、受到群众欢迎的干部选拔上来，引导干部聚精会神转方式，一心一意谋发展。

二、用有效的办法考评人

干部考评是风向标和助推器，考评什么，干部就会做什么。要运用好这一有效手段，研究制定适应经济发展方式转变的干部考核评价办法，把干部的思想和行动引导到推动经济发展方式转变上来。

1. 突出转方式的重要位置

要将转方式作为干部考评工作的重要价值取向，让干部考评体系真正成为转方式的指挥棒、催化剂，形成加快转变经济发展方式的工作导向、政绩导向和考评导向，引导和调动各级领导班子和广大领导干部在思想上愿转、行动上敢转、能力上会转、工作上快转。

2. 体现转方式的内在要求

在指标的设置上，要注重全面性和稳定性。要在重视对生产总值、财政收入、固定资产投资等经济增长指标考核的同时，进一步健全民生改善、社会保障、环境保护、文明建设、协调发展等方面的内容，充实节能减排、群众收入、就业、住房、安全等指标，引入一批其他新型指标。在经济指标中，要按照中央"三个转变"、"八个加快"的要求，突出消费、三产业、科技创新等指标；按照"两型社会"建设的要求，突出园区集中度、产业集聚度等集约发展的指标，使考核指标更加符合转方式的要求和内涵。总体来讲，指标设置的总数要有控制，重点要突出，程序要简便，而且一旦确定就要保持连续性和稳定性。在指标的权重上，要注重可比性和差异性。在指标规范统一设置的基础上，要根据不同地区的特殊情况，因地制宜、区别对待，规定不同的指标权重。比如，经济先行区和生态旅游区在考核指标的设置上应有所区别，经济先行区工业和城市发展等指标的权重可以高一点，而生态旅游区要提高生态建设、旅游发展等指标的权重。在指标的来源上，要注重科学性和权威性。用于考评的指标，要出自专业机构和部门，尽量运用统计部门等法定渠道的指标数据，也可以在全面考察论证和加强监管的基础上，适当运用中介机构的专题调查数据。

3. 创新转方式的评价机制

全面客观地反映一个地方转方式的工作和成效，既要科学设置指标，也要创新评价机制，更多地引入公众评价方式。要扩大参评范围。应该让更多的普通群众参加到领导班子和干部考评中来，民意调查的对象要多侧重于服务对象和基层群众。调查过程要公开，调查机构要加强宣传，扩大影响力。要拓展评价内容。除了日常开展的评价内容外，要把那些打基础、利长远的事情，"前人栽树、后人乘凉"的工作，比如环境治理、基础建设、矿山整治、民生改善等，单独拿出来让群众评价，并列入绩效考核和干部考评的范畴。要创新评价方式。要运用群众公开投票、专业机构入户调查、网上征求意见等形式，有效保障群众的知情权、参与权、表达权和监督权。要发挥评价作用。充分尊重公众评价的结果，适当提高评价结果在绩效评估和干部考评中的分量。

4. 强化转方式的激励效应

要真正把运用考评结果与建立干部能上能下机制结合起来，坚持凭德才、凭实绩、凭公认用干部，让那些在转变方式、改善民生、科学发展方面取得突出成绩的干部得到重用。对转方式不力，在考评中效果很差的干部，要进行诫勉谈话，甚至责令辞职、免职或改非。要在政策优惠上体现。对贯彻落实科学发展观，推进转方式、调结构等方面效果明显的，上级党委政府要在政策优惠、项目审批、资金安排、干部选拔任用等方面给予一定的倾斜。要在宣传表彰上体现。对转变经济发展方式、推进科学发展做得好的地方和干部，要组织新闻媒体积极跟进、大力宣传，在全社会营造转方式的地方有好处、转方式的干部得重用、转方式的行为受表彰的良好氛围。

三、用宽广的平台吸引人

人才是科学发展的第一资源。转变经济发展方式要把人才放在优先发展的位置，以人才结构优化引领和推动方式转变、结构调整。

1. 搭建人才引进平台

深化与高校、科研院所、高新技术企业的人才对接，以博士研究生、专业技术带头人、行业和专业领军人才为重点，引进一批拥有自主知识产权、对产业发展有重大推动作用的创新型科技人才。发挥经济开发区、工业园区、骨干龙头企业在人才引进中的聚集作用，围绕转变经济发展方式，引进一批有丰富实践经验、企业发展急需的高科技人才和高技能人才。打破人才引进壁垒，把在非公有制经济组织和新社会组织中工作的富有才华、富有专长、富有经验的人才纳入人才引进视野，使这些人才为我所用，为本地区经济社会发展所用，为转方式、调结构所用。

2. 搭建人才培养平台

精心实施领军人才培养工程，在重点学科、支柱产业和高新技术领域，培育和引进首席专家，打造一批科技创新团队。建立和完善产学研合作机制，依托重大科研项目和工程项目、重大产业项目，建立一批创新型科技人才培养基地。放宽特殊岗位用人限制，对能力突出、业绩突出的"身份外"干部，通过竞争性选拔等方式选用。

3. 搭建人才发展平台

坚持党管人才原则，完善组织部门牵头抓总、有关部门各司其职、社会力量广泛参与的人才工作格局，营造尊重劳动、尊重知识、尊重人才、尊重创造的社会氛围。探索政府引导、企业为主的人才培养、使用、奖励等政策体系，大力开发人才资源，激励人才创新创优创业，真正把最优秀的人才引导到转变经济发展方式上来。尊重人才流动、成长、服务规律，不一味强调人才为我所有，更加强调人才为我所用，积极发展"外脑式"、"候鸟式"等人才服务方式。创新人才服务载体，积极发展资本、技术等生产要素参与利润分配的形式，为人才发挥作用创造条件。

四、用健全的机制管理人

要以推动经济发展方式转变为目标，建立健全与之相应的干部监督管理机制，使广大干部在思想上高度集中、能力上保持先进、作风上积极适应。

1. 建立能力提升机制

要强化教育培训，创新培训内容，突出经济管理、项目建设、科学决策等重点内容，突出转方式、调结构、惠民生等时代要求。创新培训方式，探索运用实地考察、案例剖析、能力开发等先进方式，体现培训的开放性、时代性。创新培训机制，探索实行培训项目化机制，实行自主选学，分类培训，着力提升各级领导班子和领导干部推进转方式、调结构的能力和水平。要强化实践锻炼。积极推进经济发达地区和欠发达地区，机关与基层，经济部门与党务部门、群团部门之间干部的交流，让干部熟悉经济工作、支持经济工作，增强推动、服务经济发展方式转变的实践能力。

2. 建立治庸治懒机制

要牢固树立"无功便是过"的观念，让在转变经济发展方式中不作为、难作为的干部没有市场，难以立足。要加大干部的经常性考察力度，在转变经济发展方式一线、在干部的工作对象和服务对象中考察了解干部，把那些工作能力不适应岗位需要、工作作风较差、群众满意度较差、工作业绩平庸的干部确定为不适宜担任现职干部。要深入研究调整不适宜担任现职领导干部办法，坚决把不愿干事、不会干事、不能干事的人调整下来，切实解决干部能上不能下的问题，为能干事、会干事、肯干事的人创造良好的工作环境，杜绝干事的失落、空谈的得利、作假的得道等不良现象。

3. 建立群众评议机制

领导班子和领导干部在转变经济发展方式中的思路是否正确、措施是否得当、效果是否明显，最终要接受群众检验。要明确评议内容。把领导班子和领导干部在转变经济发展方式过程中发展低碳经济、改善生态环境、推动人的发展等方面的重大战略思路、战略举措及进展情况及时向群众公布，让群众评议。要扩大评议主体。在组织党代表、人大代表、政协委员参与评议的同时，吸收干部的工作对象和服务对象参加，广泛开展基层评机关、群众评干部活动，让干部始终处在群众的监督之下。要创新评议方式，积极探索现场质询、会议听证、网上评议等评议形式，创新评议的平台，增强评议的实效，切实通过加强群众评议、群众监督，更有力地促进各级领导班子和领导干部创造转变经济发展方式的实效。

（作者单位：中共常德市委组织部）

找准组织工作服务经济
发展方式转变的着力点

曹普华

2010 年 2 月 3 日，胡锦涛总书记在中央党校省部级主要领导干部深入贯彻落实科学发展观加快经济发展方式转变专题研讨班的重要讲话中，鲜明地提出"八个加快"，并强调指出："转变经济发展方式，关键是要在'加快'上下工夫、见实效。"转变经济发展方式是当前和今后一个时期全党的中心任务。组织工作历来是为党的政治路线和中心任务服务的。围绕中心、服务大局，是组织工作的生命线。当前，组织工作围绕中心、服务大局最根本的是服务经济发展方式转变这个大局，找准着力点、切入点、突破点，增强主动性、紧迫感、责任感，努力在服务经济发展方式转变中实现管理服务方式转变，为加快经济发展方式转变提供有力保证。

一、充分发挥组织优势，构建党员联系和服务群众工作体系，
　　为经济发展方式转变提供组织保证

组织优势是我们战胜一切困难的根本保证。2008 年 8 月底，吉首地区非法集资问题链断自爆，惊动了党中央和国务院。非法集资对湘西经济的冲击说到底是对湘西经济发展方式的冲击，对非法集资进行处置实质上是对经济发展方式进行转变。在处置非法集资过程中，组织部门充分发挥组织优势，组织 7600 多名党员干部深入基层一线联系和服务群众，把组织资源、组织优势和组织活力转化为推动经济发展方式转变的强大力量。

1. 发挥四大组织优势，坚持全心全意为群众服务。一是突出发挥政治优势。出台《关于充分发挥党的组织优势和党员干部表率作用切实做好维护社会稳定工作的通知》等文件，组织召开动员会、培训会、碰头会近百次，明确要求党员干部做依法"处非"的"明白人"、遵纪守法的"带头人"、群众工作的"支持人"、群众利益的"保护人"、大局稳定的"维护人"、经济发展方式转变的"促进人"。二是突出发挥资源优势。充分发挥"党组织无处不有，党员无时不在"的组织资源优势，利用工作、亲属、同

学、同乡、朋友等"五种关系"，以一带十，以十带百，教育引导群众。三是突出发挥网络优势。充分利用党组织遍布城乡各阶层、各领域的组织网络优势，紧紧抓住党组织这个"纲"，层层安排部署，一级对一级负责，纵向到底，横向到边，建立"工作安排从上到下，情况反馈自下而上，矛盾问题协调联动，工作进展整体推进"的网络联动机制，形成"塔形"组织网络格局，实现组织优势逐级放大的"扇面效应"。四是突出发挥基层优势。充分发挥"群众中有党员，党员在群众中"的"血肉共存，鱼水相依"基层一线优势，强化"人在阵地在"的"阵地战"意识，划区分片，分户包干，死守责任社区、责任片区、责任对象，要求党员干部率先做到"六不、三个管住"，即"不信谣、不传谣、不造谣、不参与、不挤兑、不闹事；管住自己、管住下属、管住家属"，以党员干部的"主心骨"作用影响和带动群众。

2. 实行责任"三包"，拓宽党员联系服务群众渠道。一是全面推进"三个纵向工作条"的群众工作。即社区群众工作、部门群众工作、企业群众工作。28 个州市直"三包"群众工作组按"单位包社区，领导干部包片，党员包人"的责任"三包"要求，对吉首市 28 个社区进行责任承包。30 个州市直战线牵头部门按照"战线包单位，单位包干部职工，领导包重点人"的责任"三包"要求，对吉首地区 186 个州市直单位进行责任承包。10 个州市直企业监管部门按照"部门包企业，企业包员工，企业班子包重点人"的责任"三包"要求，对 174 个州市直企业进行责任承包。二是有效开展"六个解困工作线"的群众工作。坚持"群众有什么困难，就解决什么困难"，组织民政、劳动保障、工会、教育、团委、建设、卫生等职能部门全力以赴，为困难群众做好生活解困、就业解困、就医解困、入学解困、住房解困、心理解困等 6 个方面的服务，真心实意为群众帮困解难。三是整体推进"28 个综合工作块"的群众工作。以社区为综合工作块，充分发挥社区支部作用，综合整体推进辖区内居民户、州市直部门、州市直企业的群众工作，确保实现"政策宣讲到户、处非服务到户、帮困解难到户、属地稳控到人"。四是狠抓"291 个责任稳控点"的责任落实。按"一个重点稳控对象，一名责任领导，一个工作班子，一套工作方案"的"四个一"要求，以 291 个"重点区域、重点人物、重点问题"为对象，狠抓责任落实，坚决确保不出现大的群体性事件。

3. 创新六项工作机制，构建联系服务群众长效机制。一是构建"一对一"责任承包机制。建立"责任对口、分户包干、任务量化"责任承包机制，确保"事事有人做，人人有事做，个个有责任"，确保"不漏片、不漏户、不漏人"。二是构建"面对面"入户宣传机制。坚持"干部入户、政策宣讲、立体宣传"，确保"户户进干部，人人见党员，家家晓政策"，工作队员上门入户率达到98%以上，重点户入户率达到100%。三是构建"实打实"确认清退机制。抓实"据实登记"。坚持"入户一户，宣传一户，登记一户"。抓好"甄别确认"。坚持两人一组上门入户送表确认，"面对面"进行表格说明，"手把手"进行填写指导，"实打实"进行集资情况确认。抓紧"集资清退"。坚持"清退一户稳定一户，清退一批稳定一方"，及时、准确、便捷、安全、有序地抓好集资清退工作。四是构建"心换心"帮困解难机制。组建7个解困组，组织协调帮困解难资金1.4亿元，先后为2408户5970人解决临时生活救助，为273名群众解决大病救助，资助10189人参加城镇医保，为1544户困难家庭实行就业援助（其中零就业家庭60名），为2765名学生解决入学难问题，为1341户困难群众解决住房难题，救助困难职工和农民工2893户11572人，心理解困救助4235名。五是构建"人盯人"属地稳控机制。建立联席会议制度，明确联席会议责任单位，将吉首市28个社区分为五个片区，对于重点问题迅速研究，限期协调解决。六是构建"硬碰硬"督查落实机制。建立"问责迅速、责任追究、督查通报"机制，先后组织开展群众工作督查16次，下发督查通报8期、群众工作简报128期。

二、坚持正确的用人导向，科学合理的选干部配班子，为经济发展方式转变选贤任能

政治路线确定之后，干部就是决定的因素。加快经济发展方式转变，核心在调结构，关键在转方式，重点在选干部、配班子、建队伍。组织工作服务经济发展方式转变，必须把领导班子和干部队伍建设作为重中之重，紧紧围绕加快经济发展方式转变建设发展型领导班子、务实型干部队伍，使领导班子和干部队伍成为推动经济发展方式加快转变的主要力量。

1.坚持正确导向，根据经济社会科学发展需要选人用人。选人用人直接关系加快经济发展方式转变大局。选好一名干部，就能竖起一面旗帜；用好一名干部，就会推动一方工作。一是确立与转方式相适应的用人标准，建设务实型干部队伍。坚持做到"六重用六不用"：选拔重用政治坚定、对党忠诚、坚决贯彻州委决策部署的人，坚决不用那些信念动摇、党性不强、关键时刻经受不住考验的人；选拔重用坚持科学发展有韧劲、谋划科学发

展有思路、推动科学发展有激情、实现科学发展有贡献的人，坚决不用那些不坚持科学发展、调结构转方式不力、工作政绩平平、群众公认度低的人；选拔重用视野开阔、懂得前沿经济、善于把握机遇和应对挑战的人，坚决不用那些目光短浅、坐失良机、面对挑战束手无策的人；选拔重用求真务实、埋头苦干、默默奉献的人，坚决不用那些弄虚作假、投机取巧、做表面文章的人；选拔重用作风硬朗、敢抓敢管、勇于担当的人，坚决不用那些遇到问题绕道、遇到矛盾上交、遇到困难退缩的人；选拔重用为人正派、办事公道、清正廉洁的人，坚决不用那些不讲原则、媚上压下、以权谋私的人。二是按照转方式的需要优化班子结构，建设发展型领导班子。经济发展方式要转变，领导班子结构要优化。紧紧围绕"八个加快"，选优配强相关部门的领导班子和领导干部。以新一轮政府机构改革为契机，优化经济部门机构设置，强力推进经济发展方式转变。在优化班子结构过程中，要旗帜鲜明地选拔重用奉献精神强、本职业务强、落实能力强的"三强"干部，品质好、业绩好、作风好的"三好"干部，敢抓敢管、敢作敢为、敢闯敢试的"六敢"干部，引导和鼓励各级领导班子和领导干部坚持在加快发展中转变、在加快转变中发展，推动各项工作又好又快发展。

2. 提升能力素质，在经济发展方式转变中培养锻炼干部。经济发展方式要加快转变，干部能力素质要加快提升。一是围绕"八个加快"分层分类培训干部。坚持干什么学什么、缺什么补什么，将加快经济发展方式转变作为一项重要内容和必修课程，纳入各级党委（党组）中心学习组和各级党校学习培训计划，科学设置培训课程，分层分类培训干部，提高推动经济发展方式转变的能力和水平。举办"湘西大讲堂"，围绕加快经济发展方式转变，定期邀请国内著名经济学家、企业家专题授课，帮助领导干部更新知识观念，转变思维方式，增强推动经济发展方式转变的主动性和紧迫感。加强与国内外著名高校、培训机构合作办学，定期选派党政一把手、年轻干部、后备干部和经济部门干部去学习培训，更新知识结构，完善知识体系，提高干部的综合素质和执政能力。二是突出在转方式实践中培养锻炼干部。根据调结构转方式需要，坚持把干部挂职锻炼与服务经济发展结合起来，多渠道、全方位培养锻炼干部。每年坚持选派500名干部到国家部委、省直机关和经济发达地区挂职、到农村一线培养、到招商一线锻炼、到信访一线磨炼，让他们在艰苦地区、复杂环境、关键岗位上砥砺品质、锤炼作风、增长才干，提高他们抓发展、促和谐、调结构、转方式的实际工作能力。

3. 健全考评体系，使考评成为推动科学发展的重要杠杆。出台《湘西自治州党政领导班子和领导干部绩效考核与管理办法（试行）》，对 94 个州直单位领导班子、8 个县市党政领导班子、1073 名正副处级领导干部实施绩效考核与管理，不断健全完善干部考核评价体系，使考评成为推动科学发展的重要杠杆。一是完善考核指标，确保考核的可操作性。在具体指标设置上，领导班子指标体系由实绩工作指标、自身建设指标、外部评价指标三部分组成，领导干部指标体系由履行岗位职责指标和个人德才素质测评指标两部分组成，并且根据考核分类设置不同的工作目标任务。在指标设置过程中，采取"三上三下"的办法，严格按照单位申报、专家组评审、单位确认、分管州领导审核、领导小组审定、公布下发等程序，确保考核指标的科学性和严肃性。二是改进考核方式，确保考核的科学性。分类分层考核。把领导班子分成县市、党委部门、群团部门、政务部门、经济管理部门、社会发展部门、执法监督部门、人大、政协各委室 8 个类别进行考核，把领导干部分成班子正职、班子成员及其他正副处级领导干部三个层次进行比较，针对不同类别、不同县市、不同部门，设置不同的考核权重，确保考核的可比性与公平性。整合考核资源。整合考核机构、考核项目、考核奖励，确保考核指标与省里的为民办实事、政府绩效管理、计划生育、综合治理等项目考核指标对接，减轻县市和部门负担。注重过程管理。建立月计划、季总结、半年督查、年终考核全程跟踪与管理机制，把平时考核、年度考核和任期（换届）考核结合起来，促使考核对象改变以往"临时抱佛脚"的做法，真正达到通过考核促进工作的目的。三是强化结果应用，确保考核的导向性。建立绩效考核结果公示制度，将平时督查、半年考核、民主测评等绩效考核阶段性结果向社会公布，接受群众和舆论监督。同时，将年度考核结果与单位评优评先、绩效奖励、干部使用挂钩，以实绩论英雄，凭德才用干部，用正确的政绩导向树立正确的用人导向。

（作者单位：中共湘西自治州委）

建设学习型党组织刻不容缓

郑文飞

建设马克思主义学习型政党，是党中央深刻总结历史经验，科学分析当前形势，着眼于提高党的执政能力、保持和发展党的先进性提出的一项重大战略任务。

一、以学习立党是中国共产党的一贯传统

中国共产党是在斗争中努力实现马克思主义中国化的无产阶级政党，历来重视学习、勤于学习、善于学习，以学习立党，这是党的优良传统和政治优势。

1920 年在法国勤工俭学的蔡和森在"猛看猛译"马克思主义著作的基础上提出了建立中国共产党的政治目标。党的一大提出了宣传学习的任务，要求党员努力宣传马克思主义，使更多的人学习接受马克思主义，投入到革命当中。为了加强学习，毛泽东在革命早期创办了湖南自修大学，培养了较早的一批党员干部。在长期的革命战争和建设时期，每当面临重要的历史关头或者要解决的重大现实问题，党都善于通过学习来提高认识、解决问题、继续前进。进入改革开放新时期，邓小平指出"实现四个现代化是一场深刻的伟大革命"，"全党同志一定要善于学习，善于重新学习"。2001 年 5 月，江泽民在亚太经合组织人力资源高峰会议上提出：面对 21 世纪的机遇和挑战，我们必须"构筑终身教育体系，创建学习型社会"。党的"十六大"把"形成全民学习、终身学习的学习型社会，促进人的全面发展"纳入全面建设小康社会的目标。十六届四中全会通过的《中共中央关于加强党的执政能力建设的决定》指出："重点抓好领导干部的理论和业务学习，带动全党的学习，努力建设学习型政党"，首次以党中央全会决定的方式提出建设学习型政党。2007 年 10 月，党的"十七大"明确提出建设学习型政党的要求，党的十七届四中全会通过的《关于加强和改进新形势下党的建设若干问题的决定》强调指出："必须按照科学理论武装、具有世界

眼光、善于把握规律、富有创新精神的要求，把建设马克思主义学习型政党作为重大而紧迫的战略任务抓紧抓好"，正式确定了"建设马克思主义学习型政党"的历史使命和战略任务，实现了对马克思主义政党理论和执政党建设理论的突破、创新和发展。

二、学习型党组织建设顺应了世情、国情、党情的深刻变化

当今世界在深刻变化，形势在不断发展，社会实践在不断深入。当今中国已站在一个新的历史起点上，中国共产党所处的历史方位和执政环境发生了深刻的变化，而学习型党组织建设正是世情、国情、党情的深刻变化提出的新要求。

1. 从党执政的世界环境来看，建设学习型党组织是我们党始终走在时代前列引领中国发展进步的决定性因素。

和平与发展是当今世界的主题，在这个主题下当今世界正处在大发展大变革大调整时期，政治多极化、经济全球化、文化多元化、技术信息化，特别是现代科学技术进步日新月异，新发明新创造层出不穷，知识生产、知识传播不断加速，知识和人才成为了社会发展进步的第一资源，知识经济、创意产业成了重要的经济形态，创新能力也成了综合国力和国际竞争核心因素。无论是个人还是社会，无论是国家还是政党，如果不加强学习，不提高学习能力，势必就会落伍。我们只有不断学习、善于学习，大力加强学习型党组织建设，才能敏锐把握时代脉搏，科学判断世界发展大势，更好地带领人民在纷繁多变的世界形势面前善于趋利避害，积极化危为机，有效防范各种潜在风险。

2. 从党执政的国内环境来看，建设学习型党组织是我们党主动应对各种挑战、实现一系列执政目标的必然要求。

当代中国已站在一个新的历史起点上，党在推进改革开放的社会主义现代化建设中，所肩负任务的艰巨性和繁重性世所罕见，所面临矛盾和问题的多样性和复杂性世所罕见，前进中所面对困难的多样性和风险性世所罕见，我们面临了执政考验、改革开放考验、市场经济考验和外部环境考验等四大考验，为开拓中国特色社会主义更为广阔的发展前景，全面建设小康社会，推动科学发展，促进社会和谐，迫切需要我们在新的实践中重新学习、继续学习，掌握好、运用好党在革命、建设和改革实践中形成的理论成果，积累的宝贵经验，不断深化对中国特色社会主义规律的认识，不断完善适合我国国情的发展道路和发展模式，使中国特色社会主义道路

越走越宽广。

3. 从党的建设主线来看，建设学习型党组织是我们党永葆先进性、不断提高执政能力的迫切需要。

当前，党内的学习风气和学习情况总的是好的，多数党员干部学习自觉性比较高，各级党组织在组织党员学习方面取得了很大成绩，但必须看到，一些党员干部和党组织的学习状况确实不容乐观。从党员个人的情况来看，有些党员干部，不思进取、碌碌无为，不愿学；热衷应酬、忙于事务，不勤学；装点门面、走走形式，不真学；心浮气躁、浅尝辄止，不深学；食而不化、学用脱节，不善学。从党组织学习方面看，有的学习制度不健全，或满足于把制度挂在墙上，却很少落实到行动上；有的开展学习思路不开阔，形式单一，方法简单，在引导党员加强日常学习、激发学习内在动力上缺乏有效措施；有的热衷形式，搞得阵势很大，但学习的针对性不强，学习效果不佳。这就要求我们党更加自觉地学习、更加认真地学习、更加勤奋地学习，以更好地保持和发展党的先进性、巩固党的执政地位、实现党的执政使命。

4. 从党的执政方式来看，建设学习型党组织是我们党推动科学执政、民主执政、依法执政的必然选择。

我们党执政60多年来，党所处的历史方位和执政环境发生了深刻变化，提高领导水平和执政水平成了我们当前的一项紧迫任务，如何切实提高科学决策、民主决策、依法决策水平，充分调动各方面积极性，又结合本地区本部门实际认真贯彻中央关于推动科学发展的重大决策部署，自觉在思想上、政治上、行动上同党中央保持高度一致，坚决维护中央权威，保证政令畅通，这成了我们要深入研究的重大问题。在这些问题面前有些同志感到了恐慌，存在"知识恐慌、本领恐慌、品行恐慌"，要提高我们的执政能力，推动科学执政、民主执政、依法执政，必然要求我们党一刻也离不开学习，努力掌握和运用一切科学的新思想、新知识、新经验来巩固、实现、提高我们的执政能力。

三、全面把握建设马克思主义学习型政党的要义是实践建设学习型党组织的前提

1. 要着手领会建设马克思主义学习型政党的基本内涵

学习型组织，是指通过培养弥漫于整个组织的学习气氛、充分发挥员工的创造性思维能力而建立起来的一种有机的、高度柔性的、扁平的、符

合人性的、能持续发展的组织。马克思主义学习型政党是学习型组织的一个重要类别，且有一般学习型组织的共同属性，比如持续的学习力、浓厚的学习氛围、共同的愿景、创新的理念等。它是一种以新的学习为基础，以发展能力为核心，以实现政党目标为愿景，通过在全党开展新的学习活动，不断拓展政党适应社会变化的能力，以实现党员个体、政党组织与整个社会协同发展的政党发展模式。我们要领会它的基本内涵。它具有如下几个方面的特征：一是有党员创造性学习的共同愿景。二是党员具有强烈的自我超越意识。三是各级党组织能有效地进行团体学习。四是通过系统思考来把握事物本质的变化。五是把学习引入工作，善于把学习成果转化为思想方法、领导方法，转化为生产力。

2. 要着眼掌握建设马克思主义学习型政党的基本要求

建设马克思主义学习型政党的基本要求有四个方面，即科学理论武装、具有世界眼光、善于把握规律、富有创新精神。我们要掌握其基本要求。

一是科学理论武装。这是马克思主义学习型政党的本质要求。实践证明，没有理性思维，就不可能深入、全面地认识世界，不可能自觉、有效地改造世界；没有正确的理论指导，就不可能把党建设好，把国家建设好，就不可能树立科学的世界观和方法论。理论武装极其重要，其基础，在于认真学习马克思主义科学理论，特别是中国特色社会主义理论体系；其重点，在于学习和掌握马克思主义世界观和方法论；其关键，在于提高党的各级特别是高中级领导干部的理论水平；其落脚点，在于促使广大党员干部在工作实践中坚持科学思维、运用科学方法、推动科学发展。

二是具有世界眼光。这是马克思主义学习型政党必须具有的战略高度和宽广胸怀。党员干部要始终站在国际大局与国内大局相互联系的高度审视中国和世界的发展问题，思考和制定中国的发展战略，全面分析判断世界多极化和经济全球化深入发展的外部环境，全面把握当今世界发展变化带来的机遇和挑战，高举和平、发展、合作旗帜，既利用和平的国际环境发展自己，又通过自己的发展维护世界和平。

三是善于把握规律。这是马克思主义学习型政党应有的科学态度和追求真理的精神。总结党的历史，什么时候按照规律办事，我们的事业就会顺利发展，就能取得成功；什么时候违背规律，我们的事业就会出现失误、甚至遭受挫折。党员干部要大力发扬求真务实精神，坚持真理、修正错误，在实践中不断深化对共产党执政规律、社会主义建设规律、人类社会发展规律的认识，不断增强按客观规律办事的自觉性。

四是富有创新精神。这是马克思主义学习型政党必须具有的时代品格。改革创新是时代精神的集中反映，也是党始终保持旺盛生机的不竭动力。这就要实现"三个解放"：从那些不合时宜的观念、做法和体制中解放出来，从对马克思主义的错误的和教条式的理解中解放出来，从主观主义和形而上学的桎梏中解放出来。这就要树立创新意识、焕发创造激情、激发创造活力，做解放思想的先锋、改革创新的模范。

3. 要着重明确建设马克思主义学习型政党的基本任务

一是推进马克思主义中国化、时代化、大众化。中国化就是将马克思主义基本原理同中国具体实际相结合，使马克思主义具有中国特色、中国风格、中国气派。这就要立足中国国情、研究中国问题、指导中国实践。时代化就是紧密结合时代特征，不断吸收新的时代内容，使马克思主义紧跟时代发展步伐。

二是用中国特色社会主义理论体系武装全党。首先，要系统掌握中国特色社会主义理论体系，努力在对党的理论创新成果的认识上达到新高度。其次，要认真总结深入学习实践科学发展观活动成功经验，不断推动学习实践向深度和广度发展。再次，要大力弘扬理论联系实际和马克思主义学风，着力提高理论素养和解决实际问题的能力。

三是开展社会主义核心价值体系学习教育。首先要在认知、认同上下工夫，使社会主义核心价值体系转化为党员的精神信仰和基本价值取向。其次，要在贯穿、融入上下工夫，切实把社会主义核心价值体系体现到党员、干部教育管理的全过程。贯穿到党的思想建设、组织建设、作风建设、制度建设和反腐倡廉建设的各个领域、各个方面，融入党员、干部日常工作学习生活中，体现到党的路线方针政策中、党的各项规章制度中和各级党的组织生活中。再次，要在践行、示范上下工夫，通过党员、干部率先垂范推动社会主义核心价值体系建设。

四是建设学习型党组织。这个组织拥有一个激励党员主动地创造性学习的理想目标；党员具有自我超越意识，能够积极主动地学习；各级党组织有效地进行集体学习；善于通过系统思考来提高整个党组织的快速反应能力和持续创造能力。

（作者单位：中共永州市委党校）

以基层党建制度创新促进科学发展

李秋葆

科学发展需要社会和谐，社会稳定需要夯实基础。随着改革不断深入，利益冲突加剧，各类矛盾增多，稳定问题已成为实现经济社会又好又快发展的严重障碍。在学习实践科学发展观活动中，我深切感受到只有不断加强基层党建，才能夯实社会稳定基础。

一、基层组织乏力是稳定工作被动的症结所在

鼎城区环绕常德市，共32个乡镇、4个农林场，85万人，由于地理位置特殊，社情复杂，历来是全市的信访大户，稳定工作十分被动。针对这一现状，鼎城区委、区政府把维护好社会稳定作为学习实践活动中必须解决的突出问题之一。从2009年元月开始，通过深入的调查研究，稳定工作中的三种现象发人深省：一是"重接访、忙稳控、轻教育"，思想引导缺位。据初步统计，2008年全区信访中，70%以上为咨询政策上访。二是"领导忙接访、干部忙处访、一些党员忙上访"，党员作用缺位。鼎城区共有38980名共产党员，应该在稳定工作中发挥重要作用，但实际情况是，有的党员参与上访，还有的甚至带头组织上访。三是稳定工作"热在区里、压在乡里、冷在村里"，基层责任缺位。村里的事、村里的人、村里的矛盾纠纷，区、乡两级干部忙前忙后调处，村干部只接人、当陪客。部分基层党组织维稳责任不落实，有的对群众反映的问题不积极主动解决；有的不对上访群众做深入细致的思想疏导工作，采取简单粗暴的方法，引发了新的矛盾；有的事前不能及时掌握情况，事中不能及时化解，事后被动应付，致使矛盾升级。

透过现象看本质，造成稳定工作被动的根本原因在于我们放松了党的基层组织建设。不从源头上抓起，就稳定抓稳定没有出路，要筑牢社会稳定基础，必须从加强基层党建工作入手。

二、从抓党建入手争取稳定工作主动权

在学习实践科学发展观活动中，鼎城区结合集中学习，深入开展党员培训，全面加强基层党建工作，在抓党建促稳定上进行了积极探索，争取了稳定工作的主动权。

1. 带着感情抓党建，让基层党组织在真诚沟通中活起来

党员不是圣人，除了有奉献的使命，也有被关心、被重视、被尊重的需要。为此，鼎城区各级党组织带着感情抓好党员培训，真正把党员凝聚在组织周围。集中培训前，全区各级党组织重点对优秀党员、后进党员、生活困难党员、退职村干部党员、老党员五类党员进行集中走访，共走访党员2000多名，慰问款物折合50多万元。对这些党员，有的是一声问候，有的是一次扶助，有的是一席谈话，让他们在尊重中找回了荣誉，在重视中看到了价值，在关怀中增强了党性。集中培训中，鼎城区把重点放在如何让党员感受温暖、受到重视上。全区36个乡镇场，全部组织了2天以上的集中培训。全区以支部为单位组织了夜间学习，各级党组织负责人与党员促膝夜话，谈党内生活、谈单位发展，征求意见，广大党员进一步增强了对基层党组织的信任感，更加热爱组织。许多党员纷纷表示，今后有困难先找组织，绝不搞违规上访。

2. 树立典型抓党建，让共产党员在表扬与批评中亮起来

没有标杆就找不准差距，没有表扬与批评就无法触及灵魂。在集中学习活动中，鼎城区共表扬优秀共产党员2100名，有1200名党员在乡镇党员培训会、支部党员大会上作了典型发言，通过颁发荣誉证书、设立优秀党员风采展示栏、广播电视宣传等多种形式，让优秀党员家喻户晓、优秀事迹人人皆知。同时，加强后进党员批评教育。通过树立正反两方面的典型，党员在组织生活会、民主评议中有了对照，找准了在维护稳定中的不足，责任意识和先进性意识普遍增强。2009年上半年以来，党员主动参与协调矛盾4800多起，全区信访总量与2008年同期相比减少了62.3%，基本上做到了矛盾不出村。

3. 注重长效抓党建，让基层党组织书记在驾驭全局中强起来

基层党组织书记是基层党组织的核心，总揽一个地方经济社会发展的全局，要把党建工作与稳定工作结合起来抓、长期抓，关键靠基层党组织书记。为了努力使基层党组织书记成为党建专家，鼎城区委狠抓了党要管党责任制的落实。2009年上半年，区委开展了5次基层党建工作全面督查，

每月听取了一次包片常委关于党建工作的汇报，组织了乡镇场党委书记党建工作专题汇报会，并明确提出把党建工作成效作为评价和选拔、使用党委书记的重要依据，强化党委书记管党责任。同时，细化对基层党组织书记抓党建的考核，明确要求乡镇党委书记每月走访党员不少于20名，推荐、表扬优秀党员不少于5名，通报表扬党支部1个以上，召开党员、群众座谈会1个以上。全区还组织了基层党支部书记培训班，在区电视台推出了支部风采栏目，每月集中报道2个先进党支部、2名优秀支部书记的先进事迹。一级带一级，一级抓一级，基层党组织书记抓党建的认识高了，自觉以党的自身建设为抓手，全面推进各项工作。由于抓住了书记这支队伍，书记带动班子，班子带动党员，党员带动群众，基层党组织的战斗力显著增强。目前鼎城区已经形成了以村级党组织为主体，广大党员为主力，超前调解、主动化解、及时预警的稳定工作新格局。

三、党的建设是维护社会稳定的根本保证

鼎城区抓党建促稳定的实践表明，要扭转稳定工作被动局面，党员和基层党组织的作用最重要，思想领域的工作最关键，党的建设是根本保证。

1. 党员队伍是做好稳定工作的重要政治资源

要把不断增多的各类矛盾消除在发生之前，化解在萌芽之时，处理在第一时间，仅仅靠各级干部是不够的。党员是党组织的细胞，是群众中的先进分子，有维护社会稳定的义务；党员人数众多，生活在群众中间，是组织与群众的桥梁，有做好稳定工作的优势。党员是稳定工作中最重要的政治资源，理应成为维护稳定的主力军。忽视这支队伍的作用，是对政治资源的极大浪费。抓稳定工作，必须从基层抓起，必须从党员队伍抓起。要加强党员教育，使党员队伍成为社会稳定的主心骨；要提高党员做群众工作的能力，使党员队伍成为社会和谐的"黏合剂"；要强化党员化解矛盾的责任，用身边的人解决身边的事，增强稳定工作实效。

2. 基层组织是维护社会稳定的核心力量

90%以上的信访稳定问题来自基层，只有基层了解事情的来龙去脉，只有基层最熟悉当事人，也只有基层能结合实际拿出切实可行的解决办法。即使上级交办，同样需要基层去落实。矛盾化解在基层，成本最低、效果最好。脱离基层抓稳定，无法从根本上解决问题。增强基层组织在维护稳定中的作用，除了强责，更要助力，当务之急是提升基层组织威信，增强战斗力，充分发挥基层组织"推动发展、服务群众、凝聚人心、促进和谐"

的作用。

3. 党要管党是应对复杂局面的根本保证

一个地方的经济社会发展，取决于领导班子和党员领导干部的能力和素质，班子和领导干部践行科学发展观的能力强，就能总揽全局、协调各方，实现社会和谐稳定；取决于广大党员发挥的作用，党员能带头讲党性，讲服从，就能影响群众，凝聚群众，促进一方平安，推动一方发展。增强各级组织应对复杂局面的能力，要以学习实践活动为契机，进一步落实党要管党的原则，进一步加强党的自身建设，提升党组织执行力。要帮助基层党组织开展好经常性活动，把党在基层的阵地巩固好；要加强党员教育管理，建设一支富有战斗力的队伍；要培养、选拔、使用好基层党组织的书记，使基层党的建设长期有人重视，有人推进，永葆活力。

（作者单位：中共常德市鼎城区委）

党代表选举中的主要问题

毛政相

随着党内民主的逐步发展，党代表选举工作已有明显进步。但也要看到，当前代表选举过程仍存在不少欠规范之处。实事求是地剖析存在的问题，对于提高党代表选举质量，大力推进党代表任期制，具有重要意义。

一、党代表选举制度规范不足

一方面，党代表选举制度体系不完善。"六大"至"八大"党章、"十二大"至"十三大"党章都原则规定省级党代会选举出席全国党代会代表，但"十四大"以后，党章及其他党内法规均未对全国党代会代表的选举产生作出明确规定。上世纪90年代颁布的地方和基层组织选举工作条例尚不足以构成党内选举工作严密、完整的制度体系。可以说，各级党代表的产生制度规范严重不足，给一些地方党委过度干预代表选举工作预留了较大制度空间。

另一方面，已有制度过于简单粗糙。两个选举工作条例过于简易。有的规定难以适应新的社会环境和新的形势，影响其可行性。有的规定过于笼统，针对性和操作性不强，影响其规范性。同时，对代表名额的分配、选区的划分，对违反制度行为的监督、检查和处理等，均无全面、具体、严格、可行的规定，影响制度的有效性。

二、制度设计理念存在偏差

长期以来，在党的治理上形成组织本位观念，往往偏重于组织意志而忽视党员权利，强调组织的整体利益而忽视党员个体利益。反映在党内选举中，党员选举权易于被组织取代而趋于虚化。同时，在现有党内权力结构下，党委集党内决策、执行、监督三权于一体，是同级党组织中唯一领导机关。党代会自始至终都在同级党委周密安排严密组织下进行，其决策实际上主要是实现党委意图，故党代表的产生必须服务并服从于党委的决策及人事安排意图，即通过控制党代表的产生来控制其表决和选举投票行为，从而实现党委对党内权力的控制，故党代表的整个产生过程都围绕实现党委组织意图来进行。虽代表产生的程序越来越复杂，民主色彩不断增加，但体现组织意图这一点并未改变。

三、党代表名额确定与分配不严谨

1. 名额确定不严谨

从"十二大"到"十七大"，全国党代会代表分别为1545名、1936名、2035名、2048名、2120名、2220名，分别代表全党3900多万、4600多万、5100多万、5800多万、6600多万、7300多万党员。"十三大"至"十七大"，党员人数分别比上届党代会增加700多万人、500多万人、700多万人、800多万人、700多万人，代表相应增加391名、99名、13名、72名、100名。目前全国党代会代表人数的确定既缺乏理论上的严格论证，也无党内法规予以规范。

2. 名额分配不严谨

党的地方组织选举工作条例未硬性规定各级领导干部代表的比例。在实际党代表名额分配中，存在明显的向公务员队伍及领导干部群体倾斜现象。这与人大代表选举中已实现的"同票同权"规则相去甚远。因当前代表名额分配既无党内法规严格规定，也很难体现代表结构与党员结构的关联性，实际操作中还存在不少欠规范之处，凸显代表选举民主性不足。

四、党代表产生过程不科学

1. 党代表选举形式过于烦琐

关于全国和地方党代会代表如何产生，不同时期党章的具体规定不同。选举党代表的当年，相当部分基层党组织和党员要经历从基层到全国不同层级党代表多达5次的推选工作，代表选举程序过于复杂，形式过于烦琐，具体过程过于简单，非直接参与组织选举工作人员和少数专业人士很难弄清操作过程。

2. 地方和基层党代表选举欠严肃

各级党代表选举看似复杂，但具体到某一层级代表的选举，却把该复杂的过程简单化，其中存在不少欠严肃的地方。一是党员参与党代表选举的权利体现不平等，尤其在参与候选人提名及选举投票这些最基本的环节上差别明显。二是组织过度干预党代表的实际选举过程。当前党代表选举都是由各级党委精心组织、周密部署的，即由党的执行机关领导和组织党的权力机关代表的产生过程，这与科学的选举逻辑不相符。一些地方为贯彻组织意图干预选举过程的"潜规则"与"显规则"并行不悖、交替发挥作用。比较普遍的做法是通过设置"选举会议"代表和候选人的资格条件以及用"集中统一"思想等方式来影响党员的选举行为，达到对实际选举过程控制的目的。

五、党代表选举结果没有充分体现党员意愿

党章规定，各级党代表的产生"要体现选举人的意志"，即能否当选代表应取决于党员的认可。但实际上选举结果主要不是体现了党员意愿而是组织意图。一般调查中，代表党员认为能否当选代表取决于"党员认可"的占 26.41%，取决于"领导认可"和"组织认可"的占 70.56%。其中典型地区代表党员认为能否当选代表取决于"党员认可"的占 34.75%，取决于"领导认可"和"组织认可"的占 61.02%，虽有所区别，但在选举结果主要体现组织意图而非党员意愿上基本相同。

六、党代表构成不合理

新一届各级党代表结构已有所改善，如生产和工作第一线党员代表和中青年党员代表都有所增加，文化程度普遍提高，但仍不太合理，代表性不强。

1. 党代表内部结构不协调

一是党代表中公务员及参照公务员管理人员比例过高。如 A 市和 B 县第 11 届党代会代表中，公务员及参照公务员管理人员代表占代表总数的 78.12% 和 61.49%。二是党代表中领导干部比例过大。如 A 市科级以上干部代表有 401 名，占 82.00%；B 县有 183 名，占 54.63%。

2. 党代表结构与党员结构不匹配

各级党代表中普遍存在代表结构与党员结构极不匹配现象，且党代会层级越高情况越严重。如 A 市共有党员 327041 名，代表与党员之比为 1:669。占党员总数 4.04% 的科级以上干部 13207 人中，有代表 401 人，其比为 1:33，其他 313834 名党员中，有代表 88 名，其比为 1:3566，二者相差 108 倍。

七、党代表的社会认同程度不高

随着宣传力度的不断加大及县级党代会常任制试点的逐步推行，党代表被认知和认可程度有所提高。对比调查数据可知，因代表总体上产生欠规范，履职不力，当前仍有 46.67% 的党员"不知道"或"没听说过"本选区党代表，72.20% 的党员认为其"不能代表"或"不知道能否代表"自己的利益愿望和要求。

调查 A 中，党员与代表"经常联系"的占 5.84%，"联系过，但不是反映情况的"占 7.68%，"从没联系过"的占 68.00%。调查 B 中，党内外群众认为党代表"从没征询并反映过"自己意见的占 75.93%，"从没帮助"过自己的占 80.89%。故当前党代表的社会影响力极为有限。

选举党代表是实行党代表任期制的关键，是实现党代会最高权力机关职能的基础，是落实党员权利的重要形式。目前党代表选举中尚存在上述七个方面的突出问题，必须适应社会环境的重大变化，顺应广大党员切实参与党内民主生活的迫切愿望，强化执政党思维，逐步实现治党理念上由组织本位向党员本位转变，按民主政治发展要求，总结党内选举工作经验，出台《党内选举工作条例》，促进党代表选举的制度化规范化，并在操作上着力做好如下三点，真正使代表的产生真实而充分地体现党员的意志：第一，坚持按方便代表有效履职原则确定代表规模，坚持按代表的广泛性优于先进性原则规范代表结构，坚持按权利平等原则分配代表名额等以规范党代表的名额及其分配；第二，积极推行代表竞选制、实行县级党代表直选制、加强组织领导而减少组织干预等以创新党代表产生方式；第三，通过合理划分选区、改党员参与党代表选举的登记制为申报制、健全候选人提名方式和竞选承诺制、实行秘密投票制度、加强对选举全过程的监督等以规范党代表产生过程。

（作者单位：中共长沙市委党校 长沙行政学院）

创新干部选用制度

黄　山

加快经济发展方式转变，必须构建充满活力、富有效率、更加开放、有利于科学发展的体制机制，其中核心是要健全科学选人制度，把坚决转变经济发展方式的干部选拔到领导岗位，健全放手用人制度，让加快转变经济发展方式的干部充分施展才干。

一、创新干部选用制度是加快经济发展方式转变的迫切需要

1. 创新干部选用制度是转变经济发展方式的内在要求

加快转变经济发展方式，客观地对干部队伍建设提出了新的要求，特别要求干部选任制度要打破传统的观念和模式，树立科学人才观，充分认识人才资源是第一资源，在经济社会发展中具有基础性、战略性、决定性作用，把政治、品德、知识、能力和业绩作为衡量干部的主要标准，坚持以人为本，把促进干部健康成长和充分发挥干部作用放在首要位置，从而遵循干部成长规律，建立健全科学的干部使用机制、激励机制、评价机制，切实采取有利于干部成长的政策措施，为加快转变经济发展方式、全面建设小康社会提供可靠的人才保证和广泛的智力支持。

2. 创新干部选用制度是践行转变经济发展方式的重要举措

干部是党的事业的骨干，干部制度竞争力是国家政治制度竞争力的核心要素。当前我们要加快发展方式转变，在激烈的国际经济政治竞争中赢得主动，要求干部选任工作深化改革，打破常规，锐意创新，遵循人才资源开发规律，建立充满生机与活力的干部工作机制，着力营造有利于优秀人才大量涌现、健康成长的良好氛围。这样才能更好地为转变经济发展方式选干部、配班子、建队伍、聚人才，推动各项工作科学发展，为进一步巩固党的执政基础、完成党的执政使命奠定坚实的组织政治基础。

3. 创新干部选用制度是实现经济发展方式转变的根本保证

加快发展方式转变、实现科学发展快速发展任务艰巨，需要各方面的

条件作保证，其中干部选任制度占据重要的地位。保持经济平稳较快发展，需要建立起科学的干部选任制度，不唯学历、不唯职称、不唯资历、不唯身份，不拘一格选人才，坚持德才兼备以德为先原则，建设起规模宏大、结构合理、素质较高的干部队伍，才能牢牢扭住经济建设这个中心，推动经济发展方式转变不断取得扎扎实实的成效，实现经济社会又好又快发展，早日实现建设中国特色社会主义的宏伟目标。

二、把坚决转变经济发展方式的干部选拔到领导岗位

1. 建立干部选拔任用提名推荐制度

选拔任用干部从提名开始，初始提名至关重要，在很大程度上决定选任干部的时机、路径和最终结果。因此必须按照转变加快经济发展方式的要求，规范干部任用初始提名，健全主体清晰、程序科学、责任明确的提名制度，规范干部选拔提名主体、提名形式、提名程序和提名责任，这样让加快转变经济发展方式的干部有被提名推荐的机会。

2. 建立民主科学的测评制度

"干部选得准不准，先让群众审一审"。对所提名的干部，需要在群众中进行测评。开展测评之前，要将干部有关情况，包括年龄、履历等基本情况以及德能勤绩廉等进行公布，使群众加深对干部的了解，也便于群众对干部进行比较、择优。在测评程序上，要坚持制订方案、会议动员、个人述职、会议测评、结果反馈、申诉复查等基本程序。测评时，要制定职位分类办法、规范干部岗位职责，使内容设置建立在科学的职位分类和规范的岗位职责基础上。对测评结果，要选择适当时机，在一定范围内和一定程度上向群众公开。

3. 健全考核考察制度

对所提名的干部在测评的基础上，必须进行严格的考察考核。一要探索以岗位职责为重心的干部履职考核方式，细化不胜任、不称职的认定标准，硬化不胜任、不称职干部的调整措施，完善干部个人述职、述学、述廉与年度考核组织评价、群众评议相结合、相印证的办法。二要全程把换届考核、届中考核、年度考核、任前考察结合起来，以届中考核、年度考核为基础，以换届考察、任前考察为重点，相互补充、相互校正，增强考核评价的科学性和系统性。要把考核结果的运用、反馈与干部选拔使用、培养教育、管理监督、激励约束有机结合起来。

4. 完善竞争性选拔制度

一要开展公开考试选拔。为此要进一步明确和规范公考选拔的适用层次、范围、职位、条件和程序，制定与各类人才特点相适应的具体操作规范和实施细则，分类做好干部公考选拔工作。二要推行竞岗选用。竞争上岗政策性、程序性很强，要按照规范发展的要求，对竞争上岗的基本程序做出明确的规定。积极推动干部从"缺位竞争上岗"走向"全员竞争上岗"，从"职位竞争"走向"资格竞争"，把组织考察与群众评价很好地结合起来。三要推行公推选用。为此在程序设计上要充分融入"民主"和"科学"两大元素，并尽可能做到程序简化、过程公开，相关制度之间实现科学整合和有机衔接，形成严谨闭合的体系，把群众的公推结果作为选人用人的重要依据。

5. 建立集体决定制度

党管干部是根本原则。要按照集体领导、民主集中、个别酝酿、会议决定的原则，实行常委会、全委会票决制。要切实做到"四不"：未经组织部门考察的人选不予讨论；呈报材料不全、不符合要求的不提请党组织会议研究；常委会没有三分之二成员到会的不研究干部问题；常委会表决时未达到应到会成员半数以上同意的不通过。

6. 健全监督机制和责任追究制度

要做好加快转变经济发展方式中的干部选拔任用工作，必须加强监督制约，把好责任追究关，构筑选人用人的"防火墙"。要建立选拔任用干部纪实制度，为实施责任追究提供真实可靠的依据。要建立署名推荐责任制、考察责任制。特别要建立"一把手""离任审计"制度。

三、让加快转变经济发展方式的干部充分施展才干

1. 知人善任，人尽其才

在加快转变经济发展方式中人人都可以成才，因此一方面要广泛地调动每一个人的积极性主动性，充分发挥每一个人的才能和作用，另一方面要善于发现被用者的长处和优点，把人才用在适合他的位置上，使其在深化经济体制、政治体制、文化体制、社会体制以及其他各方面体制的改革开放，推动经济发展方式转变中充分发挥自己的能力。

2. 不拘一格，大胆使用

一要把人才成长的一般规律和年轻干部成长的特殊规律结合起来，论资历但不唯资历，树立事业至上、德才兼备、注重实绩、竞争择优的用人

观念，打破条条框框的限制，大胆破格年轻干部。二要突出用发展的眼光对待干部，重大节、看主流、看潜力，不要求干部是全才，更不能夸大缺点，忽视成绩；要以开阔的眼光和宽广的胸怀选拔使用干部，敢于舍其短用其长，最大限度地发挥干部的特长。三要有意识地为年轻干部的成长创造条件，早发现、早培养、早使用，做到让想干事的人有机会，能干事的人有舞台，加快转变经济发展方式的人有位置。

3. 用人不疑，放手使用

首先要对干部充分信任，充分理解，为干部转变经济发展方式的工作创造有利的环境、提供必要的支持，让他安心本职大胆创造，促进干部产生责任感和自信心，激发工作积极性、主动性和创造性。其次建立一个干部能充分发挥能力的平台，让其对转变经济发展方式有职有责有权，给予充分的自由度，让他们尽情地施展才能，鼓励他们勇于实践，大胆创新，实现才尽其用。

4. 合理授权，热心指导

不同干部的工作岗位有不同的工作目标和责任。要根据经济发展方式转变的需要在弄清职权范围的基础上，以事业的需要和授权对象能力的大小、水平的高低为依据，将相应的权力授予干部，量才任职、视能授权，做到责权相符。合理授权之后，还应该对干部的工作加强指导，帮助他们解决困难。

5. 奖惩相济，赏罚分明

在加快经济发展方式转变中使用好干部，一方面要对干部的成绩进行肯定和奖励，另一方面对干部的过错进行惩罚和处理。要建立激励制度，探索主要依据工作业绩、能力和资历晋升级别的办法调动他们的积极性，使其得到应有的肯定和报酬。对工作做出突出成绩的要进行精神鼓励和物质奖励，对特别优秀的要给予重奖。而对工作不努力，没有做出成绩的要进行督促和批评，对工作出现失误的要给予惩罚处理，特别是对有违犯党纪国法的，要进行严厉的惩处，甚至把他们清除出干部队伍。

（作者单位：邵东县烟草局）

创新用人机制　推动县域经济发展方式转变

韩永华

一、创新民主推荐干部范围，确保优秀人才脱颖而出

创新民主推荐干部的范围，是深化干部人事制度改革的基本方向，也是选好人、用好人，确保优秀人才脱颖而出的重要保证。近年来，虽然我们在创新民主推荐干部方面做了积极探索，取得明显成效，但在扩大民主过程中，也伴生了诸多以票取人、拉票贿选、民意失真、考察失实等问题，严重制约了干部人事制度改革的进一步深化，在干部群众中造成一定负面影响。当前，若要有效解决这些问题，必须通过改革发挥民主在推进干部中的作用。

一是要搭建好领导干部公开、平等、有序竞争的平台。要解决简单地以考试和演讲取人的倾向，让干得好、考得好、能力强的选得上。必须要加强竞争性选拔干部力度，逐步将竞争性选拔范围从部门副职扩大到部门正职，从一般性岗位扩大到重要岗位，进一步扩大竞争性选拔干部的比例。必须完善差额选拔干部的程序和办法，全面实行干部选拔任用全程差额、择优比选，让竞争优胜的干部硬气，让竞争失利的干部服气，进一步提高选人用人的公信度和群众满意度。

二是要完善领导干部民主测评、民主推荐的办法。要正确认识民主推荐在干部选拔中的作用，既要把群众公认作为选拔干部的重要依据，对推荐票不高的一般不任用，又不能把民主推荐等同于选举，把推荐票作为唯一依据，单凭票数决定干部任用。要建立推荐结果综合分析制度，科学分析运用民主推荐结果，既要看得票情况，又要对得票情况作具体分析，重点是把得票情况与以往推荐、测评情况、平时了解情况、年度考核情况，以及民意调查情况等结合起来，综合比较，相互印证，对干部作出全面准确的评价。要完善民主选用干部机制，对那些平时坚持原则、真抓实干、

敢于负责、不怕得罪人而得票相对较少的干部，只要工作成绩突出，就要大胆提拔使用，决不让"老实人"吃苦又吃亏，决不让"实干者"流汗又流泪，决不让"官油子"得势又得利。

三是要严厉查处干部选举中的违纪违法行为。要健全违纪违法行为举报受理机制，明确拉票等行为的认定和处理办法，对经查核认定确有违纪违法行为的要严肃处理，不得列入推荐对象，已列为考察对象的要取消资格，已提拔的也要坚决拿下来。同时，对参与、帮助他人拉票的，也要给予严肃批评教育和相应处理。总之，通过进一步深化改革、完善民主，引导广大干部集中精力抓落实，挺直腰杆干事业，尽心竭力解民忧，形成有利推动科学发展、加快经济发展方式转变的良好氛围。

二、创新干部管理机制，配好配强关键岗位领导干部

对关键岗位领导干部实行重点管理，是人事工作科学化的重要体现，也是人事工作服务科学发展和加快经济发展方式转变的内在要求。乡（镇）和县直重要经济管理部门在优化经济结构、推进城镇化进程、提高自主创新能力、改善民生等方面，担负着重要职责，发挥着关键作用。要把对这些重点部门和关键岗位干部的管理作为一项战略工程来抓。

一是要加强关键岗位干部严格管理。要突出抓好关键岗位干部的培养提高。强化党性锻炼和实践锻炼，着力增强谋划发展、统筹发展、优化发展、推动发展的本领，以及做好群众工作、维护社会稳定、促进社会和谐的能力。要明确关键岗位的职责要求。制定符合关键岗位特点的考评体系，增强考评的针对性和科学性。要强化关键岗位干部的激励约束机制。优先从经济发展快的乡（镇）提拔重要干部；完善并严格执行领导干部问责制，严明领导责任，对失职渎职、造成重大损失或恶劣影响的，要追究责任。要把对关键岗位干部从严教育、从严管理、从严监督的各项措施落到实处，使关键岗位成为干部施展才华的重要平台、成长提高的关键台阶、干事创业的广阔舞台。

二是要创新关键岗位人选提名办法。要扩大关键岗位人选提名推荐工作中的民主，将关键岗位人选提名纳入县委全委会任免重要干部的范围，充分发挥全体全委会成员在提名环节上的作用。关键岗位人选提名、调整前，要认真听取各方面意见，进行广泛酝酿，确保提名人选得到组织和群众的双重认可。选拔关键岗位的干部，必须坚持标准更高、要求更严，在

更大范围内统筹优秀干部资源，放开选人视野，拓宽进贤渠道，确保人选质量，决不能搞平衡照顾、依次串动、将就使用。

三是要不拘一格地着力选好乡（镇）党政正职。乡（镇）党政正职是我们党执政治国的重要骨干，担负着领导一个地方经济社会发展全面工作的重任。选好配强乡（镇）党政正职，对当前推动科学发展、加快经济发展方式转变，具有特殊意义。要把乡（镇）党政正职的选拔放在同级干部选拔任用的突出位置，严格把握人选的资格条件，突出思想政治素质、科学发展本领、驾驭全局能力，务求优中选优。要敢于打破常规，唯才是举，唯贤是用，研究制定特殊政策，对特别优秀的，可破格提拔或越级提拔。

三、创新干部考核体系，科学评价领导

干部考核导向，决定科学发展方向。建立完善科学的干部考核评价体系，是人事工作服务科学发展的重要职责。要认真贯彻落实中央下发的"一个意见、三个办法"，抓紧研究制定配套实施办法，进一步健全促进科学发展的党政领导班子和领导干部考核评价机制，着力提高考核评价工作的科学性、准确性。

一是要改进干部考核评价方式方法。要坚持把干部的年度考核和换届考核、届中考核结合起来，强化经常性考核，完善定期考核，实行延伸考察，综合运用巡视、经济责任审计等工作成果，使定期考核、平时考核与任前考察相互补充印证，全面了解干部的真实情况。要科学运用民意调查、岗位目标考核、重大项目跟踪考核、实绩分析等有效办法，畅通民意表达渠道，强化群众参与和监督，切实把干部的业绩"考真"、"考实"、"考准"。要把干部的业绩放到全局工作中去衡量，全面分析取得实绩的主观因素和客观因素，合理区分个人与集体、前任与后任的作用；既要注重考察干部的政绩，更要重点考察有利于长远发展的基础性投入，准确评价"显绩"与"潜绩"；既要看干部的经历，更有看干部在所经历的岗位上的实际表现，不能简单地把经历等同于素质和能力。

二是要完善干部考核评价标准。要根据不同区域、不同层次、不同类型领导班子和领导干部的特点，建立各有侧重、各具特色的考核内容和考核指标体系，更好地体现科学发展的要求。健全完善干部德的评价标准，要把理念信念是否坚定，是否坚持执政为民，是否求真务实，是否坚持民主集中制，是否清正廉洁等列为评价要点，注重从履行岗位职责、完成急

难险重任务、关键时刻表现、对待个人名利等方面，考察干部的德才表现。突出抓好干部业绩考核，完善干部业绩考核标准，既要看发展速度和规模，更要看经济结构是否优化、自主创新水平是否提高、就业规模是否扩大、收入分配是否合理、人民生活是否改善、社会是否和谐稳定、生态环境是否得到保护、可持续发展能力是否增强。

三是要强化干部考核最终结果的运用。要建立考核结果反馈制度，及时向领导班子和干部本人反馈考核结果，并在一定范围内通报。要把干部考核结果与干部的升降奖惩挂起钩来，建立干部考核考察与干部选拔使用、培养教育、管理监督、激励约束相对接的良性机制，谁干得好就表扬谁，谁干不好就批评谁，谁能力强、工作出色就重用谁。换届前，我们要依据考核结果，大胆启用一批年富力强、政绩突出的干部，调整一批状态不佳、政绩平庸的干部，使干部考核真正成为推动科学发展的"风向标"，使加快经济发展方式转变成为各级干部的自觉行动。

（作者单位：双牌县泷泊林场）

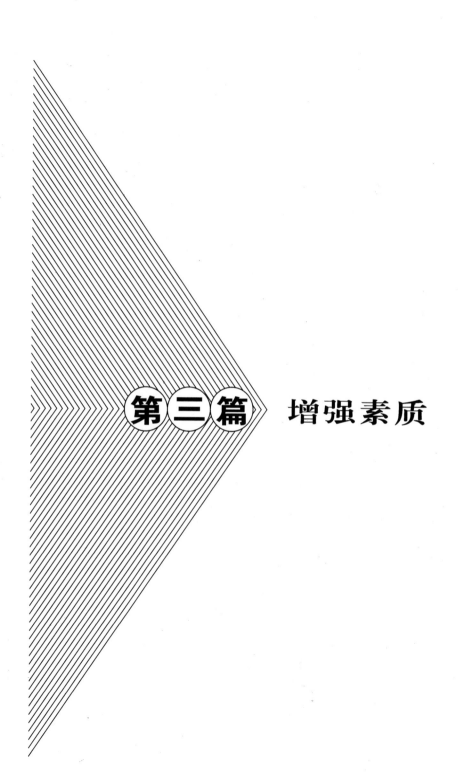

第三篇　增强素质

在转变发展方式中全面提升领导干部素质

盛荣华

深入贯彻落实科学发展观、加快经济发展方式转变，必须强化领导干部能力建设，进一步增强领导干部的学习力、执行力、创造力、统筹力、形象力，真正做到在提升领导干部素质中加快发展方式转变，在加快发展方式转变中提升领导干部素质。

一、把握经济发展方式转变的战略性，增强领导干部的学习力

一是增强对转变经济发展方式重要意义的学习力。多年来，我们推进经济发展方式转变取得了一定成效，但从总体来看，还跟不上国际国内转变步伐，主要表现在内需与外需、投资与消费之间的关系不协调，城乡区域发展不平衡，居民收入差距扩大，资源消耗和污染物排放高，生态环境的压力日益增大，服务业发展滞后，产业结构不合理，等等。因此，加快经济发展方式转变是适应全球需求结构重大变化，增强我国经济抵御国际市场风险能力的必然要求；是提高可持续发展能力的必然要求；是在后国际金融危机时期国际竞争中抢占制高点、争创新优势的必然要求；是实现国民收入分配合理化、促进社会和谐稳定的必然要求；是全面建设小康社会、满足人民群众过上更好生活新期待的必然要求。二是增强对转变经济发展方式重要机遇的学习力。金融危机爆发之后，世界经济处在动荡和调整之中。对于中国的发展而言，既是被动，更是主动转变经济发展方式的机遇。一方面，全球产能过剩加剧了国际竞争，贸易保护主义抬头，针对中国出口产品的贸易摩擦大幅度增加。另外一方面，信息技术革命方兴未艾，新能源、新材料、节能环保、生物医药等新技术的研发活动十分活跃，一批新兴产业加速发展，高端制造业和现代服务业向中国转移的步伐加快。中国加快结构调整、转变经济发展方式既是应对国际经济环境新挑战的必要举措，也是抓住技术革命和产业转移新机遇的必然选择。三是增强对转变经济发展方式重要内容的学习力。转变经济发展方式是一个具有根本性

和全局性的问题，按照中央的安排和部署，必须抓好加快推进经济结构调整、加快推进产业结构调整、加快推进自主创新、加快推进农业发展方式转变、加快推进生态文明建设、加快推进经济社会协调发展、加快发展文化产业、加快推进对外经济发展方式转变等八个方面的重点工作。我们要按照这八个方面的总体要求，结合本地区本部门本单位的实际，找准工作着力点和突破口，更加自觉、更加主动、更加坚定地加快转变经济发展方式，在发展中促转变，在转变中谋发展。

二、把握经济发展方式转变的长期性，增强领导干部的执行力

一是增强抓项目建设的执行力。项目是加快经济发展方式转变的载体和依托。要正确认识和深入研究当前投资政策、财政政策、货币政策、产业政策、区域政策、民间投资等方面出现的新情况新变化，紧密联系科学发展要求、国家政策导向、宏观环境变化、转变发展方式、调整经济结构、自身比较优势、民生大幅改善等来谋划项目，着力引进和建设一批产业升级项目、基础设施项目、生态环保项目、现代服务业项目和民生工程项目，以项目建设促进产业结构优化升级、发展方式转变转型。二是增强抓工业园区的执行力。产业园区是产业集聚的基地，是地方经济发展的核心增长极，也是转变经济发展方式的主要阵地。按照布局集中、产业集聚、土地集约、生态环保的原则，整合、优化、提升现有工业园区，集中优势资源，重点培育主导产业，引导同类企业向园区集聚，形成一批具有市场竞争力的特色工业园区；大力开展集群式项目满园扩园行动，加快产业裂变扩张，培育和发展一批影响力大、带动力强的龙头企业，支撑和引领特色主导产业发展；继续加大园区基础设施建设，实施政策倾斜，促进资金、技术、人才等生产要素向园区集中，增强园区项目承载能力和综合服务能力，推进园区集约发展、集群发展、安全发展、清洁发展。三是增强抓节能减排的执行力。节能减排是新型工业化的内在要求，也是转变经济发展方式的重要抓手。我们必须顺应低碳经济蓬勃发展的趋势，正确处理经济发展和节能减排的关系，按照优存量、控增量、减总量的要求，加快推进节能减排工作，尽快形成有利于节能减排的增长方式和消费模式。严格执行"上大压小、等量淘汰"的产业政策，通过推进资产重组、采取关停并转等多种措施，限制淘汰一批小火电、小水泥、小轧钢、小化工、小炼矿等落后产能；大力发展循环经济，深入推进资源综合利用，全面推行清洁生产，加强对传统产业的"两型化"改造，不断提高产业集约化发展水平；严格

落实节能减排责任制，加快推进节能减排重点领域、重点企业和重点工程项目建设，进一步抓好万吨耗能企业节能行动，抓紧实施一批减排项目，以点带面，重点突破，全面推进，力求实现节能减排效率最高、效益最大、效果最好。在加强工业领域节能减排的同时，统筹推进建筑、交通、生活等领域的节能减排，加快污水处理设施项目建设，扩展生活化学需氧量减排阵地，为工业发展赢得更大的空间。

三、把握经济发展方式转变的艰巨性，增强领导干部的创造力

一是坚持行政引导与市场主导相结合。加快经济发展方式转变，要尊重市场经济规律，充分发挥市场配置资源的基础性作用，增强经济增长的内生动力。无论是发展战略性新兴产业，还是改造提升传统产业，都应当坚持以企业为主体，以公平、有序、有效竞争的市场为基础。同时又要充分发挥各级政府的行政引导作用，通过规划法律政策、信息发布和必要的行政手段，正确引导企业投资决策和结构调整的方向，形成有利于加快经济发展方式转变的制度安排，推动经济发展方式转变不断取得扎扎实实的成效。二是坚持重点突破与全面推进相结合。全面推进，就是要围绕"八个加快"的要求，加强规划引导，兼顾当前和长远，处理好速度和效益、局部和整体的关系，调动各方面积极性，实现经济发展、社会进步、区域协调、城乡共进、资源节约、生态良好共同发展。重点突破，就是要结合各地的实际情况，明确哪些工作是重点，哪些问题是应该重点解决的，选准切入点和突破口，以点带面，点面结合，推进经济发展方式转变。三是坚持创新驱动与改造提升相结合。坚持把推进新型工业化作为转变经济发展方式的基本途径，在发展理念、体制机制、科研技术、发展环境上不断创新，紧紧抓住增强自主创新能力、节能减排、扩大消费需求、优化经济结构等关键环节，大力发展战略性新兴产业，推动经济发展方式由粗放型向集约型、由外延扩张型向内涵挖掘型、由资源依赖型向科技创新型转变。同时，加大对传统产业改造提升，调整现有产业存量，继续实施工业内涵深化技改提升工程，推动信息技术在企业研发、设计、生产和营销等环节的应用，支持企业设备更新、工艺优化、产品升级和品牌提升，提升产业竞争力。四是坚持凝聚内力与借助外力相结合。凝聚内力就是要在创新驱动中做大总量、调优结构，在内生增长中做优增量、升级转型，以改革激活内力，深入推进行政管理体制、农村综合配套、国有企业、公益事业、投融资体制等各方面的改革。借助外力就是要全方位实施开放带动战略，

用开放的理念、思路、措施，吸引四海商家，会聚八方资金，构筑发展平台，集聚发展能量，真正借助外力助推经济发展提速升级。

四、把握经济发展方式转变的复杂性，增强领导干部的统筹力

一是统筹好经济发展与社会发展的关系。在经济与社会整体发展进程中，经济发展是前提和基础，只有经济发展才能进一步推动社会的发展与进步；同时社会的发展是根本和目的，社会发展又可以进一步促进经济发展与繁荣。加快转变经济发展方式，要按照全面、协调、可持续发展的科学发展观要求，切实把文化、科技、教育、卫生、体育等社会事业发展融入经济发展中，不断增强可持续发展和持续创造财富的能力，推动经济发展进入更高阶段。二是统筹好城市发展与农村发展的关系。转变经济发展方式要坚持区域协调发展，加快推进新型城市化和新农村建设，创新城乡统筹机制，坚持统筹城乡规划、城乡产业发展、城乡基础设施建设、城乡公共服务和城乡生态环境建设，营造城乡和谐融合、共兴共荣的一体化发展格局。三是统筹好经济发展与民生改善的关系。一方面要把民生改善作为发展的目的、动力、保障和评价标准，通过改善民生、扩大内需来促进生产和消费的良性循环，使国内消费成为拉动经济增长的主要力量，使改善民生成为推动经济繁荣的基础动力；另一方面也要对现状有清醒的认识，改善民生的要求要与经济发展的实际水平相适应，注意经济增长周期性波动和福利增长刚性上升的特点，防止不切实际的福利主义倾向，坚决杜绝铺张浪费现象。四是统筹好经济建设与环境保护的关系。我国正处于工业化中期阶段，环境保护以经济发展为基础，没有经济的较快增长和财政能力的不断提高，环境治理就没有资金投入和来源。同时，环境治理又催生对环保产业的巨大需求，拉动环保产业发展，促进经济增长。正是由于这种经济增长与环境保护之间的互动，形成了工业化时期经济高速增长的动因之一。加快转变经济发展方式，要把环境保护作为经济社会可持续发展的重要条件，作为加快经济发展方式转变的重要着力点，作为扩大内需、拉动增长的重要途径，更加重视节约能源资源、保护生态环境，走资源节约型、环境友好型的发展之路，实现由"环境换取增长"向"环境优化增长"转变，由经济发展与环境保护的"两难"向两者协调发展的"双赢"转变，做到经济建设与环境保护同步推进，产业竞争力与环境竞争力一起提升，物质文明与生态文明共同发展。

五、把握经济发展方式转变的惠民性，增强领导干部的形象力

一是树立开拓创新的形象。加快经济发展方式转变是我国经济领域的一场深刻变革，有变革就会有压力和阻力，就会有风险和挑战。各级领导干部必须坚持加快经济发展方式转变毫不动摇，坚持尊重客观规律毫不动摇，坚持改革创新推动工作毫不动摇，既要不怕风险、不畏艰难、敢担风险，又要讲求科学，因势利导，循序渐进，使转变发展方式符合经济发展规律，符合当地工作实际，符合人民群众整体利益和长远利益。要始终保持一股攻坚克难的劲头和改革创新的激情，坚持"三个有利于"标准，力求在加快经济发展方式转变上走在前列、创造经验、推树典型。二是树立求真务实的形象。转变经济发展方式，我们不能只停留在嘴巴上和文件上，必须变为具体的项目、实际的行动、实在的措施，真正做到转变有成效、发展有成果、人民得实惠。各级领导干部要大力弘扬求真务实精神，大兴求真务实之风，增强工作的责任感和紧迫感，克服浮躁情绪，抛弃私心杂念，下决心从文山会海中解脱出来，下决心从迎来送往中摆脱出来，把心思用在促转变上，把精力投到抓落实中，定下来的事情要雷厉风行、抓紧实施，部署了的工作要一抓到底、见到成效，努力创造实实在在的工作业绩。三是树立亲民爱民的形象。领导干部来源于群众，植根于群众，理应更好地服务于群众。当前，加快经济发展方式转变，必须更加有效地解决好社会发展和民生领域的突出问题，推进教育和医疗等公共服务的均等化，努力扩大就业和鼓励全民创业，加快推进城乡一体化进程，增强经济社会发展的协调性，努力形成推动经济发展方式转变的持久动力。四是树立清正廉洁的形象。清正廉洁是领导干部从政为官的基本要求，也是加快经济发展方式转变的重要保障。领导干部手中都或多或少掌握一定的权力，地位重要，责任重大，常常面临各种诱惑和考验，稍有松懈，就很容易成为某些别有用心的人拉拢腐蚀的对象。各级领导干部一定要牢固树立马克思主义的世界观、人生观、价值观和正确的权力观、地位观、利益观，打牢思想政治基础，筑牢思想道德防线，把好权力关、秉公用权，把好欲望关、抗得住诱惑，把好交友关、择善而交，把好兴趣关、培养健康情趣，不为名所累、不为利所困、不为情所惑，自觉做到堂堂正正做人、清清白白为官、干干净净干事。

（作者单位：中共岳阳市委）

提高科学领导能力与
加快转变经济发展方式的思考

唐文峰

加快经济发展方式转变，是我国经济领域的一场深刻变革，关系到改革开放和社会主义现代化建设的全局。加快转变经济发展方式同时也是推进科学发展的战略选择，对于正处在扩大总量、集聚产业、提升层次、转型升级关键节点的地区来说，显得尤为重要、更为紧迫。应对新的形势和任务，如果发展方式转得早、转得快、转得好，就能跨上新的台阶，赢得一个较长的快速增长期；如果当转不转、贻误时机或者转得不好，发展不仅会重新陷入被动，而且极有可能长期停滞甚至是倒退。笔者认为，要加快转变经济发展方式，推动持续腾飞，关键在各级领导班子和干部队伍，关键是切实提高领导科学发展的能力，如何通过提高领导科学发展的能力，加快转变经济发展方式，这既是当前一个认识层面上的重大课题，更是一个实践层面的重大课题，需要我们深入思考和积极探索。

一、提高科学领导能力，必须要抢抓加快发展的机遇

要取得转变经济发展方式真正意义的突破，必须进一步解放思想，抢抓发展机遇，才能真正推动整个发展方式转变到位。机遇是一种弥足珍贵的发展资源，抓住一次大的机遇，就能赢得一次大的跨越。当前我国正处于大有作为的战略机遇期、跨越发展的黄金机遇期，必须继续解放思想，审时度势，敏锐地发现机遇、果断地抢抓机遇。作为一个地区的领导者，我们要克服那种自缚手脚、等待观望、小进则满、消极作为的错误思想，要把贯彻落实科学发展观看成是一种机遇、把加快转变经济发展方式看成是一种机遇。机遇面前，顺势而为，乘势而上，就是良机；慢人一步，被动挨打，就是危机。如何抓住这些重大的历史机遇？必须要从强化机遇意识入手，利用开展深入学习实践科学发展观系列活动的有利契机，开展思想解放大讨论活动，深入进行形势政策教育，引导干部群众把握发展大局，

看到机遇。同时，深刻分析宏观环境中自身的发展问题，引导干部群众增强忧患意识，抢抓机遇；科学制定发展战略和政策措施，引导干部群众真抓实干，用好机遇。

二、提高科学领导能力，必须更新推进发展的理念

有什么样的领导发展理念，就有什么样的发展道路和经济增长方式。当前，在转变经济发展方式上，有一种片面或者说是错误的认识需要我们防止和克服，那就是把发展的目标与方式混淆起来、速度与效益对立起来、总量与质量割裂开来，认为转变经济发展方式强调的是质量效益，从而自觉或不自觉地降低了对速度、总量的要求，这既不全面更不科学。要改变这种错误的发展理念，必须要将更新科学领导发展的理念作为转变发展方式的前提。转变发展方式不是不要速度、不要总量，其最终目的是为了又好又快地发展，追求的是更好更快的速度和总量。加快转变经济发展方式要转变的是过去那种拼消耗、拼资源、拼环境的粗放式高增长和那种低层次、低水平、低效益的传统式扩总量的做法。对于正在加速赶超的地区来说，在当前和今后相当长一段时期内，速度和总量必须要确保，否则，缩小与先进发达地区的差距就是一句空话。用什么样内涵的高增长来缩小这个差距呢？应在推进经济发展方式转变中，要在领导方式上确立这样一种观念：既不能片面地追求"快"，把低层次、不可持续的总量扩张就看做是跨越发展；更不能静止地理解"好"，把无所作为的低速度、低增长就当作是提升发展层次。

三、提高科学领导能力，必须创新经济增长的方式

加快转变经济发展方式的内涵很丰富，涉及的领域也非常广泛，从哪里突破，在哪些方面着力，对当前的领导层是一个现实的考验。作为领导层和决策层如果抓不准主要矛盾，平均用力，就难以达到预期的效果。因此，必须以重点突破来带动整体推进，促进经济发展方式的根本性转变。一方面，要以优化投资结构来推进转变。作为仍处在总量扩张初级发展阶段的欠发达地区来说，扩大投资是最直接、最有效、最主要的经济增长手段，也是我们转变发展方式的最重要的抓手。总结以往的经验与教训，选准了投向就选准了发展方向，抓住了调整投资结构就抓住了转变发展方式的"牛鼻子"。转变发展方式不是不要扩大投资，而是要调整和优化投资结构，关键在如何投、投向什么，这个问题解决了，发展的方式和层次就会

随之而转变和提升。当前，最紧迫的是要尽快转变过去那种"抓到篮子里就是菜"的传统投资方式，加快从一般性地抓投资转到抓产业布局、产业集聚和产业整合上来，从抓一般性的投资项目转到抓战略性、成长性和支撑性的项目上来，以投资增量的优化来推动整体经济结构的转型升级。另一方面，要以扩张新兴产业来带动转变。产业是经济发展的基础和支撑，产业的层次水平决定着整体经济的层次水平。产业结构层次较低既是欠发达地区加快发展的突出制约因素，也是转变发展方式需要重力解决的突出问题。转变经济发展方式必须从抓产业优化升级、大力发展新兴产业入手，当务之急既要加快传统产业的改造升级，更要加快提高企业科技创新的核心竞争力。发展新兴产业并不是要简单地淘汰传统产业，传统产业也不等于就是落后产业，只要把创新和技改与之相融合，传统产业就会成为充满生机和活力的新兴产业。

四、提高科学领导能力，必须转变调控管理的职能

衡量科学领导能力的高低与经济发展方式是否转变得有效，不仅仅是看 GDP、速度、质量、结构、生态等几组数据的量的变化，更要透过现象看本质，看是否形成有利于促进科学发展的制度安排和机制活力。从现实情况看，改革开放三十多年来不仅原来旧体制的弊端没有完全革除，而且新形成的某些体制随着形势的变化，有的也已成为转变发展方式的障碍。比如现行的分税制财政管理体制，在一个时期内对促进发展发挥了很大的作用，但现在看来财政支出责任过于下移促使一些地方政府不得不把财政税收和物质生产的增加紧密地联系起来，一定程度上导致了一些地方政府为了过日子，而去追求短期利益、忽视长远发展。又如发展的考核评价体系也不完善，仍然偏重于量的考核、偏重于显性成效的考核，政绩的评价标准还没有真正转换到促进科学发展上来。再比如在扶持政策上也不够配套，激励政策、金融政策、税收政策等都不能完全适应转变发展方式的要求。因此，要提高科学领导的能力，转变经济发展方式，就必须进一步转变政府调控和管理经济的职能，加快破除影响发展方式转变的体制性障碍。在推进转变发展方式中，领导层必须要确立这样一种导向：既要着眼于经济发展路径的创新，更要着眼于经济管理体制的创新，以科学的制度设计来加快构筑推进发展方式转变的长效机制。

（作者单位：中共衡阳市蒸湘区委）

提升领导干部素质　加快经济发展方式转变

李树成

深入贯彻落实科学发展观、加快经济发展方式转变，必须加强领导干部能力素质建设，转变服务经济发展的方法、途径和模式。

一、勤于学习，全面提高领导干部的政治业务素养

1. 学习认识要提高。随着知识经济时代的到来，党的各级领导干部对各种知识的渴求比以往任何时候都显得更加迫切。特别是面对深化改革开放和发展社会主义市场经济的新任务，各级领导干部所面对的工作领域更加广阔、工作对象更加复杂、工作内容更加丰富、工作方式更加多样。这对广大干部的业务水平、知识结构、工作方法、应变能力等提出了新的要求。如果不具备过硬的科学文化素质，就很难应对来自方方面面的竞争和挑战。因此，就必须树立时时学习、终身学习的观念，不断用新的知识充实自己的头脑，优化自己的知识结构，提升自身的文化品位。

2. 学习理念要创新。第一，树立"终身学习"的理念。学习是一辈子都面临的课题，终身学习是 21 世纪的生存概念；领导的本质是学习，领导力的核心是学习力。要把学习作为生存发展之道来追求，作为履职尽责的第一需要来践行，作为生活常态来坚持。第二，树立"工作学习一体化"的理念。在学习中思考，在思考中形成思路，在工作中深化认识，在不断实践中再学习、再认识、再深化，才能不断提高思维层次和工作能力。要以工作任务为主体，围绕有效履行职责深化学习；要以重难点问题为牵引，在解决制约建设的重难点问题中提高能力素质；要以改革创新为重点，在攻坚破难、把握特点规律中锻造创新品质。

3. 学习心境要专一。要树立惜时如金的意识，减少应酬，排除干扰，合理安排时间，刻苦学习，做到学习和工作两不误、两促进。要具有锲而不舍的精神，不仅拓展"知"的广度，还要挖掘"思"的深度，钻得进去，学得明白。要树立终身学习的理念，养成乐于学习、勤奋学习的好习惯，

把学习看做是工作和生活中不可缺少的一部分，坚持不懈、持之以恒、全面系统地学，不断提高素质，加强修养，成为知识渊博、精通业务、能力过硬的领导干部。

4. 学习效果要更好。既要增强实用性，又要增强创造性。不仅要认真读书，努力掌握理论的精神实质和科学体系，而且要在学用一致、与自己思想和工作实际结合上下工夫；不仅要把马克思主义的立场、观点、方法作为分析形势、观察事物、判断是非的科学依据，而且要使之成为保持开拓进取、求真务实、无私奉献的良好精神状态的理论支持，使理论的积累变成大胆探索的精神动力，变成驾驭复杂局面的领导艺术，变成因地制宜、创造性地贯彻中央精神的胆魄和勇气。

二、勤于实践，全面提高领导干部的实际工作能力

1. 端正实践锻炼指导思想。干部实践锻炼必须突出"锻炼性"，以提高能力和磨炼意志为出发点，以提高综合素质、丰富实际经验、增强驾驭全局和解决实际问题能力为主要内容。在实践过程中，必然会遇到各种难以预料的新问题，这就需要各级领导干部拿出创新的胆量和魄力，做到坚持学习理论和指导实践相结合。只有不断研究新情况、解决新问题，才能跟上日新月异的新时代，适应千变万化的新事物，应对复杂多变的新局面。

2. 科学选择实践锻炼方式。领导干部实践锻炼必须坚持多种形式、多渠道运作，根据干部的不同情况，遵循干部成长的规律，有针对性地选择和实施实践锻炼方式。应坚持把干部的质量问题放在重要位置，必须全方位、多层次、系统性地培养锻炼，在全面提高干部的综合素质和能力基础上，针对干部个体差异，适当倾斜培养重点，避免干部能力"短板"现象出现，切实增强干部参加实践锻炼的效果。一是明确目标，坚持标准。坚持有针对性地确定参加实践锻炼的干部，并针对不同的锻炼目标的人选确定不同的培养锻炼的标准和要求，严格按照目标和标准选人，真正做到坚持原则不动摇，执行标准不走样。二是拓宽视野，广纳贤才。在选拔干部参加实践锻炼的工作中，坚持拓宽选人视野，克服偏重机关，忽视基层，只顾眼前，不看长远的做法。

3. 切实提高实践锻炼效果。一是改进锻炼对象的选派方式。要逐步改"挂职"为"任职"，对下派锻炼的干部要真正调下去，与原单位脱钩，让他们与基层单位的干部在同一起跑线上竞争，使他们在思想上更有压力。要合理安排锻炼干部的任职。在任职安排上，要尽量考虑让其有职有责、

有分管的工作，让其独立负责某项工作。要根据干部的成长规律和不同岗位性质，合理确定锻炼的时间，使干部的实践锻炼在一定的时间内见到成效。二是严格规范对实践锻炼的考核。要建立岗位目标责任制和任期责任制，使挂职干部的日常管理工作规范化、制度化。组织部定期或不定期到挂职干部的工作一线，进行个别访谈和实地考察，了解掌握干部的工作、学习情况，实践锻炼期满后，进行综合考核，形成考察材料和鉴定意见。力求客观、真实、全面、准确地考察出干部在实践锻炼中的表现。三是规范结果使用。对表现优秀、实绩突出的优秀人选，根据班子建设的需要，及时予以提拔重用或列入后备干部进行重点培养。对在实践锻炼期间不适应或不称职的干部，经组织部考核认定，及时进行调整。

三、勤于总结，全面提高领导干部的理性思维能力

1. 坚持虚实结合。不仅要通过调查研究分析情况、发现问题，更要总结事物内在规律，研究方法，制定对策，解决问题。领导者的主要工作是科学决策，提出正确的发展思路和政策措施，并加以贯彻落实。如果不善理性思维，往往脱离客观实际，照搬照抄上级政策，拘泥于事物的表象，很难得出正确的结论，导致错误的决策，坐失良机，贻误发展。

对那些一般性的、普遍性的问题，进行筛选、提炼、加工，由表及里，由此及彼，逐步上升到理性的高度，尤其要运用马克思主义理论，分析实际问题，使理论与实际结合起来，通过以"实"证"虚"、以"虚"促"实"的过程，提高自己分析、归纳问题和解决问题的能力。

2. 坚持时代结合。随着时代的发展变化，新情况、新问题层出不穷，各种矛盾错综复杂，如何全面把握事物现象与本质、必然与偶然、可能性与现实性之间的差异，对广大干部提出了新的更高的要求。在这种新形势下，理性思维就显得更为重要。领导者只有增强理性思维能力，才能从复杂的表象中去洞察事物的本质，从各种偶然事件中把握必然联系，在纷繁复杂的局势中保持清醒的头脑，在充满挑战和竞争的现实中把握机遇，增强工作的预见性和敏锐性，做到科学判断形势，应对复杂局面，总揽全局，运筹帷幄。

3. 坚持矛盾结合。领导干部工作中有很大一部分是应付日常事务，协调处理各类矛盾。在处理各类矛盾和日常事务过程中，如果只知忙于具体事务，不作理性思考，就难以找到解决各种矛盾和问题的正确方法。在纷纭复杂的矛盾面前，只有多作理性分析，善于具体地分析事物的矛盾，用

不同的方法去解决不同质的矛盾，通过观察、思考、分析，找出主要矛盾和矛盾的主要方面，并下大力气加以解决，才能推动全盘工作协调发展。

四、勤于创新，全面提高领导干部的绩效创造能力

创新是民族进步的灵魂，是国家兴旺发达的不竭动力，也是一个政党永葆生机的源泉。创新能力是衡量一个政党执政能力强弱的重要标志，也是衡量领导干部执政能力的重要内容。

1. 要树立创新意识。创新意识是一切创新活动的前提。树立创新意识，必须实现观念创新，以观念创新推动体制创新。观念不创新，体制创新就无从谈起。现阶段，在相当部分领导干部头脑里，不同程度地存在着经验主义、教条主义等意识，不同程度地存在因循守旧、安于现状的问题，严重制约了本地区本部门社会经济的发展。领导干部要着力消除妨碍与时俱进的思想观念，自觉地把思想认识从那些不合时宜的观念、做法和体制的束缚中脱离出来，充分考虑各个阶层的利益，以利益驱动来促进体制创新，以价值取向来引导体制创新。

2. 要有创新勇气。创新是利益调整过程，肯定有阻力和风险，也可能会遭遇失败、挫折，甚至会掉"帽子"。勇气从哪里来？从领导干部对党的事业极端忠诚中来，从对人民群众的利益高度负责中来，从对个人正确人生价值的执著追求中来。领导干部只有以强烈的政治责任感、历史使命感、时代紧迫感和革命事业心，以敢于超过前人、永不满足现状的拼搏精神，敢试、敢闯、敢冒，才能开创新局面。

3. 要营造创新环境。创新是不断试错的过程。大力营造良好的创新环境，使领导干部勇于创新、乐于创新、争相创新，不断提高领导干部的创新能力不可或缺。在创新过程中不可避免地会出现失误、失败，甚至会犯错误，不能把这些问题简单的看成领导干部自身的问题。成功的探索可以接近真理，失败的探索也是接近真理的过程。给创新者改正错误和继续创新的机会，既符合创新的基本规律，也是获得创新成功的必要前提。

总之，领导干部要有"平凡之中的伟大追求、平静之中的满腔热血、平常之中的极强烈责任感"，坚持重在学习、重在实践、重在总结、重在创新，在解放思想上下工夫、在更新观念上下工夫、在项目建设上下工夫、在关注民生上下工夫，切实化能力为动力，加快经济发展方式转变！

（作者单位：中共常宁市委党校）

提高干部素质 加快经济发展方式转变

黄有泰

加快转变经济发展方式是在我国改革发展进入新阶段，党中央国务院作出的重大战略部署。它涉及面广，内容复杂，各部分、各环节之间相互联系、相互制约，是一项综合而系统的艰巨工程。抓好这项工作，干部素质是关键。因此要着力提高干部的政治、知识、能力、作风素质，为经济发展方式的加快转变提供坚强的保证。

一、提高干部政治素质，大力增强加快经济发展方式转变的决心

我们党是工人阶级的先进政治组织，干部的政治素质是保证党的路线政策贯彻落实的根本要素。必须努力提高干部的政治素质，从而增强他们加快经济发展方式转变的决心。

提高干部坚持中国特色社会主义的思想，增强加快转变经济发展方式的自觉性。中国特色社会主义是当代中国发展进步的方向，是全党全国各族人民团结奋斗的旗帜。当前我国的发展站在了新的历史起点上，机遇与挑战、希望与风险并存，在这个关键时期，我们党举什么旗、走什么路、实现什么目标，关系到党和国家的前途命运，关系到广大人民的根本利益。只有毫不动摇地坚持和发展中国特色社会主义，才能抓住根本，把握方向，找到当代中国发展的正确道路，开拓中国社会更为广阔的发展前景。如果改弦易辙，选择别的什么主义，走别的什么道路，只能会前功尽弃，最终会祸国殃民。加快经济发展方式转变是适应全球需求结构重大变化、适应实现全面建设小康社会的新要求、推进中国特色社会主义事业的必然要求。干部是党是事业的骨干，是社会主义事业的组织指挥者，因此必须提高广大干部坚持中国特色社会主义的坚定信心，使他们从坚持中国特色社会主义的高度深刻认识和明确加快经济发展方式转变的重要性和紧迫性，从而自觉增强加快经济发展方式转变的决心。

提高干部践行科学发展观的思想，增强加快转变经济发展方式的敏锐

性。科学发展观，是我国经济社会发展的重要指导方针，是发展中国特色社会主义必须坚持和贯彻的重大战略思想。只有贯彻落实好科学发展观，才能始终坚持把发展作为第一要义，坚持以人为本的根本原则，正确处理经济社会各方面的关系，正确认识和处理人与自然、社会相互之间的关系，促进经济更加发展、民主更加健全、科教更加进步、文化更加繁荣、社会更加和谐、人民生活更加殷实。面对当前国际金融危机的严重冲击，加快经济发展方式转变是深入贯彻落实科学发展观的重要目标和战略举措，因为只有毫不动摇地加快经济发展方式转变，不断提高经济发展质量和效益，才能不断提高我国经济的国际竞争力和抗风险能力，使我国发展质量越来越高、发展空间越来越大、发展道路越走越宽。因此必须提高干部贯彻落实科学发展观的坚定性，使他们从实现科学发展观的高度深刻认识和明确加快经济发展方式转变的重大意义，从而自觉增强加快经济发展方式转变的决心。

提高干部落实党中央决策的思想，增强加快经济发展方式转变的坚定性。当前的国际金融危机实质上是对经济发展方式的冲击，使我国转变经济发展方式成为刻不容缓的任务，只有加快经济发展方式转变，才能实现我们党对全国各族人民作出的庄严承诺，更好满足广大人民群众日益增长的物质文化需要。为此党中央制定了加快推进经济结构调整，加快推进产业结构调整，加快推进自主创新，加快推进农业发展方式转变等一系列方针政策，这是我们加快经济发展方式转变的根本保证，贯彻落实了这些方针政策，才能适应全球需求结构重大变化、增强经济抵御国际市场风险能力，提高可持续发展能力，在后国际金融危机时期国际竞争中抢占制高点、争创新优势，是实现国民收入分配合理化、促进社会和谐稳定的必然要求，满足人民群众过上更好生活新期待。因此必须提高干部贯彻落实党中央关于加快经济发展方式转变的决策的坚定性，促使他们增强主动性、紧迫感、责任感，调动各方面积极性，推动经济发展方式转变不断取得扎扎实实的成效。

二、提高干部知识素质，深刻掌握加快经济发展方式转变的要求

知识是人类进步的阶梯。列宁曾教导我们：用人类创造的全部知识丰富自己的头脑。现代社会是知识爆炸的时代。形势逼人，不进则退，我们的干部只有具备了丰富的知识，才能肩负加快经济发展方式转变的重任。

丰富科学理论知识，深刻领会加快经济发展方式转变的战略。当前国

际政治经济格局正在经历重大而深刻的变化，经济社会发展呈现一系列新的阶段性特征，同时领导工作综合性、系统性强，这要求党的干部瞄准经济社会发展的最前沿学习各种新知识，用人类社会创造的一切文明成果充实自己，其中最重要的是要掌握马克思主义的基本理论，把它作为知识结构的核心和灵魂。因为马克思主义是共产党人的世界观方法论，是我们认识和改造世界的科学工具和强大武器，掌握了它才能增强工作的原则性、系统性、预见性和创造性，在纷繁复杂的事物中驾驭大势、把握规律、明辨方向；才能在实际工作中理清头绪、把握重点、抓住关键；才能处理好当前与长远、全局与局部、一般和个别的关系，统筹全局、协调各方、凝聚力量。当前特别要全面领会科学发展观理论体系，因为加快经济发展方式转变是深入贯彻落实科学发展观的重要目标和战略举措，只有深刻掌握了科学发展观的科学内涵、精神实质、根本要求，才能使自己实现科学理论武装、具有世界眼光、善于把握规律、充满创新精神，促进转变经济发展方式的思想和工作体现时代性、把握规律性、富于创造性。

丰富领导科学知识，全面把握加快经济发展方式转变的任务。干部的职责是进行组织、协调、指挥，这是一门高深的学问。加快经济发展方式转变，既是一场攻坚战，也是一场持久战，情况复杂，任务艰巨，因此干部必须学习和掌握必需的领导知识，以对转变经济发展方式进行科学谋划决策、对群众进行有力动员组织、对关系进行有效协调处理，鼓动和激励人民群众的热情和干劲、系统整合各方面的力量和智慧、指导和引领因地制宜扬长避短做好经济发展方式转变的各项工作，特别是要有立足整体、总揽全局、统筹协调、协调各方、全面推进的知识。这样才能在坚持社会主义市场经济的改革方向的前提下，深化经济体制、政治体制、文化体制、社会体制以及其他各方面体制改革，提高转变经济发展方式决策的科学性、增强转变经济发展方式措施的协调性，努力在重要领域和关键环节实现新突破，加强规划引导，突出战略重点，明确主要任务，兼顾当前和长远，处理好速度和效益、局部和整体的关系，形成有利于加快经济发展方式转变的制度安排，推动全国上下齐心协力加快经济发展方式转变，努力促进经济社会又好又快发展。

丰富专业知识，带头攻坚加快经济发展方式转变的难关。干部不仅承担着组织指挥的职责，而且还要承担着带头冲锋陷阵的责任，因此必须掌握比较丰富的专业知识，成为某一领域和某一行业专家型领导干部。干部对自己的岗位职责，应该努力在"博学广问"的基础上，实现学有所

"专"，做到既有复合型知识作基础支撑，又有专业化知识的攻关锐器，使工作得心应手，不说外行话办外行事；不断增强敏锐性，科学决策和组织指挥；不断树立威信，带领和组织群众齐心协力推动事业发展。加快经济发展方式转变需要做好八个方面的工作：加快推进经济结构调整、加快推进产业结构调整、加快推进自主创新、加快推进农业发展方式转变、加快推进生态文明建设、加快推进经济社会协调发展、加快发展文化产业、加快推进对外经济发展方式转变。这每一方面专业性都很强，因此需要我们的干部学习和掌握更多的专业知识，在自己的岗位上开拓创新作出贡献，促进经济发展方式加快转变。

三、提高干部能力素质，切实贯彻加快经济发展方式转变的政策

干部是党执政兴国的决策者和组织领导者，党的执政能力如何，取决于各级领导干部的执政本领，加快经济发展方式转变迫切要求提高党的干部以下几方面的能力素质。

提高把握上级政策的能力，科学制定本地加快经济发展方式转变的措施。政策和策略是党的生命。党的干部政策意识的强弱，把握政策能力的高低，不但会影响本职工作，而且直接关系到党的事业的发展，关系到本地经济社会发展和人民群众的切身利益。有了比较突出的把握政策能力，才能善于把握规律，坚决按照党和政府的要求去做；同时紧密结合实际，认真研究制定针对性、指导性和可操作性强的具体落实措施，推动本地现代化建设快速发展。党和政府已经制定了许多加快经济发展方式转变政策，这些政策具有很强的全局性、原则性、指导性、前瞻性，是指导加快经济发展方式转变的指针和依据，因此我们的干部要认真学习和研究这些政策，掌握其中的立场观点，领会其中的精神实质，从而提高贯彻执行政策的自觉性和坚定性，把落实党和政府的政策作为自觉的行动。

提高参与本地决策的能力，大力推动加快经济发展方式转变工作的进程。干部作为领导者都不同程度地参与本地改革事业的决策工作，参与决策水平的高低直接影响到转变经济发展方式的贯彻落实。因此要提高干部按照科学发展观观察、分析和谋划问题，提出符合加快经济发展方式转变实际需要的建议和意见；根据科学发展的全局，立足本地加快经济发展方式转变为领导班子决策提建议、拿方案；提高干部通晓上情、熟知本情、掌握下情，拓宽视野，以制定主要依靠消费、投资、出口协调拉动的政策，主要依靠第一、第二、第三产业协同带动的政策，主要依靠科技进步、劳

动者素质提高、管理创新的政策。

提高组织协调的能力，努力形成加快经济发展方式转变的合力。干部承担着沟通上下、协调左右、联系各方的责任，是党和政府联系群众的纽带，在现代化建设中负有经常的重要的组织协调的任务。要根据加快经济发展方式转变的工作，培养他们组织协调的超前性，根据党政组织的计划和安排，充分准备，胸中有数；组织协调的主动性，根据工作的性质和要求，加强事前沟通，主动消除误解和障碍，确保工作的顺利开展；组织协调的周密性，每项工作都要细致计划，周到安排，开动脑筋，大胆探索，并做好应对预案，着力消除制约发展方式转变的深层体制性因素，努力构建支撑科学发展的体制机制，着力保障和改善民生，积极扩大居民消费需求，统筹推进城镇化和新农村建设，以提升中高端产业竞争力为重点推动产业转型升级，打好节能减排攻坚战和持久战。

提高抓好落实的能力，圆满完成加快经济发展方式转变的任务。党的干部担负着指导督促、承办落实、上传下达等重要职责，抓好工作落实十分关键。因此要提高干部求真务实、讲求实效、雷厉风行、一抓到底的能力，深入实际、动员和发挥群众的智慧和力量的本领，善于创新工作思路、完善工作方式、改进工作手段，发现问题解决问题，保证党和政府各项决策的落实，保证加快经济发展方式转变任务的完成。当前特别要不失时机地推进资源和要素价格改革，充分发挥价格机制在促进发展方式转变方面的重要作用，切实加强对资源、环境、质量、安全等方面的规制，着力完善社会保障和基本公共服务体系，改变社会发展与经济发展不相协调的状况，深化国有企业和垄断性行业改革，大力推动技术创新，促进经济结构优化升级，制定并实施合理的消费政策，促进形成资源节约型、环境友好型的消费模式。

（作者单位：中共湖南省委党校 湖南行政学院）

提升领导干部素质
是加快转变经济发展方式的保证

黄先耕

所谓"素质",指事物本来的性质和素养。干部素质,即干部的性质与素养。一般来说,提高干部素质应是三个方面:一是政治思想素质,二是道德品质素质,三是工作能力素质。这三个素质既有各自的明确概念和范围,也不能完全分开。

一、领导干部的政治思想素质提高了,才能保证加快"转变"的方向"正"

政治思想是行动的"总开关"、"总闸门"。有了坚定的信仰,精神就会有动力,工作就会有魄力,生活就会有定力,就不会迷失方向。

在加快经济发展方式的转变中要防止四种倾向:一是防止跟风跑、赶时髦的倾向。必须注重发展的全面性、协调性、可持续性,其中重要的一个方面是"统筹区域发展",就是要根据各地的资源禀赋和优势、特点,考虑产业的合理布局和科学分工,实现成本最小化和效益最大化。二是防止以假代快、以慢代好的倾向。加快经济发展方式的转变是科学与发展辩证统一的世界观和方法论,将"好"与"快"紧密联系在一起的。然而有些地方在发展与转变中,往往不能妥善处理"科学"与"发展"、"好"与"快"的关系,强调了"发展"和"快",就忽视了"科学"和"好",搞"大跃进",以假代快;强调科学和好就忽视"发展"和"快",慢慢腾腾"打基础",以慢代好,这是历史的经验教训。三是防止上有政策,下有对策的倾向。有的领导干部,凡是对本人、本部门、本单位有利、有好处的政策、规定,就执行、就照办,否则,就我行我素。只有坚决贯彻党的路线、方针、政策,认真按法律、法规、制度办事,并防止上述不良倾向,加快经济发展方式的转变才能方向"正"。

二、领导干部的道德品质素质提高了，才能保证加快"转变"的质量"好"

在干部的德才素质中，"德"是"统帅"、是"灵魂"，决定着"才"的施展力度与用力方向。在加快经济发展方式的转变中，只有不断提高干部道德品质素质，才能团结带领人民群众顺利完成转变经济发展方式的主要任务。

从总体上看，目前绝大多数领导干部道德品质是好的，但也存在许多问题。

一是不修政治品德。近年来，在复杂的国际国内环境下，少数领导干部对科学理论不学习、不研究，是非不辨，立场摇摆。有的对马克思主义"还灵不灵"、共产主义"还讲不讲"、社会主义"还行不行"产生疑问；有的在一时的挫折面前悲观失望，意志消沉；有的对党的方针政策采取阳奉阴违的态度，甚至公开发表反对意见，传播政治谣言；有的政治上与党离心离德，全心全意为人民服务的宗旨意识荡然无存，只想为家庭和个人铺垫"后路"；等等。

二是不讲职业道德。有一些领导干部当官不干事，不思进取，自甘平庸，当一天和尚撞一天钟，甚至只当和尚不撞钟；有的面对改革发展中出现的棘手问题，畏难退缩、不敢大胆解决，致使地方和单位多年山河依旧，基本没有什么发展；还有一些领导干部当官干坏事，把权力私有化、商品化，用于谋取个人、家庭或小团体的私利；有的和大款打得火热，相互利用，同流合污，沆瀣一气；有的搞政策腐败，即所谓的"政府俘获"，有意地为企业制定有利于其获得长期利润的政策等；有的跑官要官、买官卖官，大搞钱权交易、以权谋私。

三是不思家庭美德。有的领导干部不孝顺父母，不关心父母的心身健康，常以工作忙为借口，长年不回家看望父母；有的不重视孩子的健康成长，对子女参与赌博甚至与黑恶势力勾结，为非作歹等行为不闻不问，对子女借用自己的职权胡作非为、聚敛钱财也听之任之；有的不关心社区建设，不注意邻里团结，在与邻里相处中不讲文明、不守礼节；有的对家庭不负责任，对配偶不忠诚，找"三陪"、包"二奶"，追求奢侈糜烂的生活。

四是不顾社会公德。少数领导干部不顾社会公德，言行失范影响形象；有的特权傲物，对群众摆架子，甚至出言不逊；有的在工作上铺张浪费，利用公款大吃大喝；有的公车私用，在大街上横冲直撞，随意停车；有的在公共场合酗酒闹事，以权压人；有的参与赌博，通宵达旦，夜不归宿；有的喜欢发送格调低下的短信、讲所谓的搞笑"段子"；等等。

上述一些领导干部道德品质素质缺失的原因是多方面的，既有领导干部本身放松理论学习的原因，也有干部监督管理制度设计缺陷的原因，同时还有与一些地方用人导向出现偏差不无关系。

道德品质素质建设是一个系统工程。有效遏制干部道德品质缺失，关键是要综合治理、标本兼治，建立健全与社会主义市场经济体制相适应的教育、制度、监督并重的领导干部道德品质建设体系，从主、客观两方面促进领导干部道德品质素质的全面提升。

第一，切实加强道德品质教育。只有掌握科学理论，并且拥有较为完善的知识结构，才能在纷繁复杂的局势面前保持清醒头脑，把握大局，深刻认识并主动承担起自己所肩负的政治责任和社会责任。因此，要把领导干部的道德品质教育列入干部教育培训的必修课，教育干部立身不忘做人之本、为政不移公仆之心、用权不谋一己之私，一心一意放在加快经济发展方式的转变及工作上。

第二，让权力在阳光下运行。要通过适当分解决策权、执行权、监督权，使决策职能、执行职能、监督职能由不同部门相对独立行使，努力形成不同性质的权力既相互制约、相互把关，又分工负责、相互协调的权力结构。要针对各级领导班子主要负责人位高权重、遇到的诱惑和考验多的实际情况，加强对领导机关、领导干部，特别是各级领导班子主要负责人的制约和监督。要加强对重点环节和重点部位权力行使情况的监督，切实加强对干部选拔任用、财政资金运行、国有资产和金融的监管。在加强对领导干部工作圈监督的同时，还要加强对其"八小时以外"的生活圈、社交圈、娱乐圈的监督，铲除道德失范、权力失控现象滋生蔓延的土壤。

第三，树立正确的用人导向。要认真贯彻德才兼备、以德为先的用人标准，什么样的人能用，什么样的人不能用，都要把德放在首位，在这个前提下注重选拔那些确有才干、实际突出的干部。要把理想信念是否坚定，是否坚持执政为民、求真务实、清正廉洁、坚持民主集中制等列为评价要点。考察干部的德，既要注重其在突发事件、抗御自然灾害、个人进退留转等关键时刻的表现，又要注重其在加快经济发展方式的转变及平时日常工作、生活中的表现，以小节观大德；既要听其言，又要观其行；既要看其表，又要察其里；既要知其始，又要识其变。总之，要通过全面、客观、准确地考察干部的政治思想、道德品质、职业道德、家庭美德、社会公德情况，确保把政治上靠得住、工作上有本事、作风上过得硬、人民群众信得过的干部选拔到各级领导岗位。这样，才能保证加快经济发展方式的转变的质量"好"。

三、领导干部工作能力素质提高了，才能保证加快"转变"的速度"快"

对加快经济发展方式转变的速度而言，在方向正、质量好的前提下，就必须提高领导干部的工作能力素质才能解决。从现实看，主要提升八个能力素质：

一是自觉转变发展的能力。把握党的理论发展大局，保持对重大理论的敏锐性，已成为对当代中国各级领导干部的基本要求。学习能力决定工作能力，对科学发展观的理解程度决定着领导科学发展的实践能力，对加快经济发展方式的转变的理解程度，决定着领导干部实践加快经济发展方式的转变的能力。

二是依靠群众发展的能力。落实加快经济发展方式的转变，要解决依靠谁、为了谁的问题。要善于集中民智，汲取人民群众的聪明才智。所谓"以人为本"，这个"人"是大写的人，是人民群众的人，就是以民为本。这既是党的宗旨，也是一种领导本领。因此，各级领导干部要学会动员广大人民群众投身科学发展的伟大实践，克服上热下冷的"两张皮"现象，做到谋划思路向人民群众问计、查找发展中的问题听人民群众的意见、改进措施向人民群众请教、落实发展任务靠人民群众努力、衡量发展成效由人民群众评判，最大限度地把全社会的发展积极性引导到加快经济发展方式的转变上来。

三是注重民生发展的能力。凡出台政策和决策，要着眼于惠及全民，不能牺牲一部分人的利益来满足另一部分人的利益；其次是既要做大"蛋糕"，又要分好"蛋糕"。注重公平，使效率与公平并举并进；再次是不要与民争利，在政府利益与公众利益的权衡上要让利于民；最后是解决突出的民生问题，学会"雪中送炭"，再锦上添花，把有限的资金和财力用来先解决百姓们最关心、最直接、最现实的教育难、就业难、看病难、社保难、买房难等民生问题。只有执政为民，才会得到人民群众的拥护。

四是又好又快发展的能力。加快经济发展方式的转变所面临的最棘手的矛盾，就是如何把"好"与"快"完美地结合起来。领导者不仅要有牢固的"第一要务"意识，还要有又好又快、好字当头的"科学发展"意识。

在当前所谓"好"，应表现为领导者善于优化结构，善于算大账的前提下降低能耗物耗，善于追求 GDP 又追求节能减排，做到经济效益、社会效益、生态效益"三赢"。

五是善于统筹发展的能力。科学发展观的根本要求是全面协调可持续，加快经济发展方式的转变就是要求各级领导干部必须学会"弹钢琴"，坚持兼顾经济、政治、文化、社会和生态"五位一体"的建设，坚持统筹城乡之间、区域之间、经济与社会之间、人与自然之间、国内发展与对外开放之间的协调发展，实现各个要素、各个群体、各个阶层之间的良性互动、和谐共处。要避免单打一、顾此失彼的发展。

六是勇于创新发展的能力。中央提出要建设创新型国家，提高自主创新的能力，对于领导者来说，应有创品牌的领导能力，实施品牌战略，以品牌占领国际国内市场，提升核心竞争力；应有着眼于发展高新技术产品的能力，用国际眼光瞄准市场，走出国门，而且"不把鸡蛋装在一个筐子里"，多领域发展，分解市场风险；应有知识产权意识，"一流企业卖标准，二流企业卖技术，三流企业卖产品"。有能力的领导者应表现为能更多地靠头脑、靠智慧、靠专利为国家、为企业赚大钱，而不是单纯地拼人力、拼资源；迅速转变经济发展方式，从粗放型的发展方式转向集约型的发展方式。

七是应对危机发展的能力。现在的领导者处在一个形势多变、突发性事件增多、危机频繁爆发的时期。要保证和谐发展、平稳较快发展，领导者必须学会应对各种危机，不断提高化解各种矛盾、抵御各种风险的能力，其中包括应对来自全球的金融危机、经济危机、石油危机、粮食危机等，也包括应对来自国内各方面的群体上访、自然灾害、恐怖事件以及信任危机。领导者要善于在第一时间到第一现场，说第一句该说的话，做第一件该做的事。对于群体性事件，要注意把握"宜散不宜聚、宜解不宜结、宜顺不宜激"的规律，避免把本可控制的局面演变为不可控制的局面。

八是保证安全发展的能力。目前我国正处于社会转型期、问题集中期，影响安全发展的隐患较多。因此，必须迅速提高各级领导干部领导安全发展的能力，包括保证食品安全、药品安全、各种事故安全，以及做好社会稳定工作。

（作者单位：娄底市石油公司）

提高领导干部推进经济发展方式转变的能力

赵达军

2010年2月3日，胡锦涛同志在省部级主要领导干部"深入贯彻落实科学发展观加快经济发展方式转变"专题研讨班重要讲话中强调指出："加快经济发展方式转变，是我们党探索社会主义建设规律取得的重大成果，是深入贯彻落实科学发展观的重要目标和战略举措，关系到改革开放和社会主义现代化建设全局，对党的执政能力建设和先进性建设提出了新的要求。"各级领导干部必须适应新形势新任务的要求，从国家经济社会发展的战略高度，充分认识转变经济发展方式的重要性和紧迫性，不断提高转变经济发展方式的自觉性和领导能力。

经济增长与经济发展的辩证关系。经济增长一般是对产出总量而言，强调的是量的增加；经济发展不仅指量的增加，更注重经济结构的改善和质量提高，是质和量的统一。经济增长是经济发展的基础，没有经济增长就谈不上经济发展；经济发展是经济增长的目标，经济增长并不必然带来经济发展。从转变发展方式这个意义上说，"转变经济发展方式"与"转变经济增长方式"的基本精神总体是一致的，都要求从粗放型经济发展模式向集约型经济发展模式转型。但是二者还是有区别的，经济发展较之经济增长，其递进性、发展性更为明确。首先，经济发展方式包含经济增长的内容，但不是简单地等同于经济增长概念。发展是积极的推动，更强调经济发展对社会的正向作用和影响，而经济增长方式更多地强调数字的量度，它对社会既可能产生正面作用也可能产生负面作用。所以，"转变经济发展方式"之表述较之"转变经济增长方式"的表述，正面作用更清晰更准确。其次，经济发展方式较之经济增长方式，角度更高、范围更广，更注重经济质量意识，更注重经济发展的安全度与和谐度。最后，转变经济发展方式更注重经济社会综合协调发展，更全面更直接地体现了科学发展观的理念，体现了发展的耦合性、关联性、价值性和人文性的统一。转变经济发展方式本质上就是要走全面协调可持续发展的道路，加快经济结构战略性调整，积极建设资源节约型、环境友好型社会，在合理充分利用自然资源、保护生态环境的基础上，促进经济的发展。

提高领导干部推进经济发展方式转变的能力，是我国经济社会发展的必然要求。对我国来说，一方面，作为一个发展中的人口大国，要积极地扩大经济总量，保持国民经济快速增长。没有一定的增长速度，经济发展中的问题如就业问题、贫困问题、城乡以及区域经济发展不平衡问题等都难以解决；没有一定的增长速度，全面建设小康社会的目标就会落空；没有一定的增长速度，社会主义的优越性就难以充分体现。但另一方面，我们所要实现的增长速度是在显著提高经济增长质量、讲求效益前提下的增长速度，是扎实的没有水分的速度，是有过硬的发展后劲的速度。就是说，我们要实现的是发展速度与效益的有机统一，要走的是一条既有较高发展速度又有较好效益的国民经济发展路子。它着眼于逐步提高人民生活水平，让经济发展成果更多地体现在改善民生上，这样的发展实际上就是实现经济社会又好又快发展的必然要求。领导干部是科学发展的"领头雁"，如果领导干部思想上跟不上形势发展的需要，不与党中央关于科学发展的要求保持一致，或者即使领导干部主观上想做好"转变经济发展方式"，但却能力不足，那就很有可能成为转变经济发展方式的"绊脚石"。

提高转变经济发展方式能力，首先要明确这种"转变"的工作重点所在。一要坚持走新型工业化道路，推动产业结构不断升级。新型工业化道路是以信息化带动工业化，以工业化促进信息化，工业化和信息化并举的道路。走新型工业化道路，就是要走科技含量高、经济效益好、资源消耗低、环境污染少、人力资源优势能充分发挥的道路；就是在市场经济条件下通过市场机制实现资源高效合理配置；更为注重经济结构的战略性调整，以增强自主创新能力来提升经济发展的质量和效益。经济发展从整体上不仅需要调整要素投入比例，还需要农业、工业与第三产业之间协调发展；工业内部的冶金、石化、机械、电子等行业的协调发展；制造业中传统加工业与精细加工、高新技术产业的协调发展，以便推动产业结构的高级化。二要坚持城乡和区域经济协调发展的根本思路。改革开放以来，无论是城市还是农村，无论是东部地区、中部地区还是西部地区都有了不同程度的发展。但与城市相比，农村发展相对滞后；与东部地区相比，中西部地区发展相对滞后。城乡之间和区域之间发展差距仍然较大。因此，需要坚持城乡和区域协调发展的战略，坚持不懈地实施统筹城乡和区域发展的方针和政策。三要进一步扩大内需。扩大内需是我国经济发展的长期战略方针和基本立足点，加大对农村基础设施以及水、电、气等公共设施的投入。从提高居民的收入，完善社会保障，加快城市化步伐，调整产业结构等方面着手提高消费率，扩大消费需求。要努力调整投资消费关系，把增加居民消费特别是农民消费作为扩大消费需求的重点，不断拓宽消费领域和改善消费环境。四要通过节能减排建设资源节约型、环境友好型社会。科学发展需要节约资源、保护环境和加强生态建设。节能减排不仅是节省资源和保护环境的问题，更关系到可持续发展和以人为本等科学发展的全局。要从以牺牲环境为代价的经济增长转向以环境优化增长和经济发展与环境保护的双赢。在降低单位产值的能耗方面，我国与发达国家相比还有很大差距；在减少污染物排放方面仍面临十分艰巨的任务，近年来因污染物高排放引起的重大环境事件，严重危及人民群众的生存和生活安全，必须下大气力解决。五是必须坚持以人为本，着力改善民生，增强经济社会发展的协调性，努力形成推动经济发展方式转变的持久动力。科学发展观的核心是以人为本。坚持以人为本，就是要以实现人的全面发展为目标，从人民群众的根本利益出发谋发展、促转变，不断满足人民群众日益增长的物质文化需要，切实保障人民群众的经济、政治和文化权益。因此，保障和改善民生既是加快转变经济发展方式的重要内容，也是检验转变发展方式成效的重要标准。

提高转变经济发展方式的能力，必须采取以下有效措施：

第一，变革思维方式，转变发展观念。观念是行动的先导，有什么样的发展观念，就会有什么样的发展方式。转变经济发展方式，不仅局限于产业结构、需求结构、投入结构的调整转变，更是经济发展理念、思路、方法与工作方式的深刻变革，这就要求党员干部特别是各级领导干部在发展观念、思维方式上，必须彻底改变和摆脱既有思维方式的束缚和路径依赖，绝不能以牺牲环境和浪费资源为代价求得快速发展，绝不能以扩大社会矛盾为代价求得快速发展，绝不能以增加历史欠账为代价求得快速发展。

第二，增强科学发展的使命感、责任感和紧迫感。从发展是"硬道理"到发展是"第一要务"，再到"科学发展"，既是党的发展理念的重大转变，也是对执政规律认识的升华，强调科学发展观与提高领导能力在本质上是高度一致的。提高贯彻落实科学发展观和转变经济发展方式的能力，贵在自觉和坚持。要不断激发自觉提高能力的内在动力，引导领导班子和领导干部增强大局意识，充分认识到推进科学发展是全党的大局；增强责任意识，把贯彻科学发展观、推动科学发展作为自己的政治责任和历史使命；

通过群众的监督来激发领导干部提高能力的内动力，增强为民意识，牢固树立以人为本的观念。

第三，坚持领导科学发展的政绩导向，按照转变发展方式的要求完善干部考核评价机制。干部考评是一根指挥棒。很长一段时间以来，在对各级干部的考核中，各级过分注重对经济建设方面的考核，忽视了对社会、文化等领域的考核。考核的"一手硬、一手软"，造成了干部在工作上的畸重畸轻，造成了经济建设和社会发展"一条腿长、一条腿短"。为此，要以科学发展观为指导，着力健全考评指标体系，设置经济发展、资源环境、社会发展、生活质量等方面的具体指标，使考评的范围进一步拓展，考核的内涵进一步丰富，考核的导向进一步明晰，把考评的侧重点从经济领域向社会领域延伸，以此引导各级干部进一步注重发展的全面性、系统性和协调性。要坚持正确的用人导向，把那些善于领导科学发展、群众公认、政绩突出、廉洁奉公的优秀干部选拔到各级领导岗位上来，使符合科学发展观的人和事得到褒奖，违背科学发展观的人和事受到惩戒。要探索建立群众参与评价领导干部贯彻科学发展观能力的机制，以群众的外推力增强领导干部能力提高的内动力。科学设置考评的指标。

第四，促进领导干部知识结构的转型升级，打造复合型知识结构，提升领导干部推进经济发展方式转变的实际能力。在一定意义上讲，贯彻落实科学发展观，推进经济发展方式转变，关键在领导干部，在不断提高其领导科学发展的能力和水平。在当前学习实践科学发展观活动中，中央要求着力提高领导科学发展的本领，进一步把科学发展观转化为领导科学发展的实际能力。这既是对各级领导干部提出的新要求，也是对领导科学发展研究提出的新课题。为此，各级党组织和领导干部必须不断适应新形势，掌握新知识，积累新经验，增长新本领，全面提高领导科学发展的能力和水平。从某种意义上讲，领导干部视野有多宽，知识有多广，事业格局就有多大。领导工作综合性、系统性强，领导干部的成长往往需要经过多领域、多层次、多岗位的锻炼，"单一型"知识结构难以适应要求，必须不断拓宽知识面，加强现代经济、法律、科技、文化等各种知识的积累，努力形成"复合型"知识结构。要形成复合型知识结构，一个重要的方法就是要培养读书的兴趣，多读书读好书善读书。开阔视野、启迪智慧、提升境界。这样，既有复合型知识的基础支撑，又有专业化知识的精准把握，工作起来就更能得心应手。

（作者单位：中共湖南省委党校 湖南行政学院）

提高领导干部在经济发展
方式转变中的领导力

王雪珍

一、转变经济增长方式是我国经济发展的现实选择

我国经济经历二十多年的高速增长，增长方式主要是用大量投资支撑的粗放型增长，这种方式目前已难以为继。从国际经验看，用大量投资支撑的增长，很容易造成需求不足、产能过剩。从微观角度看，需求不足、产能过剩，会造成相关产品的价格下跌、库存上升，使企业经营陷入困境，而企业经营状况的恶化又会加大潜在的金融风险和社会就业压力；从宏观角度看，粗放型的高增长方式由于对能源的大量需求，往往产生对生态环境的破坏，和对不可再生资源耗费过度现象。我国近年来能源消费弹性系数呈增长态势，单位产出的能耗和资源消耗明显高于国际先进水平。我国国内人均资源少，人均耕地、人均淡水资源和45种主要矿产资源的占有量都低于世界人均水平，而国际上许多重要资源被少数发达国家和跨国公司所垄断，资源产品的进口要受到运输能力等多方面制约，粗放型增长面临着极大的资源压力和不确定性。由于不合理的开发建设，一些地方生态系统的整体功能下降，生态环境趋于恶化，环境问题日益突出。因此，转变经济增长方式，解决现实经济生活中存在的深层次矛盾，是我国当前经济社会发展工作中的迫切任务。

二、经济增长方式转变成功的关键在于领导力

领导力是由领导素质、领导体制、领导环境和一定的物质基础等多种因素综合作用而成的一种组织性作用力，是一种以群体或组织为依托、以各种资源为基础、以领导人才为主体、以领导素质为先决条件、以领导决策和谋略为主要内容、集中表现为领导能力和领导水平的决胜实力，是领导主体用以领导、推动一个群体、组织或社会去应对并制胜挑战和竞争、达到共同目标的核心力量。在经济增长方式转变过程中，领导是决策者，

是引路人，是向导，是中坚力量，在这一过程中起着中流砥柱作用。在世界多极化和经济全球化趋势继续深入发展、国际竞争日趋激烈的国际大背景下，在改革日益深化、开放进一步扩大、社会主义市场经济快速发展的国内大背景下，如何成功推动经济增长方式转变这一复杂的跨世纪系统工程，关键在于领导力。

三、提升领导力以适应经济增长方式转变的需要

要提升领导干部的领导力，推动经济发展方式快速转变。领导干部必须有开阔眼界、开阔思路、开阔胸襟，增强做好加快经济发展方式转变各项工作的意识和能力。

（一）提高总揽全局、谋求全面发展的能力

"不谋全局者，不足以谋一域"。总揽全局、促进全面发展，是科学发展的重要目标。全面发展应当包含经济发展、社会发展、城乡发展、区域发展以及人的发展等方面。推动全面发展，当前必须正确处理好三个关系：一是要正确处理经济发展与社会发展的关系。经济发展是社会发展的前提和基础，也是社会发展的根本保证；社会发展是经济发展的目的和保障，也为经济发展提供精神动力、智力支持和必要条件。随着人民群众的物质生活水平日益提高，对精神文化、健康安全等方面的需求会日益增长，更加要求社会与经济共同发展。如果社会发展滞后，经济也难以实现持续较快发展。要推动经济和社会的协调发展，形成经济和社会相互促进、全面发展的良好格局。二是要正确处理城市化与农村现代化的关系。城市化是现代化的必经之路，这是一条为人类历史进程证实的共识。城市化水平不达到一定的程度，经济发展就难以突破发展阶段的限制，要素、资源、产业向城市集聚不够，城市的扩散、辐射、带动功能就会不足，城市化滞后于工业化，发展就是低水平的发展。与此同时，我们要强化国情、省情、市情意识，充分认识到全面建设小康社会，重点在农村，难点也在农村。在加快城市发展的同时，要对农村发展倾注更多的关注、关心、关切。农村现代化事关广大农民群众的长远根本利益，农村没有发展好，发展就会失衡。胡锦涛总书记提出"两个趋向"的重要论断，就是要求我们要正确处理好工业与农业、城市与农村的关系，统筹好城乡发展，加快形成以城带乡、以工促农、城乡互动、协调发展的新格局。三是要正确处理率先发展与均衡发展的关系。不同地区由于地理位置、要素禀赋、政策优惠等方面上的差异，在发展上必然呈现不平衡的态势。要鼓励一部分有条件的地

区率先发展，以利于充分发挥这些地区的资源和优势，因势利导、谋势而动、乘势而上，为改革发展进一步探索实践、积累经验、创造条件，带动其他地区发展，最终实现共同富裕。对一些相对欠发达的地区，要从统筹区域发展的角度出发，在政策、人才、资金等方面采取综合措施加以扶持，形成互动机制，促进区域协调发展，逐渐缩小他们与发达地区之间的差距。

（二）提升善于集思广益、科学决策的能力

集思广益、科学决策，就是从群众中来，到群众中去，尊重群众首创精神，坚持民主集中制的科学决策方法。要发挥这一科学决策方法，提高决策能力。一是要从完善规则程序入手，增强决策的规范性。没有调查就没有决策权。各级领导干部要始终坚持听真话、摸实情、求真谛，切实把决策建立在充分调查研究的基础之上，决不能凭想象主观臆断。要认真抓好民主集中制建设，特别是按照集体领导、民主集中、个别酝酿、会议决定的原则，不能搞一个人或少数人说了算，增强决策的科学性。二是要从扩大群众参与入手，增强决策的公开性。随着社会主义市场经济的不断发展、民主政治建设不断推进，不同社会阶层的利益关系更为复杂、敏感，人民群众的民主意识、参与热情不断增强，对各级党委、政府作决策的事项、方式、过程和结果都尤为关注。在适当的范围内公开决策事项，广泛征求群众的意见建设，不仅有利于集中群众的智慧和力量，而且也有助于取得群众的理解和决策的实施。特别是对一些同群众利益密切相关的重大事项，要通过社会公示、社会听证等制度，增加决策的透明度，提高群众的参与度。三是要从健全决策机制入手，增强决策的科学性。决策过程具有复杂性、综合性，需要高度的智慧、专业的知识、全面准确的信息。一些发达国家在公共决策中，都十分重视发挥专业咨询机构智库的作用，为决策提供中立的专业意见。我们一些地方经济社会发展出现这样那样的问题，许多项目成为"半拉子"工程、"民怨"工程，往往与盲目决策有着直接的关系。因此，我们要大胆借鉴外地的成功经验，有重点地联系确定各方面的专家学者，使他们成为政府决策的智囊团和思想库。要畅通社情民意反映渠道，及时把各方面的信息收集上来，为科学决策提供良好的信息支持。

（三）提升敢于攻坚破难、改革创新的能力

攻坚破难、改革创新，是科学发展的动力源泉。随着经济持续快速增长，社会事业长足进步，但同时改革发展已进入深水区，各种深层次矛盾和问题逐步凸显，各级领导干部必须保持清醒头脑，增强忧患意识，敢于创新、善于破难。一是要敢冒风险。改革发展本身就是不断探索实践的过程，没有现成的模式可以借鉴，更没有现成的捷径可以走。我们每一个干部特别是领导干部都要有意气奋发、昂扬向上的精神，都要有敢为人先、敢闯敢试的勇气，通过探索创新，解放我们的思想，更新我们的观念，得出新的认识结论，形成新的发展思路，采取新的发展举措，发现新的发展路径，实现新的发展目标。二要敢于拼搏。改革就是一场攻坚战。攻坚破难，没有拼搏的精神，没有艰苦的付出，不痛下决心，不下苦功夫，是创不了新、破不了难的。我们每一个干部特别是领导干部必须以时不我待的紧迫感，只争朝夕的前冲力，百折不挠的斗志，坚定信心，不畏艰难，奋力拼搏，勇于开拓，努力实现加快发展。面对日益增大的竞争压力，在重要发展机遇出现的时候，我们不仅要有抢抓机遇的意识，更要有拼搏争取发展机遇的坚韧意志，在大家都做好了抢抓机遇准备的情况下，只有奋力拼搏者才有可能最终抓到机遇。三要敢于创造。一个领导干部有没有工作魄力，一条重要的标准就是看他是不是敢于创造。墨守成规、做"太平官"的陈旧气息不应该出现在我们当代共产党人身上，新时代赋予我们新的伟大使命，我们每一个领导干部都要以敢于创造的精神积极投身于改革发展的时代大潮。要把敢于创造的气魄转化为积极创造的行动，不断创造新业绩。在实际工作中要正确处理好坚决贯彻落实上级精神与实事求是从实际出发之间的关系，要善于创造性地贯彻落实党的路线方针政策，要善于把上级的要求同自身的实际结合起来，要善于把上级的精神转化为符合实际的举措，要善于总结、推广群众在创新破难、加快发展中创造的经验，用于指导我们的实践。

（作者单位：中共湖南省委党校 湖南行政学院）

切实提高领导低碳经济发展的能力

覃正爱

"低碳经济"的出现与有序推进，使人类看到了可持续发展的曙光，已成为促进社会可持续发展的推进器和后金融危机时期转变发展方式的具体体现。当代中国的各级领导干部面对低碳经济的浪潮绝不能熟视无睹，而是要按照科学发展观的要求，不断提高领导低碳经济发展的能力，促进低碳经济在中国的快速发展。

一、低碳经济的内涵、构成与发展趋势

何谓低碳经济？低碳经济就是在可持续发展理念指导下，通过技术创新、制度创新、产业转型、新能源开发等多种手段，尽可能地减少煤炭石油等高碳能源消耗，减少温室气体排放，达到经济社会发展与生态环境保护双赢的一种经济发展形态。简言之，低碳经济是经济发展的碳排放量、生态环境代价及社会经济成本最低的经济，是一种能够改善地球生态系统自我调节能力的可持续性很强的经济。低碳经济由三大因素构成：一是技术进步。技术进步是低碳经济的决定性因素或者说是控制因素之一。二是能源结构。在当前的技术经济条件下，商品能源中化石能源的市场成本最低，其在能源结构中的比例越高，发展的成本就越低。三是消费者行为。没有人的消费，就没有碳的排放。所以，消费者行为非常关键，生活方式不改变，碳排放就降不下来。

纵观世界经济的整个过程，不难发现，世界经济正在出现从工业化、信息化走向低碳化的趋势。2003年英国政府发表了《我们未来的能源：创建低碳经济》的能源白皮书，首次提出了"低碳经济"概念，在其后的巴厘岛路线图中被进一步肯定。2008年的世界环境日主题定为"转变传统观念，推行低碳经济"，更是希望国际社会能够重视并采取措施使低碳经济的共识纳入决策之中。当前，发达国家已经纷纷向低碳经济转型。英国政府为低碳经济发展设立了一个清晰的目标，这就是到2010年二氧化碳排放量

在 1990 年水平上减少 20%，到 2050 年减少 60%，到 2050 年建立低碳经济社会。2007 年 7 月，美国出台了《低碳经济法案》，公布了题为《抓住能源机遇：创建低碳经济》的报告，提出了创建低碳经济的 10 步计划，对风能、太阳能、生物燃料等一系列可再生能源项目实行减免税收、提供贷款担保和经费支持等优惠政策。加拿大、法国、意大利等发达国家都在发展低碳经济方面做出了积极的努力。巴西、墨西哥、韩国、印度等发展中国家也主动减排、限排，发展低碳经济已成为国际社会主流的战略共识。

二、发展低碳经济是转变经济发展方式的必然选择

在经济社会发展日益受到能源和环境制约的背景下，低碳经济作为应对全球气候变化、保障能源安全的基本途径和战略选择，是摒弃以往先污染后治理、先低端后高端、先粗放后集约的发展方式的现实途径，是实现经济发展与资源环境保护双赢的必然选择。

1. 气候变暖和温室效应说明传统发展方式已经走到尽头，发展低碳经济是我国转变发展方式、切实应对气候变暖和温室效应的战略举措。

2008 年以来，除国际金融危机爆发外，最大的全球性问题就是气候变暖、温室效应问题。气候变暖和温室效应等灾难性问题的出现，说明传统的高耗能、高污染的经济发展方式已经走到了尽头，转变发展方式，减缓气候变化的速度，保护人类赖以生存的地球，已经成为世界各国都无法回避的责任。在全球气温变暖的大背景下，我国的气候发生了明显变化。近百年来，我国气温上升了 0.4℃～0.5℃。据 2006 年底发布的《气候变化国家评估报告》预测，未来中国气候变暖的速度将进一步加快，很可能在未来 50 年至 80 年全国平均气温升高 2℃～3℃。到 2030 年，中国沿海海平面可能上升的幅度为 10 cm～16cm，导致海岸区洪水泛滥的机会增大。气候变化将使农业生产的不稳定性增加。如果不采取措施，21 世纪后半期，中国主要农作物，如小麦、水稻和玉米的产量最多可下降 37%。今后 20 年至 50 年间的农业生产也将受到气候变化的严重冲击。我国气候的明显变化，传统的发展方式难辞其咎。面对未来气温升高及其可能导致的一系列严重后果，我们如果不实现传统发展方式的根本转变，我们将处于非常危险的境地，因为我国作为二氧化碳排放大国，发展低碳经济以减少二氧化碳排放将是我国今后长期而艰巨的任务。

2. 传统发展方式导致资源的过度消耗和巨大的环境代价，严重威胁我国的可持续发展，发展低碳经济已经成为我国转变发展方式实现可持续发

展的迫切需要。

我国正处于工业化、城市化、现代化快速发展阶段，重化工业的比重越来越大，大规模基础设施建设不可能停止，能源的大量需求和快速增长一时难以改变。以 2007 年为例，我国消费煤炭约 23 亿吨，碳基燃料排放的二氧化碳达到 54.3 亿吨，居全球第二。我国每建成 1 平方米的房屋，约释放出 0.8 吨二氧化碳；每生产 1 度电，要释放 1 公斤二氧化碳；每燃烧 1 升汽油，要释放出 2.2 公斤二氧化碳。这些数字表明，中国的能源消费处于"高碳消耗"状态，加上中国的化石能源占总能源数量的 92%，其中煤炭占 68%，电力生产中的 78% 依赖燃煤发电，而能源、汽车、钢铁、交通、化工、建材等六大高耗能产业的加速发展，就使得中国成为"高碳经济"的典型代表。而且这种以煤为核心的能源结构在现在以及今后相当长的时期内都很难改变。随着工业化的进一步发展，煤炭在能源消费总量中的比重将不断加大，二氧化碳的排放还会不断增长。由于技术和设备相对陈旧，我国单位 GDP 的二氧化碳排放量远高于发达国家。目前，我国二氧化碳排放总量居世界第二位。预计到 2015 年中国的二氧化碳排放量占世界的比例将达到 20.7%，超过美国（20.1%）成为世界第一排放大国。我们不能再以资源、能源高消耗和环境重污染来换取一时的经济增长了。要实现经济社会的可持续发展，就必须转变发展方式，而转变传统发展方式的最佳选择就是发展低碳经济，只有发展低碳经济，才能减轻单位 GDP 的资源和环境代价，通过向自然资源投资来恢复和扩大资源存量，运用生态学原理设计工艺与产业流程来提高资源效率，使发展的成果更好地为人民所共享。我国未来的碳排放形势相当严峻，发展低碳经济是我国转变发展方式实现可持续发展的战略选择。

3. 转变发展方式，发展低碳经济，不仅不会放慢经济增长，反而能助推经济的快速发展，成为推动我国当前经济发展的重要动力。

有人认为，当前我国提发展低碳经济似乎是为了限制发展、放慢发展，其实发展低碳经济不仅不会放慢经济增长，反而能助推我国经济的快速发展，促进我国经济的新一轮高增长。因为发展节能技术、碳捕获和储存技术，开发利用风能、太阳能等可再生能源，提高电力设施效率等，都可以创造新的就业机会，带动经济增长。当前，全球不少企业已经尝到了低碳经济带来的甜头。据统计，德国风能发电设备 2005 年的出口收入已达约 60 亿欧元，占全球风力发电设备交易额的一半左右。日本在光伏发电技术领域居世界领先，是全球最大的光伏设备出口国，仅夏普公司的光伏发电设备就占世界的 1/3。虽然广义上的"低碳"可以被视为经济发展在环境保护、节能降耗等方面新的约束条件，但是这类条件并非一味消极地限制和约束发展，而是可以通过与新约束条件相匹配的技术和制度，创造和扩大市场规模，激发人的创造性和盈利能力，从而促进发展。所以，那种认为转变发展方式，发展低碳经济，就一定阻碍经济发展的观点是站不住脚的，也是错误的。

三、领导干部要提高发展低碳经济的能力

1. 提高发展低碳经济的学习能力

低碳经济作为一种新的经济形态，确实有许多新的知识需要去做深入的学习和研究。只有适应新形势的要求不断学习、全面把握低碳经济知识，包括低碳技术知识、低碳政策知识、低碳产业知识、碳排放权交易知识、碳税知识，以及有机、生态、高效农业知识等，才不会成为新时代的"低碳文盲"，才能树立以高欲望、高消费、高能耗、高排放为耻，以低碳、节制、克己、自律为荣的低碳价值观。因此，作为领导干部只有不断提高低碳经济的学习能力，牢固树立低碳价值观，真正成为发展低碳经济的行家里手，才能推动低碳经济的快速发展。

2. 提高发展低碳经济的思维能力

发展低碳经济，首先就要确立与之相适应的新的思维方式，这就是低碳思维方式。领导干部要善于运用低碳思维方式，进一步提高低碳思维能力。也就是说，无论是从国际经济发展的趋势来看，还是从我国经济发展的态势来看，都要高度重视低碳经济的发展，都要把低碳经济作为我们思考经济社会发展的一个重要立足点。目前，低碳经济发展的趋势已经形成，各级领导干部务必提高敏锐性，积极应对温室气体减排导致的国际经济格局和贸易规则的变化，认真思考和研究低碳经济革命给产业发展、国际贸易、生活消费等带来的一系列重大影响，以及低碳经济革命给我国带来的重大战略机遇，把低碳经济的发展与世界多极化、经济全球化和市场经济的发展联系在一起，把本地的低碳经济发展同全国乃至世界低碳经济的发展紧密地联系在一起，只有这样才能把握好低碳经济发展的"天下大势"，随势而动，趋利避害，才能把握自身发展机遇，制定正确的有利于低碳经济发展的"战略战术"。

3. 提高发展低碳经济的决策能力

经济活动低碳化和能源消费生态化的要求覆盖了生产、交换、分配、

消费的全过程，这就需要在每一个环节都要进行慎重的科学决策，切实提高决策能力。也就是说，领导干部必须在决策时树立科学的精神和民主的作风。树立科学精神，最重要的就是要深入低碳经济实际、把握低碳经济发展规律。树立民主作风，最重要的就是在事关低碳经济的重大决策中更好地尊重民意、发扬民主。只有在低碳经济的决策中更加科学地设计和完善决策的规则、程序，把各种决策咨询机制和公众的民主参与纳入法制轨道，同时，运用现代科技手段拓展民意表达渠道，广泛而便捷地听取民意、集中民智，才能做出有利于低碳经济发展的决策。

4. 提高发展低碳经济的创新能力

发展低碳经济，需要领导干部有很强的创新能力。根据国际能源署的不完全统计，目前已经有五十多个国家和地区制定了激励可再生能源发展的政策措施，在未来的 30 到 40 年中，全球每年对低碳经济的投资将在 5000 亿美元以上。联合国环境发展署的统计数据表明，目前在全球范围内，与环保有关的产品和服务市值已经达到 1.3 万亿美元。这样的机遇是千载难逢、稍纵即逝的。在这样的机遇面前，各级领导干部要善于从世界低碳经济的发展规律中捕捉机遇，善于从各国关于低碳政策、信息中捕捉机遇，以创新的胆识和气魄，大胆地试验，科学地论证，形成适合国情省情县情的低碳经济发展思路、模式和路径，以实现低碳经济的"跨越"和"突破"。

5. 提高低碳经济政策的执行能力

我国发展低碳经济，政府必须建立长效的机制和给予科学的制度安排，以便在国家层面、企业层面、社会层面和公众层面上，实现经济活动低碳化—低碳活动企业化—低碳技术创新化—低碳模式制度化—低碳参与公众化—低碳体制社会化—低碳合作国际化—低碳文明生态化，从而使发展低碳经济成为我国的基本国策。领导干部要提高低碳经济政策的执行能力，就应以对党和人民事业的强烈责任心，锤炼自己的意志，增强克服困难的勇气，敢于担当、敢于攻坚，不达目标誓不罢休，没有这样一种精神和锐气，低碳经济的决策部署也许只是"美丽的神话"、"水中的月亮"，可望而不可即，难以真正付诸实施，而这是我们不愿意看到的。

（作者单位：中共湖南省委党校 湖南行政学院）

有效提高领导低碳发展能力的若干思考

卢岳华

一、提高观念转变力、系统创新力

首先要强化低碳学习力。低碳学习力包括树立低碳理念、促进低碳发展的能力。提升学习力必须强化问题意识、危机意识，增强促进改革、推动发展的动力性、合力性、可持续性。要从经验中学，从我国和世界各国在高碳发展中遭受的挫折、失败的教训中学、从不断和反复发生的危机中学。领导干部要掌握低碳知识、熟悉相关技术，通过发展低碳经济的实践历练，探索低碳管理艺术、提升综合素质、锻造低碳领导能力。要提高领会中央精神、与时俱进的学习力，增强转变经济发展方式的紧迫感，借用"他山之石"，把外地发展低碳经济的成功经验与本地实际联系起来、探索低碳发展规律，努力促进经济结构由低端向高端、由单一发展向全面发展、由不平衡不协调向统筹协调发展转变，找准加快低碳发展的新路，推动产业结构、产品结构调整。

其次，要提高观念转变力、系统创新力。观念和思维方式决定着行为选择的稳定性、连贯性、持续性。党委政府以及领导干部转变发展观念，善于把握规律，用求异思维、换位思维、逆向思维和创新思维，深入研究当前在发展低碳经济、推动经济发展方式转变等各项工作中面临的新情况、新问题。具体而言，在发展理念、思维方式上，必须彻底改变和摆脱传统思维方式的束缚和路径依赖，绝不能以牺牲环境和人民的幸福以及浪费资源能源为代价求得快速发展；绝不能以激化社会矛盾为代价求得快速发展；绝不能以增加历史欠账为代价求得快速发展。要转变发展质量观、效率效益观，以创新思维探索科学的评价体系，以创新战略政策、创新体制、创新技术确保产业结构、需求结构、投入结构的调整，转变能力的提高。要以维护市场的公平与效率、确保人民满意为价值取向；以建设"两型社会"

作为加快经济发展方式转变的方向和目标；以新型工业化、新型城镇化、农业现代化、信息化为基本途径，以结构调整、自主创新、节能环保、民生改善和制度建设为着力点，加快经济结构由不合理、不协调向协调发展转变；经济增长由外延扩张向内涵提升转变；资源利用由粗放向节约集约转变；城乡发展由二元结构向一体化发展转变。

二、增强甄别选择力，提高低碳发展的评价考核能力

政府及其官员应当是社会公共利益的代表者、企业和公民的服务者、企业高碳和违法行为的监管者。政府也只有减少对经济的不正当干预，帮助国有企业建立现代企业制度，限制和减少一切性质的经济组织的高能耗、高排放、高污染行为，杜绝各种名为管理或服务实质上却是收费或地方保护的行为，切实公正地处理和解决经济外部性负效应问题，更加重视经济结构的优化、技术的创新、经济质量和经济效益的提高、就业的广度、分配的合理度，民生改善力度、生态环境优化度，以提高科学领导能力。

政府及官员在判别低碳节能与高碳耗能、清洁生产与污染严重、对生态环境有利还是有害方面首先要有一个基于正确价值取向的公正立场；其次要廉洁而无牟利的私心；再次要具备低碳方面的专业知识和判断能力，帮助所有消费者包括生产链条下游的消费者（同时又是生产者）提高理性的辨别能力、正确的选择能力。在导向和评价上，要对市场和企业形成有效的约束和监管，给消费者一个明白，还政府和领导干部一个清白。

建立健全领导干部绿色绩效考核的评价、导向机制、有效的激励机制和严格的约束机制，促进低碳发展战略、政策和法规的贯彻落实与执行。要做到考核评价主体多元化、考核内容指标差异化和多方面量化、权重比例多层次科学构成。加大人民群众对低碳发展满意度的权重比例，实行节能减排监督的社会化、透明化。必须将低碳发展与资源能源利用效率、城市失业率、人均收入水平、低碳科技创新成果等作为衡量经济发展成效、客观评价干部政绩的重要指标，既考核其有关低碳配套政策的严密度、完善度，又考核低碳产业基地、集群的发育成长度；既考核每年节能减排（万元生产总值能耗、化学需氧量和二氧化硫排放总量控制等指标）的速度力度、效率效益，又要看重低碳经济、循环经济的比重，还要看服务业、生态农业、生态林业、生态旅游的繁荣程度。要将城乡空气优良度、水源水质、森林覆盖率、食品药品安全程度等都要纳入考核的范围。对与碳强度、能源强度有关的反映低碳发展水平的系列指标开展定期的跟踪分析和

考核评估，做到公开公平公正并举、激励与约束共行，实现经济发展、社会进步、环境保护的良性循环，并把低碳发展作为考核领导干部政绩的重要内容，对高能耗、高排放、高污染治理不力的地方政府及领导干部严格实施"行政问责"和"一票否决制"。

三、提升低碳执行力和示范引领力

低碳执行力、示范力是领导低碳发展能力的重要构成部分，它是以符合各种规律的观念体系、思维方式为前提，以素质能力为基础，以行为过程为依托，以效率、质量为尺度来检验低碳发展成果的动态系统。

（一）强化低碳发展的执行力

低碳执行力是指在经济发展过程中，能妥善化解对资源、能源消耗的高度依赖，逐步破解资源、能源的瓶颈约束，最终打造以低排放、低能耗、低污染为特征的新型发展模式的能力，包括研发和创新低碳技术、推广低碳产品、开发利用低碳能源、倡导践行低碳生活和消费方式的系列能力。

1. 提高低碳执行力，必须完善、落实节能减排的经济政策。要结合低碳规划，完善低碳政策支撑体系。一是控制源头与"釜底抽薪"、奖罚分明相结合。抓源头就是要依据国家产业政策、节能减排的政策（如国土资源部下发的《关于坚决贯彻国务院部署进一步加大节能减排工作力度的通知》）规定、行业用地控制指标和《限制用地项目目录》、《禁止用地项目目录》对新建项目进行严格审查。"釜底抽薪"就是要停止对"两高"和产能过剩行业新建、扩建项目供地；对未按照规定完成淘汰落后产能的企业，不得为其新建、扩建项目办理供地手续。"奖罚分明"就是要对在规定期限淘汰落后产能的企业按相关规定及时给予技术改造资金、土地开发利用、融资等方面的支持；对未按规定限期淘汰落后产能的企业，要从信贷、土地、电力供给等诸多环节实施严厉的惩处措施。二是要利用价格杠杆、完善有关机制，加大信贷扶持力度。要深化能源价格改革，调整天然气价格，推行居民用电阶梯价格，落实煤层气、天然气发电上网电价和脱硫电价政策，出台鼓励余热余压发电上网和价格政策。对电解铝、铁合金、钢铁、电石、烧碱、水泥等高耗能行业中属于产业结构调整指导目录限制类、淘汰类范围的要严格执行较高电价政策。要加大污水处理费征收力度，改革垃圾处理费收费方式。

2. 要提高低碳执行力，必须优化促进低碳经济发展的法律制度环境。要结合"十二五"规划的制定，突出低碳能源发展、低碳建筑发展、低碳消费模式、低碳交通发展、低碳政策支撑体系、低碳经济投融资体系、低碳产业发展、低碳技术创新体系等八大重点，组织编制《"十二五"低碳循环经济规划》、《"十二五"建筑节能规划》，做好大气污染防治法（修订）、节约用水条例、生态补偿条例的研究起草工作，抓紧完成城镇排水与污水处理条例的审查修改。尽快出台主要污染物排放许可证管理办法、固定资产投资项目节能评估和审查管理办法等。要研究制定重点用能单位节能管理办法、能源计量监督管理办法、节能产品认证管理办法，完善单位产品能耗限额标准、用能产品能效标准、建筑能耗标准。

3. 要提高低碳执行力，必须尊重规律，强化监督制约力。要健全助推低碳经济发展的监督体系建设，加强对公共权力、公共财政开支的制约监督和信息公开，在健全同体监督的同时，着力强化新闻舆论监督、群众监督、社会监督等异体监督力度，以助推经济发展方式转变。

（二）强化低碳发展的示范引领力

党政机关等公共机构及领导干部要率先垂范、身体力行，做低碳发展的领跑者、助推者。转变经济发展方式，应对全球气候变化危机和世界经济危机两个危机，化解来自国际国内两方面以及两个市场的多重压力是检验我们党和政府的绿色执政力、安全执政力的试金石。在备受国际社会和国人广泛关注的全球气候变化中迎难而上、有所作为，是我们党和政府及各级领导干部义不容辞的国际责任、政治责任、经济责任、社会责任和道德责任。从角色定位来讲，在调结构，引项目，兴产业的各项决策、建设、管理活动中，各级领导干部应当是节能减排、环保先行等职责义务的履行者、担当者；应该是低碳生活、低碳消费方式的倡导者、实践者、先行者、自律者。党政机关和领导干部是低碳发展政策和法律的制定者，挖掘节能潜力、拓展节能空间，提升低碳执行力已是刻不容缓。要以低碳机关建设及领导干部的节能表率行动引领低碳省区、低碳城市、低碳行业企业、低碳社区、低碳学校、低碳家庭的试点工作。如通过领导带头，强化低碳意识；通过完善的制度约束，推行低碳办公、低碳出行等，带动整个社会实施节能减排、清洁生产和低碳消费。要通过制定、实施低碳产业规划，制定落实低碳政策，强化宏观调控力度，加强市场监管等途径，达到转变经济发展方式，提高公共产品质量，提升公共服务的目标，把低碳发展的理念行动渗透到社会各个领域，形成发展低碳经济的良好社会氛围与舆论环境。

（作者单位：长沙市委党校　长沙行政学院）

提高领导创新能力　推进"两型社会"建设

彭益民

湖南是全国有名的"鱼米之乡"、"有色金属矿之乡"和"非金属矿之乡"，但湖南资源承载能力比较弱，能源结构欠佳且自给严重不足，用地规模增长过快，资源开发利用粗放，后备资源紧缺，资源供需矛盾日益突出。同时，湖南经济结构不合理，资源管理体制有缺陷，"两型社会"建设工作难以推进。实现湖南经济社会的持续发展，政府领导必须提高创新能力，进一步解放思想，大胆探索，采取一系列新举措。

一、创新资源管理体制

充分发挥政府的主导作用。市场机制在资源配置中易出现失灵，导致"公共地悲剧"。一方面，私人资本不愿投资产生外部经济效益的公益性建设，而这些建设又往往对国家经济社会发展起着基础性作用；另一方面，生产者在利益的推动下转嫁生产成本，造成资源滥用、环境污染。市场失灵需要政府发挥作用。政府是资源管理的重要主体，具有管理资源的公共权力和权威。促进资源的有效利用，保证生态环境的可靠安全，是现代政府的重要职能。政府可通过制订规划、政策、制度以及执法，规范生产者和消费者行为，采取经济、行政、法律手段促进资源节约，对保护资源环境的大规模公益性工程进行投资建设。

整合政府资源管理职能。资源的多头管理使资源不能得到有序、高效地开发利用，必须推进资源一体化管理改革，整合政府管理资源的职能。依法建立权威、高效、协调的水资源统一管理体制，将管水的职能整合起来交新设的挂靠水利部门的水务局履行，对水资源实行统一规划、统一调度、统一管理。推进长株潭"一体化"进程，建立行政一体化的运作平台。三市统一规划，制定一体化的土地利用政策、基础设施建设政策、产业发展政策、科技创新政策、统筹城乡发展政策、财政金融服务创新政策、区域物流中心建设政策。建立区域合作体制，大胆探索区域资源管理模式，如湘、资、沅、澧四水全流域管理模式。省政府应对全省经济发展和资源的开发利用统筹安排，制订规划，探索建立耕地和基本农田保护有偿调剂等制度。

充分发挥市场机制配置资源的作用。政府干预能有效弥补市场机制的缺陷，但政府也不是万能的，由政府直接配置资源易导致寻租现象的产生，使资源低效配置。所以必须把市场机制与政府管理结合起来，发挥两种机制的长处。通过市场机制，能把资源的利用与资源使用者的切身利益挂钩，利用社会个体精确的利益计算，达到优化配置资源的目的。政府应推动资源交易市场体系的建立和健全，建立集土地交易、地价评估、法律咨询、信息交流、注册登记为一体的土地交易拍卖市场，保障政府对一级土地市场的垄断和有效调控，进一步发展、规范、搞活二、三级土地市场以及矿业权市场、水权市场和排污权市场，使各种资源都由市场配置。建立健全土地使用权招标拍卖制度等资源交易规则，完善交易中介机构和服务机构，促进公平、公开、公正交易。

二、建立政策支持体系

制定配套的经济政策。充分发挥政府采购的导向作用，在进行市政工程原材料、政府办公用品等方面的采购时，严格限制采购高能耗、高水耗及环境污染严重、节能节水效果不达标的企业产品，优先采购资源节约型、环境友好型产品和高新技术产品。充分利用国家对"两型"产品和技术创新的税收抵、免、返和加速折旧的政策以及增值税、营业税、企业所得税等方面的优惠政策，鼓励企业搞好资源综合利用、积极开发"两型"产品，促进企业节能降耗，淘汰高能耗、高物耗、高污染的生产工艺和项目。加大财政补贴、信贷对资源节约项目的扶持力度。每年从财政预算中安排专项资金，采取贷款贴息、无偿资助、资金投入等方式，支持节能、节水、保护土地资源以及科技开发、产业结构优化等方面的项目。对国家、省和市立项的节能项目，政策性金融机构和商业银行应积极给予信贷支持；对资信好的企业，可核定一定的授信额度，及时提供多种金融服务；对各类中小企业投资担保机构，要通过开展信用担保业务，帮助企业充分利用有效资产，帮助降低贷款门槛，分担银行贷款风险，积极支持节能项目融资。充分发挥资源价格的调节作用。逐步建立能够体现资源稀缺程度的价格形成机制，同时实行资源差别计价法。在能源方面，完善电力分时电价办法，对淘汰、限制类项目和高耗能企业，实施差别价格制度。在水资源方面，制订各行各业各单位和居民生活用水定额标准，实行用水总量控制、定额管理、计量收费、超额部分累进加价收费的水价形成机制。

充分发挥土地管理的宏观调控作用。实行严格的土地用途管制，严把土地供应关口，引导产业升级。依据产业结构调整政策和区域经济发展规划，制定具有鲜明区域特点的产业土地供应政策，通过土地供给总量与比例调控产业投资，优化产业空间布局，重点保障主导产业、支柱产业、特定新兴产业和传统产业发展的合理用地需求。建立工业企业项目审查的四大机制：一是项目考察预审机制。考察企业的实力和项目的投资强度，严格落实产业用地门槛制度，凡达不到投资强度要求的项目一律核减用地，或只许租用标准厂房。考察项目与主导产业、支柱产业的关联度，是否符合产业规划。对不符合产业规划或产业关联度不大的企业原则上不作选择，对不利于本地区产业升级的项目不予批准。考察项目产出效益以及资源利用、环境保护情况。二是项目评审机制。要在项目预审的基础上，组织项目评审，由地方政府有关部门领导和评审专家参加。三是决策机制。决策机构根据考察意见、评审结果作出科学决策。四是项目引进责任机制。强化项目审批后的跟踪管理，严格监督执法。项目实施达不到规定效益的，要追究项目引进者的责任。超过规定时限的坚决予以收回，优先调节给急需用地的高（高技术含量、高附加值）、大（跨国大企业、投资强度大）、名（国内外品牌）、新（新技术、新工艺、新材料）的项目。

调整投融资、产业和科技政策。建立多元化投融资体系。壮大政府投资项目融资平台，充分发挥各投资公司的投融资作用。拓宽直接融资渠道，积极争取国家的政策支持，通过基金、债券等多种形式吸纳社会资金。扩大金融服务业对外开放，吸引境内外各类金融机构设立分支机构、后院服务基地，引导国际金融组织和外国政府贷款投入建设。省政府应根据各地的产业基础、优势和形势发展的需要，尽快出台引导性产业政策和权威性的科技政策，统一协调产业发展方向、基地建设和战略布局，促进特色鲜明、错位发展产业格局的形成和整体科技创新能力的提高。这些政策的制定都必须把政府引导和市场运作结合起来，突出重点、突出特色，以协同创新促进产业发展，加快相关企业的集聚和产业链的形成，促进高新技术产业集群的出现。

三、严格依法管理

抓住资源管理重点领域，严格执法。在土地资源管理方面，建立土地节约集约利用的评价指标体系和土地节约集约示范区，引导节约集约用地，严格土地管理。根据土地利用总体规划，市、县（市、区）人民政府严格按照土地利用年度计划分批次实施征地，按照年度土地供应计划、土地出让计划等实施供地。用地指标优先安排用于国家和省、市重点建设项目、产业政策鼓励发展项目，对限制类项目严格限制供地，对淘汰类项目坚决停止土地供应。严格用地定额管理。严格审查建设用地项目，依据建设项目用地定额指标、工业项目用地控制指标和单位面积投资强度等，综合确定建设用地供应数量，对超过定额指标的项目用地，坚决予以核减。严格约定建设项目投资额、开工时间、土地用途，对违反约定条件使用土地的，按照规定追究土地使用者的违约责任。严格农村用地管理。农村居民和集体建设用地，必须符合土地利用总体规划、村庄和集镇建设规划，并纳入土地利用年度计划。严格实行耕地占补平衡制度，对田、林、路、水、村进行综合整治，搞好土地建设，提高耕地质量，增加有效耕地面积，改善农业生产条件和环境。加强国有土地资产化管理，建立土地收购储备制度，将破产企业用地、闲置荒芜土地及低效利用、逾期未开发的土地使用权统一储备；全面建立建设用地查询制度、信息发布制度；健全基准地价公布制度、地价审核制度。在能源节约方面，加强重点耗能企业节能管理，对其节能工作及时跟踪、指导和监督，实行能源利用状况月报制度，定期公布重点耗能企业能源利用状况。严格执行国家能耗限额标准和制定我省主要行业、主要产品的能耗定额标准。重点耗能行业和企业要结合本行业本企业发展规划，制定专项节能规划，并组织实施。加强执法队伍建设，增强执法人员的责任心，使执法部门公正、严格地执法。改进执法监督的技术、方法，提高执法的科学性、准确性。

建立科学的考核评价体系，严格实行问责制。建立符合科学发展观的政绩考核体系，不仅考核经济发展的情况，而且要考核由此付出的资源环境代价。为此，湖南省已提出"十一五"期间资源节约要实现的主要指标：万元 GDP 综合能耗下降到 1.12 吨标准煤，与 2005 年（下同）相比降低20%；规模以上工业，万元工业增加值能耗下降到 2.15 吨标准煤，降低25% 以上，万元 GDP 用水量下降到 400 立方米以内，工业用水重复利用率达到 75%；农业灌溉水有效利用系数达到 0.48；每增加亿元 GDP 建设用地增量降低到 14 公顷以下；矿产资源综合回收率提高到 48%；新建民用建筑达到建筑节能 50% 的设计标准；工业固体废弃物综合利用率达到 80%；农业废弃物资源化综合利用率提高 10% ~20% 。根据 2007 年 11 月国务院批转节能减排统计监测及考核实施方案和办法规定，将资源节约的指标分解落实到各级地方政府、重点耗能行业、企业，实行严格的目标责任制、严格的问责制和"一票否决制"。将指标完成情况作为政府领导班子政绩及重点企业业绩考核的重要内容，严格考核，考核结果与干部任免升迁挂钩。年度考核结果向社会公布，接受全社会监督。实行行政问责制，对决策失误、违法违规的行为追究领导者的责任。通过科学、严格的考核和问责制的执行，督促各级领导把科学发展观落实到经济社会发展的实践中，实现发展与资源环境的协调、人与自然的和谐，确保湖南经济社会持续稳定发展。

（作者单位：中共湖南省委党校 湖南行政学院）

关于提高领导干部执行力的思考

左小琳

2006年3月，温家宝总理在《政府工作报告》中首次提出了"提高政府执行力"的概念，标志着政府执行力建设正式纳入国家治理范畴。执行力是执政能力的集中体现，提高党和政府的执政能力，关键在于提高各级领导干部的执行力。如何进一步提高领导干部的执行力，笔者通过学习调研，结合工作实际，谈一些心得和思考。

一、对领导干部执行力的理解

什么是执行力？执行力指的是贯彻战略意图，完成预定目标的操作能力。执行力包含完成任务的意愿，完成任务的能力，完成任务的程度。对个人而言，执行力就是办事能力；对团队而言，执行力就是战斗力。

什么是领导干部执行力？领导干部执行力，就是贯彻执行党和国家方针政策、战略决策和工作部署，以及上级指示、决定、命令，从而实现预定目标和任务的能力。一句话，领导干部执行力就是将思想转化为行动、把理想变成现实、把计划变为成果的能力。

二、当前领导干部执行力存在的突出问题

1. 推诿扯皮的逃避执行。主要是一些干部借当前我国行政管理体制中存在问题和矛盾的机会以及自身的无理要求等借口，在执行命令和决策的过程中相互推诿扯皮，逃避执行。逃避执行的另一种表现形式就是表里不一，阳奉阴违的虚假执行。

2. 敷衍了事的被动执行。主要是一些干部上级决策部署和工作安排部署不以积极姿态对待，不采取有效措施抓落实，而是上级督促一下动一下，领导不催就懒得过问，不屑一顾，甚至是领导督促也不动。

3. 照搬照抄的机械执行。当前，照搬照抄照转会议和文件精神，已成为一些干部常用的工作方法。干部不是在深刻准确领会上级决策和安排部

署的基础上，结合具体工作实际创造性地开展工作，使决策部署有效落到实处，实现目标任务的完成，而是怕动脑筋，怕担责任，紧握教条，唯书唯上，以会议落实会议。

4. 事倍功半的盲目执行。主要是一些干部片面和部分地执行上级决策和命令。一些干部素质平庸，对上级精神和领导意图的领悟和理解能力差，习惯于一知半解就盲目行动，缺乏明是非、辨对错的能力，盲从上级领导而不管事情的好坏和对错，结果导致"好心办坏事"和"盲从上级领导干坏事"。

5. 讲谈条件的附加执行。当前，"讲条件"执行在一些干部身上较为普遍，其突出表现是干部在接受工作任务安排的过程中直接与领导和单位讨价还价，否则就拒不执行。

6. 张冠李戴的歪曲执行。主要是一些干部围绕利己目标，对上级决策部署和部门工作安排进行过滤，擅自改变任务实质，曲解其意，寻找"政策漏洞"，打"擦边球"，"断章取义、为我所用"，"挑肥拣瘦"选择对自己有利的执行。

7. 混淆黑白的错位执行。主要表现在一些干部错位、越位执行上。围绕利益目标，不该自己执行的，争着执行，该自己履行的职责和义务，则相互推诿扯皮，不执行、慢执行。

三、领导干部执行力存在问题的原因分析

结合当前领导干部执行力建设过程中存在的问题，分析其原因，主要有以下几个方面：

1. 执行力理念尚未普及。领导干部执行力理念的推广在近年来才得到重视和发展。由于领导干部执行力理念尚未普及，导致一些领导干部仍然存在旧的、落后的从政思想和观念，一些领导干部对于为谁工作，工作的任务和内容是什么，工作如何开展，工作由谁完成，工作绩效标准如何评估等基本概念不明确，最后影响了领导干部执行力的整体提高。

2. 领导干部管理体制的障碍。一是领导干部职能职责的缺失。也就是一些领导干部不知道应该干什么的问题。一些领导干部由于对自身职能的不明确，"越位、错位、不到位"的现象时有发生，与党委政府决策部署和领导安排背道而驰，影响了目标任务的完成，这必然会影响到领导干部执行力的整体提高。二是领导干部管理关系没有理顺。事业单位在基层往往作为政府下属部门站所出现，但主要的还是上级主管部门的"腿"，这些领

导干部的人事、福利、工资关系和考核等都由其主管部门直管，导致"管得住人的不用人，用人的管不住人"。这无疑不利于领导干部执行力的整体提高。

3. 领导干部素质没有适应发展的需要。当前一些领导干部的素质和能力还是与新形势、新条件下全面深入地进行改革开放的要求不相适应。有的领导干部是非观念淡薄，有的领导干部依法行政理念不强，作风不实，缺乏正确的权力观和政绩观。特别是随着形势任务的不断变化，一部分领导干部出现了"本领恐慌"、"能力恐慌"，在决策中出现重大失误，在执行中软弱无力，在监督上无所作为等，严重影响党委政府决策的贯彻落实，影响了领导干部形象。

4. 领导干部执行力制度不健全。主要体现在领导干部执行力制度建设上没能适应形势发展的需要。一是决策机制不健全。一些领导干部特别是领导干部对科学民主决策机制缺乏科学认识和落实。二是执行的督导、责任机制和激励爱护机制不健全。领导干部执行过程中存在的亟待健全和完善的相关制度、机制，严重地影响和制约了领导干部执行力建设。

四、提高领导干部执行力的思考

通过对领导干部执行力存在问题及其原因的分析，对症下药，我们可以从四个方面来对领导干部执行力建设进行思考，寻求对策。

1. 大力普及干部执行力理念。普及领导干部执行力理念，有两个层面：一个层面是对领导干部执行力概念的准确认识。另一个层面是要求领导干部必须有正确的从政观念。普及干部执行力理念，一是要采取多种形式加大宣传，形成良好氛围；二是要加强干部培训，使执行力理念入心入脑；三是领导干部要在提高执行力的学习和实践中带好头，率先垂范。

2. 进一步理顺干部管理体制。首先是各级干部要围绕政府职能，明确自身职能定位，紧紧围绕全心全意为人民服务的执政理念，在具体履行职责的过程中，采取有效措施着力抓好各项工作任务的落实，才不至于造成"越位、缺位、错位、不到位"的现象。其次就是要理顺各类干部的管理关系和渠道，特别是要理顺政府与一些垂直管理单位干部的人事关系。

3. 进一步提高干部素质和能力。打造高素质的队伍是提升执行力的重要基础。一是加强教育培训。要从工作实际需要出发，本着缺什么、补什么，积极开展和参加各种培训，不断提高每位干部职工的综合素质。二是要勤奋自学。要多挤出些时间，抽出些精力，多学基本理论，多学业务知识，多学各种新知识，不断提高自己的政治理论水平、政策水平、业务水平和处理实际问题的能力。三是要学以致用。要坚持边学习边思考，边思考边实践，把学习的体会和成果转化为谋划工作的思路和促进工作的举措。

4. 着力加强干部执行力制度建设。科学严谨的制度和运行规范的机制是提高执行力的保证。一是要健全严密的责任体系。抓住机构改革的契机，建立主体明确、责权对称、层级清晰、奖罚分明、衔接得当的岗位责任制，使每项工作任务、每个工作环节的责任都具体落实到人。二是建立严格的奖罚机制。坚持用科学发展观的标准来评价干部执行力，进一步完善公务员考核机制，重点考核工作实绩，切实让想干事的人有机会、能干事的人有平台、干成事的人有地位。三是要坚决落实责任追究制度。全面落实局领导班子成员、各处室负责人和各局属单位一把手负责制，对于各单位（各科室）存在的执行上级机关决策和部署不力、不认真履行职责，甚至不作为、乱作为等问题，采取诫勉谈话、责令限期整改、责令书面检查、责令公开道歉、通报批评、责令辞职、建议免职等方式予以问责，并视其情节作出相应党政纪处理。

（作者单位：中共常宁市委党校）

参政党的领导力建设

许奕锋

随着我国经济社会的变化与发展，经济政治体制的逐步改革与完善，各民主党派人士在我国的政治舞台越发能在一个较为和谐宽松的政治环境中做到"人尽其才，才尽其用"，一大批优秀的民主党派成员走上了领导岗位。如何提高领导力，做到"有位有为"，是摆在每一位民主党派领导干部面前的课题。民主党派要在新形势下体现其进步性，就需要主动运用和实践领导科学，掌握领导规律，在提升领导力的基础上，建设具备现代化素质的参政党。

一、切实遵循领导规律，不断凝聚领导合力

进行民主党派领导科学的研究与实践，主要是根据民主党派的性质、工作任务的实际、特点和要求，探索民主党派在领导工作方面各种因素之间内在的、必然联系的规律，以促进领导工作的制度化、科学化、民主化。

在实际工作中，民主党派领导干部的风格往往是各不相同，每个领导几乎都有自己的"领导个性"和独特的领导风格。但是，不管自己是哪种风格，担任了一定领导岗位的职务，都要与其领导环境相适应，与客观实际相结合，都要遵从领导科学的一般规律。领导科学理论认为，领导才能形成的领导力是一种合力，是领导者与组织及其成员相互凝聚迸发出的一种思想与行为的能力。领导者的真正价值不在于展示自己某种专业技能，而在于为被领导者提供裂变的基因，激发组织及成员的潜能，使组织及成员的才能发挥到极致。没有被领导组织和成员的参与和支持，民主党派履行职能、参政议政、民主监督、自身建设过程的领导活动是不能有效进行的。因此，民主党派领导干部应当设法对接组织成员的成熟度，使先进的思想、上级精神、具体的领导行为得到组织成员的充分理解，不仅是理性的服从，而且得到感性的认同。为了获得真正的领导力，民主党派领导干部要以积极的思维方式和独特的思维个性与被领导组织及其成员相互沟通，

从而达到心照不宣，并能把这种沟通沉淀到深层次的文化中。一旦真正达到文化层次的认同，才会激活组织及其成员的各种能量，才能干成大事成就大业，这也是民主党派领导干部首先要明确和着力培养的领导素质。

二、科学设置领导任务，努力提高领导成效

现代管理科学之父杜拉克指出："领导者的唯一定义是其后面有追随者。一些人是思想家，一些人是预言家，这些人都很重要，而且也很急需，但是，没有追随者，就不会有领导者。"古往今来卓越的领导者之所以能够成就领导事业，就在于以激励、动员和鼓舞下属为核心，围绕领导目标和领导任务并将之转化为现实成果。具体来说，在领导活动过程当中，领导者有三项根本任务，即：（一）设定目标、组织实施。"不谋全局者不足以谋一域，不谋万世者不足以谋一时"，民主党派领导干部要能以宽广的眼界胸怀全局，做到审时度势、与时俱进；以宏观的战略思维分析全局，做到顺势而动、因势利导；以"牵一发而动全身"的辩证思维谋划全局，做到瞻前顾后、统筹兼顾；以在大局下行动的党性修养服从全局，做到自觉为国建功、为民造福。能将国家、上级组织的大政方针、宏伟蓝图，结合本党派的实际制定目标，将上级精神具体化为当前、近期、中期以及远期的工作目标和工作计划，做到可操作性和可考核性，并把重点放在带领党派组织及党派成员实现目标和计划上。（二）扬长避短、选贤用能。毛泽东曾经说过："领导者的责任，归结起来，主要的是出主意、用干部两件事。"对于民主党派领导干部来说，如何在德才方面进行衡量，选准人，用好人，仍是一大难事。民主党派履行参政议政、民主监督等职能水平取决于自身建设的水平，而自身建设又取决于人才的开发和使用。民主党派不能简单地说没有选人用人的权力，其兴旺发展，关键还取决于人才的发现、培养和使用，关键还在于能否做到人尽其才、才尽其用，各展其长、各得其所。（三）健全制度、完善机制。管理需要通过制度来规范，而制度也需要在管理过程中不断加以健全与完善，这是两者相互促进、相互提高的辩证统一过程。民主党派领导干部要依靠制度实行领导，通过制度的有效运行，形成有效的运转机制。

三、严格明确领导职责，善于提升领导才能

作为民主党派领导干部，必须是会（党）务工作的决策者、指挥者、组织者及统一战线、多党合作的方针政策的执行者，必须具备渊博的知识、

高超的领导水平、卓越的创新能力。民主党派领导干部要真正获得和运用这种才能，可以从以下几个方面做起：（一）与时俱进、改革创新。民主党派领导干部，应能迅捷响应经济社会的各种变化，并充分发掘和运用被领导者的创造力。要善于从原有的思维定式中挣脱出来，敢于打破常规，标新立异，独树一帜，并能依靠集体智慧，千方百计激发组织和成员的创造力。（二）科学决策、善解问题。决策正确，成事之始；决策失误，败事之趋。决策正确与否事关重大。民主党派领导干部作为领导成员、团队一员，应该勇担责任，与班子团队共担风险。许多人的不成功，并不是因为他们缺少才干和机会，而是因为他们并没有全身心地投入去解决问题。民主党派领导干部更应该不惧怕纷繁复杂的各种问题，而应在解决各种问题中发挥才智，彰显自身的独特优势。事实表明，越是处理好艰巨、困难的事情，越能展示才干，越能获得成就，也就越能尽快得到组织的认可、党派成员的拥护。（三）团结协调、善于沟通。以原则为纽带增强团结协调，以民主集中制为基础维护团结协调，以健全民主生活为保障促进团结协调，是民主党派领导干部必须具备的素质和本领。在实际工作当中，民主党派领导干部要善于沟通。进行多方面的沟通，目的是获得助力，减少阻力，增加亲和力。要言而有信，不为一时之功利，空口许愿。要处事公平，加强团结。要帮助下属成长，主动为下属承担责任。（四）潜心钻研、学会自控。学习是民主党派领导干部履职的智慧源泉，学习力是履好职责的基本能力。民主党派领导干部应做到潜心学习，按照党中央对各级党委和领导干部提出的"五种能力"即科学判断形势的能力、驾驭市场经济的能力、应对复杂局面的能力、依法执政的能力、总揽全局的能力要求，认真扎实提高党派领导者素质和党派组织整体素质。作为民主党派领导干部，首先自己要是努力学习的实践者，认真学习现代科学文化知识，掌握现代的思维方式，同时还要不遗余力地抓好党派组织的学习，自觉塑造学习型领导和学习型组织的形象。

江泽民指出："每一个领导干部都应当认真学习领导科学。"新形势下民主党派的现代化建设，最迫切的任务是加强领导工作的建设，就是要从提高领导科学入手，促进领导工作的现代化。民主党派领导干部要在领导实践中，努力使自己成为领导方面的专家与行家，为建设中国特色社会主义伟大事业作出贡献。

（作者单位：湖南省社会主义学院）

增强领导者的非权力性影响力

雷金桂

目前，一些领导干部对与职权与生俱来的带有强制性的权力性影响力大都格外关注，而对与人品才识等自身素质紧密相连的自然性的非权力性影响力则往往重视不够，使之不断弱化，这很值得我们警觉与研讨。

一、增强提高领导者非权力性影响力的紧迫感

1. 增强领导者非权力性影响力是追随国际潮流的大势所趋。非权力性影响力是赢得执政地位的阶梯。当今世界，政党执政、干部掌权，无一例外地离不开民众的选举认可、支持拥戴，而民众在投票中的选择，看重的不是领导者的职位与权力，而是领导者的品德与才能。非权力性影响力是领导口碑好坏的标杆。"千奖万奖不如老百姓的夸奖，金杯银杯不如老百姓的口碑"，政治人物、领导干部是流芳百世，还是遗臭万年主要取决于他的非权力性影响。非权力性影响力是知识经济的呼唤。在知识经济时代，其主体是知识型员工，知识型员工的能力和素质普遍提高，他们与领导者、管理者的角色身份随时可能互换，他们对权力的崇拜日渐减弱，而对人品才识的敬重将日益增强。

2. 增强领导者的非权力性影响力是构建和谐社会的目标所需。和谐社会需要和谐领导，和谐领导推进和谐社会。目前我国社会总体上是和谐的稳定的，但仍存在着不和谐不稳定的因素，前进中面临的困难和问题还有不少，要求领导者必须积极开拓进取、有所作为。良法良策的制定与实施，需要超常的政治智慧与专业知识；社会矛盾的化解与调处，需要高超的领导方法和艺术；改革开放的攻坚与克难，需要顽强的意志和毅力；社会公平正义的维护与伸张，需要优秀的品德与职业良知。这些都需要领导干部强大的非权力性影响力。

3. 增强领导者的非权力性影响力是提高领导绩效的任务所求。影响领导绩效大小的决定性因素是非权力性影响力，正如列宁所说："保持领导不

是靠权力，而是靠诚信、毅力、丰富的经验、多方面的作为以及卓越的才能。"要求领导不仅要有"权"，而且更要有"威"。权力的威信令人畏，使人不敢违，能力的威信令人服，使人不能违，品德的威信令人敬，使人不愿违，情感的威信令人亲，使人不好违。一个可敬可亲亦可畏的领导者，工作起来定会呼风唤雨、一帆风顺、业绩非凡、效率倍增。

4. 增强领导者非权力性影响力是优化领导者素质的现实所迫。当前有些领导者非权力影响力逐渐弱化，突出表现在作风上存在着五种病症："权力霸王症"。大搞顺我者昌，逆我者亡，强权行政，铁腕统治。"为民冷漠症"。对群众管卡压赢的意识太浓，疏导理让的意识不足，凡事与群众要斗个输赢。热官冷民，主仆易位。"本领恐慌症"。专业不是一流，本领不是超群，长期甘当外行，终身只能以官为业，应对复杂局面束手无策，能力几近于零。"知识贫乏症"。一问三不知，充当马大哈，新思路、新技术、新知识几乎全无，文盲、法盲、科盲三者兼备。"作风飘浮症"。懒散风、飘浮风、庸俗风、奢华风、游玩风、逐利风，无风不染，有虚劲、无实功，为出政绩，坑蒙拐骗，无计不施。全面优化领导者的素质，必须切实增强领导者的非权力性影响力。

二、增强领导者非权力性影响力的有效途径

1. 加强党性修养，提高德的品位。首先，要树立"以民为本"的权力观。时刻铭记：在权力的所有观上，来自于人民、属于人民；在权力的目的观上，执政为民、服务人民；在权力的获得观上，服从人民的选择、组织的安排。正确对待职务上的升迁去留，当头不当霸、得意不忘形。其次，要廉洁自律作表率。一要"慎独"。拒腐防变贵在"慎"：薄礼面前慎微，不以恶小而为之；盛情面前慎软，不被盛情所难却；喜好面前慎馋，不让爱好成鱼饵；隐贿面前慎独，不畏人知畏己知。二要警惕精神贿赂。精神贿赂已成为温柔的陷阱，要随时提防：高雅艺术，撞上你的腰；著书立说，不用你操劳；新闻捧场，抬你上九霄；娱乐消费，全投你的好；投怀送抱，迷你乐逍遥。

2. 努力学习实践，增长知识才能。现全球信息总量每五年就翻一番，知识折旧率不断提高。在这样的形势下，可供选择的生存策略无疑首先是学习。一要重视学习。建设学习型社会、学习型政府、学习型政党、学习型单位，要求领导者必须首先成为学习型领导，把学习当成一种工作责任、精神追求与生活方式。二要善于学习。学习观念应更新，从单一的学校学

习走向终身学习；学习方式应变革，从"学会"转向"会学"；学习手段应创新，学会利用现代信息和传播技术进行学习，把上网用网作为继读书、看报、听广播、看电视之后的第五个习惯。三要提高领导能力。领导干部应具备筹划和决断能力、组织指挥能力、人际交往能力、灵活应变能力、改革创新能力。做到讲话不念稿子，报告不靠秘书，交流不打官腔，遇事能拿点子，救急不出乱子，处惊不变路子。

3. 密切联系群众，搞好人际关系。有研究显示：一个人的成功20%靠他的专业技术与创造，80%靠他的人际关系。一个高关系团体的平均生产率是一般群体的3倍。足见人际关系在领导工作中的重要性。一要把干群关系作为最大的人际关系。天大地大，不如人民最大，没有一长独大，只有群众最大。应"做官先做人，万事民为先"。二要诚恳待人。应用真心换真情，努力当好"三长"，具有兄长的爱心、师长的水平和首长的威信。做到以身正人，以诚感人，以德动人，以才服人，以规律人。三要公正处事。应在大家关注的"大事"和敏感的"小事"上做到公开公平公正。领导只有不计文化高低、家庭贫富、门第好坏、有无关系等差异，才会得到群众普遍的尊重和支持。四要注意工作关系的协调。对上级尊重不盲从，对同级配合加支持，对下级关心又帮助。要珍惜共事缘分，培养绿色感情，坚持等距离交往。

4. 讲究领导艺术，塑造人格魅力。一要刚柔相济用权力。力求做到：软权力与硬权力搭配使用。应硬中有软，软中有硬，以硬助软，以软促硬，硬软互补，搭配使用。应当多用软权力少用硬权力，先用软权力后用硬权力。因为人不可鞭打驱使，只能以被领导者的接受认同程度为转移，干任何事情都得让大家心悦诚服、志愿随从。二要全面塑造人格魅力。毛泽东的豪放、朱德的质朴、周恩来的儒雅、彭德怀的坦荡、陈毅的洒脱、邓小平的坚毅，即使在他们与世长辞多年之后仍栩栩如生，令人魂牵梦萦。这些领袖人物的人格魅力是我们学习的典范。领导者在人格魅力的塑造方面，应力求具备"五力"，即：信仰坚定、矢志不移的坚毅力，品行高洁、才学逸群的吸引力，沉着果断、潇洒自如的感召力，宽以待人、严于律己的亲和力，举止得体、言谈机智的感染力。

5. 改进工作作风，着力真抓实干。一要着眼民生，解决"三最"。针对影响社会和谐的突出矛盾，以解决人民群众最关心、最直接、最现实的利益问题为重点。发展经济，致富一方；维护稳定，安定一方；珍惜民力，减负一方；反腐倡廉，清廉一方。二要作风踏实。汇报工作要如实，布置工作要务实，开展工作要扎实，定了的事情要落实，说一句算一句，句句兑现，办一件成一件，件件落实。三要大力倡导"一线工作法"。坚持"领导在一线指挥，干部在一线工作，问题在一线解决，责任在一线担当，业绩在一线创造"。四要处理好"三个关系"。一是"说"与"做"的关系。应把做放在第一位，少说多做，不搞"轰动效应"。二是"点"与"面"的关系。应点面结合，以点带面，而不重点轻面，抓点忘面。三是"虚"与"实"的关系。应虚实兼顾，以实为先，少干"显山露水"、"表面风光"的事，多干打基础管长远、群众受益的事。以经得起实践证明、历史检验、群众公认的政绩充分展示领导者的非权力性影响力。

（作者单位：中共常宁市委党校）

改进领导作风　促进科学发展

朱水平

　　领导干部作风是党风的重要体现，是党的自身建设的重要内容，是促进经济社会科学发展的保障。当前，面临新一轮改革开放，加快经济发展方式转变的重大机遇，我们必须深刻认识和不断改进领导作风，进一步优化领导干部队伍，为推动党的事业科学发展提供坚强保证。

一、领导干部作风好坏决定事业成败

　　党的作风体现党的宗旨，关系人心向背。各级领导干部是党和国家的骨干力量，其作风好坏，直接决定着党和人民事业发展的兴衰成败。

　　1. 改进领导干部作风是推动科学发展的重要保证。领导干部是贯彻落实科学发展观的关键和核心。全面贯彻落实科学发展观，推动经济社会科学发展，不仅取决于领导干部能力和素质的高低，更取决于领导干部作风的优劣。胡锦涛同志强调："领导干部作风问题不解决，科学发展就很难落到实处。"有的领导干部学习不扎实，思想因循守旧，作风不务实际，在工作中往往只顾眼前、急功近利、好大喜功、盲目蛮干，既不能推动工作正常开展，更谈不上把握机遇、应对挑战，落实科学发展。只有教育和引导各级领导干部牢固树立科学发展理念，运用科学发展方法，落实科学发展要求，才能不断提高科学发展的质量和水平。

　　2. 改进领导干部作风是促进社会和谐的主导力量。党风正则干群和，干群和则社会稳。实现社会和谐，一个重要前提是政通人和，有良好的党风政风和干群关系。毛泽东同志指出："只要我们党的作风完全正派了，全国人民就会跟我们学。党外有不良风气的人，只要他们是善良的，就会跟我们学，改正他们的错误，这样就会影响全民族。"领导干部是党的事业的领导核心，其良好作风是凝聚党心民心的力量源泉，是促进社会和谐的重要因素。如果领导干部始终坚持"讲党性、重品行、作表率"，时时处处保持党的优良作风，以身作则，模范带头，干部群众就会紧密团结在党的周

围，形成构建和谐社会的强大力量。相反，如果领导干部自身作风不好，必然会损害党的形象，进而影响党群干群关系，有的甚至激化社会矛盾，破坏和谐风气，甚至动摇党的执政根基。

3. 改进领导干部作风是建设旅游精品的必然要求。建设世界旅游精品是张家界当前和今后一个时期的重大战略目标。这是一个全局性战略性的目标，不仅要求旅游六要素成为精品，而且城市建设、基础设施、工农产业、现代服务业和文化社会事业的建设都具有世界一流水平。建设世界旅游精品也是一项前无古人的伟大事业，至今没有完整的标准体系可作参照借鉴。我们一方面要优先推进旅游业提质升级，加速推进新型城市化，扎实推进新农村建设，大力推进现代服务业繁荣，全面推进社会事业发展；另一方面要进一步解放思想，克服因循守旧、故步自封的陈旧观念，大力弘扬艰苦奋斗的优良传统，厉行节约、勤俭办事，反对奢侈浪费、贪图享受，有效防范和惩治腐败，营造风清气正的良好环境。

二、领导干部作风现状分析

总体来看，各级领导干部作风状况是好的，大多能聚精会神搞建设，一心一意谋发展，但个别领导干部仍然存在一些突出问题，主要表现在：

1. 思想上的个人主义。有的领导干部理想信念不够坚定，党性观念不强，不注重自身的党性修养，思想觉悟退化，缺乏组织观念和大局意识。有的事业心责任感不够强，比待遇多、比奉献少，比职务多、比业绩少，比享受多、比工作少。有的思想解放不够彻底，因循守旧，故步自封，创新意识不强，满足于现有成绩，不求上进，不思发展。

2. 学习上的自由主义。有的领导干部"不愿学"，成天陷于文山会海，忙于迎来送往，学习兴趣淡化，没有把学习作为一种生活方式和工作需要，学习自觉性不够强。有的领导干部"不真学"，满足于一知半解、浅尝辄止，导致政策理论水平不高，处理复杂问题能力不强。有的领导干部"不会学"，只唯上，只唯书，不唯下，照抄照搬上级和书本上的经验做法，不坚持理论联系实际、学以致用，导致工作效果不理想。

3. 工作上的形式主义。有的领导干部不务实，缺乏实事求是的精神，不讲真话，不讲实话，调查研究走马观花，不作深入系统的调查，热衷于搞形式主义和政绩工程，不去想办法解决实际问题。有的领导干部不作为，满足于当"传声筒"、做"中转站"，习惯以会议落实会议、以文件落实文件，工作中讲得多做得少、部署多检查少。有的领导干部不争先，保守僵化、安于现状、不思进取，缺乏争创一流业绩的能力和本领，工作没有突出的特色和实效。

4. 方法上的主观主义。有的领导干部工作服务宗旨淡化，工作推诿扯皮，遇到问题踢皮球，遇到矛盾绕道走。有的领导干部不尊重群众的首创精神，缺乏谦虚谨慎的态度，骄傲专横、我行我素、自以为是，把自己的意志强加于人。有的领导干部不关心干部群众，对干部群众的困难、愿望和意见，不询问，不调查，不解决。

5. 生活上的享乐主义。有的领导干部受腐朽思想文化和不良生活方式的影响，热衷于讲排场、比阔气，用公款赌博、大吃大喝及进行高消费娱乐、健身、旅游等活动。少数领导干部思想道德滑坡，经不住"权力、金钱、美色、利益"的诱惑，以权谋私、腐化堕落。有的领导干部利用手中职权大搞裙带关系，为自家谋利益，严重地影响了工作开展，损害了党和政府在群众中的威信。

三、改进领导干部作风的路径选择

改进领导干部作风，既要深化思想教育，更要加强制度和监督。

1. 深化思想教育是改进领导干部作风的关键环节。思想是行动的先导。改进领导干部作风，解决思想观念问题是关键。一是界定内容范畴。坚持把党的宗旨教育、社会主义核心价值体系教育、科学发展观教育、党纪法规教育、廉洁从政教育、权力观教育纳入作风建设思想教育范畴，大力继承发扬党的光荣传统，确保领导干部理想信念的坚定性、道德品质的纯洁性和实际行动的自觉性。二是改进方式方法。充分发挥党委中心组、党校、党员远程教育、廉政教育基地等的作用，完善领导带头学、干部集中学、专家辅导学、个人自主学、活动促进学"五学并举"的学习形式，完善以考学、述学、评学、奖学为主要内容的激励约束机制，拓宽学习渠道，创新学习方法，为领导干部加强思想教育创造条件。三是强化教育实效。认真组织开展主题教育活动，全面贯彻执行思想教育制度，加强对领导干部理论学习的督促检查，使各级领导干部牢固树立科学的世界观、人生观、价值观和正确的权力观、地位观、利益观，牢记党的宗旨，不断增强政治意识、责任意识、大局意识，真正做到权为民所用、情为民所系、利为民所谋。

2. 健全制度机制是改进领导干部作风的根本保障。制度建设最具根本性和稳定性。改进领导干部作风是一个长期的动态过程，必须有科学完善的制度作保障。一是健全作风管理制度。着力建立健全领导干部作风建设范围内的理论学习、调查研究、联系群众、党内监督、民主集中制等制度，努力实现作风建设规范化、程序化、制度化和法制化。领导干部要增强制度意识，既要重定制度，更要重守制度，防止制度形同虚设，保证制度真正落实到位。二是健全作风考评制度。把领导干部作风建设情况纳入绩效考评的目标范畴，科学量化领导干部作风考核指标，建立领导干部作风建设情况述职、民主评议、组织鉴定等制度。把组织考核和群众评价结合起来，通过行风评议、廉政网站、行政效能监察、经济发展环境投诉等，全面了解掌握领导干部作风状况，并将考评情况作为干部选拔任用和职务调整任免的重要依据。三是健全责任追究制度。建立健全有关工作责任制度和追究办法，严格追究程序，对领导干部行政过错，不作为、不履职，有令不行、有禁不止的行为作风进行责任追究，落实纪律要求。

3. 构建监督网络是改进领导干部作风的必要手段。领导干部作风具有一定的隐蔽性，只有加强全方位监督，才能有效防止不良作风肆意泛滥、久治不愈。一是实现组织监督规范化。各级党委要科学整合组织监督资源，拓宽监督渠道，把党内监督和人大监督、政府专门机关监督、司法监督等统一协调起来，提升整体监督合力。纪检监察机关要认真履行组织协调和监督检查职责，加大对领导干部的作风监督，通过谈话提醒、专项治理和严肃查处等办法有效解决领导干部作风方面存在的突出问题，彻底铲除滋生不良作风的土壤和温床。二是确保群众监督经常化。领导干部作风好不好，群众最有发言权。定期开展干部作风评议活动，通过召开征求意见会、聘请群众监督员、开展问卷调查、发放征求意见卡、完善群众来信来访制度等，畅通群众参与作风监督的渠道，完善社情民意反馈网络，使群众监督成为一种常态。三是推进监督信息公开化。有效的网络监督是领导干部作风监督的重要补充。要合理引导广大网民利用网络媒体技术，有章有序的加强对领导干部的监管，帮助他们追求积极向上的生活情趣，在"生活圈"、"交际圈"、"娱乐圈"中提高自律能力，以"讲党性、重品行、作表率"模范行为赢得群众的信赖和社会的尊重。

（作者单位：中共张家界市委）

转变经济发展方式
必须切实改进领导干部作风

李胜利

　　领导干部作风是指领导干部较稳定的精神风貌和外在行为的表现特征，主要包括学风、思想作风、领导作风、工作作风和生活作风等。领导干部作为党和国家的骨干力量，其作风如何，关系着整个社会的创造力、凝聚力和战斗力。因此，转变经济发展方式，首要的是必须切实改进领导干部作风。

一、切实改进领导干部作风是转变经济发展方式的前提条件

　　经济发展方式作为发展经济的总体路径选择和主要措施实施，从表层意义上看，是一个属于经济发展范畴的问题，似与领导干部的作风无甚多关系。但深入思考，我们则不难发现经济发展方式转变的前提条件之一是领导干部作风的转变。例如，领导干部作风中最首要和最重要的作风，即是领导干部的思想作风。我们党历来要求领导干部应具有的思想作风一以贯之，就是要实事求是，而不是要哗众取宠。以这样的思想作风来看我们湖南经济发展的实际，我们就不难发现，我们湖南经济发展的一个重要"瓶颈"制约就是能源短缺。资料显示，湖南是一个能源先天不足的省份，经济发展的两大"血液"——油和气均为零，主要消费能源——煤炭的情形也不容乐观，人均可采储量只有全国平均水平的28.8%，人均持有量不足全国平均水平的1/6。在目前经济增长主要依靠工业，特别是高能耗的重工业的拉动，服务业比重较低，经济结构不合理的大背景下，经济发展对资源和能源的依赖非常明显。由于资源、能源消耗的持续增长，近年来湖南能源供应经常出现供给偏紧，电力、煤炭等频频拉响了红色警报，未来的瓶颈制约更大。所以，节能减排，转变经济发展方式刻不容缓，这就是湖南经济发展最大的实际。正是基于这一最大实际，我们才必须坚定不移地、更加自觉地加快转变我省经济发展的方式。而做到这一点的前提条件，无疑就是我们的领导干部必须具有实事求是的思想作风。

二、切实改进领导干部作风是转变经济发展方式的内在机制

改进领导干部作风与转变经济发展方式紧密相连。这种紧密相连，并非是两个事物之间的紧密相连，而是同一事物内部各个有机组成部分之间的内在相互制衡与相互制约的紧密联系。因为经济发展方式的转变绝不能仅仅理解为是经济发展的方式的转变，对领导干部而言，其最重要的实质，首先是指导经济发展的思想和领导经济发展的方式方法的转变，内在的要求就是领导作风的转变。如果我们将经济发展方式转变比喻为一台精密复杂的机器，那么领导干部作风就是这台机器正常运转的润滑剂。这又是因为，在转变经济发展方式的全过程中，我们需要求真务实的科学态度，我们需要真抓实干的拼搏精神，我们还需要凝聚民心民力的榜样力量。而要做到这一切，我们领导干部的思想作风就必须实事求是、理论联系实际；工作作风就必须从群众来，到群众中去；领导作风就必须既民主又集中；生活作风就必须健康正派，情趣健康。转变经济发展方式必须提高科学领导能力，而科学的领导能力来源于优良的领导干部作风。领导干部只有做到勤于学习、勇于探索、民主决策、联系群众、艰苦奋斗、率先垂范，科学的领导能力才能得到有效提高，经济发展方式的转变才能真正落到实处。

三、切实改进领导干部作风是转变经济发展方式的实践要求

转变经济发展方式是一项庞大的系统工程，涉及经济、政治、文化和社会诸多方面，因而它决不是简单的口号、文件或方案，而是需要广大人民群众齐心协力共同参与的伟大实践。在当前新形势下，加快经济发展方式转变已刻不容缓，这既是适应国内经济发展形势的必然选择，也是满足人民群众新的物质和精神期待的必然要求。对此，省委、省政府明确要求，要以"五个新突破"加快经济发展方式的转变，即要在经济结构调整，构建现代产业体系，提高自主创新能力，节能减排和改革创新体制机制五个方面实施新突破，以发展方式的转变推进"两型社会"建设，推进经济社会又好又快发展。显然，转变经济发展方式这一伟大的实践，须臾离不开领导干部坚持一切从实际出发，实事求是，把工作力度和科学态度紧密结合起来，以真抓实干的优良作风来保证。如果领导干部的作风问题解决不好，转变经济发展方式就很难落到实处。在以往实际工作中经常出现的一些不顾实情，违背规律，只看眼前，不顾长远，好大喜功，脱离实际等与转变经济发展方式格格不入的弊端，都是由于背离了党的优良传统和作风

所导致的。因此，改进领导干部作风，对转变经济发展方式起着至关重要的作用，只有坚持不懈地教育引导领导干部切实改进作风，才能顺应转变经济发展方式伟大实践的要求。

四、切实改进领导干部作风是转变经济发展方式的领导保障

党的"十七大"明确提出，"加快经济发展方式转变是关系国民经济全局紧迫而重大的战略任务"。胡锦涛总书记在省部级主要领导干部专题研讨班上又进一步强调要"毫不动摇地加快经济发展方式的转变"。显然，加快经济发展方式转变，是党中央审时度势作出的重大决策，也是中国现代化航船破浪前进的战略抉择。目前，我们湖南省正处在发展的"跑道"上，加快经济发展和加快转变经济发展方式的任务都十分繁重。我们要加快经济结构由不合理、不协调向合理、协调发展转变，经济增长由外延扩张向内涵提升转变；资源利用由粗放向节约集约转变；城乡发展二元结构向一体化发展转变，努力实现优化发展，创新发展、绿色发展，人本发展。可以说，处在"跑道"上的湖南肩负着负重爬坡，后发赶超，促进"两型"社会建设的重任。同时，也显现出自己新的阶段性特征：发展已经进入快车道，基础却仍然薄弱，人均水平仍然偏低，处于工业化和城镇化中期，各方面建设发展的任务都很繁重。在这种情况下，领导干部的作风是否优良关系十分重大。因为领导干部作为引领社会前进的标杆或旗帜，是转变经济发展方式方针政策的制定者和执行者，是党对全社会经济发展方式转变实施领导的具体组织者和指挥者。所以，领导干部只有大兴密切联系群众之风，大兴理论联系实际之风，大兴批评与自我批评之风，大兴艰苦奋斗之风，切实改进领导干部作风，才能带领广大人民群众群策群力，为实现经济发展方式转变提供坚实领导保障。

（作者单位：中共湘潭市委党校）

加强领导干部作风建设
促进地方经济发展方式转变

罗爱凤

衡量领导干部作风是否优良，最根本是看能否用科学理论武装头脑、指导实践、推动工作。加快经济发展方式转变，是深入贯彻落实科学发展观的重要目标和战略举措，是摆在广大干部面前最重要最紧迫的任务。

一、用转变的思想观念，提升经济发展方式转变的自觉性

转变经济发展方式，实质上是生产方式和思维方式的深刻变革。加快经济发展方式转变，必须观念先行、思想先转、思维先变，不断破除制约科学发展、阻碍经济发展方式转变的陈旧观念、思维定式和行为习惯。应该认识到，转变经济发展方式刻不容缓，迟转、慢转都会在新一轮发展中丧失主动权。特别是对于吉首市这样集"老、少、边、穷、山"于一体的西部欠发达地区来说，转得快早得益，转得好多得益。目前，吉首市面临的主要问题仍然是发展不够的问题，主要体现在思想观念的解放不够。因此，全市各级领导干部要从富民强市、发展吉首经济和维护社会政治稳定大局的高度，充分认识经济发展方式转变的重大意义。要以科学发展观为指导，准确判断吉首市发展面临的形势，科学谋划经济社会发展的宏伟蓝图；放眼长远，顾全大局，确保经济社会的可持续发展。引导广大群众树立"市场经济观念"、"全局观念"。必须从现在做起，切实把加快经济发展方式转变作为经济工作的核心和主题。坚持以吉首市委、市政府提出的"六化"（城市品牌化，工业优势化，农业产业化，旅游精品化，社会和谐化，管理科学化）为旗帜来统领领导干部的思想和行动，不断强化服务意识，让服务、发展实实在在地成为领导干部的自觉行动。像吉首市马颈坳镇团结村，从 2006 年开始，调整农业产业结构，形成了如今的"低坡椪柑，高坡金银花"的产业结构。2010 年，全村共种植 800 余亩金银花，覆盖全村 6 个村民小组 300 余户农户，形成了新的产业。2009 年全村金银花种植户年产金银花干花二十多万公斤，创收两百多万元。其中张孝全一户

种金银花 25 亩（其中 15 亩达盛产期），年产金银花干花 2500 公斤，年纯收入一十三万余元。这不仅起到了农民增收的作用，而且起到了推进现代农业发展的作用。因此，要转变思想观念，提升经济发展方式转变的自觉性。

二、用务实的工作作风，推进经济发展方式转变的主动性

领导干部要树立勇于担当的责任感、时不我待的紧迫感和干事创业的使命感，以艰苦奋斗、求真务实、开拓进取、无私奉献的优良作风保证转变经济发展方式的落实。要全程跟踪服务企业发展，坚决杜绝利用权力为部门或小团体创收的行为，积极为企业创造良好的经济发展环境。真正做到在"加快"上见实效。

一是促转变，强创新。促转变是核心，强创新是手段，上水平是目的。在调整经济结构的同时，积极寻求新的增长动力和发展空间，从新上项目入手落实转变的要求，为经济发展上水平奠定基础。把强创新作为根本动力。把产业发展放在全州产业体系中进行布局和谋划，依托现有基础，立足创新技改；加大对企业自主创新的支持奖励力度，完善企业与科研院所的产业技术创新联盟，吉首要重点抓好万马公司"富氧焙烧"、大庭矿业"超微细球形活性锌粉"、汇锋矿业"A 型钒铁合金"等一批高新技术项目的实施，推动形成一批具有核心竞争力的产业集群。要以"阳光政务中心"为突破口，发挥"三位一体""三级联动"的网络服务机制，大力落实服务承诺制、政务财务公开制、首问负责制、限期答复制、一次办成制等服务制度，增强工作透明度，进一步规范行政行为，促进依法行政，把政府的职能真正转到宏观调控、市场监管、社会管理和公共事务上来。

二是保增长，打基础。要以求实的作风，依据群众最关心、最直接、最现实的要求，制定出发展规划。把好事办好、实事办实。保增长，就是坚持加快发展，扎实开展"企业服务年"活动，加强项目建设调度和要素供给，在提高经济发展的质量和效益的前提下不断强化企业内部管理，挖潜增效，确保企业满负荷生产。发挥财政引导资金的作用，搭建银企合作平台，引导企业充分运用市场手段激活民间资本，推动有条件的企业上市融资，帮助企业解决融资难题。积极为企业开拓市场牵线搭桥，通过组织展会、开展经济协作等方式，帮助推介企业和产品，稳住传统市场，开拓新兴市场，培育未来市场，助推企业走出低谷、渡过难关、高产增效。我们不仅要积极做好保增长这个"加法"，还要坚决做好淘汰高能耗、高污染、低产出、低质量、低效益这个"减法"，只有这样，加快经济发展方式

转变才有坚实的基础。打基础，就是全方位夯实基础，为加快经济发展方式转变创造条件。各个阶层、各个方面群众的愿望和要求不同，需要解决的问题也有所不同。我们既要注意大多数群众普遍关心的共性问题，使大多数群众得到实惠；更要注重解决困难群体的特殊问题，切实保障他们的基本生活。既要着眼于人民群众的长远利益，集中力量办大事，从根本上改善人民群众的生产生活条件；又要立足当前，从人民群众的迫切需要做起，切实解决他们的眼前困难。

三是调结构，求突破。调整结构，是加快经济发展方式转变的战略重点。领导干部必须要以良好的精神状态，真正做到"为官一任，造福一方"。吉首要对接国家、省产业调整和振兴规划，强化工业经济引领作用，着力扶持发展基础好、市场前景广阔、行业带动作用强的优势产业做大做强，加快推动工业集中、集约、集群化发展。深入推进"鱼园"、"醋城"、"药谷"、"锌区"、"新材料园"建设，引导企业调整组织结构、技术结构和产品结构，提高产品的科技含量和附加值，打造多点支撑、多元发展、多极扩张新格局，推动结构优化；必须优化农业农村经济发展格局，加快农业产业化发展步伐；改造提升传统服务业，加快发展现代服务业；加快调整城乡结构，积极稳妥推进城镇化。各级领导干部要广泛开展调查研究，听实音，察实情，根据吉首市发展的规律，举实策，出实效，坚决不搞形象工程、政绩工程，做一件成一件，努力创造出经得实践和群众检验的政绩。求突破，就是努力提高经济发展的质量和效益。当前，特别应积极推动节能减排，着力实现低碳发展，努力实现经济效益与社会效益、生态效益的统一。各级领导干部要把心思和精力放在抓落实上，快抓快干，速战速决。用务实的工作作风，营造良好的投资环境，推进经济发展方式的转变。

三、用廉洁的生活作风，提高经济发展方式转变的能动性

加强反腐倡廉建设，用廉洁文化激浊扬清，用廉洁生活方式敦风化俗，引导广大干部清白做人、干净做事，守住廉洁底线、注意生活小节，自觉接受监督、认真履行"一岗双责"。用廉洁的生活作风，提高经济发展方式转变的能动性。

领导干部取财要敬。"君子爱财，取之有道"，管住自己的心，不起贪欲之念；管住自己的口，不该吃的不吃；管住自己的手，不贪意外之财；管住自己的脚，不该去的地方不去。只要把"内功"练好，做一个明明白

白的人、堂堂正正的人，就会产生一种巨大的人格魅力，去感染周围的人，去感染干部和群众。

领导干部交友要慎。领导干部必须谨防交友不慎，把握好交友原则和分寸。坚持择善而交，注意净化自己的社交圈，对那些怀着个人目的搞拉拉扯扯的人要保持高度警觉，更不能贪图享乐"傍大款"。

领导干部赌博要禁。赌博玩物丧志，影响家庭。干部队伍参与赌博，严重带坏了社会风气，是当前要解决的一个突出问题。

领导干部治家要俭。生于忧患，死于安乐。"青蛙效应"就是一个很好的例证。应艰苦奋斗，勤俭节约。不要摆阔气，讲排场，铺张浪费。

吉首市要以抓生活作风为基准点，促进领导干部廉洁自律、艰苦奋斗。越是在经济发展迅速、生活条件改善的情况下，越应提倡勤俭节约、艰苦奋斗的作风。要通过加强教育、完善制度、强化监督、严厉惩治，来不断促进领导干部廉政勤政。用好转的生活作风，赢得民心、赢得经济发展的好环境，提高经济发展方式转变的能动性。

（作者单位：中共吉首市委党校）

廉洁从政与加快经济发展方式转变的思考

柳彦芳

当前，我国正处在保持经济平稳较快增长和调整经济结构的关键时期，认真做好反腐败工作，促进领导干部廉洁从政，对于加快转变经济发展方式无疑会有积极的意义。

一、加快经济发展方式转变是客观要求

加快经济发展方式转变，是贯彻落实科学发展观的重要体现，是促进经济又好又快发展的必然要求，是深化行政管理体制改革的重要契机，对于我国全面建设小康社会、加快推进现代化进程都有重大的意义。

1. 贯彻落实科学发展观的重要体现

科学发展观是中国特色社会主义理论体系的重要组成部分，是我们的各项事业取得成功的重要保证，是当前和今后一个时期我们都必须要坚持的党的指导思想。2010 年 2 月 3 日，在"省部级主要领导干部深入贯彻落实科学发展观加快经济发展方式转变专题研讨班"开班式的讲话中，中共中央总书记胡锦涛同志强调指出："我们必须紧紧抓住机遇，承担起历史使命，把加快经济发展方式转变作为深入贯彻落实科学发展观的重要目标和战略举措，毫不动摇地加快经济发展方式转变，不断提高经济发展质量和效益，不断提高我国经济的国际竞争力和抗风险能力，使我国发展质量越来越高、发展空间越来越大、发展道路越走越宽。"加快转变经济发展方式是党的"十七大"提出的重大战略任务，认真做好这项工作是深入学习实践科学发展观的重要体现。

2. 促进经济又好又快发展的必然要求

新中国成立 60 年来，特别是改革开放三十多年来，在党中央的正确领导下我国的经济建设取得了举世瞩目的巨大成就，2010 年我国国内生产总值跃居世界第二位。然而，在经济发展的过程中，也出现了发展水平不高、环境污染严重、产能过剩等很多不足。这些问题已成为阻碍我国工业经济

发展的顽疾，如不抓紧解决，必然会加剧产业结构不合理的矛盾，影响国民经济持续、健康、快速发展。加快经济发展方式转变是适应全球需求结构重大变化、增强我国经济抵御国际市场风险能力的必然要求，是提高经济可持续发展能力的必然要求，是在后国际金融危机时期国际竞争中抢占制高点、争创新优势的必然要求，是实现国民收入分配合理化、促进社会和谐稳定的必然要求，是实现全面建设小康社会奋斗目标新要求、满足人民群众过上更好生活新期待的必然要求。

3. 深化行政管理体制改革的重要契机

加快经济发展方式转变是我国经济领域的一场深刻变革，关系改革开放和社会主义现代化建设全局，必须通过坚定不移的深化改革来推动。这要求我们务必要坚持社会主义市场经济的改革方向，不断提高决策的科学性、增强改革措施的协调性，加快推进经济体制、政治体制、行政管理体制、文化体制、社会体制以及其他各方面体制的改革。努力在重要领域和关键环节实现改革的新突破，着力构建充满活力、富有效率、更加开放、有利于科学发展的体制机制，形成有利于加快经济发展方式转变的制度安排，调动各方面积极性，推动全国上下齐心协力加快经济发展方式转变，推动经济发展方式转变不断取得扎扎实实的成效。

二、廉洁从政是加快经济发展方式转变的助推器

加快转变经济发展方式是我党在将来一个时期工作的重点，我们要做好这项工作，必须要坚持党中央的正确领导，不断增强大局意识，继续坚持解放思想、实事求是、与时俱进、开拓创新，充分发挥各级领导干部的作用。必须看到，在党中央的正确领导下，各级领导干部在各自的工作岗位上兢兢业业的工作，为我国的政治、经济、社会及文化事业的建设做出了重要的贡献。特别是近年来，各条战线上大量涌现出包括郑培民、牛玉儒、王瑛等一大批优秀的党员领导干部，他们在自己的工作岗位上默默无闻地奉献着自己的青春和力量，为国家的现代化建设做出了卓越的贡献。但是，同时我们也要看到，在我国当前的政治、管理、经济体制转轨过程中，由于旧体制已打破而新体制尚未健全，从而使得我国的权力监督体系还不完善、权力监督还不到位、加之少数领导干部放松了个人修养和约束，领导干部队伍中腐败消极现象仍然比较严重。特别是近年来，腐败活动向一些关键领域、社会领域扩散，高中级领导干部违纪违法现象日趋严重，一些腐败分子集政治蜕变、经济腐败、生活腐化于一体，案件类型多样化，

作案手段日趋复杂，呈现隐蔽化、智能化的特点。这些腐败分子是人民的公敌，他们为谋取一己私利不惜损害国家和人民的利益，他们的腐败行为严重败坏了党在群众心目中的光辉形象、极大地损害了党的威信，给国家和人民的事业造成了巨大的损失。

当前，我国正处在社会大转型的过程中，要想保证国家现代化建设的各项事业顺利发展，要想真正做好经济结构调整和加快经济发展方式转变的工作，当务之急是要认清反腐败形势的严峻性，努力建立健全惩治腐败和预防腐败体系，进一步推进反腐倡廉和廉政建设，将领导干部廉洁从政作为促进经济发展方式转变的助推器。

（作者系湖南省委党校 湖南行政学院行政管理专业硕士研究生）

领导干部之德性与幸福的关联

何良安

德性是一种使人成为人、并获得优秀成果的道德品质。对于领导干部来说，德才兼备，德是放在前面的。德是做官的本分。政者，正也。有德无才是庸才，有才无德是歪才。

幸福则是人生的目的，也是领导干部的人生追求。一个人要对自己的生存负责，只有这样才是自己在生活，否则就只是生或活，而不是生活。生活需要幸福，就像鸟儿需要天空，鱼儿需要大海。所以，柏拉图说："追问一个人为什么向往幸福是毫无必要的，因为向往幸福是最终的答案。"人的选择是在何种幸福上的选择，而不是在要不要幸福上的选择。2002 年度诺贝尔文学奖获得者匈牙利作家伊姆雷·凯尔泰斯说："幸福是一种义务。我们活在世间，就是为了幸福。"

对于领导干部来说，厘清德性与幸福的关联，是一个至关重要的课题。

第一，德性是幸福的必要条件。

人类社会中的每一个人都不是在孤立的状态之中追求自身的幸福，他的幸福基本上都是在别人的帮助和配合下才能获得。能不能得到社会与他人的赞许与合作，对于任何人来说都是利害攸关的，而要得到社会与他人的赞许，就必须具有社会所赞许的属性呈现在社会或他人面前。因此可以说，道德是人确证自己、实现自我的途径和方式，德性在一定条件下成为他在社会或他人面前的通行证，成为他取得权益的重要条件。孟子说："夫仁，天下之尊爵也，人之安宅也；莫之御而不仁，是不智也。"（《孟子·告子下》）西方也有把道德的原始含义解释为"空间"、"居留地"的。韩非子还精彩解释过老子的"祸兮福之所倚"："人有祸则心畏恐，心畏恐则行端直，行端直则思虑熟，思虑熟则得事理。行端直则无祸害，无祸害则尽天年；得事理则必成功。尽天年则全而寿，必成功则富与贵。全寿富贵谓之福，而福本于有祸，故曰祸兮福之所倚，以成其功也。"在祸与福之间的中介是德性和德行。反之有福之人如果骄傲、邪僻，失去德行，则出现

"福兮祸之所伏"的局面。由福而祸的中介则是失去德行。

事实上，人的聪明程度差距并不大，差就差在道德品质上。有的人总以为自己尖，想方设法套弄、挖空心思钻营，时间长了，总会被人识破。有的人是实实在在地与人相处，与人为善，别人都愿接近他，得到的也多。所以，老子说："德，智也，大德者，大智也。"用《红楼梦》里的一句话说，就是"傻做尖时尖亦傻，尖为傻时傻为尖"，大尖就是大傻，大傻就是大尖。

第二，一切现实的、外在的要素都要与德性相连，方能确定其对幸福的意义。

幸福依赖一定的物质基础，幸福需要身体的健康、财富等外在要素。很多东西，如财富、权力、名誉、地位等是人们所追求的，都是带来幸福的东西，亚里士多德说，"没有那些外在的手段就不可能或很难做高尚的事情。"但它们本身不是幸福。不管是饭饱酒足、衣食无忧所得到物质上的满足，还是因为事业有成、家庭美满得到精神上的满足，都只为达到一种身心的和谐。也就是说，在财富与幸福之间中间有过渡和中介，财富权力可能带来幸福，也可能带来不幸。如果缺乏必要的道德范导，就会导致感性欲望的片面追求、感性的放纵，连基本的物质生活也无福享受。"是故君子先慎乎德。有德此有人，有人此有土，有土此有财，有财此有用。德者本也，财者末也。"（《大学·第十章》）康德也说："恰当地说，道德并不是如何使我们获得幸福的学说，而是如何使我们配享幸福的学说。"

而且，如果我们把幸福仅仅理解为富足、权力和快乐，那影响幸福的因素太多了，超出了人的意志和能力控制范围。财富、金钱、权势等身外之物不像德性那样始终与人同在，它们并不能无条件地为人所拥有。用庄子话说，就是这些条件是"有待"（《庄子·齐物论》）的。德性对于人的幸福来说则是"无待"（《庄子·知北游》）的，可以随时随地发挥作用。以身外之物为幸福的人，一旦与这些身外之物相分离，他的幸福也就丧失殆尽。

第三，德性自身是幸福生活的固有内容，在此，德与福是一种等同关系。

孔子说"君子道者三，我无能焉：仁者不忧，知者不惑，勇者不惧。"也就是说，德性本身具有自我实现的幸福意义。这有常人生活经验的印证——"君子坦荡荡，小人长戚戚"：一个有德性的人，往往具有坦荡、宽容的胸怀和平静、淡泊的心态，得意不会忘形，失意也不会沉沦；在人际生活中，总是怀有与人为善、成人之美的善意，不会因他人的成功而有嫉妒、失落，也无算计、损害他人的阴暗心理，其心灵始终保持一种坦荡、舒展之乐。卑鄙、阴险、自私、邪恶的人往往因斤斤计较、患得患失而导致精神上的不安与痛苦，总是过着一种欠缺的生活，内在的快乐、精神的安宁、生活的美感与价值感与他们无缘。正因为如此，才有孔颜之乐的根据，历史上那些恪守道德、宁可玉碎不为瓦全的人格的动力正在于此。

也有现代医学的"科学"证明：善良的品性、淡泊的心境是健康的重要保证，良好的心理状态，能促进人体分泌更多有益的激素、酶类、乙酰胆碱等，这些物质能把血液的流量、神经细胞的兴奋调节到最佳状态，从而增强机体的抗病能力，促进人们的健康长寿。相反，对于贪赃枉法者来说，常常心累如斯：担心东窗事发，看到电视上贪官受审的镜头血压升高，听到警笛声响心惊肉跳，面对山珍海味没有食欲，身卧高级席梦思床辗转反侧，终日里就像塞着一颗定时炸弹，而且还不能向人倾诉，只能哑巴吃黄连。心贪不能心安，生活亦已失真义。

第四，德性在一定条件下能赢得他人的同情或对他人的感染。

每当有德性者遭受痛苦与不幸时，他们的德性品质往往具有感人的力量，这种力量在一定的条件下足以改变不幸者的命运。古罗历史学家西塞罗在他的历史著作中曾讲过一个故事。据说达蒙与皮西厄斯二人是毕达哥拉斯的信徒。锡拉库扎的国王狄奥尼西奥斯认为皮西厄斯有叛国罪而决定将之处死。在执行死刑前他问皮西厄斯有什么要求，皮西厄斯要求回家与妻儿道别，并把家里安排一下。在国王认为他可能有去无回而不答应时，皮西厄斯的好朋友达蒙挺身而出，他愿意代替皮西厄斯留在锡拉库扎，并答应如果皮西厄斯不按时回来就替他受死。就在国王因为皮西厄斯迟迟不回而下令处死达蒙的危急关头，皮西厄斯伤痕累累、喘着气回来了，原来他的船在风暴中沉没，路上又遇到了土匪。尽管有此曲折，他还是及时地赶回来准备引颈就戮。面对此人此德，国王狄奥尼西奥斯惊愕万分，深受感动，他不但宣布取消判决，而且还要求其"教我如何才能拥有这种珍贵的友谊"。这是德性展示其力量的生动写照。

对于领导者来说，现在的行政管理工作已经从权力影响时代和能力影响时代，进入到了魅力影响时代。权力对被领导者的利益构成影响，无利益相关性，就很难影响下属。至于能力，上级不一定比下级强，甚至可能谁都不服谁。而领导者的人格魅力是非权力因素，则可以对被领导者的思想、情感构成无形的重大影响，与前两者相比，后者是主动的、内动的、高层次的。因此，魅力官员首要的追求是德义昭卓，把内在的善良、温和、淡定、和谐延伸到做人处事、为官理政的各个方面。官越大，能力、情商都已不是问题，对德性要求就越高。所以有人说，高层干部看胸怀，中层干部看德性，基层干部看才能。一个人对道德的态度，决定其发展的高度。

最后，德性是消除不幸与厄运影响的良药。

灾难、疾病等在生活中难以避免，生活存在，它们就存在，排除恶与不幸，也就排除了生活本身。因此，一个被称作"幸福"的生活状态不可能缺少"好运气/幸运"。这与我们的生活经验是相符的，当我们说"我是幸福的"时候，我们总会觉得自己是运气不错的。其实，在汉语表达中，"幸福＝幸＋福"已经揭示了这一点。《说文解字》说："幸，吉而免凶也。"因此，幸福或不幸福与机遇幸运相关。但是，外在际遇，只要不是太大而具毁灭性，不会减损人的真正幸福。而且，明智的人在机遇命运面前不应该消极被动，而应该以人的合乎理性和品德的现实活动尽一切可能将事情做好，正如孔子说的"尽人事"。面对生活中一些不幸的常情，德性可以降低痛苦或激发人的能动性，即使不能使得我们彻底避免灾难，至少能够使得我们勇敢而有效地面对。

幸福就意味着一个人能够勇敢而明智地应对"痛苦并快乐"的人生，在其中丰富自己的阅历与思想，健全自己的能力与人格。一个有德性和实践智慧的人将以高尚、恰当的方式接受运气的变故，去体味和面对人生的荒诞与无常。而经历、穿越了这种体味就有可能卓越地成就自身，真正地"是"一个人，书写一个"大写"的"人"。故孟子说："故天将降大任于斯人也，必先苦其心志，劳其筋骨，饿其体肤，空乏其身，行拂乱其所为，所以动心忍性，增益其所不能。"马克思就把"我在汉诺威尔的拘留看做生命的荒漠上最美丽最愉快的绿洲"。考验－痛苦－启示－进步，再考验－再痛苦－再启示－再进步，这就是心灵史，这就是生活的意义，这就是幸福。

反过来说，也恰恰是因为同艰险和挫折的一次次遭遇，我们才能有机会去展现自己的德性品质和生命力量。若一个人从未经历过痛苦和挫折，那他所过的也就不是"人"而是神的生活，他当然也就无法理解，那些痛苦和挫折的对立面为什么会如此值得和向往。不经历风雨怎么见彩虹，不经历恐惧的威胁，一个人就无所谓"勇敢"；不面对肉欲的引诱，一个人就根本没有发挥"节制"美德的机会。因此，英雄不是没有欲望，只是不做欲望的奴隶；强者不是没有压力，只是善于化解压力；男人不是没有哭泣，而是有泪不轻弹；勇士不是没有眼泪，而是含着泪还在奔跑。

当然，德性与幸福也有冲突。德性只是幸福的必要条件而非充分条件，幸福与德行之间并不完全一致。美国女伦理学家在《善的脆弱性》一书中指出，在人类的生活中，有许多因素是人的理性、德性和能力所不能把握和控制的。孔夫子被围陈蔡之间七天，饮食皆无。孔子的解释是"时"不好，而"君子博学多谋，不遇时者多矣。"由于许多主观和客观的原因，德与福之间的必然联系加进了许多偶然性，常常出现断裂，形成幸福与德行的矛盾，有德不一定有福。在人类历史上我们的确看到，善良的人可能遭受某种苦难，像苏格拉底那样的好人，却被自己城邦的公民判处死刑，司马迁仗义坦言，却被宫刑羞辱。他们所遭受的苦难实在是与他们的精神的高贵和道德价值不相称。古代历史也充斥着君子斗不过小人的故事，这一方面是历史和社会条件的限制，也可能是缺德者利用对方的德性而使对方的幸福不能实现，使自己一方的幸福得以实现。

但是，从总体上看，德福是一致的，德福一致是人类生活的常态。德国伦理学家包尔生针对人们对德福矛盾的困惑与震惊时说："这些现象吸引人如此多的注意、引起如此的义愤的事实看来正好说明：这些现象不是常规，而是例外。""如果这些事件不是违背事物的本性，它是不会引起这样的激动。"

而且德福一致于人类生活意义重大，如果道义不与功利关联，有德不与有福匹配，好心不与好报对称，其结果自然是德性得不到幸福的鼓励，幸福得不到德性的支撑。没有幸福鼓励的德性，有如得不到雨露的花朵，必然凋败；没有德性支撑的幸福，有如断了根的大树，岂能繁茂？从社会秩序的角度看，如果没有德福一致，就会出现严重的道德失范、社会危机。从个体角度而言，在这种社会中过道德的生活就是一种无意义的牺牲，或者如罗尔斯所说的只充当牧师的角色。这样的道德生活即便有某种合理性，也是极不人道的。

因此，实现德性与幸福都同比例的增长，是古今中外政治家、也是当代领导干部们的神圣使命，这实质上就是一个如何通过制度伦理建设鼓励德性、补偿德行的问题。

（作者单位：中共湖南省委党校 湖南行政学院）

第四篇 改进方法

以人才勃兴促永州经济发展方式转变

文锦菊

一、人才勃兴是实现经济发展方式转变的决定性因素

加快转变经济发展方式的关键在科技，归根到底在人才。

1. 人才资源是实现经济发展方式转变的第一要素。世界银行专家认为，在国民财富新标准中，世界上人才资本、土地资本和货币资本三者在财富中的构成约为 64∶20∶16，人才资本的作用远大于土地资本和货币资本之和。可见，人才资源作为先进生产力，作为一种最具活力、最有潜力、最可依靠的战略资源，已经成为当今世界所有资源中的第一资源，成为支撑经济社会发展的第一要素。永州作为欠发达地区，当前及今后要促进经济增长由主要依靠增加物质资源消耗向主要依靠科技进步、劳动者素质提高、管理创新转变，就必须在新一轮的人才争夺战中，首先树立"人才资源是实现经济发展方式转变的第一要素"的观念。

2. 人才开发是实现经济发展方式转变的第一动力。在知识经济时代，人才的创造性劳动对创造价值具有决定性作用。人才发展与经济发展有着高度的正相关性。有专项研究表明，改革开放以来，我国经济增长对人才总量增长的弹性系数为 1.28，即人才总量每增长 1%，就会拉动经济增长1.28%。从人才投入与物质投入的效益对比看，我国全社会教育经费投入每增长 1%，可以拉动经济增长 0.98%，而全社会固定资产投资每增长 1%，只能拉动经济增长 0.44%。可见，人才开发对经济增长的拉动作用远大于物质资源的投入拉动作用。后金融危机时代，永州面临的环境制约不断加剧，长期形成的主要依靠物质投入的传统经济发展方式与资源环境的矛盾日益突出。在这种情况下，依赖较高投资率实现经济增长的外延型扩张模式将难以为继。扎实有效地推进人才兴市战略是永州实现发展方式转变的第一动力来源。

3. 人才机制是实现经济发展方式转变的第一支撑。转变经济发展方式

要求我们育好才、引好才、聚好才和用好才，而人才的活力取决于科学的人才机制。人才机制是造就人才、吸纳人才、充分发挥人才能量的先决条件。在加快促进经济发展方式转变的大势之下，人才的竞争非常激烈。永州作为地处中部基础比较薄弱的地区来说，除受到全国范围内人才竞争加剧的影响外，更受到区域内人才争夺的直接影响和冲击，永州的人才建设面临新的挑战。只有遵循人才发展规律，以激发人才创造力为核心，优化资源配置，完善政策，创新机制，才能赢得发展的主动权。用事业凝聚人才，用实践造就人才，用机制激励人才，用法制保障人才，是加快永州经济发展方式转变的第一支撑条件。

二、人才问题已经成为制约永州发展方式转变的瓶颈

近几年来，市委市政府高度重视人才队伍建设，为全面实施人才兴市战略和转变发展方式实现又好又快发展提供了有力的保障。但与转变经济发展方式的要求相比，永州人才在规模、质量、结构、机制、环境等方面仍然存在较严重的制约性问题。

1. 规模不适应。人力资源丰富而人才资源相对缺乏，是永州当前人才资源状况的基本特征，也是困扰永州实现经济发展方式转变的突出矛盾之一。截至2008年底，我市地域内各类人才总量为200116人，人才总量仅占全市人口总量的3.5%，占全省人才总量的6.4%，高层次人才占人才总数的比例仅为2.3%，相当于2000年全国的平均水平。

2. 质量不适应。永州人才资源不仅总量不足，而且质量偏低。初步统计，全市人才队伍中，目前大学本科只占全市人才总量的10.3%，研究生仅占0.1%，而中专及以下学历占到58.7%。专业技术人才队伍中，副高人数只占2.16%，占全省副高人数不到3%；正高人数只占0.055%，占全省正高人数不到2%。每万人占有专业技术人员比例数远低于全省的平均比例。由于人才质量的局限，导致我市科技人员原始创新能力不足，近5年来的专利技术申请量、高新技术实现产值等指标，均排位于全省十四个市州的10名之后。

3. 结构不适应。主要表现为一是机关事业单位人才多，经济一线人才少，50%以上的专业技术人才集中在教育、卫生系统，而农业、工程、科研等行列的人才严重短缺。二是初级人才多，高层次人才少，目前全市各类人才中，初级人才占64%，而高级人才只占2.3%。三是传统产业人才多，高新产业人才少，传统产业人才占全部人才的70%左右。四是公有制单位

人才多，非公有制经济中人才少，非公有制经济占全市经济已达60%左右，但全市非公有制经济中的人才不到8%。还存在高级职称人才年龄偏大等问题。

4. 机制不适应。一是人才流动不畅。不少单位"人才单位所有"的思想根深蒂固，客观上妨碍了人才的合理流动，造成一定程度人才浪费。二是受编制和人才管理体制的限制，不少职能部门没有人才调配权，不利于部门人才积极性的调动和合理使用人才。三是引进人才的合理政策难以兑现，如事业单位高薪聘请专业人才，存在编制、工资、职称等政策体制方面的限制。四是在人才使用上仍存在论资排辈、求全责备和任人唯亲的现象。

5. 环境不适应。《永州市"十一五"人才发展规划》实施以来，我市人才发展的综合环境得到了整体优化，但环境建设任重道远，一方面所谓人才环境本身就是一个动态的概念，构成环境的各种因素始终处在变化之中，环境建设不断面临新的挑战、新的问题。另一方面，我市在人才环境建设方面确实还存在许多亟待解决的问题，比如，如何针对产业结构调整推进继续教育，如何在保护知识产权的前提下建立知识产权公共服务平台，如何拓宽创业融资渠道，如何促进人才中介服务机构发展，如何提高高层次人才激励保障水平，等等，是永州目前实现经济发展方式转变面临的艰巨而复杂的任务。

三、实施人才优先发展战略为转变发展方式提供人才支撑

1. 在人才资源优先开发上下工夫。就是把人才资源开发置于物质资源、环境资源、资金资源、土地资源及其他方面资源开发的优先地位，充分发挥教育在人才培养中的"母机"作用。今后一个时期，要突出发展高等教育，支持建设好湖南科技学院，力争向综合性院校提升；重点发展职业技术教育，努力建设好永州职业技术学院，使之成为高素质职业人才的教育培养基地；规划建设好永州技师学院，立足培养专业技师与高级技术工人。通过大力发展各级各类教育，把我市当前的人口压力转化为人才资源优势。要重点加强人才资源的能力建设，不断创新人才培养模式，把创新精神和创新能力培养作为人才能力建设的重中之重。

2. 在人才结构优先调整上下工夫。经济发展方式转变需要大量的高层次、创新型、新兴产业、复合型的人才。要把人才结构的调整置于更加突出的位置，及早谋划和率先调整人才的专业素质结构、人才的层级结构和

人才的分布结构等，以人才结构的优先调整引领产业结构的优化升级，主动适应加快转变经济发展方式的多元人才需要。

3. 在人才资本优先积累上下工夫。就是要牢固树立人才投资是效益最大、效益最好的投资观念，确保各级政府在财力、物力、人力等各种投入中对人才投入的广度、力度和超前度，真正从制度政策层面把人才投入作为经济建设总投入的重要组成部分，做到人才经费优先筹措、人才投入优先安排、人才支出优先保证。同时，要建立健全政府、社会、用人单位和个人等多元化的人才培养投入机制，建立健全与经济社会发展相匹配的人才投入动态增长机制，不断加大对人才发展的投入，实现人才资源向人才资本的转化。

4. 在人才机制优先创新上下工夫。要深入贯彻《2010—2020 年深化干部人事制度改革规划纲要》，围绕省委省政府给永州先行先试的政策，坚定不移地推进各项干部人事制度改革。要求是把人才制度优先设计于深化改革和推进经济社会发展的各项制度设计中，构建起科学、开放、灵活、高效的人才培养、发展、使用的新体制新机制，以最大限度地调动和激发各类人才的创新活力与创造智慧。

5. 在人才环境优先优化上下工夫。要增强永州全社会特别是各级党政干部的优化人才环境意识，转变思想观念，形成有利于人才脱颖而出的政策环境，积极构建尊重、保护、使用人才的社会风尚，营造良好的社会环境；要充分利用新闻媒体大力宣传优化人才环境的重要意义，营造良好的舆论环境；要关心爱护人才，认真帮助他们解决实际生活和工作的具体困难，营造良好的工作和生活环境；要推进人才管理工作科学化、制度化、规范化，形成有利于永州人才发展的法制环境。

6. 在经济型人才优先引培上下工夫。促进永州经济发展方式转变，需要各方面的人才，当务之急是要着力培养、引进和开发经济型人才。一是抓紧培养现代农业发展人才；二是大力发掘战略性新兴产业人才；三是着力开发改造传统产业人才；四是加快引进适应经济结构调整人才；五是加强培养自主创新人才；六是努力开发引进国际化人才。

（作者单位：中共永州市委党校）

适应经济发展方式转变
领导工作方式要增强"四性"

石树林

经济发展方式和领导工作方式，从广义的角度讲，分别属于经济基础和上层建筑范畴。经济发展方式决定领导工作方式，领导工作方式要服从和服务于经济发展方式。适应经济发展方式转变要求，领导工作方式必须增强前瞻性、系统性、务实性和民本性。

一、转变经济发展方式要求领导工作方式增强前瞻性

1. 及时把握发展动态

领导工作的重要职责之一，就是要掌握动态，把握全局，运筹帷幄，稳步推进。转变经济发展方式不是孤立进行的，它是面对国内外挑战的必然选择。从国际上来看，目前以金融危机为标志，世界经济环境正在发生深刻变化，全球范围内的新一轮经济调整已经开始。许多国家都在为"后危机时代"的经济发展作准备，纷纷提出以发展新兴产业为重点的新的发展战略。各级领导干部应当进一步增强信息意识，及时掌握全球经济发展的新态势，顺应潮流，乘势而上；及时把握世界市场发展的新变化，以变应变，掌握主动；及时掌握各国经济发展的新动向，取长补短，共同发展；及时发现国内经济发展方式转变的新经验，加强宣传，典型引路；及时掌握各地转变经济发展方式中出现的新问题，未雨绸缪，防患未然，以确保经济发展方式转变的顺利进行。

2. 认真研究转变难点

如何加快我国经济发展方式的转变是一个全新的课题。各级领导干部应当进一步创新思维模式，注重理性思维，认真研究思考经济发展方式转变过程中一些带全局性的关键问题，从理论和实践的结合上作出科学回答，更好地指导实际工作，进一步增强预见性，把握规律性，坚持科学性。最近，中央对国际金融危机以后，我国面临的经济发展形势作出了三个重要判断，并提出：必须把保持经济平稳较快发展作为经济工作的首要任务；

必须坚持对外开放的基本国策；必须努力从国际国内两方面为我国经济长远发展营造良好的条件。我们应当根据中央的总体判断，进一步细化研究各地区各部门在经济发展方式转变过程中遇到的实际问题。比如，我国如何有效扩大国内消费需求，改变经济增长对外部需求的过度依赖？如何提升制造业的技术支持和人力资源，改变经济增长对传统工业规模扩展的过度依赖？如何加快培育以自主创新和人力资源为基础的新竞争优势，改变经济增长对低成本资源和要素高强度投入的过度依赖？如何加快社会建设和改善民生，改变社会发展严重滞后于经济发展的局面？等等。

3. 加强培养推进力量

转变经济发展方式需要有支强有力的干部队伍来推动。目前，对于加快经济发展方式转变，在我们干部队伍中，特别是一部分领导干部中还思想准备不足。主要表现在：一是思想上的"不想转"，二是行动上的"不敢转"，三是能力上的"不会转"。如何加强各级领导干部的教育培训是当前一项刻不容缓的工作。各地区、各单位领导都应当十分重视干部培训工作，充分发挥党校、行政学院和干部学院的主阵地作用，积极做好加快转变经济发展方式的骨干培训工作。一方面，要帮助广大干部群众特别是领导干部进一步开拓思维，解放思想，更新观念，推进改革。尤其是对加快转变经济发展方式过程中出现的新情况、新问题，要冷静对待，大胆探索，学会用改革的方法解决改革中出现的问题，用发展的方式解决发展中出现的问题，用转变的方法解决转变中出现的问题。另一方面，要帮助广大干部群众特别是各级领导干部进一步适应形势，提高能力，处变不惊，从容应对。要适应组织实施经济发展方式转变的需要，进一步提高把握形势、抢抓机遇的敏锐能力，提高攻坚克难、多方协调的驾驭能力，提高令行禁止、落到实处的执行能力，提高应对突发、处事果断的应变能力。

二、转变经济发展方式要求领导工作方式增强系统性

1. 在系统中谋划全面转变

同转变经济增长方式的含义相比，转变经济发展方式的内涵更为深刻、宽泛和全面，不仅包括经济增长方式从粗放型向集约型的转变，强调经济效益的提高，而且更加注重经济结构的调整和优化；不仅重视经济的发展，还要实现人与自然、人与社会、人与环境的和谐发展，体现我们党和国家经济发展理念的新变化、经济发展道路的新拓展以及对于国际环境认识的新提升。过去，在这个问题上，一些领导干部往往采用的是一种形而上学

的片面发展方式，把以经济建设为中心等同于以 GDP 为中心，把发展是硬道理理解为 GDP 是硬道理，把工作目标管理考核简化为经济指标完成情况的排队，片面追求 GDP 增长的数量与速度，忽视了经济建设与政治建设、文化建设、社会建设和生态建设的同步发展，因而在实践中走出了一条高投入、高消耗、高污染、低效益的经济增长路子，结果使资源加速枯竭、环境急剧恶化，各种社会问题大量出现，严重影响和制约了经济社会的全面协调可持续发展。各级领导干部应当学会全面思维，掌握系统方法，把转变经济发展方式同经济结构的调整结合起来，同推进政治体制改革结合起来，同发展文化事业结合起来，同改善民生、加强社会建设结合起来，同保护环境、实现人与自然和谐结合起来。

2. 在系统中促进协调转变

转变经济发展方式是经济发展方法、手段和目标的整体转变，涉及社会经济生活的各个方面，只有妥善协调处理好这些关系，才能促进经济发展方式的整体转变和全面提升。各级领导干部应当学会用联系的方法而不是孤立的方法思考和处理问题，统筹兼顾，协调各方，理顺转变经济发展方式过程中的各方面关系。要协调好国内和国外的关系，既要坚持扩大开放，加大出口，更要注意挖掘国内市场潜力，进一步扩大内需；既要重视新型城市化建设，又要加快社会主义新农村建设，逐步实现城乡一体化；既要重视加快经济发展的速度，又要注重经济质量的提高，实现又好又快发展；既要注重把蛋糕做大，又要尽量把蛋糕切好，让全体人民共享改革与发展的成果。

3. 在系统中保持持续转变

转变经济发展方式是一项十分长期的任务，它直接关系到我国经济的长远发展。必须把它放到历史发展的长河中去观察和思考，不仅要立足当前，更要着眼长远，用发展的观点去指导经济发展方式的转变，保证社会经济持续稳步发展。各级领导干部应当学会系统思维，着眼未来，瞻前顾后，统筹兼顾。要从单纯依靠廉价劳动力向主要依靠科学技术、劳动力素质提高、管理创新和制度创新等带动持续发展转变。要从经济发展严重依赖资源和破坏环境向以节约资源、保护环境为前提的可持续发展转变，实现资源节约型和环境友好型发展。

三、转变经济发展方式要求领导工作方式增强务实性

1. 坚持上下结合，找准结合点

在实施加快经济发展方式转变过程中，一个十分重要的问题，就是要把中央精神同本地区、本部门和本单位的实际结合起来，做好结合文章。党和政府对加快经济发展方式的转变高度重视，对加快经济发展方式转变的工作任务作了全面部署，为我们加快经济发展方式转变指明了前进方向。但是，中央的精神是就全国而言的，具有普遍指导意义，而各地情况千差万别，在贯彻落实中央精神时，既不能绕道走、"闯红灯"，又不能照搬照抄、生搬硬套。必须认真领会中央关于加快经济发展方式转变的精神实质，弄清本地的实际情况，认真加以研究，找准结合点，形成具有本地特色的转变经济发展方式的新思路。

2. 做到轻重有度，实施重点突破

加快经济发展方式转变，既要规划引导，全面推开，又要突出重点，攻坚克难。中央对加快经济发展的方式提出了八个方面的重点任务，但在这八个方面中，调整经济结构又是加快经济发展方式转变的重中之重。在每一个方面中又有其重点。比如扩大内需就是调整经济结构的重要任务。各地的情况不同，都应有自己的工作重点。各级领导干部应当坚持统筹兼顾，全面安排，既要照顾全面，又要突出重点。对于工作重点要抓住不放，一抓到底，动员各方，形成合力，大刀阔斧，稳步推进。就当前转变经济发展方式来说，要紧紧抓住推动消费、扩大内需这个首要任务，要紧紧抓住统筹城乡、协调发展这个有力抓手，要紧紧抓住培育战略型新型产业、推动经济增长、扩大就业这个重要引擎，要紧紧抓住增强自主创新能力、大力发展科学技术这个制高点，要牢牢抓住改革分配、改善民生这个重要动力。

3. 实行软硬兼施，用好国际金融危机客观上形成的倒逼机制

加快经济发展方式转变不是我们主观想象出来的，而是国际金融危机逼出来的。世界都在转变，如果我们不变，就会在激烈的竞争中垮下去。面对这种急迫的重要任务，各级领导干部应当实行软硬兼施，坚持科学领导。软就是加强宣传引导，做好思想政治工作，激发人们投身加快转变经济发展方式的激情，增强主动性，紧迫感，责任感，紧紧抓住机遇，承担起历史使命，扎实工作，推动转变。硬就是要利用好国际金融危机客观形成的倒逼机制，建立一套适应加快经济发展方式转变所需要的体制机制，建立一套符合加快经济发展方式转变所必需的政策法规体系，建立一套有利于促进加快经济发展方式转变的政府绩效评估考核体系。

四、转变经济发展方式要求领导工作方式增强民本性

1. 从提高经济效益入手改善民生

改善民生在很大程度上有赖于经济效益的提高，而经济效益的提高又迫切要求加快经济发展方式的转变。转变经济发展方式，就是要推进经济又好又快发展，取得良好的经济社会效益。只有这样，才能积聚实力，改善民生。较长时期以来，我国民生之所以改善缓慢，一个直接的原因就是经济发展方式不优，经济效益不够理想。各级领导干部应当以提高经济效益为牛鼻子，更加重视质量提高、结构优化、节约环保、自主创新，实现我国经济发展效益的最大化，为改善民生提供坚实的物质基础。

2. 从调整分配结构入手改善民生

当前，加快转变经济发展方式一项重要的内容就是要进一步启动内需，扩大居民消费。各级领导干部应当把深化收入分配制度改革作为主攻方向，理顺分配关系，调整分配结构，完善分配制度。要着力培育中等收入阶层，变低收入者多、中等收入者少、高收入者更少的不合理格局，为高收入者和低收入者"两头小"、中间收入者"中间大"的合理格局。要改变城乡二元结构，加大对农业的财政投入，扶持农业生产发展，增加农民收入，减少农村人口，加快城乡一体化建设。同时，要建立公开合理的收入分配政策法规的决策机制，改变决策模式和决策程序不讲公开合理的状况，打破垄断，完善税制，惩治腐败，努力改善民生。

3. 从扩大公共消费入手改善民生

扩大公共消费既是改善民生的重要内容，也是加快经济发展方式转变的根本要求。各级领导干部应当另辟新径，多管齐下，从扩大公共消费入手转变方式，改善民生。要优先发展教育，解决好上学难、上学贵的问题，真正做到有教无类，学有所教；要改善政策环境，广辟就业门路，鼓励自主创业，重视职能培训，千方百计扩大就业；要建立和完善基本医疗保健制度，做到城乡一体，广泛覆盖，优质服务，病有所医；要构建新型住房保障制度，下大力气抑制房地产市场混乱现象，健全廉租房制度，加快经济适用房建设，使老百姓住有所居。特别是要加快建立覆盖城乡的社会保障体系，优化公共安全服务。

（作者单位：中共岳阳市委党校）

以领导方式转变促发展方式转变

李　伟

加快经济发展方式转变，是中央的重大战略部署，是推动科学发展、加快富民强省、构建和谐湖南关键之举，也是长株潭"两型社会"建设的重要着力点。从根本上实现经济发展方式转变，要靠思想教育和舆论引导，靠深化改革和制度创新来推动，更要以领导方式转变来促进。只有这样才能真正在"加快转变"上动真格、见成效。

一、转观念

转变经济发展方式，实质上是生产方式和领导方式的深刻变革。加快经济发展方式转变，必须认识先行，观念先转，坚持转变中谋发展，在发展中促转变。要在加快发展中转变。强调转变发展方式，并不是不要发展速度，而且要在提高发展质量和效益的前提下，保持经济平稳较快发展，在新的起点上推动新发展。无论是从全省还是"长株潭"的情况来看，实现经济平稳较快发展，是当前最大的大局、最硬的道理、最紧迫的任务。要加大技术改造，用新材料、新技术、新工艺、新装备改造提升传统产业，使传统产业在创新中向科技含量转变、向品牌效益转变、向外需市场转变，转得快早得益，转得好多得益。要大力发展科技含量高、资源消耗低、环境污染少、带动能力强的新产业，形成新的增长点。加快推动工业集中、集约、集群化发展，加快发展现代服务业，着力实现低碳发展、绿色发展、节能发展。

二、转思路

加快转变经济发展方式，要运用马克思主义唯物辩证法的立场、观点和方法，强化系统思维，克服本位思路，坚持以大思路促进大转变，以大转变推动大发展。处理好大与小的关系，着眼协调转。局部服从整体、县域服从省域、地方服从中央，这是转方式中必须坚持的重要原则。不能强调转方式，就不讲整体布局；不能着眼调结构，就盲目上项目。要把转方式放到全局中去布局，把调结构放到整体去考虑，才能促进经济转型的有效实现，才能为全省、全国经济整体发展战略作贡献。处理好远与近的关系，立足持续转。转方式既是一件"紧迫事"，更是一场"持久战"。地方领导者的任期有限，在任期内追求"有所作为"是无可置疑的。但是，这种"有所作为"不能建立在短期行为的基础上。要立足长远，高起点定位，高水平谋事，统筹考虑当前及各阶段的总体思路、目标任务、工作重点以及保障措施等，形成完整系统的发展思路，扎实有序推进经济发展方式的转变，保持一个地方经济社会的可持续发展。

三、转重心

转重心，就是抓主要矛盾。转方式必须转重心，从方式层面讲，就是抓"两型"；从区域层面讲，就是抓城市；从竞争层面讲，就是抓创新。坚持"两型"引领。"长株潭""两型社会"建设，是推进"长株潭"乃至全省经济发展方式转变的契机。要以高度的责任感和使命感，立足新目标，抢抓新机遇，以时不我待、只争朝夕的紧迫感，扎实推进"两型社会"建设。要以资源节约、环境友好为目标，坚持先行先试、敢闯敢试、边干边试，以"两型社会"建设促发展方式转变，以转变发展方式加快"两型社会"建设，走生产发展、生活富裕、生态良好的文明发展道路。坚持城市带动。城市化是现代化的必由之路，是实现经济发展方式转变的主要推动力。坚持创新驱动。自主创新是决定经济发展方式转变的主要因素。坚持创新驱动，首先要搞好引进消化吸收再创新，重视走集成创新的新路子。这在我省机械制造、装备研制中已有成功例证。其次要加快构建以企业为本体、市场为导向、产学研相结合的技术创新体系，重视走产品质量、品牌、标准建设为一体的新路子，力争掌握市场竞争的主动权。再次要培育发展战略性新兴产业更好地结合起来，准确把握新技术、新能源、新材料和新产业的变化方向，突出主攻重点，突出核心技术，力争实现跨越式发展。

四、转机制

没有科学的机制，就没有科学的发展；没有机制的活力，就没有发展的活力。加快经济发展方式转变，必须瞄准关键环节、采取强有力的措施，不断完善体制机制。深化经济改革，完善市场调节机制。譬如，土地是最重要的生产要素之一，但在目前体制下，土地成为招商引资的手段和地方主要财政收入来源，市场资源配置的作用与效益没有显示出来，其结果导致土地利用率低和浪费，土地使用者搞规模扩张。必须重视市场利益调节机制的构建，形成统一开放、竞争有序的市场环境。增强转方式自觉性，完善政绩考评机制。科学的考评机制具有"风向标"作用。要坚持以科学发展观为标尺，既看经济指标，又看社会指标，既看城市变化，又看农村发展；既看当前发展，又看发展后劲。在重视增长数量的同时，更加重视增长的质量和效益，更加重视结构优化、节能减排、自主创新、生态文明、民生改善的实际成效，确保考得实、考得准、考得好，引领广大干部自觉投身到转方式的新实践。着眼提升自主创新能力，完善人才工作机制。自主创新，人才是关键。要通过完善党管人才工作领导机制、整合人才工作资源，完善人才评价激励机制，改革各类人才选拔任用方式，推进人才资源市场化配置，不断提高人才队伍创新活力和创新热情，为加快经济发展方式转变提供人才支撑。

五、转职能

政府职能转变是经济发展方式转变的关键。要加快政府职能转变，积极推进政府从全能政府、管制型政府向有限政府、服务型政府、法治政府转变，强化政府的社会管理和公共服务职能，创造有利于经济发展方式转变的制度环境。向重科学规划转变。要尊重经济发展规律，讲究有所为有所不为，多在宏观规划、中观调控、微观落实上下工夫。把更多的精力转到制定转型发展的规划，确定经济转型的方向、目标和步骤。向重政策引导转变。制定相应的政策法规，实施倾斜性产业政策和财政政策。实行经济转型的产业领域全部向民营经济开放，并加大税费减免力度，加大财政金融支持力度，优化民营经济发展环境。向重依法管理转变。既要重视运用经济手段引导资源配置，又要辅之以必要的法律手段和行政手段。采取坚决有力的措施，限制和取缔污染环境、破坏生态、浪费资源的企业，淘汰落后的生产工艺，鼓励和支持技术先进、资源利用率高的新兴企业发展壮大。

（作者单位：中共株洲市委）

关于经济发展方式转变的若干思考

缪炳堃

深入贯彻落实科学发展观，保持宏观经济政策的连续性和稳定性，继续实施积极的财政政策和适度宽松的货币政策，根据新形势新情况着力提高政策的针对性和灵活性，特别是要更加注重提高经济增长质量和效益，更加注重推动经济发展方式转变和经济结构调整，更加注重推进改革开放和自主创新、增强经济增长活力和动力，更加注重改善民生、保持社会和谐稳定，更加注重统筹国内国际两个大局，努力实现经济平稳较快发展。

一、深刻认识经济发展方式转变的内涵与重点

（一）经济发展方式转变的基本内涵

我国这一次经济结构战略性调整任务的基本要求是：优化产业结构，全面提高农业、工业、服务业的水平和效益；合理调整生产力布局，促进地区经济协调发展；逐步推进城镇化，努力实现城乡经济良性互动；着力改善基础设施和生态环境，实现可持续发展。

根据这一任务的要求，我国这一轮经济发展方式转变的基本内涵可以概括为以下四个方面：第一，方式转变要提升制造业水平。加快发展以信息技术为主要代表的高新技术产业，运用先进适用技术改造传统产业，全面提高制造业的竞争力。第二，方式转变要缓解经济发展中的瓶颈制约。进一步安排好能源和电网建设，加强大型煤炭基地的建设，加快重要交通干线和枢纽的建设。第三，方式转变要加快发展第三产业。把加快发展服务业作为扩大就业、优化产业结构、提高国民经济整体效益和促进经济社会协调发展的重大举措。第四，方式转变要促进区域经济协调发展。逐步形成东、中、西部经济互联互动、优势互补、协调发展的新格局。

（二）经济发展方式转变的重点

在投资和需求两大因素中，需求是经济发展方式转变的重点。

1. 扩大国内需求，推进需求结构调整；

2. 提高居民收入，推进国民收入分配结构调整；

3. 发展战略性新兴产业，推进产业结构调整；

4. 开发人力资源，推进要素投入结构调整；

5. 加强中小城镇发展，推进城镇化调整；

6. 加快欠发达地区发展，推进区域结构调整。

二、经济发展方式转变的领导策略

（一）注重消费

国内消费包含政府消费与居民消费。提高消费率，一是从总量意义说，国内的总体消费要尽快提高；二是从结构意义说，国内消费中的居民消费更是需要提高。因为中国 GDP 总量在不断快速增长的同时，居民消费水平却出现了反方向的急速下降趋势。居民消费占 GDP 的比例已由改革开放初的 45% 下降到了近年的 35%。那么如何提高？

一是鼓励各级政府采取各种直接刺激消费的政策。包括发消费券、"家电下乡"补贴、车辆购置税减免等各项政策。

二是实行有区别的消费信贷政策。对居民真正用于耐用消费品和教育等支出，应大力发展各类消费信贷产品，并下浮一定的贷款利率幅度，给予金融手段的大力支持。但对于房地产金融，在房地产市场和税收等机制尚未理顺之前，目前资产价格投资或投机氛围却又较浓的时期，仍不宜轻易松动政策。

三是细心研究人口逐趋老龄化中的消费需求。鼓励政府资金引导、与民间资金捆绑使用，并以税收、房建、医院改革等多种政策优惠支持，大力发展直接服务于消费的服务业。我国现有 60 岁以上老人约 1.69 亿，养老床位数 250 万张。该比例国际上一般为 5% ~ 7%。要达到 5% 比例，中国尚需近 600 万张床位。仅上海达到此比例这一项，每个床位投资需 50 万 ~ 80 万元，未来 10 年在养老院建设将产生 500 多亿元的大市场，这还不算随之带来的直接消费支出。如果加上给半自理状态的老人护理、老人娱乐、趣味培训、老人旅游等行业，专家估计，有高达万亿元的消费规模。

（二）引导投资

一是积极培育扩大居民消费能力的资本性收入来源。眼前，在刺激经济复苏的巨大投资中，应该充分做到"让利于民"。只要是有盈利、能赚钱、政府规划必须要搞的项目包括大型项目，应通过各种金融创新，开设各种金融产品，鼓励民间资金直接与间接参与投资，尽可能减少地方政府少发债或者不发债。为此，从中长期看，需要进一步清理各项规章制度，坚决杜绝有关部门直接与变相拒绝民间资金包括个人闲散资金依法进行实体投资的各项制度与政策。但是，在培育居民资本性收入来源即提高居民的财产收入来源时，不应该鼓励民间资金把房地产市场作为资本性收入来源的重要渠道，因为这对于宏观经济的长期稳定非常不利。

二是调整投资结构中向民生、向消费基础设施倾斜的力度。包括大规模完善大城市与中小城、与广大农村相关联的现代化销售、分销渠道和网上销售渠道；完善城乡结合的二手市场、汽车和耐用品消费市场；满足落后地区农村的用电、公路需求等。

三是逐步减持各类国企中的政府持股比例。目前，已开始执行上市公司国有股划转社保基金的制度。但这远远不够。应对非上市国有企业、控股上市公司的上级集团公司、已上市非增发部分的国有股份，都应按照国家战略，除了需要在一定时期保持相对控股和绝对控股之外的股权，都可以实行有计划的减持。考虑到大规模减持对股市行情的压力，可以逐步酌情减持。减持后的资金除酌情部分划转社保基金外，也一律纳入各级财政预算，专项补贴用于提高低收入群体的收入水平或全体居民的消费水平。

四是通过制度改革以释放更大的消费能量。2008 年，全国国有企业（还不含金融机构）净资产高达 17 万亿，平均每个国民 1.29 万元，且都是优质资产。从 2007 年起，国家仅开始在中央企业实行少量比例的资本分红制度。应进一步要求：对地方国企、金融企业中国有股份也要一视同仁，制定相关制度，实行资本分红；并修订有关规定，实行动态调整分红比例。分红资金统一纳入财政各级预算，专项补贴用于提高低收入者的收入水平或全体居民的消费水平。

（三）变更结构

一是调整国民收入分配结构。通过对低收入群体加薪，提高劳动报酬在初次分配中的比重。通过二次分配改革，缩小收入分配不公现象，以进一步扩大低收入群体的消费。同时要提高个人所得税起征点，目的是提高以工资收入为主要收入的中产阶层消费能力。2007 年，44% 的纳税适用税率为 20%，缴纳税额却占全部工资个税总收入的 44%，确实有些偏高。

二是扩大社会保障的覆盖面。在这方面，重要的是财政要更快地向公共财政转型，包括国家大型基础设施建设资金，应尽可能从金融市场筹集，节省的财政资金，进一步用于扩大农村养老（2010 年实施 60 岁以上农村居民每月 55 元）、医疗改革（2009—2011 年投 8500 亿元）、住房补贴

（2009—2011 年投 9000 亿元）、农村补贴（2009 年 1230 多亿元）等资金来源。

三、经济发展方式转变的领导体制

（一）深化行政管理体制

在市场经济条件下，国家的行政管理体制是转变经济发展方式的第一位的领导体制。

深化行政管理体制，必须要进一步转变政府职能，减少政府对市场的直接干预。原来在计划经济体制下所养成的政府机构随意对微观经济主体下达各种指令的做法需要坚决克服，真正使企业成为市场的主体。

与此同时，政府需要强化公共服务和社会管理，提高经济调节和市场监管水平。我们要向发达国家学习，认真培育向社会微观主体进行服务的本领，在社会管理中逐步对经济活动进行监管和调节。

（二）深化财税金融体制

财税金融体制是一个国家宏观经济运行的资金管理体制，它主要从财力要素角度对微观主体进行调控。

在财税体制中，首先要通过税制明确各级政府提供基本公共服务的职责范围，推进基本公共服务均等化；同时要健全财力与事权相匹配的体制，做到各类无偿资金的合理运作，促进财政体制更加公开透明。

在金融体制中，首先要加强金融监管体制建设，做到各类有偿资金在市场经济中的正常运作；同时要逐步改善境外投资与外汇服务和管理。

（三）深化收入分配体制

收入分配体制既涉及收入的初次分配也涉及收入的再次分配。

在收入初次分配体制中，目前需要解决的主要难题是：推行最低工资标准和企业工资集体协商制度。

在收入再次分配体制中，目前要提高垄断性企业经营利润和国有股权转让收入上缴比例，上缴收入主要用于社会保障投入。

（四）深化价格形成体制

在市场经济下，价格的形成主要依托市场的供需双方。政府可以利用掌握的资源等要素调节价格的形成。

在资源价格形成体制中，政府可以建立健全资源有偿使用制度和生态环境补偿机制，形成引导和激励市场主体节约资源、提高资源利用效率的机制。

（五）深化垄断性行业管理体制

邮政、电信、电力等带有垄断性质的经济活动，任何国家都需要进行特别的管理，形成垄断性行业管理体制。

深化垄断性行业管理体制要从两个方面着手：一方面要按照市场经济规律保护和发展壮大国有企业；另一方面要放宽市场准入限制，保护在垄断行业中一般民间投资的合法权益。

（六）深化科技教育体制

政府的科技教育体制主要是促进形成科技教育为经济社会发展服务的体制机制，因此政府可以通过提高科技和教育现代化水平，创造较好的科技和教育环境来增强人力资本对科技创新和经济发展的支撑作用。

（作者单位：中共湖南省委党校 湖南行政学院）

加快经济发展方式转变

陈良钦

胡锦涛总书记在党的"十七大"报告中指出："实现未来经济发展目标，关键要在加快转变经济发展方式、完善社会主义市场经济体制方面取得重大进展。"那么，怎样准确把握转变经济发展方式的深刻内涵？又如何加快转变经济发展方式？

一、准确把握转变经济发展方式的深刻内涵

1. 从"转变经济增长方式"到"转变经济发展方式"，表明我们党对经济发展规律的认识达到了一个新的高度。

转变经济增长方式的思想萌芽可以追溯到上个世纪 50 年代中期。1987 年，党的"十三大"明确提出要从粗放经营为主逐步转变到以集约经营为主的轨道；1992 年，党的"十四大"提出，努力提高科技进步在经济增长中所占的含量，促使整个经济由粗放经营向集约经营转变；1995 年，党的十四届五中全会明确提出了两个具有全局意义的根本性转变：即经济体制从传统的计划经济体制向社会主义市场经济体制转变，经济增长方式从粗放型向集约型转变；1997 年，党的"十五大"又明确提出，"转变经济增长方式，改变高投入、低产出，高消耗、低效益的状况"；2006 年中央经济工作会议，结合在贯彻落实科学发展观方面的新体会，提出实现又好又快发展是全面落实科学发展观的本质要求，从而首次站在经济社会发展全局的高度，把经济增长的质量与效益置于经济增长速度的优先地位；2007 年 6 月，胡锦涛同志在中央党校省部级干部进修班上指出，要把转变经济发展方式作为实现国民经济又好又快发展的重要手段，从而把过去我国一直所讲的"转变经济增长方式"正式改为"转变经济发展方式"；2007 年 10 月，党的"十七大"第一次把"转变经济发展方式"正式写入党的政治报告。这些理论政策表述的变化，即从"转变经济增长方式"到"转变经济发展方式"，表明了我党对经济发展规律认识的一步步深化并达到了一个新

的高度。

2. "转变经济发展方式"与"转变经济增长方式"既有联系又有区别。

从区别来看：一是概念不同，经济增长不等于经济发展，转变经济增长方式不等于转变经济发展方式。二是转变的目标不同，转变经济增长方式的目标是单一的，而转变经济发展方式的目标，除了经济增长数量目标外，还有结构目标、成本目标、协调发展目标、民生目标等。三是转变的过程不同，转变经济增长方式一般涉及的是资源利用效率如何提高的问题，而转变经济发展方式除了涉及资源利用效率外，还涉及结构如何优化、生态环境如何有效保护、人与自然的关系如何协调等。四是转变的衡量指标不同，转变经济增长方式的衡量指标一般就是经济指标。而转变经济发展方式的衡量指标，除了经济指标外，还有政治、社会、民生等方面的指标。从联系来看：是包含与被包含的关系，即发展包含了增长；是目的与手段的关系，即经济发展是目的，经济增长是手段；是结果与基础的关系，即经济发展是结果，经济增长是基础；是整体与部分的关系，即经济发展是整体，经济增长是部分。

二、如何加快转变经济发展方式

1. 抓好节能减排工作

这是加快转变经济发展方式的突破口和主要抓手。首先，要从战略高度充分认识节能减排的重要意义。目前，我国能源利用效率比国际先进水平低10个百分点左右，单位 GDP 能耗是世界平均水平的3倍左右。环境形势更加严峻，主要污染物排放量超过环境承载能力，流经城市的河段普遍受到污染、土壤污染面积扩大、水土流失严重、生态环境总体恶化的趋势仍未得到根本扭转。在资源稀缺与环境承载能力有限的情况下，传统的高投入、高消耗、高排放、低效率的增长方式已经走到了尽头。不加快转变经济发展方式，资源难以支撑，环境难以容纳，社会难以承受，科学发展难以实现。另一方面，节能减排是遵循人类社会发展规律和顺应当今世界发展潮流的战略举措。工业革命以来，世界各国尤其是西方国家经济的飞速发展是以大量消耗能源资源为代价的，并且造成了生态环境的日益恶化。节约能源资源、保护生态环境，已成为世界人民的广泛共识。保护生态环境，发达国家应该承担更多的责任。发展中国家也要发挥后发优势，避免走发达国家"先污染、后治理"的老路。对于我国来讲，进一步加强节能减排工作，一是要加大对违法者的经济处罚力度；二是要追究违法者的刑事责任；三是要建立污染赔偿制度。在节能减排责任落实方面，重点是要改变对各级政府领导班子和企业领导班子的政绩考核办法，实行节能减排问责制和一票否决制。

2. 推动产业结构优化升级

这是加快转变经济发展方式的题中之意。产业结构优化升级的过程，就是伴随着技术进步和社会化程度的提高，不断淘汰衰退产业，加速传统产业的高新技术改造，实现主导产业的合理转换，扶持和引导支柱产业和新兴战略产业，提高产业结构作为资源转换器的效能和效益的过程。一是要广泛应用高新技术改造和提升传统产业。实践证明，这是推动产业结构优化升级的务实之策。要鼓励运用高技术和先进适用技术改造提升制造业，提高自主知识产权、自主品牌和高端产品比重。引导和推动钢铁、水泥、造纸、装备制造业等领域企业的兼并重组。二是要加快发展高新技术产业。高新技术产业具有科技含量高、经济效益好、资源消耗低、环境污染少的特点，提高高新技术产业在产业结构中的比例，是推动产业结构优化升级的根本途径。三是要大力发展现代服务业。即大力发展金融、保险、物流、信息和法律服务、会计、知识产权、技术、设计、咨询服务等现代服务业，积极发展文化、旅游、社区服务等需求潜力大的产业，加快教育培训、养老服务、医疗保健等领域的改革和发展。

3. 提高自主创新能力

这是加快转变经济发展方式的核心内容。充分认识提高自主创新能力的重要性是提高自主创新能力的先导。党的"十七大"把提高自主创新能力定位为"国家发展战略的核心、提高综合国力的关键"。我们必须把思想统一到中央的这一决策部署上来。加大投入是提高自主创新能力的基础。我国在研发经费总量上不断增长，但研发投入占 GDP 的比例远低于发达国家，不能满足自主创新的需要。要扭转我国在国际竞争力上的劣势，提高自主创新能力，必须加大研发经费投入。人才资源是提高自主创新能力的核心。自主创新的实现，最终要落脚于人的创新活动之中。人才是创新之本。要提高自主创新能力，就要想方设法发现人才、培养人才、吸引人才和稳定人才，让人才的创造性得到最大限度的发挥。完善体制是提高自主创新能力的保障。提高自主创新能力的具体方式方法有：一是引进消化吸收再创新；二是集成创新，即用系统集成的方式实现重大装备和产品的国产化；三是依托重点工程，通过国际招标、技贸结合，提升企业的技术创新能力；四是通过国际并购获取国外技术资源；五是通过国际合作进行技术研发；六是通过委托国外开发拥有知识产权；七是自主研发设计；八是扩大加工贸易高技术产品进口零部件在国内研制配套的比例；九是大力提高原始创新能力，形成创新的重要基础和科技竞争力的主要源泉。

4. 政府要实施有效主导

这是加快转变经济发展方式的关键。我国当前的加快转变经济发展方式，实际上就是经济大转型、结构大调整。美国政府历史上三次成功主导经济大转型，对我国当前转变经济发展方式很有借鉴意义。第一次是19世纪末至20世纪初。美国当时面临轻纺工业转型重工业。美国政府及时抓了资本市场，鼓励发展资本市场，引导资本高度集中，结果出现了很多大垄断工业，美国一跃而成为世界第一。第二次是第二次世界大战之后，美国当时面临军事工业转型民用工业，结果成就了长达几十年的美苏"两强争霸"。第三次是冷战结束之后。美国当时面临工业经济转型知识经济，促成了美国信息经济的大发展，完成了美国从工业经济向信息经济的转型。美国政府历史上的这三次成功主导经济大转型，对我国当前加快转变经济发展方式，至少有三点启示：一是国家经济大转型，政府要实施有效主导；二是关键取决于政府对公共资源的使用和配置；三是政府还要有一个合理的制度供给和政策导向，为经济转型提供条件。

（作者单位：中共长沙市委党校 长沙行政学院）

转变领导方式是促进发展方式转变的关键

吴玩礼

一、转变经济发展方式的紧迫性

我国经济快速发展，各项建设取得了巨大成就，但是，我们更应该看到，我国经济的快速发展在资源和环境等方面付出了沉重的代价。例如：

1. 能源消耗过高，资源效率低下

传统经济增长方式的资源配置的不合理，使得我国的稀缺资源极不经济地被耗费。根据新公布的普查结果，我国经济增长能源消耗略有下降，但这并未改变当前我国能耗过高、资源效率低的总体现状。我国2004年调整后的GDP占世界的份额只有4.4%，而当年我国消费的原油、原煤、铁矿石、钢材、氧化铝、水泥，却分别占全世界消费总量的7.4%、31%、30%、27%、25%、40%。随着我国经济进入新一轮增长周期的上升期，资源约束矛盾将更加突出，人口、资源、环境的压力越来越大。

2. 环境污染严重，生态恶化加速

在我国推进工业化的过程中，环境破坏日益严重。据有关方面统计，我国主要污染物排放量已超过环境自净能力。工业固体废物产生量由1990年的5.8亿吨上升到2000年的8.16亿吨；日污水排放量在1.3亿吨左右，七大水系近一半河段严重污染。许多城市空气污染严重，酸雨面积已占全国面积的1/3；全国水土流失面积达3.6亿公顷，约占国土面积的38%，每年新增1.5万平方公里；沙漠化面积达174万平方公里，占国土面积的18.2%，每年新增3436平方公里。90%以上的天然草场退化，每年增加退化草原2.5万公顷；北方河流资源开发利用率大大超过了国际警戒线（30%~40%），其中黄河、淮河、辽河达60%，海河达90%。流域生态功能严重失调。华北平原出现了世界上最大的地下水位下降漏斗。据世界银行1997年统计，我国仅空气和水污染造成的损失，就相当于GDP的3%~8%。

3. 城市工业化发展，就业难度加大

我国农村有超过 1.5 亿的富余劳动力需要转移到城镇非农业中就业，城镇每年还有 1500 万以上的新增劳动力需要就业。因此，增加就业是关系经济持续发展和社会稳定的一项重要任务。近年来由于集中力量发展资本密集的重化工业大企业，城市建设和工业建设大量占用耕地，每年增加成千上万失地农民。"近几年我国每年建设占用耕地 250 万亩到 300 万亩，如果按人均一亩地摊算，就意味着每年大致有 250 万到 300 万的农民失去土地。"所谓"失地农民"有相当数量的增加，这对于缩小城乡和贫富差别、提高我国经济的整体效率产生了消极影响。

二、积极转变领导方式，努力提高领导能力

1. 必须要抢抓加快发展的机遇

要取得转变经济发展方式真正意义的突破，只有进一步解放思想，抢抓发展机遇，才能真正推动整个发展方式转变到位。机遇是一种弥足珍贵的发展资源，抓住一次大的机遇，就能赢得一次大的跨越。当前我国正处于大有作为的战略机遇期、跨越发展的黄金机遇期，必须继续解放思想，审时度势，敏锐地发现机遇、果断地抢抓机遇、创造性地抓准机遇。作为一个领导干部，我们要克服那种自缚手脚、等待观望、小进则满、消极作为的错误思想，要把贯彻落实科学发展观看成是一种机遇、把加快转变经济发展方式看成是一种机遇。要从强化机遇意识入手，利用开展深入学习实践科学发展观系列活动的有利契机，开展思想解放大讨论活动，深入进行形势政策教育，引导干部群众把握发展大局，看到机遇。同时，深刻分析宏观环境中自身的发展问题，引导干部群众增强忧患意识，抢抓机遇。

2. 必须要更新推进发展的理念

当前，在转变经济发展方式上，有一种片面或者说是错误的认识需要我们防止和克服，那就是把发展的目标与方式混淆起来、速度与效益对立起来、总量与质量割裂开来，认为转变经济发展方式强调的是质量效益，从而自觉或不自觉地降低了对速度、总量的要求，这既不全面更不科学。要改变这种错误的发展理念，必须要将更新科学领导发展的理念作为转变发展方式的前提。转变发展方式不是不要速度、不要总量，其最终目的是为了又好又快地发展，追求的是更好更快的速度和总量。加快转变经济发展方式要转变的是过去那种拼消耗、拼资源、拼环境的粗放式高增长和那种低层次、低水平、低效益的传统式扩总量的做法。

3. 必须要创新经济增长的方式

加快转变经济发展方式的内涵很丰富，涉及的领域也非常广泛，从哪里突破，在哪些方面着力，对当前的领导干部是一个现实的考验。必须把发展的重点环节就作为转变发展方式的重点环节、把发展的重要抓手就作为转变发展方式的重要抓手，以重点突破来带动整体推进，促进经济发展方式的根本性转变。一方面，要以优化投资结构来推进转变。作为仍处在总量扩张初级发展阶段的欠发达地区来说，扩大投资是最直接、最有效、最主要的经济增长手段，也是我们转变发展方式的最重要抓手。总结以往的经验与教训，选准了投向就选准了发展方向，抓住了调整投资结构，就抓住了转变发展方式的"牛鼻子"。转变发展方式不是不要扩大投资，而是要调整和优化投资结构，关键在如何投、投向什么，这个问题解决了，发展的方式和层次就会随之而转变和提升。另一方面，要以扩张新兴产业来带动转变。产业是经济发展的基础和支撑，产业的层次水平决定着整体经济的层次水平。产业结构层次较低既是欠发达地区加快发展的突出制约因素，也是转变发展方式需要着力解决的突出问题。转变经济发展方式必须从抓产业优化升级、大力发展新兴产业入手，当务之急既要加快传统产业的改造升级，更要加快提高企业科技创新的核心竞争力。

4. 必须要转变调控管理的职能

衡量科学领导能力的高低与经济发展方式是否转变得有效，不仅仅是看 GDP、速度、质量、结构、生态等几组数据的量的变化，更要透过现象看本质，看是否形成有利于促进科学发展的制度安排和机制活力。从现实情况看，改革开放三十多年来不仅原来旧体制的弊端没有完全革除，而且新形成的某些体制随着形势的变化，有的也已成为转变发展方式的障碍。比如现行的分税制财政管理体制，在一个时期内对促进发展发挥了很大的作用，但现在看来财政支出责任过于下移，促使一些地方政府不得不把财政税收和物质生产的增加紧密地联系起来，一定程度上导致了一些地方政府为了过日子，而去追求短期利益、忽视长远发展。又如发展的考核评价体系也不完善，仍然偏重于量的考核、偏重于显性成效的考核，政绩的评价标准还没有真正转换到促进科学发展上来。再比如在扶持政策上也不够配套，激励政策、金融政策、税收政策等都不能完全适应转变发展方式的要求。因此，要提高科学领导的能力，转变经济发展方式，就必须进一步转变政府调控和管理经济的职能，加快破除影响发展方式转变的体制性障碍。

（作者单位：中共通道县委党校）

以领导方式转变促进经济发展方式转变

黄木发

一、转变领导方式是迎接新挑战、促进超常发展的客观要求

随着经济全球化深入发展和区域经济一体化加速推进，新晃面临发展的机遇特别大，处于希望多于困难的机遇期。"十一五"以来，全县GDP连续保持了两位数的高增长，2009年县级财政收入突破亿元大关，肉牛加工、矿产品加工、机械铸造、铬铁冶炼已逐步成为支撑县域经济发展的支柱产业。"两条铁路、两个高速、两个郊边机场"的立体交通优势，为新晃在更大范围、更宽领域配置资源、集聚要素提供了广阔的空间，为新晃承接新一轮沿海产业转移创造了新的条件。但由于新晃地处偏僻，经济发展水平相对滞后，国际化程度不高，县内没什么外向型的企业，也没有什么出口的产品，特别是当前外部面临着国际金融危机会致使世界经济再次探底，国际能源材料价格上涨，人民币升值等因素影响，在国内面临着"千帆竞发、百舸争流"的发展背景下，周边地区竞相发展，加之产业结构性矛盾、节能减排、人才支撑力不足等诸多挑战，新晃的发展慢不得，等不得，更是停不得，必须坚定不移地按照县委既定的"五大发展战略"思路，加大步伐，加速发展，加快增长，奋力猛追，必须以超常的发展速度和较高的发展水平补过来因经济基础薄弱，经济转型转轨而拉开的差距。这对新晃来说是一项前无古人的伟大事业，缺乏现存的经验可以借鉴，因此，只有转变领导方式，保持领导方式是先进前列的，才能在科学发展的道路上推进超常发展，实现新的跨越。

二、适应发展社会主义市场经济要求转变领导方式，提高领导水平

（一）转变领导策略：从党政企不分，大包大揽的高度"一元化"领导转变为总揽全局、突出中心、促进协调发展

在全球经济一体化条件下发展社会主义市场经济的新阶段，各级党委、

政府要领导好本地区改革、经济建设和社会发展，必须摈弃旧的领导方式，没有必要"事无巨细一把抓"，指挥包揽一切，妨碍经济社会发展，而是要总揽全局、突出中心、协调发展。总揽全局，就是要加强党委、政府对各方面的领导，确保党的基本路线和各项方针、政策在各地区、各部门得到贯彻落实，促进各项工作，对改革、经济建设和社会发展大局要明了情况，把握方向，有驾驭能力，不丧失前进道路的社会主义方向。突出中心，就是要求党委、政府的工作重点要始终坚持以经济建设为中心，一切工作都要围绕"五大发展战略"来进行，不背离党的基本路线，不丧失对发展社会主义市场经济和现代化建设的领导权。协调发展，就是要在改革和发展中，主要协调和处理好改革、发展、稳定的关系，一、二、三产业的关系，全局与局部的关系，市场调节与计划调节的关系等，不断解决前进中出现的新矛盾和新问题，促进经济社会的全面进步，彰显社会主义的优越性。

（二）转变决策方式：从凭经验、拍脑袋决策转变到从实际出发，按经济规律办事，决策讲求民主性、科学性、实效性、创造性

多年来，新晃县委、县政府在工作实践中，应对现代决策的要素复杂性、范围广范性、专业技术性等要求，改善决策方式，建立起专家咨询论证、公众普遍参与和党政或部门集体讨论决定相结合的科学民主决策机制，采取举行座谈会、听证会、论证会或信箱、网络等各种形式广泛听取不同利益群体的意见，依靠科学的决策程序，定性与定量相结合的精确技术分析，提高了决策水平。决策中不是凭经验、拍脑袋，而是根据新晃当地的实际情况来确定自己的工作方针和发展思路，创造性地工作，不断开创工作新局面，体现了决策的民主性、科学性、实效性、创造性。为改变新晃经济社会发展的落后状况，县委、政府在深入农村、街道、企业进行大量的调查研究，召开各方面人士座谈会听意见的基础上，提出了"工业强县、农业稳县、旅游活县、生态立县、环境兴县"的五大发展战略方针和发展思路，并采取了一系列措施：一是工业方面的"一园三小区"建设的推进和发展，二是优质稻的推广和种植，三是"湘黄牛第一县"、新晃黄牛肉的打造与成功，四是八江口温泉旅游度假村建设，五是"两铁两高两机"立体式交通枢纽的形成，等等。新晃的发展蒸蒸日上，日新月异，百姓得实惠，生活越来越好。这些成就的取得说明，只有坚持从实际出发、科学决策，敢干、敢担当，创造性工作，才能加快地方经济的发展。

（三）转变管理执行方式：管理执行从依靠指令计划、行政手段为主转变为依托市场机制作用，运用经济、法律、行政手段的综合管理

（四）转变监督方式：变事后监督为事前、事中、事后的全程综合监督

从适应转变经济发展方式、推动科学发展的要求出发，建立起结构合理、配置科学、程序严密，制约有效的权力运行机制，从决策策划、决策执行等环节加强对权力的监督。尤其在科学发展的问题上，要建立起问责机制，对造成高能耗、高污染地区的主要领导和负责人追究责任。

三、党政领导干部的政绩考核要由经济主导向科学发展、社会和谐并重转变

政绩考核是指挥棒，有导向性作用，促进经济社会的超常发展，离不开领导方式的转变，而领导方式的转变更离不开政绩考核方式的转变，党政领导干部的政绩考核不能唯 GDP 论，考核重点应从经济领域向社会领域延伸，考核指标应多一些社会民生环境方面的内容。新晃在对党政领导干部的政绩考核工作中，不断适应时代发展要求，进行了一定的探索，在实践中逐渐走向完善趋于成熟。在对党政领导干部的政绩考核上，考核的效果一定要放在能够促进科学发展、社会和谐的作用上。为此，对党政领导干部的政绩考核必须做好四个"坚持"：一是坚持定量考核与定性考核相结合。定性考核指标主要对思想政治、领导能力、主要工作、党风廉政建设等方面的成效进行定性评价。定量与定性两个考核指标体系既要相互独立，又要相互配套衔接，"既看数字又不唯数字"，强化定性指标的约束"硬性化"，尽量做到让群众认可。二是坚持干部的分类考核。对各乡镇的考核不搞整齐划一，在具体指标上不搞一刀切，在达标进度上不搞齐步走，每年对 23 个乡镇都要根据不同实际情况，因地制宜确定各自不同的考核目标值。三是坚持固定设置类考核指标和非固定设置类考核指标相结合。除了考核固定指标以外，每年还应根据各乡镇的工作特色，重点考核大事、要事的落实成效和解决突出问题的情况。四是坚持工作实绩公示制度。对各乡镇的定量考核指标完成情况，要通过报刊、电视、网络等媒体向社会公布，有利于落实群众在干部考核中的知情权、参与权，加强群众对干部考核工作的监督。

（作者单位：中共新晃县委党校）

顺应大势　加快湖南经济发展方式转变

刘晓玲

一、准确把握转变经济发展方式的内涵

1. 转变经济发展方式，前提是转变发展观念

观念是行动的先导，有什么样的发展观念，就会有什么样的发展方式。转变经济发展方式，绝不能仅仅局限于产业结构、需求结构、投入结构的调整转变，而应该更是经济发展理念、思路和认识上的一场深刻变革。这要求我们在发展观念、思维方式上，彻底改变和摆脱既有思维方式的束缚和路径依赖。观念变，变出思路；思路变，变出举措；举措变，变出效益；只有思想解放到位，敢为人先、敢于担当，才能更好地谋事、干事、成事，走出一条创新发展之路。

2. 转变经济发展方式，重点是转变经济增长方式

经济增长是经济学最早研究的问题之一。虽然经济发展的内涵要广于经济增长，但经济发展中最重点的部分还是经济增长。具体来看，转变经济增长方式主要包括以下几个方面：其一，经济增长模式的转变。由粗放式经济增长转为集约式经济增长，即通过增加生产要素占用和消耗来实现经济增长转为通过提高生产要素质量、优化生产要素配置和提高利用效率来实现经济增长。其二，经济增长动力结构的转变。由投资为主驱动经济增长转为由内需驱动。其三，经济发展所依赖的要素的转变，由资本、资源和廉价劳动力等硬要素扩张拉动经济转为技术、品牌、营销、管理和人力资源等软要素做强经济。其四，经济发展空间布局的转变，由过去的城镇加农村的分散布局转为现代城市群。

3. 转变经济发展方式，核心是提高发展质量和效益

质量和效益的提高，是经济发展的根本标志。高投入、高消耗、高排放、高污染、低产出的增长，是一种高成本代价、不可持续的增长模式。转变经济发展方式，要求把经济工作的首要着力点放在提高经济发展的质

量和效益上。同时把自主创新作为提高经济素质、增强可持续发展能力和长远竞争力的根本途径。

二、转变经济发展方式是实现湖南经济腾飞的大势所趋

1. 世情的变化，需要湖南转变经济发展方式，紧跟发展大势

随着经济全球化和区域经济一体化的不断深入发展，各国之间经济合作与交流日益密切。资本、生产、贸易、金融国际化程度进一步加深，世界经济相互影响、互相依赖、互相制约更加明显。在世界经济增速放缓、资源和环境难以为继的背景下，各国都在寻求新的经济发展方式。发展低碳经济、循环经济，壮大高新技术产业成为世界经济发展的时代潮流。随着中国对外开放的广度和深度不断加大，中国经济与世界经济的联系已相互交融、日益紧密。而湖南作为中国经济的有机组成部分，国际环境的这些变化对我省的影响越来越大。世情的变化，迫切要求我们要有"等不起"的紧迫感、"慢不得"的危机感、"坐不住"的责任感，站在新的历史起点上，应对新的国际形势，实现更高水平的跨越发展。

2. 国情的变化，需要湖南转变经济发展方式，缩小发展差距

当代中国，也正在发生广泛而深刻的变革。其中，最突出的变化之一就是国家层面上的区域经济发展战略政策的频繁出台和调整。20 世纪 80 年代初，我国实施"东部率先"发展战略。这一战略的实施，造就了东部沿海地区的高速发展，使之成为我国经济的核心增长极。20 世纪 90 年代末，我国继而提出和实施了"西部大开发"战略，缩小了我国区域经济之间的相对差距。2006 年，我国又在中部六省实施"中部崛起"战略。而仅 2009 年一年间，国务院就共批复了 11 个区域规划，区域经济区发展以前所未有的密集度，跃升至国家战略层面。身处中部腹地的湖南，既没有赶上第一轮国家区域经济发展战略，也没有赶上第二轮国家区域经济发展战略。而且在中部六省中，2009 年湖南 GDP 居第 3 位；人均 GDP 列第 4 位；第二产业增加值列第 3 位。总的来说，湖南还处于中部中游。

因此，湖南要成为中部崛起的引领者，要实现与先进地区的协调发展，湖南经济的发展必须要有一个科学的、高水平的、有别于传统的新型的发展方式。

3. 省情的变化，需要湖南转变经济发展方式，破解发展难题

目前，湖南最大的省情，提得最多的省情就是"两型社会"建设。2005—2007 年，中国先后部署了 7 个国家级综合配套改革试验区，俗称

"新特区"。"长株潭"城市群名列其中，与武汉城市圈一起成为中国建设资源节约、环境友好型社会（简称"两型社会"）综合配套改革试验区。2008年，中国部署了6个（北京、上海、天津、深圳、西安）国家综合性高技术产业基地，"长株潭"城市群又名列其中。这些政策给湖南经济发展带来了良好的契机。但同时应该看到，湖南在经济发展过程中还存在着不少问题、矛盾和困难：一是以传统的重化工业为主导产业，但新时代又不允许湖南走那种高能耗、高污染的传统工业化老路，这是一个很大的、根本性的矛盾。二是还没有脱离传统的农业经济形态，经济发展的内生动力不足。

表1 2009年全国及中部六省生产总值及增长率

	生产总值		人均生产总值		第二产业增长值	
	绝对额（亿元）	位次	绝对额（元）	位次	绝对额（亿元）	位次
全国	335353		25124		156958	
山西	7365.7	5	21544	2	4021.2	5
河南	19367.28	1	20477	3	10968.6	1
安徽	10052.9	4	16391	6	4902.8	4
湖北	13831.52	2	24181	1	5909.42	2
江西	7589.2	6	17123	5	3890.3	6
湖南	12930.69	3	20226	4	5682.19	3

资料来源：2009年各省国民经济和社会发展统计公报（http：//www.hntj.gov.cn/tjgb/glgb/2006communique.htm）

在这样的现实面前，湖南要实现"两型社会"建设，要促进高技术产业集群，要承担起辐射带动区域经济发展的重任，就必须站在新的发展高度，实现和加快经济发展方式的转变。这是新的历史时代对湖南发展提出的新要求。

三、遵循区域经济发展规律，加快湖南经济发展方式转变

1. 变革观念，加快湖南经济在发展思路上的转变

湖南省在近两年间先后提出了"科学跨越发展"和"弯道超车"战略。它们都是"区域后发赶超"理论在湖南的具体理解、把握和运用。实践证明，湖南以区域后发赶超规律为指导，成功地穿过了金融危机的阴影，并步入了经济发展的快车道。在"后弯道超车"时代，湖南应该从此前的成功经验中找到信心，继续秉承"后发赶超"思维，实现湖南经济由外围转

为中心，并成为全国创新的中心。

2. 优化区域产业布局，加快湖南经济在发展结构上的转变

根据区域经济发展梯度理论，我们大致可以将湖南省域经济划分为以下三个梯度。如表2所示。

表2　对我省区域经济形态的认识

区域经济梯度的划分	市州	对不同梯度区域经济形态的评估
高梯度	"长株潭"及周边县	已进入工业经济形态
中梯度	岳、常、益、娄、衡、郴	农业经济向工业经济转型门槛上
低梯度	湘西南地区	仍然属于农业经济形态

不同梯度上各市州经济发展是不平衡的，其产业结构的优化和调整也是不同的，理应实施不同的发展战略。统筹区域产业体系布局，要按照"发挥优势、自主创新、有机融合"的思路，立足各市州比较优势和现有基础，深化区域产业分工，构建优势互补的区域产业布局。

对于处于高梯度的长株潭及周边县，以创新发展为动力，加速"两型产业"的壮大。同时，继续做大做强优势产业集群。长沙以工程机械制造产业集群为支柱，株洲以有色冶金、城市轨道制造集群为支柱，湘潭以先进装备制造业集群为支柱。

对于处于中梯度的岳阳、常德、益阳、娄底、衡阳、郴州6市，要利用区域"扩展效应"，培育关联产业，提高高梯度区域内主导产业在本地化的配套率。比如说，岳阳要树立门户城市观念，建成高梯度市州通江达海的物流中心和石化基地；郴州具有毗邻粤港澳的独特地缘优势，要在敞开南大门、对接粤港澳上下工夫，主动接受粤港澳辐射、承接"珠三角"产业转移。而对于处于低梯度的湖西南地区，要利用区域"涓滴效应"，加快特色产业的发展。

3. 壮大"3+5"城市群，加快湖南经济在发展布局上的转变

城市群（或都市圈）作为区域经济一体化的空间布局，正在决定着区域经济的发展命运。以具有国际竞争力的大都市为核心的大城市圈，正在成为区域间经济竞争的主要载体。2006年11月，湖南省第九次党代会的报告中明确提出："加快以'长株潭'为中心，以一个半小时通勤为半径，包括岳阳、常德、益阳、娄底、衡阳在内的'3+5'城市群建设。"

田忌赛马，胜在布局。根据城市圈层发展的中心外围理论，"3+5"城市群建设，一要以"3"为龙头，构建区域经济核心增长极。都市经济圈的战略地位和经济影响力与核心城市的人口规模和经济影响力密切相关。2009

年，"长株潭"三市 GDP 总量为 5506.71 亿元，同比增长 14.5%，高出全省平均增速 1.77 个百分点。"长株潭"三市占全省的 GDP 比重由 2000 年的 32.25% 上升到了 2009 年的 42.59%。对于处于"中心"的"3"而言，要继续强核。

二要以"5"为拓展面，统筹区域经济发展。"长株潭"发展要拓展空间，需要在更大范围内优化资源配置。这是区域经济核心发挥带动作用的"外溢"需要，同时也是其发挥"辐射作用"的布网需要。5 个城市要紧紧围绕"长株潭""两型社会"建设，主动对接，主动服务，主动配套。

（作者单位：中共湘潭市委党校）

与时俱进　切实转变党的领导方式

姚源东

一、转变党的领导方式，是新世纪新形势新任务对我们党提出的新要求

1. 新世纪国际国内环境，要求我们切实转变党的领导方式。随着冷战结束、经济发展和科技进步，21世纪初国际环境发生了重大而深刻的变化。最重要的就是，政治多极化曲折发展、经济全球化日益推进、综合国力竞争日趋激烈。随着改革开放的深入和社会主义市场经济的发展，21世纪初国内环境发生了重大而突出的变化。最重要的就是，我国社会经济成分、组织形式、就业方式、利益关系和分配方式多样化，带来众多的新事物新问题新矛盾。我们党已经完成了"两个转变"，从领导人民为夺取全国政权而奋斗的党，成为领导人民掌握着全国政权并长期执政的党；从受到外部封锁和实行计划经济条件下领导国家建设的党，成为在对外开放和发展社会主义市场经济条件下领导国家建设的党。针对新世纪的"世情"、"国情"和"党情"，我们党要坚定地站在时代潮流的前头，带领全国人民完成新世纪的三大任务，实现中华民族的伟大复兴，必须切实转变领导方式，加强执政能力建设。

2. 一些国家长期执政的大党丧失政权的教训，要求我们切实转变党的领导方式。20世纪的最后十多年里，世界政党政治出现了引人注目的情况，一些国家长期执政的大党、老党丧失了政权与执政地位。导致这些长期执政的大党老党纷纷失去了执政地位甚至完全瓦解的原因尽管十分复杂，但究其根源，无一不是没有正确应对局势变化和与时俱进地解决国内经济社会发展问题，从而脱离群众，失去民心，违反执政规律，失去执政能力所致。众多教训告诉我们，一个执政党如果不坚持和发扬与时俱进精神，就必然缺乏理论创新和自我革新的能力，就必然思想僵化，因循守旧，故步自封，失去活力和生命力，在各种挑战和危机面前处于被动，无法应对市

场经济和国际环境带来的复杂局面，丧失推动国家和社会发展的主动权，最终被人民群众所抛弃。因此，一个政党执政的时间越长，越要抓紧自身建设，越要转变领导方式，加强执政能力建设。

3. 处于进一步发展的重要战略机遇期，要求我们切实转变党的领导方式。我国经济建设、政治建设、文化建设、社会建设以及生态文明建设全面推进，工业化、信息化、城镇化、市场化、国际化深入发展，我国正处在进一步发展的重要战略机遇期，在新的历史起点上向前迈进。总的来看，我国仍处于并长期处于社会主义初级阶段的基本国情没有变，人民日益增长的物质文化需要同落后的社会生产之间的矛盾这一社会主要矛盾没有变，同时我国发展呈现一系列新的阶段性特征，出现一系列新情况新问题。在我们这个十几亿人口的发展中大国，党在推进改革开放和社会主义现代化建设中肩负任务的艰巨性、复杂性世所罕见。党要适应这样的新形势，统筹国内国际两个大局，更好地带领全国各族人民聚精会神搞建设、一心一意谋发展，实现党的"十七大"描绘的宏伟蓝图，必须进一步加强和改进自身建设，切实转变领导方式，加强执政能力建设。

4. 保持党的先进性和创造力的决定性因素，要求我们切实转变党的领导方式。在新世纪的征途上，我们党面临着许多新情况和新问题，担负着"坚定地站在潮流的前头，团结和带领全国各族人民，实现推进现代化建设，完成祖国统一，维护世界和平与促进共同发展的历史任务，在建设有中国特色社会主义道路上实现中华民族的伟大复兴"的庄严使命。新的形势、新的实践、新的任务要求我们的思想认识决不能停留在一个水平上，一定要不断地有所发现、有所创造、有所前进。共产党执政的规律，是从执政党的地位和作用揭示党的活动和建设的规律；社会主义建设的规律，是在总结世界社会主义运动的正反两方面经验教训，尤其是总结我国社会主义建设的经验的基础上，揭示社会主义作为一种特定的社会形态的运行规律以及该社会形态的活动主体的实践规律；人类社会发展的规律，则是从人类社会发展的历史、现实和未来这样的宏大时空和广阔的视野，揭示社会发展的普遍规律和总体趋势。这三个规律涵盖了与中国共产党的理论与实践相关联的个别、特殊和一般三个层面的规律。中国共产党只有在新的实践中转变领导方式，不断创新、不断深化对"三个规律"的认识，以新的理论丰富和发展马克思主义，以新的理论指导我们党的建设，指导社会主义的改革和现代化建设事业，我们的党和国家才能永葆先进性和创造力，才能兴旺发达，永远立于不败之地。

二、转变党的领导方式，要切实把立党为公、执政为民的本质要求贯彻好

立党为公、执政为民，是中国特色社会主义理论体系的本质，也是我们党必须始终恪守的政治立场。只有一心为公，立党才能立得稳；只有一心为公，执政才能执得好。一个马克思主义政党，如果不能顺民意、谋民利、得民心，就会动摇立党之本，削弱执政之基，阻塞力量之源。能不能落实立党为公、执政为民这个本质，是衡量有没有真正学懂，是不是真心实践中国特色社会主义理论体系最重要的标志。转变领导方式，做到执政为民：

一是要学会从政治上观察问题和处理问题。要转变思维方式，看问题要从就事论事转到从政治上观察问题和处理问题上来。因为从政治上看问题，从本质上说，就是从人民群众的根本利益上看问题，用联系的、发展的观点看问题，透过现象看到本质，抓住解决问题的关键。在社会政治经济生活中的一些事，从政治上观察分析往往要深刻得多。如为什么现在农村的计生工作难做？表面上看是群众负担重，上级决策对群众干部约束多，深层次的原因是我们基层干部带领群众致富奔小康的能力不强，指导产业结构调整不当，服务不到位，致使经济发展落后，群众增收困难，承受能力降低，致使计生工作难开展。

二是要学会坚持尊重社会发展规律和尊重人民历史主体地位的一致性，坚持为崇高理想奋斗和为最广大人民谋利益的一致性，坚持完成党的各项工作和实现人民利益的一致性，切实把人民群众利益实现好、维护好、发展好。我们党90年的一切奋斗，归根到底都是为了实现好、维护好、发展好最广大人民的根本利益。要紧紧抓住人民群众最现实、最关心、最直接的问题，使我们的各项决策和工作真正体现群众的愿望、符合群众的利益，创新发展思想，创新领导方式和领导方法，使先进生产力和先进文化更好更快地发展起来，不断使群众从经济社会发展中得到更多的实惠。

三是要学会用示范引导和强化服务推动工作。把握市场经济的特点，改变计划经济体制下行政命令式的工作方式方法，淡化支配意识和控制意识，强化引导意识和服务意识，通过示范引导和为人民群众提供及时准确的信息，提供科学技术。如在农村及时提供产前、产中、产后的系列服务推动农村工作。要牢固树立全心全意为人民服务的思想和真心实意对人民负责的精神，做到心里装着群众，凡事想着群众，工作依靠群众，一切为

了群众。始终把群众利益放在第一位，在各项工作各个环节都细心研究群众的利益，关心群众疾苦，体察群众情绪，做好新形势下的群众工作，团结带领群众不断前进。领导干部必须深入基层，深入群众，同那里的干部和群众一道，努力排忧解难，化解矛盾，打开工作局面。要切实加强党风政风建设，转变思想作风和工作作风，坚决防止和克服形式主义、官僚主义，坚决维护人民群众的合法权益，始终与群众心连心、同呼吸、共命运。各级干部都要自觉接受监督，绝不脱离群众，绝不贪图安逸，决不以权谋私。

四是要学会运用民主法制手段协调矛盾。在解决了温饱逐步走向全面小康的今天，人民群众关心经济利益又关心政治权利，过去那种选举搞内定，行政搞包办，政务党务不公开，决策搞一言堂、暗箱操作的办法，已经行不通了，基层干部要自觉适应这一变化，增强民主法制意识，还权于民，变为民做主为由民做主，积极推行基层民主选举、民主决策、民主管理、民主监督，增强依靠民主、依靠法治领导新世纪群众工作的本领。要正确处理各种利益关系，善于运用说服教育等手段做好新形势下的群众工作，充分调动群众的积极性、主动性和创造性，把群众紧紧团结在党的周围。要切实关心群众的生产生活，深刻理解群众利益无小事的道理，为群众诚心诚意办实事，尽心竭力解难事，坚持不懈做好事，特别是要多到困难大、群众意见多、工作基础差的地方去，团结那里的群众一道克服困难，创造美好生活。

五是要学会围绕人民群众最现实、最关心、最直接的利益，努力把经济社会发展的长远战略目标和提高人民生活水平的阶段性任务统一起来。凡是涉及群众的切身利益和实际困难的事情，再小也要竭尽全力去办。要时刻把群众的安危冷暖挂在心上，对群众生产生活面临的这样那样的困难，特别是对下岗职工、农村贫困人口和城市贫困居民等困难群众遇到的实际问题，一定要带着深厚的感情帮助解决，切实把中央为他们脱贫解困的各项政策措施落到实处。

（作者单位：中共新晃县委党校）

提升企业创新能力是转变
经济发展方式的突破口

胡爽平

国际金融危机的惨痛教训使我们认识到,要走出危机,就必须加快转变经济发展方式,这是关系国民经济全局的、紧迫而重大的战略任务。而完成这一战略任务的突破口就是要努力提高企业的创新能力,把握住科技革命的发展机遇,提高企业的创新能力,以此来带动整个国民经济发展方式的根本转变。

一、企业创新能力与经济发展方式转变

创新能力是指主体利用创新资源进行创新的能力,即将各类创新资源运用于研究、生产、营销等过程转化为新产品、新技术、新服务,开拓新市场、新品牌的综合能力,同时,在转化和开拓过程中,外部环境和载体也是很重要的,也是构成创新能力的重要组成部分。因此,企业创新能力是指企业作为市场主体,在生产和经营过程中通过对各种创新资源的有效整合与运用,攻破各种产生新技术、新产品、新服务和新品牌的难关,以掌握自主知识产权和知名品牌为标志,并在此基础上推动后续创新时所发挥出来的各种能力的综合表现。

企业创新能力主要由企业的投入创新资源的能力、搭建创新载体的能力、提供创新环境的能力,产出创新成果的能力这四个能力组成。这四个方面既是影响企业创新能力的主要因素,也是构成企业创新能力的主要要素,每一要素的变化都会给自主创新能力带来相应影响。这四种能力可以称之为是企业创新能力系统的四个子系统,其核心是创新成果的产出能力子系统,其他三个子系统为创新成果的产出起到条件、基础和保障作用,对创新成果的产出能力的形成和发展具有决定性的作用,决定着企业创新能力的后续发展潜力。因此,我们说企业创新能力是贯穿企业整个创新过程多种能力复合作用的结果,不能把企业创新能力简单地视为技术研究开发

能力，而应把其看成是企业有效地组合和运用各种资源，从而获得自主知识产权和开发新产品、形成新品牌以及不断扩大市场份额的一种综合能力。在整个创新过程中的每个子系统都对企业综合能力的形成和发展有相应的贡献份额，它能使企业不断增强核心竞争力，从而获得持续竞争优势。

转变经济发展方式，是应对国际金融危机冲击的紧迫任务，是实现经济速度、质量、效益统一的必然要求，是我国加快科学发展和抢占新一轮发展制高点的战略举措，是提升长远竞争力的关键所在。在市场经济条件下，经济发展方式转变的过程，归根结底是企业生产过程，即劳动者运用劳动工具作用于劳动对象生产出适合于人们需要产品的过程的转变。因此，加快经济发展方式转变归根到底就是要加快企业生产过程的转变。

二、努力提升与经济发展方式转变相适应的企业创新能力

改革开放30年来，我国的自主创新取得了长足的进步，但企业的创新能力总体水平仍比较低，这成了制约我国经济发展方式转变的主要因素，突出表现在：企业创新能力不足，在可能发生科学革命的重要领域总体来说还处于跟踪水平；关键核心技术受制于人，许多重要产业的对外技术依存度高，先导性战略高技术领域布局薄弱；集成创新能力不强，引进技术的消化吸收再创新程度也较低，与国外的差距还较大，等等。这就迫切需要企业提升创新能力来改变这一状况，我们应从以下几个方面来提升与经济发展方式转变相适应的企业创新能力。

第一，不断加强企业创新资源的投入能力。

当前，要不断加强企业创新资源的投入能力，一是企业应加大力度培养创新型人才。创新人才是企业进行创新的关键因素，因此，创新型人才的培养和挖掘是企业加强创新资源投入能力的重要体现。二是要加大对创新活动的资金投入。不但企业要重视创新活动，而且政府部门也要增加对企业创新的支持，给企业发展提供有力的财力保证。三是有效地激发企业的能动性，吸引和集聚国内外先进生产要素，充分地利用国内外资金和吸纳国内外先进技术，在改革创新中实现跨越式发展。

第二，不断提高企业创新载体的搭建能力。

提升企业创新载体的搭建能力需要加大科技投入、建设科教基础设施，但更重要的是需要用科学精神武装科技创新队伍，提升其创新的自信心与勇气；需要大力传播科学精神，提倡理性思维的科学方法，夯实创新的社会基础。要以企业为主体、市场为导向、产学研相结合，加快推进科技成

果向现实生产力转化。

第三，不断加强创新环境的保障能力。

要求不断加强创新环境的保障能力。首先，应不断提高企业的创新管理水平。一个企业应具有明确可行的创新战略，再加上各类技术创新人员的合理安排，企业内研究开发、生产、营销与综合管理部门之间能良好的沟通，部门间能够开展旨在实现创新的精诚合作，人员流动和奖励的效果明显，技术创新项目选择了一套科学方法，企业与外部的技术力量能有效合作等，就为企业最终产出创新成果迈出了关键的一步。其次，要引导企业进行制度创新。现阶段，我国企业的制度创新主要可以通过进一步地完善企业现代产权制度、完善企业法人治理结构和高层管理者薪酬制度以及建立高层管理者创新贡献股票奖励制度来构筑。同时，要构建激励企业人力资源创新行为的制度，建立起企业创新贡献考核体系，按照创新贡献的大小实施激励。企业还要营造创新氛围，建立创新文化，把创新价值观念深入员工脑海，激发员工的创新行为；建立培训和创新信息网络传递机制，让所有员工具备创新意识和创新基本能力，并通过以企业内部非正式信息沟通系统表现的创新信息网络，发挥企业内部非正式信息沟通系统关键人物对创新产生的引导作用；建立团队学习，扩散创新成果和碰撞思想火花。再次，应实施企业的组织创新。企业实施组织创新包含以目标管理作为实施企业创新的控制方式。最后，政府在体制、产业和财政政策等方面对企业创新的支持具有义不容辞的责任，应积极发挥其对企业创新环境的保障作用。

第四，不断提高企业创新成果的产出能力。

提高企业创新成果的产出能力是提高企业创新的能力的目标所在。当前，我国各企业应相应的提高其知识创新能力、技术创新能力、新产品创新能力、品牌创新能力等。知识创新能力是技术创新的基础；技术创新能力是核心；新产品创新能力是企业创新能力的有效实现；品牌创新能力反映了创新能力的市场实现，也是创新能力的重要表现形式。只有不断地提高企业创新成果的产出能力，企业在市场中才会有核心竞争力，这也是当前我们转变经济发展方式的重中之重。

（作者单位：中共长沙市开福区委党校）

加快产业转型升级　打造国际旅游精品

龙儒文

一、积极与中央扩大内需的建设项目对接，加快推进旅游配套设施建设，推动凤凰旅游产业由粗放型向集约化发展转变

1. 高起点推进旅游城市建设，提高游客在凤凰的旅游消费水平。2004—2008 年，凤凰接待的游客每年平均以 32.03％的增幅在快速增长，旅游规模上去了，但旅游消费水平却不高。据丽江市的统计数据显示，2008 年丽江旅游人均消费 1096.23 元，而凤凰旅游人均消费只有 451.99 元。"凤凰的自然人文景观一流，但作为旅游城市建设相对落后。"几乎每一位来凤凰旅游的游客都认为，凤凰的城市建设水平与高速发展的旅游业很不适应。城市综合承载能力差是造成游客在凤凰过夜率低和消费水平低的重要原因。推动凤凰旅游产业转型升级、提质增效，必须坚持按照"保护古城、改造旧城、开发新城、打造名城"的原则，坚持用国际眼光来审视、用国际标准来描绘、用国内先进水平来打造旅游城市，高起点推进旅游城市建设，提高城市品位和综合承载能力，提高游客在凤凰的过夜率和消费水平。

2. 高标准推进旅游交通设施建设，提高旅游景区景点的进入性。景区景点进入性差和相互之间通达性差，是制约凤凰旅游产业发展的一个重要"瓶颈"。推动凤凰旅游产业转型升级、提质增效，必须抓住中央扩大对铁路、公路、机场等重大基础设施和农村基础设施投资建设的政策机遇，加强旅游交通建设项目申报，高标准推进旅游交通设施建设，千方百计改善旅游交通环境，构建内外通畅的现代立体旅游交通运输网络。加快打通与周边地市对接的高速旅游通道。加快"铜仁·凤凰"机场联建步伐，稳定广州航线，争取开通上海、北京、南京、福州等几条国内游客较多直通航线，搭建"旅游空中走廊"。争取广铁集团支持，对新凤凰火车站进行提质扩容，增开重点旅游城市到吉首的始发列车和旅游专列。加快建设吉怀高速凤凰段和凤大高速公路，重建凤凰堤溪大桥，开通凤大高等级公路，提

高凤凰旅游的集散能力。启动县际旅游环线公路建设和通村景区旅游公路计划，提升景区旅游公路等级，提高其进入性和通达性。

3. 高水平推进文化展演平台建设，提高旅游文化艺术表演水平。有文化艺术而没有展演平台，是凤凰旅游业当前遭遇的一大"尴尬"。推动凤凰旅游产业转型升级、提质增效，必须做好文化与旅游的结合文章，大力推进文化展演平台建设，依托旅游业发展来弘扬凤凰民族文化。抓住"凤凰国际风情园"被纳入湖南省文化产业重点扶持项目的有利契机，大力支持湖南凤凰国际文化传媒有限公司加快推进凤凰国际剧院建设，合力打造大型原创音乐舞蹈史诗《凤凰神话》，努力将这台晚会打造成国内一流水平的晚会。大力支持凤凰古城公司加快推进山水实景表演平台建设，合力精心打造大型民俗风情晚会《烟雨凤凰》，努力将这台晚会打造成与《印象·丽江》、《丽水金沙》、《印象·刘三姐》齐名的晚会，把凤凰厚重的历史文化与浓郁的民俗风情充分展示出来。大力支持和鼓励各种文化团体、单位和个人融入旅游演出市场，精心打造一批游客喜欢、有震撼力的精品剧目。

4. 高水准推进旅游接待宾馆建设，提高凤凰旅游住宿接待水平。目前，凤凰还没有一家四星级以上的旅游接待宾馆，严格来说根本还不具备接待国际旅游团队的基本条件。住宿条件不能满足高端游客特别是国际旅游团队的消费需求，是当前凤凰旅游业的一根"软肋"。推动凤凰旅游产业转型升级、提质增效，必须紧紧抓住国家西部大开发和湘西地区大开发的战略机遇，结合凤凰旅游正处于黄金发展期和战略提升期的实际，以客源市场需求为导向，优化调整星级酒店的结构和布局，积极发展高星级旅游宾馆酒店，逐步形成层次完整的住宿接待体系。

二、积极与新的休假制度和旅游消费趋势对接，依托生态和文化资源，推动凤凰旅游产业由观光旅游向休闲度假转变

1. 加大对凤凰古城的保护和开发力度，进一步提高凤凰古城的美誉度。凤凰古城是凤凰旅游产业的龙头，推动凤凰旅游产业转型升级、提质增效，必须加快推动凤凰古城景区提质升级，全力打造包括食、住、行、游、购、娱等各种要素乃至整体环境在内的全要素旅游产品，给前来休闲度假的旅游者提供最为丰富的体验。坚持"开发与保护并重"，按照建设资源节约型、环境友好型社会的要求，尊重历史文化和地方文脉，把民族建筑的元素、符号融入古城保护与开发中来，努力把凤凰古城建设成"中国最美丽的小城"。推进实施"万亩青山抱古城"工程，加大对南华山国家森林公园

的综合开发力度，拓展古城景区范围、古城旅游项目和游客活动范围。加大对沱江两岸饭馆、酒吧、宾馆、茶楼等排污问题的综合整治力度，坚决杜绝环境污染重、生态破坏大的项目进入古城。坚持按国际标准配套建设古城旅游产品要素，进一步提高凤凰古城的美誉度。

2. 大力保护原生态和民族文化，努力把资源优势转化为产业发展优势。推动凤凰旅游产业转型升级、提质增效，必须盯紧看牢原生态，加强生态文明建设，挖掘开发苗族文化，发展生态文化经济，把生态文明转化为发展优势。坚持"开发服从保护"，在全县范围内组织开展生态文化资源的普查、评估、抢救和保护工作，保护好历史文物和非物质文化遗产，争取更多的"国字号"、"省字号"文物保护单位和非物质文化遗产保护项目。坚持规划先行，抓紧编制《凤凰县民族民间文化生态资源保护与开发规划》，以科学的规划推动和促进民族民间文化生态资源的保护与开发，把文化生态资源优势转化为文化旅游产业发展优势。

3. 积极发展乡村休闲度假旅游，大力培育凤凰旅游业发展的新增长极。乡村旅游是凤凰旅游产业发展的一个新增长极，推动凤凰旅游产业转型升级、提质增效，必须配合凤凰古城、南方长城等精品精区，抓紧开发乡村休闲度假旅游产品，进一步优化凤凰旅游产品结构，增强凤凰旅游的吸引力。

4. 加快发展民俗风情旅游，千方百计做大做精做强民俗风情旅游产业。目前，凤凰的民俗风情旅游开发与丰富多彩的资源相比，与丽江、大理、桂林等旅游先进地区相比，还有很大差距，民俗风情旅游还有很大的发展潜力和增长空间。推动凤凰旅游产业转型升级、提质增效，必须配合历史文化旅游这一拳头产品，想方设法把民俗风情旅游做大做精做强，促进旅游产品结构由单一化、趋同化向多元化、特色化提升。

三、积极与国内外的高端旅游市场对接，着力打造国际旅游精品，推动凤凰旅游产业由数量扩张向质量提升发展转变

1. 加大创品夺牌力度，打造精品景点。推动凤凰旅游产业转型升级、提质增效，必须树立精品意识，努力把凤凰的旅游产品打造成"省内精品、国内名品、国际新品"。

2. 深入挖掘名人文化，提升旅游品位。推动凤凰旅游产业转型升级、提质增效，必须深入挖掘名人文化，挖掘名人在凤凰成长或活动的足迹、名人作品关于凤凰的印记，做好名人故居、遗物、照片、作品等的挖掘与

展示工作，提升凤凰旅游的文化品位与文化内涵。目前，沈从文故居、熊希龄故居、田兴恕故居、陈宝箴故居同质竞争情况比较严重，对这些名人故居进行差异化、个性化的提质改造已刻不容缓。

3. 大力加强宣传营销，吸引高端游客。以 2008 年为例，凤凰接待国内游客 420.08 万人次，接待境外游客仅 6.46 万人次。国内客源市场主要以省内及广东、湖北、重庆等华东、华南地区为主，北方游客较少；境外客源市场主要以中国香港地区、中国台湾、马来西亚、新加坡、韩国、日本为主，西欧和美国游客较少。推动凤凰旅游产业转型升级、提质增效，必须针对凤凰旅游短线游客多、长线游客少和低消费游客多、高消费游客少的实际，及时调整目标游客定位，加大宣传营销力度，积极开拓客源市场，吸引长线和高端游客。

4. 加强旅游区域合作，实现互动共赢。推动凤凰旅游产业转型升级、提质增效，必须打破区域界限，消除区域壁垒，加强区域合作，进行差异化竞争、差别化发展，实现优势互补、互动共赢。大力加强与省内"3＋2"城市群的协作。抓住长沙至日本大阪航线开通与长沙至中国台湾直航的机遇，充分发挥常吉高速的大通道作用，加强与省内"3＋2"城市群的旅游区域协作，扩大日本、中国台湾市场，巩固省内重点市场。主动跟进"大湘西"旅游协作区开发进程。

四、积极与区域经济的发展对接，加快相关产业与旅游产业融合发展步伐，推动凤凰旅游产业由经济功能向综合功能转变

1. 大力开发特色旅游商品，通过开发旅游商品实现增值。推动凤凰旅游产业转型升级、提质增效，必须加快建立旅游商品研发中心、生产基地、批发市场，大力开发具有民族性、地域性、纪念性的民族工艺品、旅游纪念品、旅游日用品，通过产业化经营，实现规模化增值，形成"小商品大产业"、"小企业大集群"发展态势。加快建设区域性旅游购物中心和购物点，加大引进和扶持旅游商品加工企业力度，大力开发有凤凰民族文化特色的旅游商品。

2. 大力发展商务和会展业，通过培育高端市场实现增值。推动凤凰旅游产业转型升级、提质增效，必须准确把握凤凰旅游"交通设施不断改善、产业规模日益壮大、品牌效应逐步放大、旅游经济高速增长"的发展态势，正确处理旅游资源供给与产品市场需求的结构对应关系，适当超前发展商务旅游、会展旅游等高端旅游产品，提前从黄金发展期进入战略提升期，

加快推进凤凰旅游的国际化进程。

3. 大力发展旅游的新业态，通过旅游产品和经营方式创新实现增值。推动凤凰旅游产业转型升级、提质增效，必须按照"巩固、整合、提升、完善"的方针，在完善和提升原有景区景点、传统观光旅游产品的同时，抓好景区、景点、产品、线路的整合，抓好自然景观和人文景观、旅游产业与文化产业的整合，抓好旅游业与农业、工业、信息产业、商务会展业等的融合，大力发展生态旅游、探险旅游、森林旅游、自驾车旅游、农业观光旅游、工业观光旅游、文化休闲旅游、商务会展旅游等凤凰旅游的新产品、新业态，并通过服务外包、销售代理、电子商务、网络营销等经营方式创新，实现要素聚集，形成聚变效应。

4. 大力发展娱乐和餐饮业，通过拓展服务领域实现增值。推动凤凰旅游产业转型升级、提质增效，必须深入挖掘、开发、利用凤凰深厚而独特的民族文化资源，围绕旅游发展文化娱乐产业，围绕旅游开发地方风味餐饮，增加产品与服务的文化内涵和人文关怀，最大限度地激发游客的消费欲望，不断提高游客的消费水平。

（作者单位：中共湘西自治州委）

试论江华如何转方式调结构

唐耀富

加快经济发展方式转变，加大经济结构调整力度，是党中央在准确把握国际国内经济形势发展变化和我国改革发展稳定大局基础上作出的重大战略部署。江华作为欠发达地区的瑶族自治县，如何在承接产业转移推进新型工业化中转方式调结构？笔者认为，当前和今后一个时期，应着重从以下五个方面努力：

一、坚持民营理念谋划工业，把经济技术开发区作为推进新型工业化和转方式调结构的重要平台

江华经济技术开发区作为推进新型工业化的重要平台，是转方式调结构的主战场。要继续实施"民营立县"战略，按照县委、县政府"大干快上、大见成效、又好又快、科学发展"的总体部署和"三年打基础、五年上规模、十年新崛起"的要求，切实做好各方面的工作，把转方式调结构这一战略举措落到实处。

那么，如何才能把经济技术开发区打造成为推进新型工业化和转方式调结构的重要平台？一是在规划建设上要敢开先河。要突出顶层设计理念，既要考虑产业发展的长远性，也要考虑城市发展的超前性。二是要进一步完善水、电、路、讯等配套设施，提高对项目的吸引力和承载力。三是重点建设好"四园三区"（四园：即生态工业园、台商产业园、返乡农民工创业园和瑶族文化创意园；三区：即工业项目功能区、商住物流功能区和社会事业功能区）。四是要进一步搞好政务提速，对投资客商实行"一站式"、"保姆式"的个性化服务。五是要大力支持先行先试，增强自主决策和自主服务的功能，引导优势企业、优势项目、优势产业向开发区集中。

二、坚持项目理念谋划发展，把招商引资作为转方式调结构的重要抓手

继续实施"开放兴县"和"项目带动"战略，把经济工作的着力点和突破口转移到招商引资上来。抓招商引资，必须坚持高起点、高质量、高效益，使有限的资源发挥更大效益。要由招商引资向选商选资转变，尤其是要突出新材料、新能源和制造业、加工业的新型工业化项目。通过招商引资，推进新型工业化及新型城市化，用3~5年时间，实现全县新型工业化"421工程"的目标。即一是发展壮大"4个10亿产业"。其中，第一个是以稀土开采及精深加工为主的冶炼建材等新材料产业，要达到产值10亿元以上；第二个是以纸业为主的新型制造业达到10亿元以上；第三个是以方便面为主的环保有机食品加工业达10个亿以上；第四个是以风能发电及装备制造和水电产业等清洁能源产业达到10亿元以上。二是打造两个10亿园区，即江华经济技术开发区和河路口工业项目区。三是建设一个过亿美元的出口基地。用3年时间，全县新型工业化直接外贸出口达1亿美元以上。

为实现上述经济目标，必须把招商引资与转方式调结构有机统一起来，把招商引资作为转方式调结构的重要抓手。一是向外引进项目资金，要以"招大、招优、招强"为中心，重点围绕基础产业、资源性产业和配套产业以及传统产业的改造升级，靠大联强、合资合作进行招商，优化产业结构，形成集聚效应。坚持招商与选商相结合，全力引进一批科技含量高、环境污染小、财税贡献大、综合效益好的项目。二是向上争取政策资金，要依托现有的政策优势，把握国家产业政策和投资导向，用足用活用够省委实施湘南地区大开发先行先试的政策，及早做好项目申报。重点围绕承接产业转移、生态农业、水利设施建设、国土整理、扶贫开发、以工代赈等方面包装、申报项目，积极争取一批国家、省市政策性项目、资金落户。三是向内要撬动民间资本。充分利用永州中小企业担保公司和嘉豪投资担保公司平台，促进增长扩股，规范经营，尽最大努力为中小企业提供贷款担保。积极引导广大群众更新投资理念，激发投资热情，努力形成政府财政信贷支持、企业自主积累、民间资本自由流入的企业融资体系。积极引导和鼓励在外创业成功人士返乡创业，加大项目投资力度，为扩张县域经济总量奠定基础。

三、坚持经营理念谋划城镇，着力推进新型城镇化建设，为转方式调结构提供强大的动力

经济发展的实践表明，在工业化初期，工业化对城市化的带动作用强；当工业化进入中期以后，城市化对工业化的带动作用凸显。我国已进入工业化的中期。我国经济的最大动力已转向城市化。城镇化已成为扩大内需的战略重点，拓展持续发展的主要空间。一是城镇化可以有效扩大城市消费群体，城市人均消费一般是农村人口的2至3倍；二是城镇化可以拉大投资需求，每增加一个城市人口，可以带动10万元的城镇固定资产投资；三是城镇化也可以提高农民消费水平，城镇化水平高，对农村的辐射能力、带动能力会更强。可见，大力推进新型城镇化建设，是转方式调结构的强大动力。

坚持经营理念谋划城镇，大力推进江华新型城镇化，应重点抓好六个方面的工作。一是坚持提质扩容，打造精品靓城。加快江华大道、滨江大道、城市防洪等重点工程建设，按照"全国文明县城"标准搞好县城美化、亮化、绿化等"五化"，不断提升品位。二是彰显县城特征，打造特色名城。要依托瑶族文化特色，以县城沱江为中心，以瑶族文化公园为重点，进一步挖掘历史文化底蕴，整合瑶族建筑、歌舞、民俗风情等特色资源，加快推进最有瑶族特色的县城建设，努力形成"全国瑶族文化中心"。三是实施产业强县战略，打造实力富城。产业发展是城市发展繁荣的重要支柱。要通过产业发展，促进农村人口向县城和各个建制城镇集中，让更多的农民进城变成市民，为城市发展拉动人气、凝集人气、增聚财气。四是加强经营管理，打造和谐新城。五是加快城西开发，打造经济增长新区。要按照远、中、近期规划，进一步加快城西开发进程，力争三至五年形成一个朝气蓬勃的新城区。近期着重抓好"二路三区四园"建设工程，实现城镇建设、园区建设与产业建设的良性互动。六是抓好建制城镇建设，增强带动功能。沿S326和G207线经济走廊的10个建制镇，要按照修编后的小城镇规划，以经营理念谋划城镇的新思路，加快城镇化建设步伐，并依托产业优势，完善城镇功能，增强聚集效应，促进城乡统筹又好又快发展。

四、坚持工业理念谋划农业，优化农业产业结构，推进农业发展方式转变

坚持工业理念谋划农业，推进农业发展方式转变，要从四个方面入手。

一是借鉴工业的生产理念，发展高效农业。要对农业实行企业化管理，注重提质降耗，讲求成本核算，提高农业的生产效率；要有序推进农业规模化生产，发展一村一品、一乡一业等形式的专业化、特色化、品牌化农业生产基地，提高农业的经济效益。江华县应在稳定粮食播种面积的基础上，重点建设烤烟、药材、水果、蔬菜、食用菌、油茶、速生丰产林、生猪等一批"万字号"基地，提高农业规模效益。二是借鉴工业的质量理念，发展优质农业。要进一步强化农业质量意识，以市场准入为切入点，建立推广相应的农产品标准体系，从产地和市场两个环节入手，通过对农产品实行"从农田到餐桌"全过程质量控制，不断提高农产品质量，满足人民群众的要求。江华应在巩固发展"瑶山雪梨"、"江华苦茶"、"圆叶奇香莴笋"、"紫长茄"等绿色食品的基础上，在产品认定和产品认证上要有新的突破。三是借鉴工业的科技理念，发展科技农业。科学技术是农业生产优质、低耗、高效的基础和保障，发展现代农业必须深入实施"科技兴农"战略。

五、坚持人本理念谋划民生，促进经济社会协调发展，为转方式调结构提供良好的社会环境

民生问题，涉及人民群众的受教育权、劳动权、生命权、健康权和社保权等生存权和发展权。解决民生问题，应突出重点，切实解决好人民群众最关心、最直接、最现实的利益问题。

用人本理念谋划民生，就是要把做大蛋糕、做好蛋糕和分好蛋糕有机协调统一起来。做大蛋糕就是要进一步做大经济总量；做好蛋糕，就是要优化经济结构，提高经济质量和效益；分好蛋糕，就是要高度重视改善民生，让人民群众分享改革发展的成果。为此，江华应着力抓好三项工作：一是繁荣社会事业。优先发展教育，全面实施教育强县战略，巩固义务教育，提升高中教育，大力发展职业教育和民办教育；深化教育体制改革，推进素质教育，落实教育公平。协调抓好环保、广电、体育等其他社会事业，促进各项社会事业蓬勃发展。二是促进社会公平。全面落实各项强农惠农政策，切实减轻农民负担。高度重视库区、林区群众生产生活问题，进一步加大扶贫开发力度，实现农民稳步增收。发展劳动密集型产业，切实解决零就业家庭、困难家庭就业，加快推进农村劳动力转移就业。

（作者单位：中共江华县委党校）

创新经济发展方式
构建生态农业发展战略新格局

阳　婕

生态农业市场经济发展战略，是指一切农业经济活动必须具有生态环保性质，既要安全、节能、低耗、无公害，不损害生态环境，不损害人身健康，又要有更多的经济效益，促进经济发展的一种经济形态，是一种环境合理性与经济效益性相统一的农业主流经济。绿色消费已成一种时尚，一些发达国家或地区的消费者已自觉抵制不带绿色认证的产品。同时，只有越符合生态环保标准的产品，附加值才越高，才越有效益。因此，在供大于求的条件下，产品效益主要不是来自于量，而是来自于质，是绿色的品质带来了高附加值，良好的生态环保就是生产力。

一、江永县实施生态农业市场经济发展战略的优势

江永县地处湘南边陲，湘桂交界，从地理位置上看属亚热带季风性湿润气候。冬暖夏凉，气候独特，光照充足，无霜期长达300天以上；土地肥沃，位于南岭稀土矿带，土壤的透气、透水性能好；土壤中富含硒等人体所必需的轻稀土元素，素有"天然大温室"之称，被誉为"长江以南优质水果最佳发展地带"，是生产香型绿色天然富硒保健食品和营养食品的最佳地域。香柚、香芋、香姜、香米"江永四香"久负盛名，相继被农业部命名为"中国香柚之乡"、"中国香芋之乡"，香柚、香芋和香姜喜获农业部"首批地理标志农产品"认证，香芋列入全国第6批农业标准化示范项目。近年来，我县坚持走规模经营农业积极发展生态农业、绿色产业的路子，努力建立3个三元结构体系，初步形成了以中香一号、香两优68、金优207、新香优80优质稻栽培为主的粮食生产基地，以香柚为主的水果生产基地，以香芋和反季节蔬菜为主的蔬菜生产基地，以瘦肉型猪、短角黄牛、黄江麻羊为主的牲畜生产基地，以香型优质烟为主的烤烟生产基地及以优质林木为主的经济林生产基地等六大科技园基地。目前，生态农业产业的

链条已基本链接。全县已建成优质稻、水果、蔬菜、烤烟、畜禽、工业原料林等六大特色农业产业基地，创建标准化连片生态农业种植基地 22 个。这些绿色产品深受广大消费者喜爱，并且在粤、港、澳等地占有一定市场。

二、江永实施生态农业市场经济发展战略的弱势

一是农产品市场供求关系发生了根本性的变化。特别是水果市场已出现了饱和现象，甚至出现了季节性过剩的现象。江永香芋的上市时间与江西赣川芋、广西荔浦芋、广东电白芋、福建闽南芋和我省的嘉禾芋、临武芋都是在当年的 9 月至次年的 4 月，供应周期相对集中，市场竞争性强。农产品市场全面开放，以往保护柑橘类国内市场所采取的一些关税政策和非关税措施，将不再有效，江永香柚面临的市场压力、竞争力度将加大。江永香柚集中在春节前后进行销售，销售市场易产生较大冲击。最后，国外成熟的加工技术使其产品在质量价格上均具明显优势，对我县处于起步阶段的香柚加工业将形成严峻的挑战。此外，我县的销售龙头企业还没有真正形成，与香柚销售相配套的销售服务网络还不健全。二是市场竞争意识不强，营销网络不健全。果农只注重产量，不注重产品的质量和外观包装，生产的产品大路货多，名优果少，导致市场竞争能力弱，从而造成产品结构性卖难，出现果贱伤农的现象。营销队伍素质参差不齐。营销过程中，不注重宣传江永品牌，甚至为了牟取暴利而以次充好，掺杂使假，影响了江永的声誉。营销渠道散乱无序，市场开发力度不大。全县从事水果、农产品销售的农副产品贩运个体队伍和联合体大多是单打独斗，缺乏统一的指导和管理，形成不了市场调节的整体合力。同时，我县的农产品大都销往广东沿海市场，而对华东和中南市场开发力度不大，未能在一些大中城市的水果蔬菜批发市场设立销售窗口，未能形成华南、华东、中南市场销售网络，信息服务网络不健全，把握不住商机。三是农副产品加工业薄弱，产品粗放，效益低下。农副产品精深加工是江永县域经济发展的"短腿"，到目前为止，全县还没有几家上规模上档次的农副产品加工企业，5000 吨香柚加工项目目前还未投入运作生产。正因为加工企业带动能力弱，产业链条较短，致使农副产品只能以低级原料和初级产品或半成品投放市场，在市场上只不过是充当了发达地区的"配角"；因为缺乏深度和广度的开发利用，导致出现了"一流产品、二流包装、三流效益"的怪现象，从而使江永丰富的资源优势未能转化为强大的经济优势，阻碍了江永县域经济的发展。

三、江永实施生态农业市场经济发展战略的对策

一是以资源为依托，以市场为导向，开辟绿色产业新空间，培育壮大绿色主导产业。江永必须立足于现有的资源优势，将资源优势与市场需求进行优化组合，突出江永绿色产业的地方特色，建立绿色食品产业基地。突出抓好以香柚为主的水果这一绿色主导产业的发展壮大。尽快实施"名牌战略"，加大香柚科研和科技推广力度，推广柚果套装新技术，提高果品的外观品质；推广高品质化栽培、规范化管理技术，提高果品的内在品质和整体质量；大力开发无公害水果，限制使用高残毒农药，大力抓好柚果采摘后的商品化处理。在稳保现有香柚种植规模的同时，扩大夏橙、脐橙、椪柑、三月柑等名特优新产品的开发面积，从而形成不同梯度的产品优势，提高规模效益。抓紧香柚副产品的高科技开发，搞好柚肉、柚皮、柚核的综合利用，研制开发出适合消费者饮食习惯的香柚系列保健绿色食品，最大限度地参与到华南经济的大循环之中。二是充分运用高科技武装江永农业，促进绿色产业的大发展。必须采取各种得力措施引进绿色科技和绿色技术人才，规划和建设粗石江镇槐木村、白土村、仙姑塘村等六大生态农业绿色科技园区和20个生态农业村，以及以桃川洞为核心区的10万亩生态农业示范区。通过高标准、高质量的绿色科技园的示范带动，促进绿色技术的普及，促进生态农业市场经济的快速发展。加大科技投入，必须建立健全农科教社会化服务体系，逐步形成"县级服务专业化、乡镇服务区域化和村组服务普及化"的社会化服务格局，为广大农户提供农业科技咨询、技术培训、成果推广等项目服务，提高农产品的整体科技含量。积极推广高效实用科技含量较高、代表当前发展水平的"上流浮罩式"沼气池，淘汰相对落后的"水压式"沼气池；在沼气生态农业示范村大力发展生猪，引猪尿粪入饲料渣，进沼池，沼液沼渣肥果树，沼气入室照明、煮饭。积极推进生态养殖产业化，实施荒山荒坡建舍养猪、低畦开塘养鱼、池边圈栏养鸭、山上养牛羊等生态工程。充分利用我县列为全国秸秆养牛示范县的契机和丰富的草山、草坡和农作物秸秆资源优势，发展以肉用牛为主的草食牲畜生产，大力推广秸秆养牛一整套技术。三是拉长产业链，提高附加值和综合效益。必须要在抓农副产品质量的同时，下大力气延伸农副产品的产业链，通过精深加工来增值，通过拓展市场空间来增值。积极引进资金、技术、厂商大力发展农副产品精深加工，抓好龙头加工企业建设，开发高科技含量、高创汇、高附加值的拳头产品，增强市场竞争能力。同

时，积极引进香港大通投资集团有限公司投资 1.5 亿元开发江永香柚综合加工项目，争取雅士利食品集团等龙头加工企业，从而带动运输业、包装业及第三产业的发展壮大，促进县域经济的全面发展。狠抓流通载体建设，实现县域经济与国际国内市场的转轨。通过积极兴建香柚果品的初级市场和各类农产品专业市场，改变我县有市无场、有场不专的局面，培育完善的市场营销体系，完善社会化服务网络，尽快形成生产与市场的纽带，切实解决产销脱节的问题。同时要充分发挥县香柚行业协会、蔬菜产销行业协会的作用，发挥县香柚销售总公司和个体销售大户的主渠道作用，形成强劲的信息、销售网络，在巩固省内和广东沿海市场的同时，抢占"两广"其他市场和上海、武汉、长沙、昆明等大中城市市场，积极开拓中南和华东市场，形成华南、华东、中南三大市场销售网络。

（作者单位：中共江永县委党校）

以领导工作方式转变促进经济发展方式转变

侯春娥

一、领导工作方式转变的主要路径

1. 封闭式转向开放式

基层领导者大多数走的是村干部－乡干部－县干部的成长道路，熟悉本地的事务，对家乡有深厚的感情，同时也存在着文化素质偏低、视野不开阔、社会关系复杂等问题，极易把自己封闭起来，其领导工作方式也就比较陈旧。因此，基层领导者必须勇于迎接日益激烈的市场经济的挑战。面对开放、纷繁变化的世界，领导者要立足本地，站在时代、全局、长远的高度考虑问题，进行决策，既注重现实和历史，从实际出发，又放眼于未来和世界。要敢于面对自己的不足，在角逐中吸收世界先进的管理经验和技术精华，在动态中不断接受新的信息，认清自己的优势，把握新情况，解决新问题，走前人未走过的路，发展自己，开创未来。

2. 粗放型转向集约型

由于历史原因的限制，传统领导观念在很大程度上把领导工作经验化，把领导者当作通用人才。过去的所谓"外行领导内行"的说法在一定程度上反映出这种思路。但是"外行领导"趋向促使决策的风险性和决策成本加大，使人事搭配的非专业化分工倾向加强，难以适应社会活动的集约化趋势的要求。"外行领导"转变为"专业化领导"是领导模式从"粗放型"向"集约型"转变的主体角色替换要求。改革开放以来，邓小平同志提出的干部"四化"方针，其中的"专业化"方针就是强调现代领导者必须是专业领导，必须是领导专家。一般而言，领导的层次越低，业务知识的要求相对较多，领导专业知识要求相对较少；领导的层次越高，业务知识要求相对较少，领导专业化知识要求相对较多。高层次的领导者几乎等同于具有广泛知识背景的领导专家。值得注意的是，领导工作的专业化是具有相应的前提条件的，这就是领导活动从经验上升为科学，成为领导科学指导下的实践活动。

3. 人治型转向法治型

基层领导者要实现由人治向法治的转变，一是必须树立法治观念，维护法律的权威。任何个人、组织都不能凌驾于法律之上，在法律面前必须人人平等。领导者的权力是法律赋予的，必须在法律法规允许的范围内行使自己的权力。领导者的权力必须得到有效的制约，不能被滥用，更不能用来为个人或小集团谋私利。二是基层领导者必须依法办事，做到有法必依，执法必严，违法必究。三是必须改变习惯于行政命令的领导方式为利用经济和法律手段的领导方式，学会运用经济杠杆，运用各种法律法规管理日常事务，并在法律允许范围内充分发挥自己的才干。四是破除地方保护主义，加大反腐败力度，建立健全各项责任制度，包括反腐败责任制度、工作人员考核制度、政绩公开评估制度等。对违法违纪行为，绝不姑息养奸，坚决一查到底，绝不心慈手软。特别是主要领导干部，必须摆脱人情风，支持公、检、法机关依法办案，不能用权干预办案。只有这样，才能维护法律权威，使领导工作纳入制度化、法治化、规范化的轨道。

4. 事务型转向效率型

领导者要从烦琐的小事中解放出来，抓决策，抓大事。一是从体制改革入手，合理设置机构，避免重叠和互相扯皮，每个部门要明确自己的职责范围，既不超越权限，又要保证部门的工作质量和效率。领导者必须明确自己的责任，不同层次的领导者要明确分工，主要领导者要学会授权，不能事必躬亲，限制下属积极性的发挥。二是要提高领导者的素质，增强为人民服务的意识。基层领导者要勤奋工作，搞好调查研究，深入群众，体察民情，了解人民群众的疾苦，想人民之所想，急人民之所急，把人民群众的事情做好做实。三是求真务实，力求快节奏，高效率。就是要为人民办实事，不能空话套话连篇，虚报浮夸，欺上瞒下，凭"数字"出干部。办事要力求高效率，改变文山会海，繁文缛节，公文旅行，当传声筒、传达室的现象。要创造性的工作，善于把上级的政策和指示，转化为推动县域经济发展的动力。

二、以领导工作方式转变促经济发展方式转变

一段时期以来，一些地方脱离实际，为追求一时的增长速度，单纯靠投资拉动、规模扩张、资源推动，发展低端产业，给地方发展造成了长期的包袱和隐患。这些都是不可持续的。既然资源禀赋不可改变，发展阶段

不可逾越，就必须靠转变发展理念、创新体制机制，以领导工作方式的转变促经济发展方式的转变。

1. 坚持先进制造业和现代服务业两轮驱动，促进产业结构优化升级。着力加快先进制造业基地建设，全面提高制造业的竞争力。正确处理制造业产品数量与质量的关系，把数量扩张为主转变为质量提高为主，加快发展现代制造技术，促使制造业更多地进入技术链高端领域，提高技术链高端产品在总产品中的比重；加快信息化改造传统产业，促使传统制造业更多地进入价值链高端领域，提高价值链高端产品在总产品中的比重，改变传统工业以中低档加工为主的现状。以市场需求为目标，培育扶持医药、化工、汽车、摩托车、家电、塑料、缝纫机等主导行业；加快运用高新技术改造提升传统产业，不断运用新材料、新工艺、新装备和高新适用技术改造工艺品、食品、鞋服等传统行业；大力发展现代生物技术、信息技术、新材料、高效节能及新型环保技术等新兴高新技术行业。政府要针对不同的行业、企业出台合适的引导政策。

促进现代服务业发展，提高其在整个经济中的比重。转变经济发展方式，产业结构上要实现由主要依靠工业带动增长，向工业、服务业共同带动的转变。要采取多种措施，促进现代服务业发展。完善和落实服务业促进政策，大力发展现代物流、商贸市场、交通运输、金融 保险、会展等生产性服务业，积极发展总部经济、楼宇经济、创意经济等都市型经济。加快服务业的改革和开放的步伐，营造有利于现代服务业发展的体制环境。进一步完善政策法规、行业标准和硬件设施体系，加大投入，为现代服务业发展奠定基础环境。

2. 促进城乡消费，优化进出口结构，拓展发展空间。无论是着眼于民生改善，体现以人为本，还是着眼于产业结构优化升级等，都要坚持扩大居民需求，鼓励合理消费，提高居民的消费水平，形成消费、投资、出口协调拉动经济增长的局面。要更加重视解决"三农"问题，多渠道增加农民收入，大力拓展农村消费市场。培育物质领域和文化领域的消费热点，推动消费结构升级，增强消费需求和消费能力。调整优化进出口结构，转变贸易增长方式。严格限制能耗高、污染多、附加值低的贸易加工企业，提升出口质量和效益。培育扶持一批有核心技术、有品牌出口企业和出口商品，努力提高品 牌产品的出口比重。抓住人民币升值的机会，引进先进的关键技术、急需设备，积极提高自身的装备水平，提高竞争力。

3. 把促进节能减排作为重要抓手。建设资源节约型、环境友好型社会。

更加重视源头控制，在新建项目的审批上，要从源头严格控制新建高耗能项目，严把土地、信贷两个闸门，提高节能环保市场准入门槛。切实加强重点领域重点耗能工业以及建筑和交通两大行业的节能工作，严格执行新建项目节能评估审查、环境影响评价制度和项目核准程序，凡是属于高能耗的生产项目必须从严从紧，建立项目审批问责制。加强对重点企业监测，落实节能降耗目标。加快淘汰能耗高、效率低的工艺和设备。逐步淘汰产出率低、占地多、层次低的产业，关闭破坏资源、污染环境和不具备安全生产条件的企业。

坚持走循环经济的发展道路。充分发挥政府的主导作用，强化政策导向，通过产业政策、投资政策以及政绩考核引导循环经济的发展，综合运用法律、行政和经济的手段，使得循环利用资源和保护环境有利可图，形成激励机制与约束机制。同时通过制定绿色采购政策，对使用再生材料的产品实行政府优先购买，以此影响消费者消费方向和企业的生产方向。大力倡导节约能源资源的生产方式和消费方式，努力建立资源节约型、环境友好型社会。

4. 加快体制改革和制度创新，形成有助于转变发展方式的体制机制。转变政府职能，建设服务型政府，真正将政府的职能转变为公共产品的提供者、良好市场环境的创造者和人民权利的维护者。改革干部政绩考核和提拔任用体制，通过政绩考核的指标体系的科学设定，引导各级领导干部树立正确的政绩观，真正把精力放到转变经济发展方式上来。加强知识产权保护力度，进一步打破行业的垄断。推进民营企业体制创新，构建有利于经济发展方式转变的微观基础。

观念决定思路，思路决定出路。只有领导者更新领导观念，转变领导工作方式，一个地方的经济发展方式才可能转变；只有转变经济发展方式，一个地方的经济才能够飞速发展，人民才能够安居乐业，共享盛世。愿身居领导岗位的领导者们，不断解放思想，创新领导工作方式，促进经济社会又好又快发展。

（作者单位：中共溆浦县委党校）

创新领导方式方法 促进县域经济发展

钟 英

领导方式方法的创新，不仅是改革进入攻坚阶段的客观需要，也是加快经济发展方式转变、促进经济社会科学发展的必然要求。2008年以来，新晃县委、县政府围绕实施"工业强县"战略，积极创新领导方式方法，确立新思维，推出新举措，转换新角色，推动新晃工业走上了一条又好又快的发展之路。

一、创新思维：解放思想，扩展思路，推进工业超常发展

1. 解放思想，树立强烈的发展意识。从新晃县自身发展看，发展工业有传统、有基础、有优势。首先，新晃工业发展历史悠久，早在20世纪30年代，就已经形成了完整的企业，有发展工作的传统。其次，工业发展基础比较坚实。一方面，虽然过去较为完整的产业体系因为资源枯竭和国家政策宏观调控等因素影响，在21世纪初轰然瓦解，但新晃发展工业的氛围以及外来企业的技术和人才优势仍十分明显；另一方面，通过"十五"期间的克难攻坚，与市场经济体制相适应的特色资源加工工业体系已初步形成。再次，工业发展优势明显。从交通条件看，境内有湘黔铁路复线、320国道、沪昆高速公路以及即将启动的贵州松（桃）从（江）高速公路、长昆高铁将穿越新晃腹地，新晃将成为全国少之又少的县境内有"十字形"高速公路交叉的县城，加上周边还有湖南芷江、贵州铜仁两个机场可以利用，立体交通网络优势非常明显。从资源条件看，新晃境内矿产资源比较丰富，有全国特大型重晶石矿床。同时，森林覆盖率高达67.8%。从供电条件看，有贵州铜仁、贵州凯里、湖南怀化以及本县小水电四路电源网点，电力保证能力在周边县市少有。从劳动力支撑看，新晃作为典型的农业县、接边县，原有的产业工人和本县及周边地区农村劳动力完全可以成为工业发展的强力支撑。2008年来，县委、政府提出必须坚定不移地走"工业强县"之路，全力实施"工业强县"战略，树立紧迫的机遇观和强烈的发展

观，进一步解放思想、更新观念、转变作风，坚决冲破一切阻碍工业发展的思想障碍，坚决革除一切影响工业发展的体制弊端，坚决摒弃一切束缚工业发展的做法和规定。

2. 解放思想，创新工作机制，以超常规措施推进工业大发展。2008 年来，新晃县委、政府先后采取了一系列超常规措施大力推进工业发展。一是加强领导保障。成立了以书记任政委、县长任组长的工业经济委员会，抽调了一批熟悉工业的同志，实行集中办公。二是突出发展重点。将全县工业分为前锋工业园、酒店塘化工小区、柏树林食品工业加工小区、胜利竹木加工物流小区"四大板块"，每个"板块"由一名县级领导牵头，一个班子负责。三是强化招商引资。专门组建了三个招商团，去"长株潭"、长三角、珠三角坐镇招商。四是创新工作机制。实行重点项目领导牵头负责制，全年确定以工业为主的 43 个重点项目，每个重点项目由一名县级领导牵头负责，一个县直单位主抓，年终实行奖惩兑现。同时推行重点项目工作月调度及不定期到工业企业现场办公、组建工业 110 等工作机制，切实为企业生产排忧解难。通过超常规措施的推进，工业发展来势很好。

3. 变直接管理为创优环境。要实现新晃工业的大发展，就必须进一步创新发展思路，大力优化经济发展环境。硬环境方面，积极巩固省级文明卫生县城成果，启动"创建国家级卫生县城工作"，实施入城道路的美化、亮化，着力打造城市文化名片。软环境方面，进一步优化政策环境，比照周边县市出台了《加快县域经济发展四十条》、《促进工业发展十八条》、《优化经济环境十不准》等政策。并以这些优惠政策为切入点，建立健全优化经济发展环境的长效机制，竭力把新晃打造成为湘黔接边地区的投资成本"洼地"和环境"高地"。并突出加大对这些优惠政策的贯彻执行力度，加强跟踪督查，并对各项优惠政策进行清理和完善，使之更加合理、合法，彰显公平、公正。2009 年，取消行政事业性收费 140 项。同时转变政府职能，完善政务公开，创新行政运作模式，提高办事效率；完善科技人才激励机制，营造全社会尊重知识、尊重人才、尊重创新的良好风尚。使环境成为了加快我县后发赶超的一块"金字招牌"。

二、创新举措：把握重点，突破难点，推动工业全面提升

1. 加快项目建设，扩张经济总量。2009 年，新晃县经济社会发展呈现出速度加快、质量提升的喜人态势，财政收入在新晃烟厂 2004 年政策性关闭后首次突破亿元大关，达到 1.1 亿元，同比增长 27.9%。项目建设是新

晃县加快后发赶超的"牛鼻子"工程。

一是特别重视项目基础工作。县委、政府注重项目规划、设计和论证工作，加强对国家宏观调控、产业政策和投资方向的研究，结合本地资源和优势产业，积极谋划一批战略性、前瞻性、带动性强的大项目、好项目。按照"规划一批、储备一批、开工一批、投产一批"的要求，建立接替有序、滚动发展的项目库，视项目发展成熟度，合理选择纳入重点项目范围，并编制年度投资计划。在合适的条件下，引进专业机构和专家策划重大项目。

二是特别重视项目争取跟踪。立足于我县"老、少、边、贫"等特殊县情和政策优势，认真研究上级政策，把握信息，加强向中央、省、市各级部门的汇报沟通，积极争取项目，跟踪落实项目。努力提高项目引进的成功率，争取有更多、更好的项目被列入国家建设项目或省市重点建设项目计划"笼子"。县委、县政府将项目争取跟踪落实工作纳入目标考核，奖优罚劣。同时，认真研究沿海产业转移模式，区别对待，灵活承接。

三是特别重视项目建设管理。完善县级领导牵头负责重点项目制度，抓项目以块为主，原则上每个重点项目由一名县级领导主抓，保证主抓领导对项目建设及相关部门有充分的工作调度权。整合利用各种项目资金，提高资金利用率。同时，加大对项目建设进度的督查调度，及时为项目建设排忧解难，督查结果向社会各界公布，广泛接受社会监督。切实加强项目质量监督，落实工作质量，坚决杜绝"形象工程"和"豆腐渣工程"。

2. 加快园区发展，推进产业聚集。工业园区是实施"工业强县"战略的重要载体。加快推进园区建设，建立健全了工业园管委会机构，真正形成"围墙内的事由企业解决，围墙外的事由管委会解决"的现代化园区良性管理格局。努力把园区建设成为"实施五大战略、承接沿海产业转移、集聚西部发展要素、推进侗乡后发赶超"的主战场，以园区建设的大突破实现工业经济的大发展。加快推进"三通一平"等基础设施建设工作，完善配套功能，提升园区综合承载能力，增强园区集聚功能。按照统一规划、联动开发、集聚发展的思路，加快推进以前锋工业园为核心，酒店塘化工小区、柏树林食品工业加工小区、胜利竹木加工物流小区建设，全面形成"一园三小区"的工业发展格局。积极争取进入省级工业园的整体规划和发展基金支持项目，全力打造湖南西部承接产业转移的良好平台。扶持、壮大龙头企业，抓好企业规模生产以及技术升级、改造。重点做好鲁湘钡业、秦箭炉料、新中化工等规模以上企业的基地建设，做响产品品牌，做大产品市场，做大企业规模。强化协调服务，加大对企业的帮扶力度，排除影响企业正常生产经营的一切干扰因素，全力以赴帮助困难企业复产增效。引导带动产业集聚，立足资源优势和产业优势，拉长产业链条，努力打造以铬铁产业为龙头的铁合金产业集群，以钡业加工为龙头的化工生产集群，以机械制造、铸造为代表的传统产业集群，以牛肉食品为主的农产品产业集群。

3. 千方百计调整优化结构。调整优化结构是促进经济发展、提高工业质量和效益的根本措施。我县目前的工业结构与新型工业化要求还存在相当大的差距。特别是在规模、技术、能耗、效益等方面都急需进行调整和优化。一方面，要加大技术改造力度，提升主导产业发展质量。矿产化工方面：进一步加大了对重晶石精深加工的支持，重点扶持鲁湘钡业、红星化工研发高技术含量、高附加值的产品，拉长产业链，推进重晶石系列产品的深度开发。同时，抓好新中化工废汞回收冶炼炉项目的实施；进一步加大对秦箭炉料的扶持力度，在现有生产能力的基础上，促进高碳铬铁冶炼炉项目的落实，争取打造湖南西部铸造加工基地。食品加工方面：2009年12月28日，国家质量监督检验检疫总局批准新晃黄牛肉为国家地理标志保护产品。新晃将以独特丰富的草山资源为依托，以新晃黄牛肉入列国家地理标志保护产品为契机，以柏树林食品工业加工小区为平台，整合肉牛加工企业入园，引导组建肉牛食品企业联合公司，推动肉牛加工集约化、规模化发展，全力打造"三湘黄牛第一县"，使新晃的黄牛肉走向全国，走向世界。

三、创新角色：推动政府职能由"管理型"向"服务型"转变

1. 加强协调。半年召开一次全县工业经济形势分析会，成立了县工业园区建设领导协调小组，建立联席会议制度，定期或不定期召开联席会议，及时研究解决园区建设发展中出现的重大问题，协调有关部门做好工业园区建设发展规划，拟订促进园区建设的政策措施，引导企业向相关产业园区集聚，加强对工业园区建设工作的具体协调指导。在物价部门与工业企业之间建立起连接桥梁的长效机制，建立起由工业企业经营者和价格部门领导、业务人员、相关经济调控、服务部门人员组成的工业企业发展论坛，每季度召开一次座谈会，专门商讨工业企业的发展大计，形成特事特办、速办的工作平台。还运用价格杠杆，对比周边环境，对项目优良、符合地方经济发展规划的工业企业，积极向上争取价格优惠政策，促进工业企业

的发展。

2. 当好后勤。切实强化服务意识，着力推进服务机制、服务方式、服务水平的创新，积极主动帮助企业破解在土地、信贷方面的难题。政府合理安排工业用地指标，制定了土地使用优惠政策。对入园企业实行土地按揭，入园企业只要自筹30%～50%的自由资金，就可以以企业在园区内的土地作抵押，向银行申请70%～50%的土地按揭贷款，工业园区投资公司为其担保，企业的土地等有关证件由业主公司统一保存。企业、公司、银行共同承担信贷风险，一举解决了企业贷款难的问题。通过召开金融形势分析会、银企座谈会等活动形式加强银企合作，鼓励金融机构进一步加大对我县重点行业、重点项目、重点企业的信贷投入。切实在用地、规划、信贷、销售、税费、招商等方式给企业提供优良的发展环境。帮助民营经济做大做强，切实增强加快发展的活力，让广大投资主体和企业安安心心、集中精力搞建设。同时，改革行政审批制度，简化办事程序，缩短办事时间，提高办事效率。特别是发改、规划、建设、国土、水务、环保等有关部门，科学合理规范审批程序，加强各环节的协调联系，提高审批效率。还推行选派优秀干部到企业专职服务工作制度，积极帮助企业解决投资、建设、经营中遇到的困难和问题，努力防止企业资金链、市场链、人才链的断裂。

3. 用心服务。2010年开展了"服务项目建设、服务基层群众"效能建设年和"破解难题促转变，服务民生促和谐"活动，以解决基层和企业迫切需要解决的实际问题为切入点，突出简政放权，下大力气取消妨碍市场开放和公平竞争的行政审批事项，全面推行首问责任制、全程代办制、限时办结制、检查报批制、一票收费制、责任追究制等六项制度，强化工业园管委会职能，不断提高环境名片的含金量。进一步优化社会治安环境，成立了企业110，专职为企业提供服务和保驾护航。

（作者单位：中共新晃县委党校）

转变农业经济发展方式的思考

左湘明

一、全面了解农业经济发展面临的矛盾和问题

随着我国经济体制改革的深化，我国农业经济增长方式正发生着巨大变化，但要实现农业经济发展方式的根本转变，面临的矛盾和问题还很多，当前主要有以下几个方面：

1. 农业劳动力素质较低。在农业生产力中，农业劳动者的文化科技水平对于提高农业劳动生产率起着决定性作用。据联合国教科文组织统计，20世纪90年代初具有小学文化程度的农民可使农业劳动生产率提高43%，中学文化程度可提高108%，大学文化程度可提高300%。随着我国科教兴国战略的实施，农村科技教育的发展，农民的科技文化水平有了很大提高，但是，从整体上来看，农民的科技文化水平仍然还比较低。据一些专家统计，目前我国从事农业的劳动力中，体力劳动型高达73.06%，文化型占26.9%，科技型仅占0.04%；小学以下文化程度占36.7%，初中文化的占50.3%，高中以上文化仅占13%；接受过农业职业教育的不足5%。近年来，由于工业化、城镇化进程的加快，农村中有文化和技术的青壮年纷纷进城打工，农村基本上都是老人、妇女和留守儿童。这不仅造成了从事农业的生产者文化科技水平更低，而且造成了从事农业生产的劳动力的严重不足，在这种情况下维持农业的简单再生产都十分困难，根本谈不上农业的集约经营。

2. 大量剩余劳动力的转移和就业问题变得越来越严峻。据估计，我国的耕地只能容纳2亿左右劳动力。如果考虑新增人口中每年产生的750万劳动力，按80年代的转移速度，到目前我国农村的剩余劳动力将达2亿。可见，我国农村将面临强大的就业压力，而且还面临着城市的容纳能力已难以扩大、乡镇企业吸纳劳动力的能力下降、外出劳动力回流等新的不利局面。

3. 农村科技人才严重匮乏。转变农业经济发展方式，必须实施科教兴农战略，而科教兴农关键是要有科技人才。科技成果的转化和推广，农业知识的普及，都需要宏大的科技人才队伍。目前，我国农村科技人才奇缺，农村急盼农业科技人才，但由于农村工作条件差，生活艰苦，经济待遇低，在农村工作的科技人员不安心农村工作，很多农业科技人员又不愿意下农村工作，

4. 农业投入仍然不足。要转变农业经济发展方式，需要财力保障。近年来，政府虽加大了农村投入的力度，取得了很大的成效，但由于大部分农村贫困落后，交通、水利、信息网络等基础设施脆弱，抵御自然灾害的能力不强，仍需要加大投入。

5. 农民增收问题比较突出。当前整个国民经济处于相对过剩的态势。在城市消费水平处于向更高层次过渡的积累阶段情况下，农业和农村的市场贡献已显得愈来愈重要，但目前农民增产不增收的现象比较普遍，部分农民务农积极性减退；农民收入和生活水平提高缓慢，致使农民的购买能力无法得到迅速提高，如何尽快提高农民的收入水平已成为刻不容缓的重大现实。

6. 人增地减的矛盾日益突出。据有关专家预测，我国人口还将不断增加，到 2030 年将达到 16 亿的峰值，按人均年消费粮食 400 公斤计算，我国农产品产量将需达到 6.4 亿吨。虽然相当一部分农产品已出现了过剩的现象，农业渡过了短缺时代，但我国农产品供给不仅要解决总量平衡问题，而且要解决结构平衡问题。尤其对我国这样的人口大国而言，随着人口的增加，粮食安全问题仍是一个不可忽视的战略性问题。

7. 资源短缺和生态环境的相对恶化，严重影响着农业经济的发展。我国是一个资源相对缺乏的国家。据最新土地普查结果表明，我国人均耕地为 1.63 亩左右，不到世界平均水平的一半，有效利用率在 95% 以下。我国人均水资源仅为 2300 多立方米，仅相当于世界平均水平的 1/4，且南多北少，灌溉水利用率也仅为 40%，比发达国家低 30%，这种状况使我国农业每年缺水 600 亿立方米。同时，我国的资源还在不断减少，水土流失，沙漠化仍在扩展，我国森林覆盖率低，大气、固体和水体污染严重，地膜等"白色污染"亦不可忽视，生态环境基础脆弱，生态环境恶化程度不断加深，给我国农业的持续发展构成了极大的威胁。

二、转变农业经济发展方式的对策

1. 努力提高农业劳动者的文化素质和科技水平。一是要从娃娃抓起，打牢基础教育。要全面贯彻落实《教育法》，普及初等教育和九年义务教育。对于农村普通初、高中，在教学中也可实行"3+1"教育模式，安排不定期课时，让学生选修某些农业技术课程。二是要加强对农民的职业技术培训。通过各种职业技术教育、科技下乡活动、选派农村青年外出学习参观等形式，加强对农村青年的农业技术培训，提高广大农民的科技水平。三是要鼓励和支持城镇下岗职工和大学毕业生到农村就业和创业。

2. 大力发展科技，推进农业科技进步。要围绕提高我国农业科技的原始创新能力和整体科技水平，以解决农业重大理论、重要过程和重要作用机理问题为目标，加强农业基础研究，为农业发展提供理论和技术储备。要加强农业科研试验基地建设，构筑高水平农业科技成果转化和示范平台，加强农业科技成果的熟化与转化，重点支持农业新产品、新技术、新工艺的应用与推广，促进科技成果尽快转化为现实生产力。要以体制创新和机制创新为动力，加速构建现代农业科技创新体系。要认真贯彻落实中宣部关于开展科技下乡活动的精神，推进农业科技常下乡，帮助农民解决生产生活实际问题。

3. 增加农业投入，强化财力保障。一要加大政府对农业的投入。要进一步落实各项支农政策，增加财政对农业的投入规模，对农业基础设施、农业科技转化、农业生态环境保护等方面进行财政支持。二要加大对农民和涉农企业的贷款支持力度。农业银行和农村信用社要扩大农业贷款份额，对信贷资金要优先用于农业的投入。同时，要降低农贷利息率，鼓励农民利用信贷资金，开展集约化、规模化、科技化、一体化生产。三要积极引进内外资企业投资农业生产。要创造良好的社会经济环境，积极引进国外农业企业到中国投资开发农业和生产经营。引导、支持和鼓励国内企业和个人到农村创业，从事农业投资。

4. 贯彻现代农业理念，转变发展意识。目前，在农村特别是边远贫困地区，农民群众对现代农业这个概念还比较模糊，对现代农业知识还比较缺乏，要采取适当措施宣传现代农业知识，贯彻现代农业理念。必须使广大农民明确：现代农业突出的是"一体化"，现代农业依托的是高科技投入，现代农业依靠的是市场导向，现代农业提倡的是多功能发展。

5. 大力推进农业产业结构调整。在现代农业国家，其产业结构是：种植业的主导产业是人工牧草，畜牧业的主导产业是奶牛业，农业的主导产业是畜牧业，而以畜牧业为基础的食品加工业在整个国民经济中占有非常重要的地位。植物通过生物加工变为动物产品后，再进入食品加工业，拉长了生物链和产业链，增加了附加值和就业机会，构成现代农业的一大特点。通过产业结构的调整可以促进农业劳动力的转移，而农业劳动力的转移是农业现代化的本质。农业劳动力转移就是资本替代劳动，其过程主要体现为：资本有机构成提高，农业人均固定资产超过工业；土地规模经营；农产品主要为了销售，而且销售的是按照市场需要进行加工的产品，形成生产、加工、销售一体化。

6. 建设资源节约型、环境友好型农业生产体系。建立"资源节约型、环境友好型农业生产体系"，就是围绕转变农业发展方式，以提高资源利用效率和生态环境保护为核心，发展有利于节约资源和保护环境的农业形态，促进农业实现可持续发展。

（作者单位：中共通道县委党校）

切实转变经济发展方式
努力走发展特色农业之路

廖世文

江永县是一个具有独特资源条件的山区农业小县，近年来大力发展特色农业，调整优化农业结构，实现了农业增效、农民增收，加快了社会主义新农村建设进程。

一、江永县特色农业发展的现状

近几年来，江永县委、县政府确立了"农业抓特色，工业抓骨干，富民抓开发，腾飞抓科技"的发展思路，组织带领全县人民励精图治，艰苦创业。大力发展特色农业，根据市场需要大力发展订单农业。农业结构调整迈出较大步伐，初步建成以香柚为主的优质水果、以香芋和香姜为主的优质蔬菜、优质烤烟、优质水稻、优质草场及畜牧养殖、高效经济林等六大特色优势产业基地。目前，已有5个绿色产品分别获得 AA 级、A 级和有机食品认证，2 个农产品被列为全国无公害农产品。江永县被湖南省确定为全省唯一的特色农业示范区；先后被国家列为农业综合开发重点县、山区综合开发示范县、农业产业化建设试点县、财政部香柚产业化项目县、食品工业试点县、全国秸秆氨化养牛示范县，并被国家命名为"中国香柚之乡"、"中国香芋之乡"，被国家环保总局授予"全国生态示范区"称号，被国家林业局评为"全国经济林建设先进县"。我县特色农业的发展，有以下几个突出特点：

1. 特色产业总量扩张。特色农业发展总体良好，增势不减。上半年，全县完成农业总产值 6.85 亿元，同比增长 5.35%。一是种植面积进一步发展壮大，二是规模养殖增长势头强劲。

2. 特色基地发展迅猛。以农业产业化经营为载体，坚持"围绕龙头建基地、突出特色建基地、连片开发建基地"的原则，引导农民优化种养品种，使特色、拳头产品向优势产区聚集，收到了"抓好一家、带动一片、富裕一方"的效果。全县已初步形成 20 万亩以香柚为主的优质水果、10 万亩以香芋为主的优质蔬菜、3 万亩优质烤烟、18 万亩优质稻、50 万头优质生猪、20 万头优质肉牛、50 万亩高效林等七大"三品"农业基地。

3. 特色品种数量增加。在巩固粮食、生猪、夏橙、香柚、香芋、香姜、烤烟、竹木等传统特色产业的基础上，加大了种子种苗工程的实施力度，在对原有的名特优品种进行提纯复壮的同时，还积极从国内外引进特色新品种 200 多个，其中试种试养成功 95 个。特色新品种发展迅速，已逐渐成为江永县农业经济新的增长点。

4. 特色产品质量提升。严格按照"一片果（菜）园，一名技术员，一套农业标准化技术资料，一本标准化生产管理档案"的要求，大力推广标准化生产。在抓订单的同时，注重抓农产品质量标准化建设，实施优质名牌工程。目前，香柚示范场的 2.1 万亩香柚出口基地和以夏橙、脐橙为主的 4470 亩粗石江水果种植出口基地已得到省出入境检验检疫部门批准；省里已批准注册登记 1.52 万吨供港澳出口蔬菜基地。

5. 特色区块初步显现。按照"结构更合理、布局更优化、特色更鲜明"的要求，着力构筑区域特色农业新格局，传统特色产业得到进一步开发，支柱产业不断培育，生产由过去星星点点的插花分布，向跨行政区域的片状、带状发展，一些主导产品已呈现区域化布局、集约化经营、专业化生产的格局，并初步形成八大特色农业功能区。

6. 特色品牌意识增强。随着农产品从卖方市场转入买方市场，农产品加工企业和种养大户普遍提高了质量意识、品牌意识。特色农产品生产开始创品牌，农产品注册商标不断增多。江永香柚从 1997 年至今，先后注册了"永明"牌商标，获得"绿色食品"证书及无公害绿色食品产地认定，多次参加国家、省农博会评奖并获得"全国名牌产品"、"全省名优产品金奖"、"中华名果"等称号。2002 年以来，江永香芋、香姜先后四次在上海、天津、湖南省农博会、全国农博会上获金奖和优质产品称号，2002 年 10 月江永被评为"中国香芋之乡"，2004 年注册了"永明香姜"商标，2006 年 2 月，"江永香芋"被评为湖南省著名商标。

二、江永特色农业产业发展面临的问题

1. 特色产业化经营程度低。受传统家庭为单位经营模式的影响，目前特色产业种养规模小而分散，集约化程度低，规模效益不明显，比较效益不突出。特色产业缺乏加工销售龙头企业，企业、农户和市场之间衔接不够紧密，产、供、销严重脱节，致使许多特色农产品有优无势。农产品基

地较分散，农村中介组织发展不规范。

2. 特色产品标准化生产水平低。生产技术及管理上有差距，产品质量有待提高。栽培模式不规范，新的栽培技术及措施难以推广，标准化栽培示范、出口基地建设未到位，物理防治、农业防治等技术应用面积不大，相当部分产品质量达不到市场要求。

3. 特色农产品加工发展滞后。特色农业的发展，离不开龙头企业的带动。近年来，江永县农业加工企业虽有较大的发展，但数量和规模仍然偏小，难以充分发挥带动产业发展和农民增收的作用。

4. 特色农业组织化程度偏低。农业合作经济组织的带头人大多文化素质、农技素质不高，适应市场经济的意识和能力不强，懂技术会管理、市场开拓能力强的复合型人才更是缺乏，严重制约了农业合作经济组织的创新与发展。

三、促进江永特色农业产业发展的措施和对策

（一）坚持以科学发展观为指导，开创江永特色农业的发展道路

树立科学发展观，发展现代特色农业必须遵循自然规律和经济规律。要坚持以下原则：首先，坚持合理开发利用农业资源。要以调整结构为契机，进一步保护农业资源和水域生态环境，促进农业的可持续发展。其次，坚持以市场为导向。要研究分析市场走向和发展潜力，为广大农业生产者提供信息服务和价格指导，以适应市场多样化、优质化及健康安全的消费需求。第三，坚持因地制宜，发挥区域优势。要发挥当地资源、市场、技术等方面的比较优势，才能形成具有区域特色的农业生产。第四，坚持依靠科技进步。要以科技为先导，通过品种改良，推广先进实用技术和高新技术，普及健康养殖模式，有效预防和控制病虫害，提高农业技术装备水平，推进农业经济增长方式的根本性转变。第五，要坚持尊重农民的意愿和生产经营自主权。要通过加强信息引导和试验示范，指导农民进行农业结构调整，发展特色农业。一是提升农业科学化水平，大力发展优质农产品；二是提升农业区域化水平，积极扩大优势农产品；三是提升农业市场化水平，努力增加特色农产品；四是提升农业产业化水平，着力创立名牌农产品；五是提升农业组织化水平，努力做大创汇农产品。

（二）科学调整结构，推进江永县特色农业发展

1. 根据市场需求，发挥资源优势，开发本地产品创特色。特色农业也可以说是市场农业，根据市场需求来组织生产经营活动，以求最大的经济

效益和社会效益。

2. 优化品种结构，调整生产布局，扩大规模效益扬特色。特色农业是规模农业，在结构调整中只有形成与自身特色相适应的规模，才能取得最佳经济效益。要使特色产业规模大，延伸领域广，关联程度高，能够支持当地经济的发展，在研究预测市场、把握市场发展特点的基础上，做到"四个结合"：调整品种结构与调整产业结构相结合；调整产业结构与调整生产季节相结合；品种结构调整与生产布局调整相结合；农业布局调整与农业典型示范相结合，推动农业结构调整朝科学化合理化的方向发展。

3. 加快科技推广，促进科技创新，提高产品质量推特色。农产品的竞争是质量的竞争，核心是良种的竞争，谁拥有良种和先进技术，谁就能掌握竞争的主动权。积极实施科技创新工程，发挥科学技术对特色农业发展的促进作用。同时积极引进新品种，培育良种，淘汰老品种、劣质种苗，提高名特优新稀品种在特色农业产品中的比重；通过开展技术开发、技术创新、技术推广，实现降本增效，提高科技在特色农业发展中的贡献率；提高特色农业的科技人员和从业人员的素质，尤其是要通过有计划组织对农民的教育，引导农民学理论、学科学、学法律、学经济、学文化，提高农民的思想道德素质、科学文化素质和经营管理素质，造就一代有理想、有道德、有文化、懂技术、会经营、善管理、闯市场、敢竞争、守法纪的新型现代农民。

4. 开拓市场，发展加工，提高附加值亮特色。农产品大多数是鲜活产品，在形成规模生产后，必须延伸产业链，发展精深加工业。今后应进一步开发农产品精深加工，包括粮油的加工，如绿色"香型"稻米、花生、香芋片、肉牛及腌制的生姜、酱菜、腊肉、板鸭等，同时改进包装质量，打出自己的品牌，形成一批可以到超市销售具有品牌优势的优良农产品。

（作者单位：中共江永县委党校）

试论转变经济发展方式视阈下的
农村环境污染治理

卢美玲

一、环境污染状况日益严重

1. 畜禽粪便污染。近几年，由于禽畜养殖业从分散的农户养殖转向集约化、工厂化养殖，禽畜粪便污染大幅度增加，成为一个重要的污染源。截至 2009 年底江永县大牲畜存栏量为 125790 头，小牲畜存栏量为 1122395 头，家禽是 1953 万只。据调查，喂一头猪的污物排放量相当于 10 个人的污物排放量，养一头牛的污物排放量相当于 35 个人的污物排放量，一只鸡、鸭的污物排放量相当于 3 个人的污物排放量。而几乎很少有规模化养殖场能对污物进行较为正规的或标准的处理。据统计，我县有 96% 的村庄没有排水沟渠和污水处理，80% 的村庄雨天出行难，72% 的村庄畜禽圈舍与住宅混杂。畜禽养殖业快速发展造成了农村环境污染日益严重的现状，已成为畜牧生产中急需解决的问题之一。

2. 森林面积逐年减少，土地退化严重，诱致疾病产生。森林是空气的净化器和调节器，而我县森林面积逐年减少，森林储备逐年降。2008—2009 年，全县每年减少森林面积 2000 多公顷。在很多地方出现了"打工"热潮，大量的农村劳动力向外转移，在农村只剩下那些老幼妇孺，以致很多农村出现"空巢村"。为了方便农作物种植和收割，基本放弃使用农家肥。由于不科学的使用化肥，导致施肥量虽然增加，而产量却不增加，甚至出现减产的现象，同时也造成肥料严重浪费。为了保收，施用农药是当前防治病虫害的主要措施。由于不科学地施用农药，致使农产品受到严重的污染，食用后引起许多疾病的发生。

3. 乡镇企业布局不合理，对产生的工业污染治理不够。农村的私营、个体企业在生产过程中产生废气对农作物的生长产生一定的危害，制约着生态环境的发展。家庭作坊式粉坊、废旧塑料加工点、生猪屠宰场等小型企业年污水排放量比较大，产生的废水未经处理就地排放到沟、渠、河流中，对江永水质造成污染；一些郊区和农村已成为城市生活垃圾及污染企业工业废渣的存放地。这些固体废弃物占用和毁损了大量的土地，污染了这些地区的空气和水源。

4. 村落规划建设与环境管理滞后。由于农村建设长期没有合理规划，更谈不上配套基础设施的兴建。许多村庄沿公路或沿河道建房，形成带状型村庄和集镇，大量生活、生产污水直接排入河中，河流变成了垃圾场，这在农村到处可见。农村生活垃圾危害不容忽视。

5. 收获时节农作物秸秆焚烧造成的大气污染。秸秆焚烧是一个新的农业生态环境问题，又是一个可以改变而还没有改变的污染途径。江永农村每年要产生200多万吨秸秆。为了抓时抢种，农民往往就在田间地头、路旁放火焚烧秸秆，一火点燃，漫天遍野，烟雾弥漫，浮尘滚滚，不仅浪费了资源，破坏了土壤结构，同时污染了农村和市区的空气和环境。

6. 农村旱厕污染较重。农村一直沿用的坑式老厕，长期以来污水遍地横流。据调查，我县坑式老厕85%以上没有进行沼气池化，排水沟不合理，一到暴雨季节，坑式老厕未经发酵的粪便就漫入小溪、河流。昔日水清鱼欢的小河如今变成了臭水沟。

二、农村环境污染原因分析

1. 农业生产污染严重。一是化肥、农药的流失渗漏。由于农民盲目追求农产品单产数量，超量或不科学使用化肥，使农产品质量降低，个别地区土壤中有害重金属含量偏高，部分蔬菜含硝酸盐超标；由于过量或滥用农药，使粮食、果蔬等农产品受到污染，同时还影响到有益生物与生物多样性的保护，致使生态失去平衡。二是农用地膜污染严重。据2008年统计，我县农膜使用量1571吨。大量使用地膜，又不进行清理或科学处理，长期使用，对土壤十分有害，终将导致粮食、蔬菜减产。

2. 经济落后，对治理农村污染的投入不够。虽然目前江永县农村经济发展较往日的确有了相当大的改观，但是与城市相比，大多数的农村仍然是属于贫困地区。因为地方财政收入少，乡镇财政较为窘迫，村级集体经济薄弱，致使农村环境保护投入的资金很少。目前，农村治污资金严重短缺，是困扰农村环境治理和制约新农村建设进程的难点。

3. 农民对环境污染的认识不够。受自身文化、素质所限，农民不能真正认识到对环境的污染和带来的危害。由于江永县处于比较偏远落后的地区，受经济条件的制约农民整体受教育程度不高，及其长期陋习的影响，随意处置垃圾、随意排放污水的现象相当普遍，造成了农村环境的污染。据统计，90%的村庄垃圾都是随处丢放的。我们深入农村调研时，指着门前路边的垃圾、到处乱扔的塑料袋，问村民：“你们看着这样脏，也不管吗？”村民的答复几乎都是“我们农村就是这样子的”。

4. 各级政府对农村环境污染的严重性没有足够的认识。从本地政府来说，把发展经济、提高当地财政和农民收入当作首要任务来抓，政府的主要精力都放在发展工业和招商引资上，只有追求发展经济效益的意识，没有树立可持续发展的战略思想，缺乏环境保护意识。例如，近年来，江永县在农村投入大量资金修建温室大棚、畜禽养殖基地。这些措施一方面增加了农民收入，另一方面丰富了城市居民的菜篮子，是两全其美的事情。但在规划时没有考虑好环境保护问题。

三、治理环境污染的建议

1. 加强环保宣传教育，形成全社会共同参与农村环保工作的合力。归根结底，造成农村环境污染最根本的原因还是人的重视不够，必须动员全社会力量共同参与农村环保工作。利用各种媒体加大环保宣传力度，向农村干部宣传环境保护对生态建设的重要性，促使其充分认识加强农村环保工作的紧迫性；向广大农民宣传公益意识、环保意识，从而在全社会营造人人关心环境、个个参与环境保护的氛围，把环境保护与生态建设工作提高到一个新水平。

2. 强化政府监管，树立和落实科学发展观。各级政府及有关部门要树立统筹协调、可持续发展和循环经济的理念，把农业生态环境保护作为农业和农村工作的重要内容，与降低农业生产成本、改善农产品品质、改善农村生活环境和增加农民收入结合起来，真正纳入各级政府的重要议事日程。要从可持续发展的战略高度把农业生态环境保护作为提高执政能力建设，情为民所系，利为民所谋的重要举措，作为统筹城乡社会经济协调发展和构建和谐社会，建设社会主义新农村的重要内容。

3. 全面推进镇村“清洁工程”，着力整治农村环境。制定并严格执行新农村建设规划，不乱搭乱建，对违章建设及有碍观瞻的建筑物要按规划要求拆除。必须整治村容村貌，搞好卫生，美化环境，生活垃圾做到分类处理。搞好房前屋后和道旁植树工作，做到绿树成荫，风景秀美。建立长效管理机制，成立村新农村建设理事会，具体负责对村庄环境整治长效管理监督工作，制定村规民约和卫生管理制度。积极推进"一建三改"，综合利用能源，减少大气和水污染。

4. 加大农村环保执法力度，保障群众身心健康。加大农村环保执法力度，对污染和破坏农村环境的违法行为，依法查处。防止城镇化和工业化进程中的污染项目向农村转移，坚决控制发生新的污染和破坏生态的现象。通过设置环保投诉举报热线、信箱等渠道，认真解决群众反映强烈的热点、难点问题，维护群众享受良好环境的合法权益。加强对农村饮用水源的保护，划分饮用水源保护区，规范环境管理，清查污染源，确保农民的饮水安全。

5. 加强农业科技的攻关和推广，大力发展生态农业。加大先进农业生产技术的科研攻关力度，积极推广先进的耕作技术，使用高效、低毒、低残留的新农药，推广病虫综合防治和秸秆综合利用技术，努力实现农业产业结构合理化、生产技术生态化、生产过程清洁化、生产产品无害化。全面推进农业标准化，大力发展农村循环经济和推行清洁生产，积极推动乡镇企业结构调整，鼓励发展技术含量高、物耗少、污染轻、效益好的产业和产品，把产业结构调整和推广清洁生产工艺、实用治理技术、发展环保产业结合起来。

6. 建立健全农村环境保护基本制度。我国现行环境法规，除了最近制定的《固体废物污染环境防治法》中专门提及农村环境问题外，其他法律法规均没有针对性条文。为此，在农村环境保护管理上，首先要在法规上加以完善，为加强农村环保工作提供法律支持。要尽快出台"江永县农业生态保护条例"等相应的法规和政策。抓紧编制生态环境建设和保护规划，合理划分生态功能区，制定和实施生态环境保护战略和策略，为全面促进农村生态环境建设和保护提供法治和科学依据。

7. 加强基础建设和治污投入。要建立农村工业生产流程，对环境影响进行评价机制，加大工业排污监管和治污收费体系建设，大力推行环境保护考核目标责任制。一是充分发挥公共财政作用，始终坚持城乡公平原则。财政每年要安排一定资金，用于加强农村环境保护和建设。二是建立适应市场体制的生态环境保护多渠道投资机制，制定和完善生态环境补偿政策。通过政府政策引导，调动一切积极因素吸纳社会资金用于农村环境保护，逐步形成政府主导，多元投资，企业经营的市场运行机制，使农村环境保护真正走上法制化、市场化的道路。

8. 推行农村垃圾集中处理。要推行农村垃圾集中处理，变废为宝。当前农村"白色污染"中大多是废旧农膜、塑料袋、废纸等白色垃圾，通过集中回收来加工处理，再生利用。对废电池、废家电等重金属污染源，实行统一回收，集中处理，切实降低农村水源的污染程度。同时加大农作物秸秆再利用技术的推广力度，建立秸秆粉碎还田、秸秆气化综合利用、秸秆青贮氨化示范区，减少化肥的使用。

9. 加大农村改厕、改圈、改灶力度，加速农业废弃物资源化处理。一是要全面加大改厕力度。二是要积极抓好农村改圈。三是要稳步推进农户改灶。全县农民如果80%的农户用沼气和灶台改造，每年节约能源将相当于2万吨标准煤，节约资金1000多万元，相当于经济增长的1个百分点，这样既节约了能源，又减少粪便对水源和大气的污染。

（作者单位：中共江永县委党校）

破解农村环保难题

侯苏勤

当前农村环保形势十分严峻，一些农村环保问题已经成为危及农民身体健康和财产安全的重要因素，制约着农村经济社会的可持续发展。胡锦涛总书记、温家宝总理多次作出重要指示，要求把农村环境保护纳入国家环境保护总体战略，统筹加以推进，要求各地、各部门要从全局和战略的高度，统筹城乡环境保护，把农村环境保护工作摆到更加重要和突出的位置，下更大的气力，做更大的努力，切实解决农村环保问题。

一、当前农村环保存在的难题

1. 农村环保意识不强，可持续发展观念淡薄

茶陵县农村居民的环境保护意识不强，环境法制观念和依法维权意识不强，对生产、生活污染的环境危害认识不足。农村一些领导干部和乡镇企业法人普遍存在"重经济、轻环保"的思想，以追求眼前、局部的经济效益为目的，不顾环境效益，以致屡屡出现以牺牲环境为代价来发展经济的行为，造成对环境的严重污染和破坏。

2. 农村环保基础设施建设严重滞后

目前，农村污水处理设施建设几乎没有起步，甚至全县 20 个乡镇，几乎没有垃圾中转站和垃圾处理场，更没有专门的环卫人员。

3. 农村环境污染源种类繁多

一是现代化农业生产造成各类污染。畜禽养殖业污染成为农村环境污染的重要因素之一。一方面，畜禽养殖方面的环境保护工作还是个薄弱环节，养殖户意识差，监管难度大；另一方面，畜禽养殖污染还没有引起社会的足够重视，没有形成齐抓共管的局面。化肥、农药污染也是我县农村环境污染的重要因素。农业生产大量使用化肥、农药，流失到环境中的氮与日俱增，导致农田土壤污染，耕地锐减，而且通过农田径流造成了对水体的有机污染、富营养化污染甚至地下水污染和空气污染。二是农村工业

化带来各种污染。我县农村土壤不同程度受到重金属的污染，其中以铬、镉、铅、汞、砷等重金属污染比较突出，这主要是受到一些企业排放的废气、废水、废渣造成周围土壤的严重污染所致。这些污染物如铬、铅、汞、砷等元素在农作物中富集量达到一定量，进入人体后会产生一定危害。三是农村落后的能源利用方式加剧了环境污染。在我县农村很多地方，能源利用依然是薪材和煤炭，而液化气、沼气、电气等清洁能源利用率不高。这样既浪费木材、破坏植被，也很容易引起呼吸道疾病，威胁群众身体健康。同时，随意焚烧秸秆、稻草等现象屡禁不止，很好的农作物资源就这样付之一炬，丝毫没有充分利用相反却污染环境，造成事故。四是乱采乱挖矿产资源对环境造成的破坏。对铁矿、煤矿等资源的长期的乱采乱挖使地表植被受到严重破坏，地表径流系数加大，造成水土流失。水土流失使得耕地减少，土质及生态恶化。五是农村生活垃圾的污染。农村生活垃圾"无人管、无钱办、无法治"问题突出，对水体、土壤、空气等造成了严重污染。我县农村每年产生的大量生活垃圾、污水，由于缺乏污水和垃圾清运处理系统，生活污水基本直接外排，造成饮用水源污染，生活垃圾处理利用率低，大多露天堆放，侵占耕地，污染环境。就地焚烧垃圾事件时有发生，不仅影响村容村貌，且产生二次污染。

二、破解农村环保难题，促进"两型"社会建设

1. 加强农村环保，科学规划是"龙头"

县委、县政府应遵循"规划先导、生态优先"的原则，制定出台相关规划意见，根据不同农村区域的资源禀赋、产业特色、环境容量、生态状况等要素，合理确定各区域生态功能定位和发展方向，制定详细的环境标准和准入条件，实行严格的分区保护和分类控制管理制度。

2. 破解农村环保问题，发展生态农业是关键

一方面，要调整农业产业结构，优化农业产业布局，发展优质、高产、高效、生态、安全农业。要着重发展无公害、绿色农产品、有机食品，开展农业标准化建设，壮大特色产业。另一方面，要加快发展农业循环经济，以资源循环利用为重点，大力开发节约资源和保护环境的农业技术，推广废弃物综合利用技术、相关产业链技术和可再生能源开发利用技术。

3. 治理农村环境污染，严格环境执法是重点

必须加大乡村工业污染防治力度，严格执行建设项目的环境准入制度，坚持环保第一审批权制度，严把项目审批关，认真落实环保法律法规，严

格执行环境影响评价，禁止高耗能、重污染、不符合国家产业政策的项目上马，杜绝污染向农村转移。

4. 改善农村环境，集中治理农村垃圾是突破口

要建立农村垃圾全面分类收集处置体系，杜绝垃圾随意倾倒。可建立"户分类、村收集、镇中转、县处理"的农村生活垃圾集中处理模式；建立"以县为主、镇村分担、农户适当缴费"的经费保障机制；建立村、镇级垃圾清理、运输队伍，实行公司化运营机制；实行户户配备一个垃圾分类箱、村村建一个垃圾中转站的设施体制；建立乡、村、组三级以农民自治为主的监督机制。

5. 打造"环境友好"农村，宣传教育是根本

一方面，政府相关部门应定期对企业主进行环境保护的教育，使其增强保护环境的意识、明确自身保护环境的义务与责任。另一方面，要深入基层，到农民群众中去，增强广大农民群众保护生态环境的自觉性。广泛利用各种媒体加强宣传教育，开展深入、持久的宣传教育活动，重视对在校学生的环境教育，强化全民环境意识。建立健全环境保护村规民约，从源头上处理好农村生活垃圾和生活污水，保护饮用水水源。要制定农村生活垃圾处理制度，以镇村为单位制定环境保护的村规民约，指导村镇因地制宜地进行垃圾处理，尽可能在本区域内处理本地垃圾。

（作者单位：中共茶陵县委党校）

化解乡村债务的对策与思考

彭凤鸣

乡村是农村社会组织中最基本的组成部分，党中央提出的全面建设和谐社会的重点和难点都在农村。乡村债务作为一个普遍存在的问题，已经成为影响乡村治理和乡村组织运行，制约农村发展的重大障碍。

一、乡村债务对农村发展的影响

据统计，全县各乡村债务已有相当数量，沉重的债务负担严重地影响了农村社会稳定，影响了乡村组织的正常运转，影响了农村经济的发展，影响了党的全面建设小康社会战略目标的推进。

1. 影响乡村组织的正常运转。沉重的债务无法偿还，债权人经常上门讨债要钱，牵扯基层组织和领导大量的精力和时间，工作无法正常开展。有的债务涉及农民较多，农民上访纠纷不断，影响了农村稳定。乡村基层组织财力有限，但职能、任务不少，大多保当年支出就有很大缺口，若要挤出一定的资金用于偿债将更无法运转；若不给债权人一点"交代"又稳定难保；部分乡村只好借新债偿旧债，利息滚雪球，债务越累越多，隐患越来越大。

2. 降低乡村组织威信。乡村组织威信大大降低，影响干群关系。基层组织特别是村级组织作为一级组织本身就不完善，领导力量弱，工作手段差。许多村组干部往往是凭个人信誉及人格力量来影响农民、号召农民以推动工作。沉重的债务降低了基层组织及基层干部的威信，有的甚至影响了干群关系，群众意见大，造成不少村级组织无法开展工作，或者工作效果欠佳。

3. 影响了农民收入增长。从农民负担角度看，乡村债务特别是村级债务，许多就是全体村民的债务，这个债务如何解决，直接关系到农民群众的切身利益，若解决不好，将造成农民负担的反弹，造成农民新的负担，将直接减少农民的收入。从发展经济的角度看，沉重的债务包袱给基层组织带来了较大精神压力，应付债权人牵扯精力等，对优化农业发展环境，引导农民创新路、求发展，促进农业产业化和农民增收缺乏主动性和积极性，从而延缓农村经济发展进程。

4. 影响农村公益事业的发展。由于乡村债务的存在且愈来愈严重，对乡村干部产生了一定的负面影响，"多一事不如少一事，少一事不如没得事"的思想在村组干部中普遍存在；公益事业投入减少，基层条件得不到改善，有的甚至存在恶化的趋势，这也同时制约了当地经济的进一步发展。

二、化解乡村债务的对策建议

如何化解乡村债务将考验着各级基层政府执政能力和领导的执政水平。我们只有面对现实，加快农村经济发展，从完善农村各项制度，建立起与现行农村公共产品需求相适应的公共产品管理机制，建立科学的、行之有效的乡村债务锁定、遏制和化解的长效机制，才有可能走出乡村债务的困境，实现农村经济健康和谐发展。

1. 乡村级债务化解的思路

化解巨额的乡村债务，必须标本兼治，在坚持减轻农民负担和乡镇财政负担、遏制新的乡村债务形成的前提下积极稳妥地进行。要坚持"遏制新债，摸清底数，明确责任，分类处理，逐步化解"的指导思想，制定科学合理的化债方案，有步骤地推进。即：一是要树立以人为本理念，切实增强化解债务的责任感和紧迫感；二是要进一步核实乡村债务，切实把握化解债务大局；三是要认真对待和正确处理历年税费尾欠，切实消除历史隐患。

2. 乡村债务化解的现实途径

（1）增强乡村偿债能力。加快农村经济发展，增强乡村偿债能力。解决乡村财力薄弱、无钱办事的问题，根本出路在于发展农村经济。一是要以建设社会主义新农村为契机，加快农业产业化进程。充分利用农村产品资源，结合"一村一品"、"一乡一品"，逐步形成以粮食、畜牧、花卉、食用菌、蔬菜为主的生产、加工、销售一条龙的农业产业体系。二是积极做好招商引资工作。树立"发展农业解决农民增收，发展工业解决财政增收"的新观念，逐步建立纳税基础稳定的地方财源体系。三是努力增加农民收入，坚持"多予、少取、放活"，挖掘农业内部增收潜力，开辟农民增收渠道，建立农民增收长效机制。

（2）削减高息减债。民间高息借款要在清理核实的基础上，通过宣传教育，双方协商，从借款之日起，按照金融部门规定的同期同档利率，确认后统一换据。过去已付息的高息部分，应抵冲本金。向农村金融机构的借贷，利率超过当时人民银行法定利率的，应按规定的程序降下来。

（3）清收债权还债。对单位和个人的欠款应根据不同对象和性质，分别采取经济、行政或法律手段等多种办法进行清收。国家干部、村组干部、企事业单位职工及其家属的欠款，应限期、逐笔、逐人清收。对有还款能力而拒不还款的单位、国家干部职工以及"钉子户"、"难缠户"，可申请法院，依法清收。

（4）划转债务降债。对以乡镇政府、村集体名义为企业借（贷）款形成的债务，应一律划转给企业，由其负债偿还。企业已合并、转制的，应由新的企业负责偿还；企业已租赁经营的，应从租赁金中划转资金偿还；企业倒闭的，可先行挂账，待农村经济进一步发展、村级经济壮大后再作处理。

（5）盘活资产还债。乡镇政府村集体拥有的企业、基地、学校等固定资产和"四荒"等资源，以及在综合配套改革和撤乡并村中形成的大量闲置资产可采取拍卖、租赁、承包等形式，综合开发利用，盘活存量资产，筹集资金用于还债。

（6）向上争取减免和帮扶政策销债。对过去因路网改造、农业综合开发、财政周转金、农村合作基金借款等所形成的债务，要积极向上争取政策，力争通过政策性剥离、划转、减息等方式，早日为乡村组织松绑。

3. 化解乡村债务的保障措施

面对当前的乡村债务问题，既要统一思想，提高认识，克服消极应付情绪和等靠思想，切实增强分析好、解决好这些问题的责任感和紧迫感，通过各种途径逐步加以解决，又要从基础工作入手，加强各项制度建设，做到开源与节流并重，化债与防债并举，从而摆脱乡村债务困境，实现农村经济社会全面协调发展。主要包括：一是建立城乡统一的公共财政体制；二是建立全方位的乡村财政财务管理制度；三是建立乡村债务锁定、遏制和化解的长效机制；四是建立乡村债务预警体系和地方政府偿债机制；五是建立科学的乡村干部任用考核机制。

（作者单位：中共长沙县委党校）

因地制宜　加快推进永州市新型城市化

刘燕屏

加快推进新型城市化建设，是引领全省经济社会发展、实现富民强省的重大战略举措。永州市作为湖南省历史文化名城、湘西南的重要中心城市，如何把握这一历史机遇，继续解放思想，实现新型城市化跨越式发展，已成为当前全市人民的共同历史使命。

一、富民强市，意义深远

1. 推进新型城市化是推动经济社会发展的重大举措。农业发展是城市化的基础动力，工业发展是城市化的核心动力，第三产业发展是城市化的后续动力；城市化是引领工业、农业和第三产业加速发展的强大引擎，是引领经济社会迈进现代化的必由之路，是实现经济社会跨越式发展的重要依托。新型城市化的发展必将推动经济社会的大发展、大繁荣。

2. 推进新型城市化是一次工作重点的战略大转移。从国内外经济发展规律来看，当今经济增长的主导因素已从工业化转向城市化，资源、资金、劳动力等生产要素集中流向中心城市和城市群，我省"长株潭"地区也已经转入开始以城市化引领工业化的发展阶段，可以说，全省的经济工作重点已经转移到了推进新型城市化阶段。顺应这个发展趋势和发展要求，我市必须把新型城市化工作摆到更加突出的位置，实施工作重点战略大转移。

3. 推进新型城市化是一次思想上的大解放。全省新型城市化工作会议明确提出，在土地利用、投融资和促进农村人口转移等诸多重点领域和关键环节上，按照建设"综合配套改革试验区"的战略部署，先行先试、大胆探索、率先突破，这种改革的思路和举措无疑是解放思想的重要成果。面对新形势，解放思想的力度的大小，将在很大程度上决定着我市新型城市化的进程和格局。

4. 新型城市化是一项长期而艰巨的战略任务。按照城市化发展的普遍规律，城市化发展一般要经历缓慢发展期和稳定发展期等多个阶段，有一个由慢到快再相对稳定的过程，每个阶段都会面临不同矛盾和问题，其发展特征决定了新型城市化将是一个漫长而艰巨的过程，必须步步抓紧抓实抓好。

二、统筹运作，合力推进

1. 强化指导思想的转变。一是从过去城市化外延扩张向内涵提高的集约型转变上实现突破；二是从城市数量的增加向城市质量的提高转变上实现突破；三是从单一注重城市向城乡统筹转变上实现突破。在加快新型城市化进程中，要按照科学发展观要求，更加注重以人为本，更加注重资源节约和环境友好，更加注重统筹协调，更加注重提升综合承载能力和辐射带动能力，更加注重机制创新，走经济高效、功能完善、"两型"带动，城乡统筹、社会和谐，大中小城市和小城镇协调发展的新型城市化道路。

2. 强化规划的法律地位。规划是城市发展的灵魂和先导，是推进新型城市化的重要基础工作。要加快推进新型城市化，就必须强化规划的主导地位。一是城市发展必须以科学规划为先导。要立足当前，着眼长远，重新审视我市城镇体系规划和城市总体规划，对现状作出正确判断，坚持以科学发展观为指导，科学规划我市新型城市化道路。同时，要创新规划理念，不断提升规划水平。二是着力加强规划基层基础工作。针对基层规划基础薄弱，管理亟待加强的问题，建议在中心城市设立冷水滩规划分局、零陵规划分局、工业园规划分局，并在乡镇设置规划建设管理站，以夯实基层规划基础，规范规划建设管理秩序。

3. 强化体制机制的创新。一是创新投融资机制。进一步放开资本、经营等市场，尽快形成政府引导、市场运作的经营机制，采取项目融资、经营筹资、业主引资的方式，多方筹措建设，改变政府财政大包大揽的方式，吸引社会资本全面参与城市基础设施领域；同时，做实做大做强城市建设投资公司；二是创新建设体制。坚持走市场化建设的路子，全力推进市政基础设施建设项目代建承揽制。由计划管理走向市场管理，由政府管理走向政府引导；三是创新管理体制。采取强化基础、牢固基层，责权统一、人事统一的管理方式，提高效率，提高城管的内在素质。

4. 强化城市产业的支撑。根据我市产业发展现状，要从以下四个方面努力：一是立足于园区建设，打造承接产业转移的良好载体，形成产业集群和产业链。对工业项目，坚持集中发展，采取个性化政策服务，真正形成政策最优、体制最顺、机制最活、服务最佳的投资洼地；二是立足于引进资金和高新技术，加快现有产业的做大做强和升级步伐。特别是对长丰汽车、烟厂、生物制药和造纸、农产品加工等给予政策支持，鼓励上市做大做强，作为产业发展的突破口，在新的起点上发展壮大；三是立足产业协调，机制创新，形成市区良性互动。市区两级资源共享，优势互补，合力共建，债权统一，利益共享的建设机制，避免两张皮、争资源、政出多门的弊端，形成良性的发展环境；四是立足本地资源，多个产业开发，拓宽服务产业、流通业，突破瓶颈制约。我市旅游资源丰富，但现代服务业滞后，应在大力推进新型工业化的同时，大力发展旅游业、生产性服务业，推动市场化就业，推动产业良性互动、协调发展。

5. 强化整体环境的治理。在加快基础设施建设，完善城市功能，搞好城市硬环境的同时，必须积极有效提升软环境。一是在创优服务环境上下工夫。要不断优化政务环境，改进工作作风，简化办事程序，提高办事效率和质量，营造务实高效、廉洁勤政的服务环境。二是在创优信用环境上下工夫。构筑起以道德为支撑、产权为基础、法律为保障的社会信用体系，并大力整顿和规范市场秩序，加强市场监管，惩戒失信行为，营造公平竞争、诚实守信的市场环境。三是在提升法制环境上下工夫。要不断增强自身法律素质，始终坚持依法行政，严格依法办事，提高群众法律意识，减少和杜绝违法建设行为，营造公开、公正、公平的法制环境。四是在创优政策环境上下工夫。及时出台扶持政策，从制度和各项措施上给予有力支持，逐步形成城市发展的政策洼地效应。

6. 强化统筹协调。推进新型城市化是一项涉及面广，对经济和社会影响深远的系统工程，必须协调各方力量，形成共谋发展的良好局面，实现统筹推进。一是加强城乡统筹。在全面推进我市新型城市化的进程中，必须遵循城乡一体化的原则，本着城乡协调、以人为本的精神，搞好以下几个结合：城市建设与新农村建设相结合，大中小城市竞相发展与小城镇协调发展相结合，吸引功能、聚集功能与辐射功能相结合。二要统筹人与自然和谐发展。在城市化的过程中，要把宜居、宜业作为重要取向，注重人性化建设，创造舒适的人文环境景观和良好的生活空间，同时引导生产要素的聚集，使自然资源得到合理开发和永续利用，保护和发展好环境，实现城市可持续发展。三要形成工作合力。强化大局观念，增强服务意识，形成良性互动、相互支持的工作格局。加强各部门协调沟通，共同研究解决城市发展中的问题，形成推进新型城市化的强大合力。

（作者单位：中共永州市委党校）

株洲市城市管理调研报告

杨　丹

株洲市作为中部地区的老工业基地，在给国家做出巨大经济贡献的同时，也一度付出惨重的代价——在中国环保总局公布的"2003年度国家环境保护重点城市环境管理和综合整治年度报告"中，株洲被列入十大空气污染最严重的城市之一。而如今，株洲市在城市管理方面，一跃位居湖南前列，因其城市管理的效率、城市环境的优化、市政公用设施的齐备以及交通的有序通畅等，先后获评国家园林城市（2007）、全国卫生城市（2009）、国家交通管理模范城市（2010）、全国十大最具投资价值城市（2010）等，这些荣誉对株洲在城市管理方面的出色表现给予了充分的肯定。株洲何以短期取得这些成效，有何值得推广和借鉴的呢？带着这些问题，我们在株洲市就城市管理和创建工作进行了调查研究。

一、株洲市近三年在城市管理方面的做法

综合评价株洲城市管理的发展举措，可见株洲的城市管理进展是与经济发展方式的转变紧密相依的，其思路是"加法""减法"两手抓。

（一）做"加法"，加大对基础设施建设的投入，完善城市功能

1. 推进市政工程基础设施建设和道路建设。市本级基础设施投资近五年来稳中有升，最近两年多已达180亿元，完成了包括道路、客运站、污水处理厂新建和城市路网改造等工程。在道路交通方面，依据规划，逐步构建布局合理、结构优化的现代化综合交通立体网络，并引入交通智能控制系统优化交通管理；在市政工程基础设施方面，根据以往的欠缺，增设高铁客运站、污水处理厂等基础设施；城市管理方面，引入数字城管系统。

2. 补充市政公用设施。为改善城市面貌，改善市政公用设施不足的情况，2008年城区新增垃圾容器、果皮筒1万余个，新建公厕75座，35座垃圾中转站、40个环卫工人休息室。2009年添置环卫保洁清扫车辆设备45台，使城区道路机械清扫率达69.28%。

3. 种植苗木美化环境。通过美化、亮化工程等，种植苗木 38.7 万株，拆围透绿 88 处，使城市绿化覆盖率在 2009 年达到 43.6%，人均公共绿地面积 13.1 平方米，这些数字到目前仍在逐步上升。

（二）做"减法"，减少影响城市环境和秩序的因素，改善城市面貌

1. 不惜减少税收和 GDP，关停污染企业、拆除烟囱等，逐步消除其对城市市容和环境的影响。仅 2009 年就关停 11 家重金属污染企业和 69 家造纸企业，取缔 24 家"十五小"企业和有重污染源的汽车烤、喷漆经营户 14 家。城区累计拆除烟囱 241 根，组织搬迁城区饮用水源保护区内砂石码头 26 座，这些是株洲市空气质量良好率连年上升和水质变好的有力保证。

2. 制定城市规范，减少影响城市秩序的不规范做法。通过制定制度规范，明确城市管理的各项规范，减少交通运行、占道经营、户外广告设置中的不规范行为和行人不文明行为。通过整治行动，查处站外经营及不按核定站点停车的车辆 300 多台次，整治占道经营、污损城市公用设施的机动车维修厂 20 多家，一定程度控制了市民乱丢乱吐、乱涂乱画、乱穿马路等现象。

3. 进行主干道临街建筑和小街小巷改造，从细节入手消除不良市容市貌。在对卫生死角的清理中清运垃圾 280 多吨，对城区的广告牌匾、临街建筑的防盗窗、空调格栅等进行了美化，这些行动较为彻底地消除了长期以来形成的不良市容市貌，促进了城市形象的改善。

二、株洲市城市管理的基本经验

（一）创新思维的倡导

通过合理的手段，在保证经济发展的同时，成功实现经济发展方式的转变，逐步建立起科学的城市管理长效机制，实现经济发展和城市管理并驾齐驱，这得益于打破思维定式，解放思想，创新性地对待难题。

1. 决策过程的理念创新

"衡量一个城市城市管理的好坏，应以市民的满意度为度量"这是一条为株洲市决策者认可和推崇的原则。这一原则同时也意味着在城市管理中，应破除陈旧城市管理观念的束缚，转变"经济主导型"城市管理观念为"社会主导型"城市管理观念，也即"社会、经济和生态协同发展"观念。株洲市的决策者把这一观念表达为把株洲建设成"以现代工业文明为特征的生态宜居城市"，城市管理的快速发展正是得益于跳出过时的城市管理观，在综合考虑现有资源的前提下，采用全新视角——即社会效益视角为城市的发展和管理规划蓝图，确定目标。决策者在创新的城市管理观念引导下，通过分析论证，大胆设想，确定目标，将新的理念融入发展战略之中，促成了株洲市城市品位的步步提升。

2. 执行过程的工具创新

城市管理事关一个城市的方方面面。在确定目标之后各个领域对战略的落实是关键。随着社会经济发展，对城市品位要求的不断提高会对城市管理提出越来越高的要求，也会不断产生新的难题。对一些传统上难以解决的问题和新难题，在缜密分析和研究之后，通过工具创新来取得实效，这也是株洲市城市管理取得良好效果的一个亮点。在对城市市容的清洁工作中，如何监管深夜作业的环卫车曾经是个难题，而当引进"数字城管"系统后，应用GPS远程视频监控技术就使得这个问题迎刃而解；为方便市民出行和了解公交车运行情况，在通过传统方法改造建设港湾式公交站点的基础上，在我省率先引进智能公交系统，设立电子公交站牌；针对节能和市内空气污染的问题，株洲逐步引进电动环保公交车，实施城市公交节能与新能源汽车示范推广三年行动计划；为解决企业违法排污行为难以及时发现和处理而导致的污染现象，株洲市开始进行国家重点污染源自动监控系统的安装；在新道路的建设中处于节约能耗的考虑，采用风光互补型太阳能照明路灯，在边坡处理中引进日本生物工程技术和设计又维护了路与环境的和谐……发现问题，以创新的思维在执行过程在科技进步中寻找解决问题的途径，是株洲市城市管理工作的常态，也是株洲在城市管理的若干细节工作中找到突破口的利器。

（二）缜密的战略规划

缜密的战略规划为城市管理目标设定和逐步推进实施提供了基础保证。在《株洲市总体规划》的基础上先后修订和编制了《株洲市综合交通体系规划》、《株洲市公共交通专项规划》、《株洲市道路交通管理规划》、《株洲市道路交通安全管理规划》、《株洲市停车场规划》等城市交通规划，对株洲市的城市规划、交通规划进行科学论证，出台《城市建设项目交通影响评价报告编制管理暂行办法》，确保规划的实用。经过论证编订的规划在市规划馆中可以查实，也可以供市民了解。株洲市的城市发展均依托于规划的构建"一圈三环""一体三极"的城市格局。缜密的规划制定过程将城市发展的蓝图以一个清晰的目标展示，便于细分战略和分步实现。

在战略之初重规划的制定是第一步，将长期规划转变为执行中极具操作性的战略目标，是紧随其后的重要一步。利用各种荣誉称号的创建工作

为契机，实现城市管理的实质性突破，是株洲制定战略的重要内容。在
"四创四化""十大基础工程""三大战役"等简明扼要的称谓中就包含着
株洲在城市管理战略规划中的丰富内容。

（三）确保落实的执行

1. 及时的制度保障

城市管理的战略规划一旦做出，及时将其转化为长效的制度，以制度
力量来规范执行，这是株洲市城市管理工作推进的通常作法。到目前为止，
株洲城市管理方面的成文制度就有《株洲市城市容貌规定》、《株洲市城市
管理考核评比办法》、《株洲市户外广告资源管理办法》、《株洲市城市车辆
清洗办法》等。这些制度一方面使得执行者有据可依，另一方面也是社会
了解城市市政建设目标的一个窗口。

2. 科学的管理方法

对于如何以较少的资源来完成繁多的任务，从而使得优化城市管理的
战略目标能够实现这一问题，株洲采取了多种方法：一定程度利用了经济
杠杆，比如，通过社会招标的方法来确定养管和清扫队伍；在适当的领域
用目标管理方法和竞争上岗的方式来营造竞争的环境，提高管理的效率；
采用 BT 和 BOT 建设模式和社会资金筹集办法破解资金"瓶颈"；组织交通
协管员和市容环卫监督员来解决城市管理和宣传中人手不足的问题，等等。

3. 有效的部门协作

城市管理关乎多个部门，进行有效的部门协作可获得事半功倍的效果。
在株洲市"大城管"模式之下，各个相关部门之间能够建立起良好的协作
关系。比如，在交警对交通管理的过程中，对环卫车辆或渣土车产生的垃
圾抛洒情况积极反馈给城管部门；属于城市管理部门管辖的市容环卫监督
员一并纠正行人的交通违规行为、车辆的乱停乱放行为；市容环卫在城市
建设项目的开展和变更时引入交通影响评价等，互相协作和配合，相得
益彰。

4. 社会力量的利用

善于利用舆论和社会力量，同样可以促进城市管理的效率。城市管理
事关市民的生活。吸引市民对城市管理的热情，最终可以达到所谓"市民
自我管理"的理想状态。株洲的做法有：以新闻发布会、树立典型和曝光
不足的方式营造舆论氛围，将政府城市管理中的热点话题和难点问题抛给
市民，吸引市民的关注；同时辅以大量的社会宣传如户外广告牌、天桥和
灯箱广告、公交车身和出租车身广告、开展学校教育等方式造势；另外还

专门设置网络专员和短信平台来受理市民的投诉和建议等。当市民了解政府城市管理的工作之后，投入到城市管理和创建工作中，对株洲的城市管理大有裨益。

（四）赏罚分明的激励

株洲市在城市管理激励机制中逐步探索出的奖惩机制也在株洲城市管理长效机制的创造中展现其作用。株洲市城市管理中推行目标管理体系，制定了详尽的《株洲市城市管理考评标准》，并建立了配套的激励机制，大到对单位、小到对涉及城市管理具体工作的个人，都有一套有针对性的成文奖惩办法。比如，株洲市对所辖4区进行城市管理考评的具体做法是：株洲市制定出科学合理的城市管理考评体系，每月对所辖各区进行考核评比，并按考核结果进行排名，第一名奖励100万元，第二名奖励30万元，第三名奖励20万元，最末名罚款20万元，若连续2个月排名最后，需进行行政问责。考评结果连同各区区长和分管城市管理工作的副区长名字均在电视、广播和报纸上公布。赏罚分明的激励措施利于形成竞争的环境，促使工作的持续改进。

三、思考和启示

（一）以创新的城市管理观指导具体工作

创新的城市管理观首先意味着管理理念的创新。多年来，我国的城市管理普遍重管制，轻服务，这种落后的管理观是造成城市管理部门不佳形象屡见报端的深层次原因。落后的管理观指导下的城市管理工作违背了社会的客观规律，重强调民众的义务，而忽略民众的权利，所以在具体执行中适得其反。"以市民的满意度"为开展城市管理工作的出发点，这是贯彻株洲城市管理各项工作始终的一条基本原则，也是株洲城市管理工作的根本和目的所在。随着社会的发展，单纯注重经济发展的"经济主导型"城市管理观念是不符合客观现实需要的，以"社会、经济与生态协同发展"城市管理观念指导城市管理工作，以公众满意为价值取向，从公众对城市的期待出发，方能正确指导城市管理的具体工作。

（二）在把握客观规律的前提下优化制度

城市管理部门的目标和民众对城市的期待和需要本应是一致的。把握客观规律，并在客观规律之下完善各项制度，有效地平衡公民的权利和义务，使公民乐于接受，才利于城市管理工作的开展。比如，"权利义务应相平衡"是民主社会的基本规律，株洲在城市管理工作中所逐步完善的制度注重强调政府责任，虽有要求市民履行义务的，但以强调政府服务的为多，无形中形成了对市民的"服务承诺"和"权利保证"，市民可参与监督。这些蕴含"服务"理念的制度凸显市民的"城市主人"身份，便于市民配合政府的城市管理工作。

（三）调动各方积极性广泛参与城市管理

一方面，城市管理工作十分烦琐；另一方面，城市管理关系广大市民的切身利益。如能调动各方的积极性，使之广泛关注和参与城市管理中，利于城市管理工作的开展和城市的良性发展。在欧美城市，参与城市管理的政策制定和工作实施是市民的传统。而在我国，市民中尚未普遍形成"城市主人"的自我认知，有必要以有效的竞争机制和激励机制调动包括城市管理工作人员、政府相关部门、社区自治组织、市民各方的积极性。舆论的引导、广泛的社会宣传和适当的激励措施可配合使用。广泛的宣传引导、小额经费的激励、方便的参与渠道等都是有效的促进方式。

（作者单位：中共湖南省委党校 湖南行政学院）

城市创建对城市经济发展的作用

胡　旭

　　株洲市近年来开展创建中国优秀旅游城市、国家园林城市、国家卫生城市、国家交通管理模范城市、国家环境保护模范城市和全国文明城市，通过城市创建促进了城市经济的发展。

一、城市创建对经济的撬动作用

　　在城市创建过程中，政府通过加大财政资金支持力度的同时，依靠市场化运作，以政府搭台、产业化运作的模式吸引社会资本的投入，带动民间资本参与城市创建工作，发挥了撬杆的作用，实现了用较小的投入获取更大的收益的目的。

　　城市创建工作包含庞大的基础设施建设工程，这些基础设施建设工程主要靠财政买单，需要政府财政提供巨额的资金投入。据统计，2007年至2009年，株洲全市共完成城市交通基础设施投资54.38亿元，用于环卫、医疗卫生、园林绿化等基础设施投资33亿元，用于生活垃圾填埋场、污水处理厂、地下管网等环保设施投资20多亿元。政府在城市基础设施上的大笔投入，既为企业提供了无限商机，带来了多行业市场的兴旺，也提供了广阔的就业平台，刺激了消费，实现了GDP的大幅增长，2009年株洲实现GDP1020亿元，财政收入100.33亿元，形成历史性突破。经济实力的增强也提升了城市的综合实力。据国家统计局2007年《研究参考资料》显示，依据2006年全国地级以上城市基本情况统计资料数据，利用人口与劳动力发展、经济发展、社会发展、基础设施建设、生态环境建设与保护5个一级系统，19个二级子系统，51个三级指标构成的综合评价体系，对2006年全国286个地级以上（不含拉萨）城市综合实力进行综合评价。株洲市城市综合实力已进入全国60强，排名第56位，比2005年前进了15位，较2004年前进了26位。除直辖市和31个省会城市外，株洲城市综合实力在全国非省会城市中位居第33位。在中部六省中，株洲城市综合实力位居第7，排在前面的分别是六省的省会城市长沙（14位）、武汉（17位）、合肥（21位）、太原（30位）、郑州（31位）、南昌（48位）。在中部六省非省会城市中，株洲综合实力居第一位。

二、城市创建对经济的拉动作用

通过加大对城市固定资产投资的力度，也拉动了其他投资及消费和出口。一是增强的了市民的购买力。市民购买力的增强直接刺激市民消费水平的提高。2009年，株洲城镇居民人均生活消费性支出11334元，增长13.8%，高于可支配收入增幅3个百分点；农民人均生活消费性支出5064元，增长12.8%，高于纯收入增幅4个百分点。全市实现社会消费品零售总额358.3亿元，增长16.6%，扣除价格因素实际增长18%，同比加快1.1个百分点。二是提高了环境质量，提升了地区的投资价值，拉动了房地产市场、金融市场、装潢市场、建材市场、劳动力市场、搬运市场等。五年来，株洲城市创建对社会经济的拉动作用是很大的，只要进行综合核算，其经济效益将大大超过投资额。如株洲结合国家园林城市创建对天鹅湖进行改造，给其周边带来极大的连锁效应，其中仅房产开发一项即由2003年商品房均价800～1000元/平方米飙升至3000～3800元/平方米。三是通过创建国家优秀旅游城市，带动了旅游、住宿、餐饮业的发展。据株洲市统计局统计数据表明，2008年，株洲批零贸易和住宿餐饮业实现增加值84.9亿元，增长14.1%，增幅同比加快4个百分点。公路客货运输周转量增长13.6%。全市接待游客817.6万人次，实现旅游总收入48.6亿元，增长19.9%。2009年，全市接待国内游客923.6万人次，增长115.9%，接待境外游客3.8万人次，增长165.5%；全市旅游总收入55.8亿元，增长191.23%，旅游创汇968.5万美元，增长203%。全市拥有星级宾馆饭店34家，旅行社45家，国家4A级旅游景区2个。

三、城市创建对经济的聚集作用

城市创建工作提高了城市管理水平，扩大了城市知名度，提升了城市品位，为经济发展创造良好外部环境，从而形成投资"洼地"，吸引资本的聚集。2009年，株洲市全社会固定资产投资突破500亿元大关，达到563亿元，增长44.9%，较上年加快10.3个百分点，年净增174.6亿元，投资强度由过去的3天一个亿增长到每天超过1.5亿元。深圳华强、北汽控股等投资都超过100亿元。

城市创建工作使城市的环保、园林、绿化、交通、城市管理以及城市文明程度都有较大幅度的提升。一是促进环境保护。如2009年，株洲空气良好天数达到338天，二氧化硫削减率28.7%，提前一年完成省政府下达的"十一五"减排任务；市区区域环境噪声和城市道路交通环境噪声分别为52.6dB、64.5dB，均低于国家标准；COD削减率6.8%，市区饮用水源水质达标率92.09%；主要污染物总量减排指标中，镉、砷等重金属排放总量分别下降48.4%和56.4%，提前两年完成省政府下达的"十一五"减排任务；新建7座污水处理厂，城市总污水集中处理率为86.2%，结束了五县市及河西城区生活污水直排的历史，连续四年未发生重大环境污染事故。二是推动园林绿化工作的提质。2009年，城市绿化再度升温，栽植苗木38.7万株，拆围透绿88处，城市绿化率为43.6%，人均公共绿地面积达到13.1m^2。2010年，我市再次提出城市绿化率要达到50%，向创建"国家森林城市"的目标迈进。三是促进城市管理水平的提升。2009年，全市60项重点工程完成投资129.4亿元，城市提质扩容步伐加快。创卫工作显有成效，荣获"国家卫生城市"称号，以"绿化、美化、亮化、数字化"为主要内容的"四化"工程顺利完成，新增广场和街头休闲绿地61个、亮化城区高层建筑181处、美化临街建筑物1288栋，数字化城市管理系统建成运行，城市治安电子防控系统、智能交通管理系统不断完善，城市更加清新、更具品位、更富现代化。四是城市交通更加顺畅。2007年至2009年，全市累计投入16.13亿元用于市区公共交通投资，占城市道路交通基础设施投资的30%。投入5000余万元，建成"湖南第一、全国一流"的城市道路智能交通监控系统。目前，城区拥有公交车1093.15标台，万人拥有率超过10标台。启动"电动公交三年（2009—2011）行动计划"，拟投资4亿多元，将城区627台骨干公交线路公交车全部电动化，打造全球第一个电动公交城。五是提高市民的文明素质和城市文明程度。2009年，全市人口出生率为12%，人口自然增长率7.34%。城镇登记失业率为3.91%。基本养老保险参保60.3万人，增加4.3万人。城区、县市最低工资标准达到610元/月和560元/月。全市发放城乡低保金2.1亿元，改建乡镇敬老院7所。城镇居民人均可支配收入17433元，农民人均纯收入6502元，连续多年均呈两位数以上增长。城乡居民家庭恩格尔系数为34.2%和45.1%，城乡收入差距比由上年的2.81∶1缩小到2.68∶1。第七次荣获全国科技进步先进城市和国家知识产权示范城市荣誉称号，城乡义务教育学杂费全部免除，投入资金2772万元，资助贫困学生6.8万人。大型歌舞剧《鹅卵石》夺得"田汉大奖"。网吧安装视频和身份证识别系统，管理更加规范。全年举办县级以上运动会 96 场次，全民健身运动项目 1442 项，有各类体育场地 1319 个。全市有卫生机构 1354 个，床位 15053 张，卫技人员 21696 人。参加新农合人数为 252.2 万人，参合率达 92.6%。

　　通过环境的优化，一是放大了招商引资的吸引力。2010 年 6 月 30 日，从上海传来喜讯，株洲市成功入选"2010 中国十大最具投资价值城市"。这是我省唯一获此殊荣的城市。此次活动由中国企业联合会、中国企业家协会主管，中国经济报刊协会、中国企业报社联合香港文汇报主办，世博城市之星专题活动办公室等承办。有关方面邀请专家，根据生态环境健康指数、招商引资软硬环境综合指数、社会文明指数、城市安全指数、生活舒适指数、发展潜力指数以及城市知名度等指标，推选出"2010 中国十大最具投资价值城市"。城市创建工作，从一定意义上讲，其实就是投资环境不断优化的过程。由于城市建设和管理水平不断提高，城市环境不断优化，对经济发展是一种促动，增大了招商引资的吸引力。如株洲近年来通过创建工作，投资环境得到不断改善，吸引了国内外一些知名企业纷纷来株洲投资，为株洲的招商引资工作发挥了积极的促进作用。二是形成了企业的竞争力。城市创建工作对环境治理提出了很高的要求，使得企业必须在环境治理方面加大投入，不断强化科技创新，优化产业结构，转变产业发展方式，才能在城市创建过程中得到发展壮大，其中一部分高能耗重污染的企业将由于治理资金制约而不得不退出市场，如株洲市在创建工作中就先后关停和搬迁了株洲选矿药剂厂等 11 家城区污染严重企业和生产线，而另一部分企业通过政府扶持及自身努力得以长足发展，从而在企业之间形成了竞争。2009 年 6 月 28 日，在广州召开的"2009 广东省企业 100 强发布会暨广东优秀自主品牌与投资合作高峰会"上，我市等 10 个城市被评为中国最佳（最适宜）粤商投资城市。获评中国最佳（最适宜）粤商投资城市，标志着我市的投资环境和投资潜力获得了广东省工商界和众多企业的认可，将提升我市在珠三角地区的知名度，促进我市在该地区开展招商活动，提高承接产业转移的质量与效益。

（作者单位：株洲市创建办）

关于株洲转变经济发展方式的调研报告

黄升旗

一、株洲经济发展方式的基本概况

经过深入调查，从总体上看，株洲经济发展方式目前正处在追求总量和速度的数量型发展方式向注重经济发展质量和效益的提高以及产业结构协调的质量型发展方式的转变时期。具体说，可以从经济运行质量、经济发展的稳定性与结构变化、节能减排、科技创新四方面来验证上述判断。

1. 经济运行质量逐步提高。全市项目新增数量、项目建设标准创历史最高水平。仅 2009 年全市就引进内外资项目 239 个，实际利用外资 3.62 亿美元，增长 20.53 %，引进内资 94.82 亿元，增长 29.35%，增幅居全省第一。全市外资企业数量列全省第二位，全球 30 多个国家的企业在株洲投资兴业，有 10 多家央企在株洲建有分公司。布局和开工建设了一批关系株洲长远发展的重大基础设施和产业项目，实施重点项目建设 90 个，总投资535.4 亿元，新开工 5 条高速公路，在不久的将来就可实现县县通高速、县县通铁路。攸县 120 万千瓦的煤电一体化项目，第一期工程投资 50 个亿；华强文化科技产业基地项目投资 150 亿元；北汽控股年产 20 万辆整车今年下线出车，组建第二工厂后年产汽车将达到 60 万辆。项目建设的提质提速，全面提升了发展质量，增强了发展后劲。

2. 经济稳定发展，产业结构仍以第二产业为主。近年来，株洲以发展为主线，积极推进结构调整，第三次产业结构由 2008 年的 12.1∶54.6∶33.3优化为 2009 年的 10.6∶55.4∶34，万元规模工业增加值能耗降低 15%。涌现了 2 个销售收入过 100 亿、4 个过 50 亿的企业，轨道交通、汽车两大千亿产业已显雏形。以上数据表明株洲第二产业发展最为迅速，株洲产业结构仍以第二产业为主。

3. 节能减排工作成效显著。株洲坚持发展与节能同步、开发与节约并举，以狠抓节能降耗与环境保护工作作为促进经济发展方式转变的重要举措。2009 年株洲万元 GDP 能耗 1.39 吨标准煤，比 2005 年下降 11.8%，年均节能 3.8%，超过全省目标 0.1 个百分点。同时，单位工业增加值能耗、单位工业 GDP 电耗分别由 2005 年的 2.93 吨标准煤和 1206.2 千瓦时下降到 2009 年 1.54 吨标准煤和 1016.3 千瓦时，分别降低 47.4% 和 15.7%。同样，环境保护工作得到加强，全市工业废水治理设施处理能力由 2005 年的 56.02 万吨/日提高到 2009 年的 57.25 万吨/日，发展 2.2%；工业烟尘去除量由 2005 年的 121.65 万吨降低到 2009 年的 115.18 万吨，下降 5.3%；工业固体废物利用量由 2005 年的 185.27 万吨提高到 2009 年的 238.13 万吨，发展 77.8%，城市环境和空气质量明显改善。

4. 科技进步对经济发展贡献明显。科技进步是实现经济发展的原动力，同时也是促进经济发展方式转变的有效手段。株洲始终把科技创新放在突出位置，围绕运用高新技术提升传统产业，不断优化高新技术企业发展环境，促进高新技术产业发展。工业对于株洲经济有着风向标的作用，以科技创新促进工业发展是推进"工业强市"方略的重要举措。目前，全市拥有 7 个国家级、19 个省级技术中心，7 个国家级、2 个省级企业博士后工作站，大中型工业企业、科研院所、高等院校的科研经费达 16.2 亿元，占 GDP 的比重达到 1.8%，居全省首位。到 2008 年末，株洲拥有高新技术企业 155 家，实现高新技术增加值 143.8 亿元，高新技术增加值占全部规模工业增加值比重为 45.9%。

二、株洲转变经济发展方式存在的主要问题

1. 产业结构矛盾仍然突出。近年来，株洲不断加快产业结构调整步伐，但结构性矛盾仍较为明显。首先是工业内部结构矛盾突出，层次不高。由于多年传统工业化道路的影响，资源型和原材料工业仍占主导地位，多数产业位于产业链条上游，下游产品、高附加值产品不多。其次是第三产业发展相对滞后，这主要表现在如下两个方面：一是总量不足，比重偏低，"十一五"以来，株洲第三产业占 GDP 比重一直为 34%～35%，而发达国家或地区的这一比例为 60%～80%；二是领域狭小、结构不合理。现代服务业尤其是生产服务业发展缓慢，2006 年至 2008 年批发零售、住宿餐饮、居民服务传统服务业增加值占第三产业的 70.7%、70% 和 70.2%，而金融、保险、物流、信息、咨询等现代服务业比例过低，发展严重不足，吸纳就业能力不强。

2. 研发能力相对偏弱，自主创新能力不强。2008 年，全市规模以上工

业企业单位数为 1145 家。其中，国有企业 47 家，集体企业 47 家，股份制及其他企业 1051 家，分别占 4.1%、4.1% 和 91.8%。规模以上工业企业中有自主创新活动的仅有 102 家，覆盖面为 8.9%。数据显示，自主创新活动尚未成为株洲工业企业的普遍行为。此种情况如不改变，可预见的结果是研发的低投入，直接导致技术落后，进而影响企业劳动生产率与资源的使用效率，使企业陷入只重视产量和价格而不重视研发投入的恶性循环，进一步阻碍技术进步，这样必将严重制约株洲经济发展方式转变的步伐。

3. 高排放、高能耗的现状未得到根本改变。由于株洲属典型的重工业城市，主要工业原料与能源消费品种，例如冶金、化工、煤炭在加工转换及燃烧过程中，产生大量的废气、废水和固体废物，污染较为严重，且处理成本过高，部分经济发展建立在牺牲环境的基础上，经济发展得不偿失。另外，株洲经济结构偏重，高耗能的有色金属冶炼、化工等行业发展迅速，这种重型化工业导致了经济发展对资源、能源过分依赖，同样对能源消耗过大。以株洲工业支柱行业中的化工为例：2008 年化工行业完成规模工业增加值 49.3 亿元，同比发展 22.1 个百分点，耗电量下降 2.5 个百分点。虽然数据显示化工行业耗电量发展速度低于增加值发展速度，但是从总量构成的角度来看，占全市规模工业增加值 14.3% 的化工行业消耗掉的却是全市 24.9% 工业电量。同样属于株洲工业支柱的有色金属冶炼行业，2008 年实现规模工业增加值 51.3 亿元，占全市规模工业增加值 14.9%，消耗掉全市 27.1% 的工业电量。

4. 发展空间仍然不足。一方面，随着近年来株洲不断加大项目招商引资工作力度，加快房地产开发、园区和城市基础设施建设和改造，土地资源日渐减少。另一方面，由于历史原因，株洲旧的建设布局比较分散、零乱，规划不尽合理，造成现今株洲发展空间不足，严重阻碍了经济的发展，虽然近年来株洲逐步完善城市布局规划，空间拓展也取得初步成效，但用地仍趋于紧张。

三、进一步推进株洲经济发展方式转变的若干建议

1. 牢固树立科学发展观，加快经济发展服务平台建设。要切实转变经济发展方式，必须把科学发展观贯穿于经济社会发展的全过程，建立健全符合科学发展观要求的经济社会发展体系，按照立足科学发展、完善体制机制、促进社会和谐的总体要求，紧密结合自身实际，确定符合实际的发展战略。提供服务是政府的重要职能，转变经济发展方式需要政府发挥能

够集中力量办大事的优势，因而需要加快服务平台的建设，进一步合理规划，拓展发展空间，继续加大经济管理体制改革力度，完善政策支持，特别是在技术交易、人才培训、劳动力供给、信息服务、管理咨询等方面不断提高服务效率与服务水平。

2. 继续调整产业结构，推动经济发展向集约型模式转变。调整和优化经济结构，是转变经济发展方式的主要途径和重要内容。株洲要继续实施"工业强市"战略，加快传统产业新型化、新兴产业规模化步伐，继续实施"5115"工程，按照集中式布局、集约化生产、集群化发展的要求，打造千亿产业集群，构筑以"两型产业"为核心的产业体系，以加速园区建设为重点，以"大招商、招大商"的理念为纽带，大力支持高新区、循环经济工业园和陶瓷创意产业园做大做强，发展各县区工业园区和工业小区，突出骨干项目建设，培育新的经济发展点。在做大做强工业的同时，大力发展第一、第三产业，实现三产业协调拉动经济发展。加快农业设施建设来带动农村经济的发展，通过扩大农业设施规模，加快发展农产品加工基地，做大做强农业产业化龙头企业，打造出更多的农产品品牌，培育农产品深加工产业集群，提高农村经济对国民经济的贡献。把服务业放在更加突出的位置，不断扩大服务业规模和提高服务业的整体水平，继续加强传统生活服务业的发展，重点发展现代服务业，加快发展与人民生活密切相关的教育、文化、卫生和旅游产业，大力促进连锁经营、物流配送、信息传输、计算机服务和软件业、电子商务、金融等新兴产业，加快发展房地产业，积极引进大型股份制商业银行入驻株洲，积极利用好国家、省支持房地产业发展的相关政策，实现住宅地产、商业地产和工业地产共同发展。

3. 加快自主创新步伐，推动经济发展向创新型模式转变。科技发展相对滞后、人才短缺，已成为制约株洲经济发展的一个重要因素，同时也是株洲与东部沿海先进市差距进一步拉大的主要原因。为此，必须坚持经济建设依靠科学技术的发展方针，继续大力推进科技体制改革，从而形成科技与生产紧密结合的有效机制。在经济发展中，要逐步确立企业技术创新和科技投入的主体地位，增强企业的研发能力，坚持先进技术的引进、消化、吸收和自主创新相结合，利用高新技术改造提升传统产业。要充分发挥株洲的资源优势，积极推进矿产品粗加工向精特深加工转变；加大装备制造和光电产业的科技投入，提升株洲机电产品品质；拉长冶炼产业链条，由低利润、原材料工业为主向高利润、高附加值方向转变。同时，把培育高层次的人才群体作为转变经济发展方式的重要保障，开展高层次的人才交流，形成人才培养、交流的良好环境。

4. 大力发展循环经济，推动经济发展向资源高效利用型模式转变。株洲经济结构偏重，有色金属冶炼、化工等行业对能源、资源消耗大，产生大量的废水、废气、废渣、余热、余压等对环境造成很大的危害，这是株洲经济发展的劣势，同时也是发展循环经济的潜力所在，如果通过大力发展循环经济，变废为宝，完全可以化劣势为优势，这样不但节约能源、资源，降低生产成本，提高产品竞争力，还可以有效地改善环境状况。因此，实现经济发展方式的根本转变，必须建立循环经济技术体系，加强对耗能大户的监控，对污染物排放超标的企业，依法治理整顿，实现从源头管理。同时，要鼓励支持企业发展技术含量高、环境污染少、废物利用量大的项目，提升资源综合利用水平。

（作者单位：中共湖南省委党校 湖南行政学院）

科学领导对加快经济发展方式转变的促进

李江远

一、加快经济发展方式转变迈出了坚实步伐

1. 新型工业快速发展

以"5115"工程、"五大千亿产业集群"建设为载体，着力发展大企业、大集群、大项目，不断推进从"高碳"向"低碳"转变，"制造"向"创造"转变，"黑色"向"绿色"转变，加快产业结构调整。2010年上半年，株洲市规模工业增加值262.1亿元，增长29.4%，连续6个月增幅保持在30%左右。"5115"工程企业贡献突出，1~6月完成工业总产值258.5亿元，增长39.6%，占全市规模工业总产值的35.6%，特别是电力机车、株冶等龙头企业的引领作用更加突出，产值增幅达到96%和61%；园区攻坚成效显著，1~6月全市园区实现技工贸总收入503.5亿元，同比增长78.5%，实现工业增加值167.8亿元，同比增长51.7%，高新技术产品增加值104.6亿元，同比增长57.5%。同时，围绕打造轨道交通、汽车、航空航天、服饰、陶瓷等5个千亿产业集群，进一步加大培育力度。轨道交通方面，依托电力机车（全国最大的机车车辆制造企业）和时代集团（国内最大的机车车辆研发中心），今年轨道交通企业总产值可超过350亿；汽车产业方面，北汽控股年产20万辆整车年底将下线出车，今年还将组建第二工厂，建成后年产汽车将达60万辆，年产值可突破600亿。同时，航空、服饰、陶瓷产业都具备良好的发展基础。通过大项目、大集群的带动，为全市产业转型提供了强大动力。

2. 现代农业稳步推进

近几年来，受惠于国家强农惠农政策，株洲市不断巩固基础产业，粮食产能建设不断加强，现代农业得到全面推进。粮食作物播种面积由2006年的388.5万亩增加到2009年的395.1万亩，增加6.6万亩。到今年上半年，全市创建粮食高产示范片14个，创建万亩高产示范片8个，全市农民

专业合作组织达到 463 家，全市流转土地 363 万亩，面积过千亩的粮食规模种植户达 110 多户，生猪养殖大户达 350 户。市级以上农业产业化龙头企业达到 57 家，唐人神、好棒美等龙头企业得到长足发展，全市农产品加工总产值可突破 140 亿元。农业增加值由 2006 年的 75.5 亿元增加到 2009 年的 107.8 亿元，增长 42.7%。

3. 现代服务业初现雏形

促进服务业加快发展的政策措施进一步完善，交通、批发和零售、餐饮业等传统服务业持续增长，连锁经营、物流配送、电子信息、金融服务、旅游服务等生产性服务业发展较快。服务企业规模化、品牌化加快推进，涌现出一批活力较强的民营企业。2009 年，服务业实现增加值 354.5 亿元，比 2006 年增加 136.5 亿元，增长 62.6%。旅游升温全面启动。湖南华强文化科技产业基地、炎陵神农福地休闲中心、醴陵仙岳山文化景区、攸县酒埠江 4A 景区建设等重点旅游项目全面推进，炎帝陵等市内旅游景区宣传、营销力度进一步扩大，服务配套能力进一步增强。上半年，全市旅游总人数达到 624 万人次，增长 31.3%，创旅游总收入 38.8 亿元，增长 35.8%。全市文化创意、物流、信息咨询、金融保险等生产性服务业无论在市场规模、产品种类还是在服务水平上都有了较大幅度跨越。

4. 节能减排成效明显

一是大力推动循环经济发展。清水塘循环经济工业区作为全国循环经济第二批试点园区，今年来，累积投入 70 亿元实施环境整治，投入 50 亿元实施资源回收和循环利用，区域范围"三废"排放量减少二分之一，全区 95% 以上企业的二次能源得到优化利用，工作固体废物综合利用率达到 80% 以上，危险废物处理率达 100%，清水塘地区环境治理取得了初步成效。二是狠抓株冶集团、智成化工等试点企业节能减排。株冶集团和智成化工通过技术创新，促进水、气、渣的循环利用，2009 年主要污染物排放量在 2003 年的基础上获得大幅削减，提前超额完成"十一五"的减排任务。三是全面加强污染整治。近年来，株洲市大力实施"六个一批"整治活动，关停和搬迁污染企业和落后生产线 113 家（条），完成了 1800 多家服务单位煤改清洁能源工作，尤其是在 2008 年关闭株洲电厂 2 台 12.5 万千瓦机组，爆破一座 180 米烟囱，每年减排二氧化碳 4441 吨、烟尘 3359 吨，在株洲环保史上写下了划时代的一笔。完成了霞湾港水变清一期工程，治理了 25 口镉污染水塘，启动了霞湾港水变清二期工程；争取 11 个总投资 16 亿元的项目，纳入《长江中下游流域水污染防治规划》，28 个总投资 147

亿元的项目，纳入《湘江流域重金属治理专项规划》；启动了重金属污染土地综合整治和移民安置工作。

5. 新兴产业加速发展

以风电装备、电动汽车、新能源、新材料等战略性新兴产业发展为重点，在煤电一体化、风力发电、电动汽车、光伏产业等行业取得了较大突破。2010年7月，攸县煤电一体化项目获得国家批准，有力地推动了株洲市环境治理和能源开发。风力发电方面，自主研发了风电发电机、叶片等关键部件，形成了批量生产风电整机的能力，全市风电产能已突破50亿元。光伏产业方面，多晶硅、单晶硅、太阳能电池研发取得了重大进展。混合动力汽车和纯电动汽车研发应用，在全国具有领先优势，投入3亿元实施"电动公交三年行动计划"，明年全市将实现城区全面公交车电动化，成为国内首个"绿色电动公交城"。今年上半年，我市高新技术产值达290亿元，同比增长40%。

二、经济发展方式转变加快得益于科学领导

（一）株洲市领导班子对全局的科学领导：做法及成效

株洲市委、市政府、市人大、市政协坚持科学决策：始终把解决民生问题放在首位，始终坚持可持续发展观，始终把经济发展方式转变摆在优先位置，始终坚持节约做各项工作；破解资金"瓶颈"：一是财政投资，二是土地融资，三是利用国债资金、外国政府及世行和国内商业银行贷款，四是国有资产股权转让、质押贷款，五是招商引资，采用BT、BOT等建设模式融资。全面宣传动员：自前年实施城市"五改"以来，株洲市结合全省解放思想大讨论这一活动，充分利用广播电视、报纸、网站等新闻媒体及各种会议，积极开展大力推进新型城市化的讨论，广泛宣传实施城市"五改"工程、"四创四化"、城市提质的意义和必要性，使全体干部和广大市民进一步解放了思想，充分认识到了加快新型城市化建设的目的、意义，增强了紧迫感、责任感，增强了大力支持城市建设和改造的自觉性。加强组织领导：为切实推进新型城市化建设，株洲市委、市政府主要领导及分管领导，以及市人大、市政协等都高度重视城市经济发展方式转变，从各方面都给予了大力的支持。株洲市领导班子站在总领导、总决策、总指挥的高度，为株洲市经济发展方式的转变和"两型"社会的建设指明大的方向，下属各部门、机关在自己的具体职责范围内努力做好自己的工作。

（二）株洲市建设局对本部门工作的科学领导：做法及成效

1. 全力推进城镇基础设施与重点工程建设，不断完善城市功能。近两

年多来，株洲市共实施重点工程 182 个，完成投资 286.75 亿元。其中，实施重点基础设施类项目 73 个，完成投资 134.56 亿元。完成了石宋大道、红旗路改造、河西污水处理厂、武广客运新株洲站、炎帝大道、时代大道等一大批城市基础设施建设，进一步改善了城市路网结构，完善了城市功能，提高了城市承载能力。两年多来，全市城镇基础设施建设共完成投资近 300 亿元，其中市本级城市基础设施完成投资约 180 亿元。

2. 着力实施城市改造更新，着重改善城市道路状况及城市面貌。在株洲市"五改"工程中，大街小巷改造实际完成 157 条，改造总里程 69.7 公里、面积 57.1 万平方米；主次干道混凝土道路改沥青路面工程，完成道路改造 38 条，总里程 39.5 公里、面积 74 万平方米；破损严重的人行道板完成改造 11 条，面积约 5.6 万平方米；穿衣戴帽工程完成改造 31 个项目；10KV 架空电力线路改造入地项目，当年完成 10 条线路，长约 16.3 公里。城市"五改"工程的实施使株洲市城市面貌焕然一新，为"四创"工作奠定了良好的基础。

3. 积极实施美化工程，全面整治临街建筑物。美化工程共涉及城区主次干道 30 余条，需综合改造和整治的建筑 1561 栋，总面积逾 200 万平方米。其中，2009 年已完成 1511 栋临街建筑的政治；今年计划整治 50 栋，目前正抓紧实施，部分已完工。全部美化工程已清洗建筑 408 栋、提质 1001 栋、重塑 102 栋，拆除防盗窗 41949 个，安装隐形防盗网 28700 个，拆除和安装门店招牌 10808 块，安装空调格栅 22345 个，整治管线 900 栋。美化工程效果显著，促进了城市形象的改善，提升了城市品位。

4. 加快城镇污水处理设施建设，污水处理"三年行动计划"目标提前实现。按照省政府的部署，株洲市自 2008 年初实施城镇污水处理设施建设三年行动计划，计划于 2010 年底建成株洲县、醴陵、攸县、茶陵、炎陵县城及市本级河西、龙泉二期共 7 个污水处理厂。至 2009 年底，株洲河西污水处理厂及炎陵、株洲县、茶陵、攸县、醴陵市污水处理厂均已完工通水投入试运行。龙泉污水处理厂二期 2008 年建成后经过一年的试运行已正式投入运行。株洲市提前一年全面实现省城镇污水处理设施三年行动目标计划。

5. 大力推进可再生能源建筑应用，建筑节能成效初显。株洲市区已全面推广建筑节能技术、材料与设备，强化节能标准的贯彻实施，建筑节能设计率达 100%、执行率已达 92%，城区新建建筑基本普及采用节能技术，城市规划区范围内已全面普及使用商品混凝土。2009 年株洲市成功申报为全国可再生能源建筑应用示范城市，并计划今明两年内建成 20 个可再生能源建筑应用示范项目，可再生能源建筑应用面积达 300 万平方米，目前已有6 个项目完工。

（三）株洲市交通局对本部门工作的科学领导：做法及成效

1. 坚持多管齐下，以城市创建促发展方式转变。（1）突出建设，强化交通运输支撑。交通是城市的门户和出口，是联系城市、城乡的重要纽带。为此，株洲市全力加快了交通建设步伐。一是交通投入屡创新高。"十一五"前四年，全市累计完成交通建设投资 130.5 亿元，是"十五"五年交通投入总和的 3.7 倍，年均增幅达 35% 以上。二是高速公路高速发展。目前，株洲市在建高速公路 7 条、257 公里，项目数量居湖南全省各市州之首。全市在建和通车高速公路里程达 462 公里，占全省在建和通车高速公路里程的 8%，密度位居全省前列。三是干线公路率先突破。株洲市列入"十一五"规划的国省干线项目 12 条 474 公里，已在全省率先建成 3 条 112 公里，今年计划将有 6 条国省干线建成通车，其余 3 条全面开工建设。四是农村公路领先全省。"十一五"以来，全市累计改造通乡公路 539 公里，建成农村公路 5998 公里，提前一年在全省率先完成了农村公路建设"十一五"规划任务。五是站港设施发展迅速。株洲航电枢纽于 2008 年通过验收，被交通部评为"示范工程"；铜塘湾港区一期工程和武广高铁株洲汽车站年内开工。（2）多措并举，努力提升城市品位。一是抓窗口树立形象。重点抓实了城市"四张大门"的提质改造。二是抓亮点锻造精品。在项目建设中尤其注重人与自然、路与环境的和谐，较好的维护了项目施工与周边群众的生产生活的良好关系。三是抓整治促创建深入。近年先后组织搬迁城区饮用水源保护区内砂石码头 26 座，查处站外经营及不按核定站点停车的车辆 300 多台次，清理整治城市出入口公路约 80 公里，清整其他卫生死角5000 多平方米，清运垃圾 280 多吨。四是抓环境内强管理。投资 300 万元绿化美化亮化机关办公场所，先后硬化了机关停车场、修建了停车棚、刷新了办公楼外墙、重建了办公楼大门，连年植绿添景美化小区环境。

2. 坚持规划引领，以方式转变促交通发展提质。（1）"十二五"规划主要目标。"十二五"规划期间，株洲市交通基础建设投资将达到 688.7 亿元。预计到 2015 年底，株洲市境内国家铁路网将达 524.4 公里，其中高速铁路 2 条 78.4 公里。公路网总里程将到 16000 公里左右（不含通组公路）。同时，抢抓国家重点促进内河航运发展和湘江梯级开发机遇，将湘江株洲段全面提升为 II 级航道，境内渌水提质为 IV 级航道，洣水提质为 V 级航道。

大力引进交通先进科技，提高交通运输的信息化、智能化水平，深入推进交通运输行业节能减排工作。(2)"十二五"交通运输规划重点。一是确保重点项目建设。"十二五"期间，株洲市重点实施"五个一"工程（即："一场一港、一圈一网、一中心"）。"一场"即株洲通用机场。"一港"即铜塘湾港，以铜塘湾港建设为中心，实施湘江航道疏浚渠化。"一圈"即高速公路圈，建成醴茶高速等"十一五"续建项目 6 个 257 公里，完成投资135 亿元。"一网"即普通公路主骨架网。"一中心"即武广高铁株洲枢纽站，将武广高铁株洲枢纽站打造为城区客运中心。二是强化枢纽建设。规划新建株洲云龙汽车客运站、株洲田心汽车站和株洲芦淞客运站等 24 个汽车客运站项目；完成长株潭现代物流园和芦淞服饰物流园等物流园区建设。三是推进城市公共交通建设。建成长株潭城际铁路株洲段工程，项目全长23.2 公里。在株洲市城市公共交通规划基础上，结合城市总体规划修编，对城区内公交线路和站点进行提质。四是深化交通运输节能减排。推广使用节能环保新型公交运输工具和智能化交通管理技术，2011 年实现城区公交车电动化；确保实现交通运输单位运输量能耗逐年下降的目标。五是提高交通运输的信息化进程。努力建设基于互联网的交通运输信息化平台，提高交通管理的现代化水平。

（作者系中共湖南省委党校 湖南行政学院硕士研究生）

第五篇 提升绩效

建立健全市县领导班子考核评价体系

彭爱华

建立健全体现科学发展观要求的领导班子考核评价体系，是组织工作服务科学发展的重要抓手。科学合理的领导班子考核评价体系的实施，能有效促进各地形成比学赶超、创先争优的良好氛围，促进干部作风的转变和各项工作的落实，引导各地加快经济发展方式的转变，发挥考评工作在推动科学发展、加快经济发展方式转变中的"指挥棒"作用。

一、要科学确定考核原则

如何进一步完善领导班子科学发展评价考核体系，使之充分体现科学发展观，加快经济发展方式转变的本质内涵和要求，在评价考核体系的设计上，应把握以下几个原则：

1. 既要兼顾全面，又要突出重点。建立科学发展评价考核体系既要全面体现科学发展观的本质内涵和要求，有利于推进经济建设、文化建设、社会建设和生态建设，统筹协调经济发展、社会进步、生态文明和民生改善，又要紧密结合各地发展的实际，突出重点，着眼于解决发展中面临的突出矛盾和问题。当然，全面体现，并不是指标越多、越细就越好；突出重点，也不是考核越多、越勤，就越好。作为欠发达地区而言，领导班子科学发展评价考核体系要着眼于解决经济社会发展滞后、发展方式比较粗放、城乡区域发展不平衡、资源环境约束十分突出等问题，抓住加快发展和改善民生两大主题，把增大经济总量、调整经济结构、提高财政收入、保护生态环境和解决低收入人群的社会保障问题作为重点。

2. 既要考核显绩，又要考核潜绩。政绩的显现有的需要较长的时间。因此，建立经济社会科学发展评价考核机制应坚持用发展的眼光科学看待"显"与"潜"，合理把握显潜关系，立足当前看未来，把领导班子政绩的近期效益与长期效益结合起来综合考核。通过考核，促使各级领导班子把工作重点放在扎扎实实打基础、谋求可持续发展和协调发展上来，防止出现只顾眼前、不图长远、急功近利的短期行为。

3. 既要体现科学性，又要有可操作性。要做到指标选取科学、权重设置合理、评价方法有所创新，符合科学发展观的要求。要在各项考核指标体系的设计中，切实解决重经济指标，轻可持续发展和民生改善指标；重速度指标，轻质量指标；重总量指标，轻结构指标；重形式指标，轻效果指标的问题。同时，要充分考虑指标的代表性，兼顾统计资料的可获取性，使指标可采集、可量化、可对比，做到综合系统、简便易行、务实有效，能够及时监测、较好地评价科学发展的程度。要尽量减少职能交叉的领导部门对同一单位的重复考核评比和同一领导单位内部科室分别单独考核评比，切实提高考核评比的效率和作用。

4. 既要保持稳定性，又要体现动态性。考核指标体系建立后，要保持相对的稳定性和连续性，这样既有利于一年一考核，也有利于一届一考核，使考核工作具有可比性，从而在一定程度上科学、正确地反映领导班子一年内、一届内的政绩。但是，随经济社会的快速发展，我们面临的客观环境也在不断发生深刻的变化。在新的形势下，面对经济社会发展阶段性特征和人民群众提出的新的要求和期待，就必须对指标体系及时进行调整。调整不是简单的相加，而要进行科学的计算，客观地把握。

二、要适时调整考核指标

要建立推动科学发展、加快经济发展方式转变的领导班子考核评价体系，必须借鉴国内外有关经济社会发展评价考核体系理论和实践成果，并结合各地实际情况，设置经济发展、社会发展、民生改善、政治文明和生态文明五大类指标，实行综合考核。

1. 经济发展方面。经济发展是科学发展观的本质要义，也是社会发展和人的全面发展的前提和保证。要围绕发展是第一要务和又好又快的要求，围绕经济发展中需要集中突破的重点工作和薄弱环节来设置，既强调发展速度，又强调发展质量，坚持速度与结构、质量、效益相统一。可将人均GDP、非农产业比重提高百分点、非农产业增长速度、规模以上工业增加值增长率、规模以上工业企业个数、重点项目建设、财政收入、招商引资等指标作为重点考核内容。

2. 社会发展方面。要围绕人的全面发展和实现社会公平来设置，突出教育、科技、文化、卫生等社会建设，突出科技创新，突出实现区域之间和城乡之间基本公共服务均等化。可将教育保障、医疗卫生保障、文化设施建设、科技创新及公共服务支出占财政支出比重增幅、城乡基本社会保险覆盖率增幅、亿元 GDP 生产安全事故死亡率、万人刑事案件发案率等指标作考核重点。

3. 民生改善方面。民生改善体现了科学发展的核心——以人为本，必须做到发展为了人民、发展依靠人民、发展成果由人民共享，使全民生活质量和生活环境显著改善，促进人的全面发展。民生改善类指标要着眼于提高民生质量，体现解决群众最关心、最直接、最现实的利益问题。可将城乡居民人均收入实际增长、城乡居民收入比、城镇登记失业率、城镇住房困难户占总户数的比重、城乡低保标准增长率、低收入人群比重、恩格尔系数等指标作为考核重点。

4. 政治文明方面。政治文明是实现科学发展的重要保证。要着眼解决群众反映强烈的党群、干群关系问题，加强干部队伍建设，大力推进社会主义民主政治。可将党风廉政建设、依法行政、政务公开、干部作风等指标作为考核重点。

5. 生态文明方面。可持续发展是科学发展的基本要求，要在全社会牢固树立生态文明理念，突出解决制约发展的资源环境问题，坚持经济发展与资源环境保护相统一，不断改善生态环境。要围绕可持续发展和建设"两型社会"的要求来科学设置考核指标，突出资源节约和环境保护，突出节能减排和污染防治。可将单位 GDP 能源削减率、单位 GDP 用水消耗下降率、单位 GDP 耕地占用下降率、COD 排放量削减率、SO_2 排放量削减率、水（环境）功能区水质达标率、空气质量良好以上天数比重和城乡绿化覆盖率等指标作为考核重点。

三、要切实改进考核方式

考核评价方法和手段必须体现科学发展观的要求，在增强科学性和合理性上下工夫。要坚持公正、公平、公开的考核原则，尽量减少主观因素的影响，充分体现考核程序和结果的客观性、全面性、真实性，有效调动市县领导班子的工作积极性，使考核收到实效。

1. 建立考核机构。目前，各地主要考核办法是由各地上报情况，再由有关部门单独进行考核，然后进行汇总。这样做有利于考核工作的顺利实施，但也给基层增加了一些不必要的麻烦。建议上级党委、政府考核成立领导小组，除由市政府领导担任组长，具有考核或确认指标任务的部门领导为成员外，还可吸收部分专家学者、人大代表、政协委员及各种专业评价考核机构的人员参加，统一协调评价考核工作，考核中要充分发挥统计部门的专业职能作用。这样，既减轻了各地应付考核的负担，又可以增强评价考核的权威性和科学性。为保证考核结果的真实、公正，可配套建立评价考核责任追究制度。

2. 扩大群众参与。只有让广大群众参与到考评中来，充分尊重民意，广泛听取群众意见，才能保证考核结果的真实可靠。要提高参与政绩考核评价者的代表性，既要有领导干部、基层干部，又要有各方面的群众代表；要拓宽考核的渠道，既要有集中评议，又要有个别交谈；既要有集中性的考核考察，又要注重平时情况的了解。要最大限度地扩大群众参与范围，真正做到把科学发展的成果和老百姓的实际感受一致起来。

3. 创新考核手段。要在继续采用听取汇报、综合分析各方面数据等传统做法的基础上，积极探索新的路子。要根据不同方面政绩的要求，努力探索采取定量、定性、评估、监测、民意调查等多种方式方法进行考核。比如，可广泛使用抽样调查方法，定期地组织民意测验，通过建立健全民意测验系统，为评价领导班子政绩提供低成本高效率的指标数据。又比如，对一些经济增长指标的考核，可以通过电力、煤炭等能源消耗的情况来进行验证。

4. 加强日常考核。在具体操作方式上必须做到"三个转变"：即由静态考核向经常与定期相结合的动态考核转变，实行重大事项跟踪考核，注重发挥日常考核、日常督查的作用；由公开考核向明察与暗访相结合的复合考核转变，通过选派党性强、素质高、作风硬的离退休干部、人大代表、政协委员担任领导班子实绩考核巡视员，深入项目建设工地、企业、社区、村组，听取基层群众对领导班子实绩的反映；由组织部门专项考核向相关部门参与的全方位考核转变，组织人大、纠风办等部门对有关单位定期开展评议工作，让群众评价领导班子的工作实绩。

四、要充分运用考核成果

对市县领导班子的评价考核，实际上也是对政策执行和落实情况的考核，对干部工作情况的考核。要充分发挥评价考核体系的导向、推动作用，把评价考核结果作为奖惩赏罚的重要依据和推动科学发展、促进加快经济发展方式转变的重要手段。

1. 要把考核结果与干部提拔任用结合起来。要把对领导班子的评价考核结果作为领导班子调整和干部选拔任用、奖惩的重要依据，更好地发挥考核的激励、约束作用和用人导向作用。对通过考核认定的自觉坚持科学发展、善于领导科学发展、积极推动科学发展、成绩突出、群众公认的，要提拔重用，特别是对那些长期在条件艰苦、工作困难地方努力工作、干出成绩的，要格外关注。将考核结果作为干部选拔任用的重要依据，干部的升降去留首先要看考核结果，做到"有为才有位，无为就无位"。在操作上，对评为优秀等次的干部要提拔重用，基本称职的干部及时教育提醒，不称职的干部要视情况诫勉、降职乃至免职。

2. 要把考核结果与干部教育管理结合起来。要通过评价考核机制的运用，及时发现领导班子工作中存在的偏差和问题，并使这些偏差和问题及时得到整改和纠正。同时，对贯彻落实科学发展观、转变经济发展方式不力，工作中出现严重失误的领导班子，该调整的要调整，该问责的要问责。

3. 要把考核结果与干部监督结合起来。要把干部考核作为监督的有效手段，充分发挥考核结果在干部监督上的作用，考核前召开由组织、纪检（监察）、综治、反贪、审计、计生、环保等部门参加的实绩联审会，就考核结果的真实情况进行审查，强化政绩联审，增强考核结果的准确性。

（作者单位：中共益阳市委）

用绩效评估助推"四化两型"建设

李建新

2010 年 8 月，湖南省委省政府明确提出推进"四化两型"，建设绿色湖南、创新型湖南、数字湖南和法治湖南，这是我省站在新的历史起点上的科学决策，为我省今后的发展指明了正确的方向与目标。要把这一重大战略决策落到实处，则必须借助于绩效评估的先进管理手段和方法，充分调动全省各方智慧和力量，形成良好的"四化两型"建设推动格局。

一、绩效评估是"四化两型"建设不可替代的推手

绩效评估，就是政府或社会其他组织通过科学的方法、原理来评定和测量决策和管理行为所产生的政治、经济、文化、环境等短期和长远的影响和效果，提高决策科学性和规范工作行为的一项重要制度和有效方法。采用先进的绩效评估方法，构建横向到边、上下联动的评估网络，能够保证"四化两型"建设的执行不走样、不走过场，推动"四化两型"建设取得实效。

第一，突出"四化两型"建设的评估指标和权重，充分发挥绩效评估的导向作用，能够把"四化两型"建设各项工作落到实处。绩效评估指标具有强烈的行为引导功能，它明确并强化了评估对象的工作要点和努力方向。绩效评估指标传递着应该做什么、不应该做什么的信息，表明未来要达到的绩效水平以及相应的奖励惩罚措施，从而实现对工作行为的要求和约束。通过突出以"四化两型"建设为内容的评估指标，并根据其重要程度不同的赋予不同权重，能够把"四化两型"建设各项工作的具体要求，明确地传达到各级党委、政府及其工作部门，从而让各级党委和政府及其工作人员时刻对照评估指标，及时调整工作行为，力求工作行为效果的最大化。

第二，加强"四化两型"建设的绩效督查督办，发挥绩效评估的监控作用，能够提高"四化两型"建设的执行效果。推进"四化两型"建设，

关键在于实践成效。要充分发挥绩效督查对决策落实的"助推器"作用，增强"四化两型"建设督查督办的影响力和辐射力。要通过加强绩效督查督办，对"四化两型"建设的重点项目进行深入督查。通过绩效督查，定期检查"四化两型"建设经常性工作，征求意见，了解困难，调查核实问题，并如实向有关领导汇报，协助有关部门及时加以解决。同时，对"四化两型"建设的重点项目和重点工作，要坚持不定期明察暗访，把存在的普遍性问题及时反馈给领导，对督办过程中发现的苗头性、方向性问题，及时提出针对性建议供领导决策参考，督促各地各部门把工作抓实抓好。

第三，用好"四化两型"建设绩效评估结果，充分发挥绩效评估的激励作用，能够增强干部队伍推进"四化两型"建设的内在动力。评估结果的运用是绩效评估制度中一个重要的组成部分，也是发挥评估作用、实现评估目的的关键环节。在绩效评估结果的运用中，其中重要的一环就是把评估的实绩作为运用干部的重要依据。这种与颁布切身利益的密切相关性的绩效评估，能够引起干部自身的高度重视，增强他们对评估工作的主动性和自觉性。因此，应充分运用以"四化两型"建设为重点的绩效评估结果，依据干部评估实绩实行奖惩及干部晋升，即根据客观、公正的测量结果，提拔和使用那些评估实绩突出的干部，批评和处分那些实绩低下和犯有过错的干部，从而在干部队伍中有效地发挥激励作用，催生干部在工作中的激情和动力。

第四，重视"四化两型"建设绩效的专家评议，充分发挥绩效评估的咨询作用，能够增强"四化两型"建设的科学性和预判性。以"四化两型"为重要内容的绩效评估，是一项专业性很强、技术含量很高的管理创新工作，专家评议是这一过程中不可缺少的重要环节。在绩效评估中，组织各决策咨询机构和专家积极开展评议，能够发现"四化两型"建设各项工作在实施过程中存在的问题和薄弱环节，提出针对性的改进方法、措施和方案，从而及时对绩效评估过程进行调整和校正，避免因评估疏失而出现被动。在绩效评估结果出台后，通过开展专家评议分析，能够对"四化两型"的评估情况进行深入分析和论证，总结评估经验，解决评估中遇到的难题，提出对未来工作的预判，为领导班子集体未雨绸缪、作出新的决策提供有效的智力支撑。同时，通过专家开展专家评议，能够使专家、学者掌握第一手资料和真实情况，积极深入开展理论研究和探索，促进绩效评估理论实践提升，推动"四化两型"建设理论和实践创新。

二、用切实的绩效评估举措抓实"四化两型"建设

用绩效评估促进"四化两型"建设,必须采取切实有效的措施,不断完善绩效评估的方法和手段,以"四化两型"建设为中心,构建科学合理高效的绩效评估体系。

1. 以"四化两型"为核心构建科学的指标体系。科学合理的评估指标反映绩效管理的重点,指标内容的倾向性反映工作的导向性。在"四化两型"建设中,我省必须紧紧围绕"四化两型",设计重点突出、兼顾全面的绩效评估指标,这样才能既有效促进"四化两型"建设,又兼顾基础性、经常性工作。首先,突出"四化两型"。要以新型工业化、新型城镇化、农业现代化、信息化和"两型社会"建设为主要内容设计指标体系,将"四化两型"的具体工作任务分解到各市州县(区)和各被评估单位,重点引导、抓好落实,体现湖南省情,凸显湖南特色,使绩效评估工作更好地促进"四化两型"建设。其次,兼顾基础工作。要兼顾经济调节、市场监管、社会管理、公共服务和民生建设等基础工作,设计日常工作的考核指标体系,推进服务性政府的构建,为"四化两型"建设夯实基础。

2. 以"四化两型"工作主体为着力点构建高效的责任体系。推进"四化两型"建设,依靠责任体系保障。要本着奖优、治庸、罚劣的原则,建立和完善相应的责任体系和奖惩机制,构建包含"四化两型"在内的工作责任体系,发挥正确的激励和导向作用。首先,要建立"四化两型"等工作的领导行政问责制。在"四化两型"等工作的绩效评估中,要始终把考核重点放在领导干部身上,找准对领导干部进行工作监督和业绩考核的切入点,探索建立以行政首长为重点的行政问责制度。其次,要建立"四化两型"建设等工作的公务员奖惩机制。把"四化两型"等工作的评估结果作为公务员考核、选拔任用、职务升降、奖励惩戒的重要依据。同时,设立绩效评估奖励基金,纳入财政预算,对"四化两型"等工作的绩效评估中的先进单位和个人进行表彰奖励。

3. 以"四化两型"重大工程为重点构建严格的监控体系。要通过绩效评估监控体系的建设,确保"四化两型"建设的有效执行。首先,要建立绩效预警机制。在对"四化两型"等工作绩效的评估中,通过预警的形式加强对工作过程的监控和管理。在绩效督查中,要坚持对"四化两型"建设等指标工作任务进行跟踪督查,通过行政效能监察和部门自主预警等机制,及时发出预警信号,对"四化两型"等工作执行情况进行及时纠办。

其次，要建立情况分析和改进机制。要定期召开"四化两型"建设等情况联席会议通报制，核实各地区各单位报送的信息，分析各地区各单位各项工作的完成情况，分析发现问题，改进完善措施，研究和部署下阶段的工作。

4. 以"四化两型"绩效考评为中心构建广泛的参与体系。绩效评估结果要具有公信力，取决于评估结果的客观公正，评估结果的客观公正需要社会力量的广泛参与。在"四化两型"建设等工作的评估中，必须提高社会各种评估主体的参与度，以确保评估结果的普遍权威。首先，倡导和推进评估主体多元化。在对"四化两型"建设等工作的评估中，要坚持内部评估与外部评估相结合，促进评估主体的多元化，把上级机关、同级机关、下属部门、专家学者以及社会方方面面的评估都综合起来，体现公共责任的理念。其次，拓宽和完善网络参与渠道。要进一步完善政务公开制度，加快电子政务建设，使"四化两型"建设等工作更加公开化、透明化、互动化，从而为人民群众大规模地参与评议创造条件。再次，推动指标考核队伍专业化。指标考核人员素质的高低，直接影响评估结果的科学性、客观性和准确性。在对"四化两型"等工作的指标考核中，要切实加强考评队伍建设。要建立一支专门的评估队伍，使评估人员的知识结构、工作经历等各方面能与考核工作相适应，使评估人员熟练掌握评估指标、评估方法和评估技巧等，具备比较科学的分析和处理数字的能力。

（作者单位：中共湖南省直机关党校）

领导干部考核评价要体现群众公认

肖琼辉

2009年6月29日，胡锦涛总书记主持召开中央政治局会议，研究干部考核评价机制，审议并通过《关于建立促进科学发展的党政领导班子和领导干部考核评价机制的意见》。会议强调，要扩大考核民主，强化党内外干部群众的参与和监督，进一步公开考核内容、考核程序、考核方法、考核结果，增强考核工作透明度，加大群众满意度在考核评价中的分量。要强化考核结果运用，把考核结果作为领导班子建设和领导干部选拔任用、培养教育、管理监督、激励约束的重要依据，着力形成注重品行、科学发展、崇尚实干、重视基层、鼓励创新、群众公认的导向。干部考核评价中如何能真正体现群众公认，的确是需要我们认真研究和探讨的新课题。

一、不断提高评价主体素质，让群众真正有能力考核评价干部

一个领导干部的工作是否"服务科学发展、促进科学发展"由谁来评价？当然首先是由群众评价。一个领导干部是否"德才兼备、以德为先"由谁来评价？当然也是群众。一个领导干部是否具有符合人民根本利益的"实绩"、"政绩"由谁来评价？还是群众。人民群众不仅是社会实践的主体，是各级领导干部服务的对象，更是领导干部综合素质、综合能力、综合业绩的评价者。俗话说，群众的眼睛是雪亮的，谁一心一意谋发展、全心全意为人民，群众心里最清楚；谁德才兼备、注重实干，群众看得最明白；谁作风正派、不阿谀奉承，群众心里最有数；谁真正代表自己利益、不以权谋私，群众最有资格作判断。离开了"群众公认"，干部考核评价的其他标准就易于变为徒有其表的外在形式，就不能让人由衷信服。

一是强化主人意识，提高群众参与考核评价工作的主动性。在我国一切事情都是由人民当家做主，都要以人民拥护不拥护、赞成不赞成、答应不答应、高兴不高兴为出发点和归宿。在考核评价领导干部这个关系到党和国家前途命运的重大问题上，更不能例外，必须要有人民群众的积极参

与，热情支持。要想做到这一点，人民群众首先要摆正自己的位置，强化主人意识。可就目前实际情况来看，有些群众还远远没有做到这一点，他们对考核评价干部工作，不是借口文化水平低、识才能力差、人微言轻不参与，就是以事务繁忙、没有时间、没有精力为理由加以推托。其实，这是自觉不自觉地把自己摆在了"仆人"的位置上。这就影响了群众参与考核评价的积极性，影响了社会"公认"的广泛性。要解决这些问题，必须首先强化群众的主人意识，让自己从"仆人"的位置上回到主人的位置上来，群众要真正认识到，积极投身到干部考核评价工作中来，是自己分内的事情，是义不容辞的责任，不是可做可不做，而是必须做的大事。

二是强化参与意识，提高群众参与考核评价工作的积极性。对考核评价干部这个重大问题，群众本应主动、积极参与。可在实际工作中，往往不是这样。有很大一部分人是袖手旁观，无动于衷；也有一些人即使参与了，也是应付，有名无实，没有真正发挥作用。参与意识很淡漠，甚至根本不想参与。由此可见，强化群众的参与意识，是十分必要的。应通过电视、报刊、网络等媒体，对群众参与干部考核评价工作进行跟踪报道，让更多的群众广泛地参与到对领导干部的考核评价中来。

三是强化责任意识，提高群众参与考核评价工作的能动性。人民是国家的主人，在考核评价干部的工作中，不仅要积极参与，而且还要强化责任意识。对干部的功过是非，作风正否，品德好坏，政绩优劣，是立党为公还是立党为私，是任人唯贤还是任人唯亲，等等，都要负责任地做到实事求是、客观公正地评价。对那些以权谋私、搞权钱交易的干部，有责任建议组织上对他进行批评、教育；对于那些用公款吃喝玩乐、大肆挥霍浪费、甚至贪污腐化以身试法的干部，可以随时向有关部门进行举报。

二、不断扩大群众参与面，让真正的群众有机会考核评价干部

群众公认在领导干部的考核评价中能发挥重要作用。毫无疑问，人民群众拥护的干部也就是群众公认的干部，肯定是"权为民所用、情为民所系、利为民所谋"的干部。我们知道，政绩有真假之分、大小之分，真正的政绩是与群众需要和利益相一致的政绩，是没有水分和后遗症的符合科学发展观要求的政绩。因此，要防止考核评价中的不正之风和腐败现象，必须把对领导干部的考核权、评价权交给群众。实际上，我们在很多时候模糊了"群众"的概念和主体，一些人为了"乌纱帽"时而号称"我是群众中的一员"，为了逃避和推脱责任时而指之为"不明真相的群众"。这种

对"群众"概念的"灵活运用"和主客体之间的"交替变换"，反映出一些干部轻视群众的心态。由此，干部考核评价中坚持群众公认，必须把握"群众"的广泛性、层次性和代表性特点。

正确把握"群众"的范畴，确保公认具有广泛性。群众是相对于干部而言的，干部与群众是两个不同的群体。但是，在领导干部考核评价工作中，用干部观点替代群众意见的现象却很普遍。一个突出的现象是，在领导干部考核评价工作中，参加的对象很多是各级干部（即官评官），很少看到真正意义上的群众，这时的干部都屈尊成了"群众"。所谓广泛性是指参加考核评价的人员要有一定的数量，尽量涵盖阶层、职业、年龄、性别、单位等广大范围内的人员。避免同一模式、同一对象进行重复考核评价，防止参与主体被一些非正常因素所牵制，务必创造考核评价主体独立自主表达自己意愿和建议的环境和空间，最广泛地征求不同层次群众对被考核者的看法，防止和克服考核评价中可能出现的"公认不公"现象。

正确界定群众参与面，确保公认具有层次性。所谓层次性是指参与公认的群众应包括上级领导、同级干部、下一级干部和普通群众代表，扩大到人大代表、政协委员、服务对象和分管范围内的机关干部。走群众路线，就必须首先放开群众的手脚，要改变过去干部考核评价中神秘化、封闭式的做法，要把政策交给群众，充分调动群众的积极性，真正相信和依靠群众，使群众主动参与，广开言路。

正确选择参评主体，确保公认具有代表性。所谓代表性是指所推举的群众代表必须反映各相关利益主体和绝大多数人的意志和要求，能够公正地行使其所代表的部门和人员的代表职能。有必要指出的是，代表必须是群众推举的，而不是指定的。应该选择那些既熟悉了解情况，又能如实反映各方面意见的人。实践证明，在干部考核评价工作中，只有选择那些既熟悉了解被考核者的情况，又能正确反映他所代表方面意见的人参加，才能提高考核评价结果的真实度和代表性，从而体现群众公认的公正性。

三、不断探索新方法，让群众真正有机会考核评价干部

群众无权无职，要想真正参与到对领导干部的考核评价工作中来，组织人事部门必须采取一系列措施，探索新的方法。

一是全面推行公开述职，向群众"亮底"。领导干部被考核评价前一周，写出述职报告。在民主测评会上，领导干部口头陈述近年来的工作情况及取得的成效，干部职工根据其述职和工作情况，进行政绩满意度测评。在此基础上，采取民主评议、个别谈话、问卷调查等方式，大范围组织知

情群众考核评价领导干部的工作，充分了解群众对领导干部政绩的认可度和满意度，测定政绩的"含金量"。

二是开门纳谏，请群众监督。通过走访群众、实地察看、听取相关部门意见等方式，对领导干部的政绩进行全面核查，准确掌握每位领导干部政绩真实情况，避免虚假政绩。根据被考核部门、单位的实际情况，有针对性地直接向班子成员、中层干部、下属单位负责人、退居二线干部以及离退休干部、干部工作信息员、部分群众代表寄送征求意见函，向他们征求对本部门、单位的政绩评价意见，为全面了解情况提供重要参考。

三是实行领导干部政绩公示制，让群众评判。在领导干部年度考核评价时，被考核部门、单位要通过公示栏、情况通报等形式对党政"一把手"年度工作政绩进行公示，重要数据、重大政绩要进行详细公示，主动接受群众对政绩内容真实性的监督。同时纪委、组织部设立监督电话，专门受理群众反映领导干部的虚假政绩，接受社会各界的监督评判。群众如认为某项政绩不实或伤害群众利益，可当面或通过信件、电话等方式向上级领导或组织、纪检部门反映。对公示期间群众来信、来电、来访反映的情况，由组织、纪检部门会同相关部门进行分析，视情况开展调查核实。一旦发现公示内容失实，民主评议差或经调查核实政绩平平，工作中出现重大失误，存在严重问题或不执行公示制度的，取消单位、部门集体或个人评先评优资格，并追究当事人责任。

四是创新工作方式，积极探索群众参与考核评价的适当方式和方法。完善民主测评制度，不断增加群众意见在领导干部考核评价中的分值；通过电话访问、发放民意调查表等方式进行广泛的民意调查，充分发挥公论在干部考核评价中的作用。采取入户调查、发放问卷调查表、政府网站评议等多种方式在社会各阶层群众中进行幸福感指数、满意度指数、安全感指数等方面的民意调查，并将其结果纳入干部考评指标体系，从而推动"定量＋定性＋民意"考评模式的推广。除了组织知情群众通过会议、座谈等方式公开评议外，对一些难以量化的考核内容，如党政领导干部的工作作风、履行职责、依法行政、廉洁自律、公众形象等指标，大胆引入民意调查方法，通过印制调查问卷，组织或者委托专业统计调查机构开展群众满意度测评。改进个别谈话方法，拓展考察谈话范围，多向群众了解情况，提高个别谈话质量。根据不同的考察对象，科学确定不同层次、不同岗位、不同类型干部群众个别谈话的范围，分类形成谈话提纲，充分体现谈话主体的多层面、多角度和代表性，切实提高个别谈话的真实和可靠程度。

（作者单位：中共湖南省直机关党校）

完善干部政绩考核评价体系

李诗衡　朱全宝

干部政绩考核是干部选拔任用和干部管理监督工作的基础。党的十七届四中全会强调指出："健全促进科学发展的领导班子和领导干部考核评价机制，强化考核结果运用，引导各级领导干部树立正确政绩观，做出经得起实践、人民、历史检验的实绩。"落实科学发展观的重点在于各级干部，根本在于各级干部树立正确的政绩观，关键在于完善体现科学发展观要求的干部政绩考核评价体系。

一、确立领导干部政绩考核评价体系的正确评价标准

政绩考核体系对形成正确的考核导向很关键，因为上级怎样考核，所管辖的干部就会怎样做。创新干部政绩考核体系要完善程序，规范操作，努力在继承中改进和完善考核的评价标准，做到既要在考核的内容、方式和标准等方面逐步实现制度化、法制化，具有科学性和可信度，又要在实际的考核中程序简明，便于操作实施。同时，要正确地把握和使用好评价标准，使考核结果能够全面、客观、准确地反映领导干部的德才表现和工作实绩。

1. 正确的政绩观是为政之本。有没有正确的政绩观，主要是看领导干部能否坚持以立党为公、执政为民的理念去创造政绩。干部的从政道德取决于其世界观、人生观、价值观等体现在干部从政的信念、态度、情感、意志、行为、习惯等方面。对干部进行从政道德考核，基本标准是看其能否正确处理权力与责任、权利与义务以及党群、干群关系，能否真正做到权为民所用、情为民所系、利为民所谋。考核领导干部政绩，要看各级领导干部是否把立党为公、执政为民的理念贯穿于创造政绩的全过程。

2. 科学发展观是为政之源。干部政绩考核仍然要看是否坚持把发展作为第一要务，是不是聚精会神搞建设，一心一意谋发展。但只看这一条还不够，还要看领导干部是否做到了统筹兼顾。对短期难以见成效的工作，

要做到"一届为一届打基础，一届为一届添后劲"，并把群众的满意度作为第一评价标准。在考核评价干部政绩中，要仔细考察领导干部是否坚持科学发展观，能否协调好人与自然、人与社会、人与人之间的关系，带领群众努力探索生产发展、生活富裕、生态良好的文明发展道路；仔细考察干部所创造的政绩，是否有利于经济与社会的和谐发展，是否既满足当代人的利益，又不牺牲后代人的利益，既控制人口、节约资源、保护环境、加强生态建设，又在更高水平上实现人与自然协调发展。

3. 实事求是是为政之道。要正确地认识和把握领导干部无论在任何时候，从事何种工作，实现政绩的思路、方法，是否既坚定不移地贯彻落实上级的决策部署，又符合客观实际、符合客观规律，真正做到不唯上、不唯书，只唯实。

4. "三个有利于"是为政之度。考核领导干部的政绩，要按照"三个有利于"这个标准，看领导干部能否坚持以经济建设为中心，把本地、本部门的发展放在全党全国工作的大局中去思考、去谋划，并结合地方实际，团结和带领当地的人民群众，创造性地开展工作，促进当地生产力的发展；看领导干部能否真正造福于民、施惠于民，为人民群众办实事、谋实利，从群众最关心、最迫切的事情抓起，不断满足人民群众日益增长的物质文化需要，切实保障人民群众的经济、政治和文化权益，让发展的成果惠及人民群众。

二、完善领导干部政绩考核评价体系的实效思考

全面了解、公正评价干部，首先必须全面了解、公正评价干部的政绩，这是选准人、用好人的关键。如何考核政绩，对领导干部树立什么样的政绩观、追求什么样的政绩，客观上起着引导的作用。创新干部政绩考核体系，必须以科学发展观为指导，在继承中创新考核的方式方法，充分体现其实效性。

1. 从单一维度到多维度考核。单一维度考核的弊端往往使政绩定格在GDP 增长指标上，使各级领导干部把"发展才是硬道理"理解为"增长率才是硬道理，GDP 增长才是硬道理"。多维度考核是一种多角度、多方位、多层面考核的办法，主张全面、公正地看待一个人的政绩，既看经济建设，又看社会进步；既注重当前发展成果，又不忽视发展的可持续性。将涉及经济发展和社会进步的各项工作全部纳入考核范围。

2. 从突出"静态考核"到突出"动态考核"。静态考核对于干部总体

素质的考察，其明显缺点是在年终对年度工作做一次性考核，打出来的是"印象分"，比较笼统，也比较容易受人为因素的干扰而失真。动态考核是重点对干部的工作和活动进行具体的全过程跟踪，根据每个干部一年来所做的各项工作以及每项工作干得怎样和取得怎样的效果，用"量化写实法"的方法逐项考核，并计算出其所做工作的"数量分"、"质量分"、"效果分"，然后相加为年度总分。

3. 从综合考核到综合考核与分类考核相结合。过去的综合考核都有一套统一标准，用这套标准去套考核对象的工作。由于工作的复杂性和多样性，有些工作无法套用。分类考核的方法不再使"一件衣服大家套"，用一套相同指标考核所有干部，而要根据不同部门、不同岗位、不同职责和任务，突出不同的重点指标分别进行考核。

4. 从"官考官"到"官考官"与"民考官"相结合。"官考官"就是只有被测评干部的上级、下级、同级及组织人事部门参与测评的考核方式，稍高一点级别的干部就基本上没有群众参与了。这种考评的弊端是缺乏民主监督，容易产生人为因素的"暗箱"操作。如果添上"民考官"，增加民主测评，则政绩考核就更显得公正。

5. 从短期考核向长短期结合考核转变。2004年，十届全国人大常委会第十二次会议表决通过全国人大常委会关于修改地方各级人民代表大会和地方各级人民政府组织法的决定，明确各级政府任期均为5年一届。对此，考核干部政绩也应有相应的时间保证，一般应在任期3年内进行一次届中政绩考核。如果时间太短，领导干部难以全面实现工作目标，难以形成好的工作思路，最终无法显现工作能力；如果时间太长，则不利于发现和培养优秀人才，不利于年轻干部的成长。要改变以往不换届不考察、不提拔不考察、不调整不考察的工作方法，将考察工作日常化，把考察与考核相结合，根据工作需要随时跟踪了解领导班子、领导干部的思想动态和工作情况。

6. 从"考""用"分离到"考""用"相结合。要改变以往将政绩考核只作为选人用人的参考，不作为提拔使用依据的"考""用"分离状况，将考核结果与选人用人结合起来。坚持"考""用"结合，坚持看政绩用干部，把政绩考核结果作为使用和提拔干部的重要依据。

（作者单位：中共衡阳市委党校）

领导干部政绩观的几个问题

秦贤义

胡锦涛总书记明确指出："要教育干部树立正确的政绩观，包括正确地看待政绩。"领导干部树立正确的政绩观，是贯彻落实科学发展观、实现又好又快发展的基础和前提。在今天加快经济发展方式转变的大变革中，领导干部树立正确的政绩观，尤为重要。

一、领导干部树立正确的政绩观，要切实解决为谁创造政绩的问题

政绩观是世界观、人生观和价值观的反映。有什么样的世界观、人生观和价值观，就有什么样的政绩观。所谓政绩观，就是对政绩总的看法。包括对什么是政绩、为谁创造政绩、如何创造政绩和怎样衡量政绩等问题的认识和态度。政绩观直接反映领导干部从政的价值取向，是领导干部和共产党人创造政绩的思想基础。有什么样的政绩观，就有什么样的工作追求和施政行为。同时也在很大程度上决定着能取得什么样的政绩，创造多大的政绩。政绩观正确与否，不仅影响着领导干部的健康成长，更关系到党和国家事业的发展，关系到党在人民群众中的威信和形象。在现阶段，政绩观的正确与否，关系到科学发展观的贯彻落实，关系到加快经济发展方式转变。

从一般意义上讲，领导干部树立正确的政绩观主要包括以下几个方面。一是要树立为实现好、维护好和发展好人民利益而创造政绩的观点，即要树立以人为本的政绩观。真正的政绩应该是"为官一任、造福一方"的实绩，是为人民踏实工作的实绩，应该是经得起群众、实践和历史检验的政绩。实践证明，政绩只有为党、为国家、为人民利益而树，只有以实现最广大人民利益为出发点和落脚点，才是党和人民之福，也才能干出实实在在的政绩。检验的标准，就是要看群众满意不满意、高兴不高兴、拥护不拥护、答应不答应。

二是要树立为促进经济社会全面发展和人的全面发展而创造政绩的观点。领导干部追求政绩不仅没有过错，而且应当大力提倡。创造优良政绩，是对党的领导干部的基本要求，是领导干部基本责任，也是人民群众对领导干部的基本期望。事实证明，只要有上进心、有责任感，希望为人民作贡献、为人民建功立业的领导干部都非常在乎政绩。但是，加快发展不仅应该遵循客观规律，量力而行，更重要的是要促进本地区经济社会的全面发展，促进人的全面发展，体现科学发展观提出的统筹兼顾、全面协调可持续发展的基本要求，促进经济、政治、文化、科技、民生、社会和谐等各方面事业的发展。

三是要树立靠求真务实、艰苦奋斗、真抓实干和开拓创新创造政绩的观点。我国的发展正处于一个关键时期，改革面临一些难啃的硬骨头，涉及一些深层次的矛盾和问题，尤其是经济发展方式转变的任务相当艰巨，面临的困难和问题很多。对此，党政领导干部应勇于面对现实、承担责任，在解决本地区、本单位重大疑难问题中创造政绩。创造政绩来不得半点虚假，也没有一步登天的捷径可走，只有脚踏实地、埋头苦干，始终以群众最关心、最迫切希望解决的事情做起，才能取得成效。只要是群众最需要的、促进社会发展的，不论是解决现实中存在的紧迫问题，还是做影响深远的基础性工作，都是政绩。同时创造政绩要保持和发扬坚忍不拔、奋发有为的精神状态，要不断解放思想与时俱进，要善于抓住机遇勇于开拓创新。

四是要树立依靠人民群众创造政绩的观点。人民群众是真正的英雄，是历史的创造者，是创造政绩的主体。在今天，是推动我国加快经济发展方式转变的动力，这是历史唯物主义的一个基本观点。

二、领导干部树立正确的政绩观，要为加快经济发展方式转变创造政绩

领导干部要树立加快经济发展方式转变的政绩观，最根本的是要树立科学发展观。加快经济发展方式转变是科学发展观的内在要求和应有之义。科学发展观统领、支配、和引导我们加快经济发展方式的转变，加快经济发展方式转变体现和保证科学发展观的贯彻落实。树立科学发展观，是树立正确的政绩观的前提和基础。

领导干部要树立加快经济发展方式转变的政绩观，要充分认识加快经济发展方式转变的重要性和紧迫性。2008 年世界金融危机的爆发，对我国

的经济冲击很大，这一冲击表面上是对经济增长速度的冲击，实际上是对经济发展方式的冲击。综合判断国际国内经济形势，加快经济发展方式转变不仅势在必行，而且刻不容缓。

领导干部要树立加快经济发展方式转变的政绩观，要切实把握加快经济发展方式转变的内涵和基本要求。胡锦涛总书记在党的"十七大"报告中提出了一个新命题："实现国民经济又好又快地发展，关键要在转变发展方式，完善社会主义市场经济体制方面取得重大进展。"从大的方面讲，要实现"三个转变"：一是由主要依靠投资出口拉动向依靠消费投资出口协调拉动转变；二是由主要依靠增加物质资源消耗向主要依靠科技进步、劳动者素质提高和管理创新转变；三是由主要依靠第二产业带动向依靠第一、第二、第三产业协同带动转变。这"三个转变"，从根本上明确了转变发展方式的方向和目标。

树立加快经济发展方式转变的政绩观，领导干部要重视学习、加强实践、坚持科学态度，按照客观规律办事。要增强学习的紧迫性、自觉性，把学习当成一种责任、一种素质、一种举措、一种修养。通过学习努力提高思想认识水平和领导水平。领导干部要重在实践，不断提高经济发展方式转变的工作能力。实践出真知，实践长才干，要在实践中掌握新知识、积累新经验，增长新本领。领导干部要坚持科学态度，做到一切从实际出发，按照客观规律办事。领导干部要树立加快经济发展方式转变的政绩观，必须把实干精神与科学态度结合起来。

领导干部要树立加快经济发展方式转变的政绩观，要进一步完善政绩考核制度。政绩考评是个指挥棒，用什么样的指标考核政绩，用什么样的标准衡量政绩，领导干部就会以什么样的态度对待政绩。我国的经济发展方式要实现一个大转变，那么与此相适应，对领导干部政绩考核的标准和办法也要有一个相应的转变。对领导干部的考核评价是一个世界性难题，有其自身的特点和复杂性。领导干部的许多工作很难用数字和打分反映出来。如有利于长远的打基础的工作，认真负责、团结互助精神和处理日常事务的工作等都难以量化，至于打分，也只能是一个大概的模糊的分数。因此，要制定和完善科学的政绩考核体系，要重视数字和量化，又不唯数字和量化。要把定量考核和定性考核结合起来，要把上级领导的考核和人民群众的考核及有关专家的考核结合起来，力求准确地考核领导干部的政绩。

（作者单位：中共湘西自治州委党校）

地方党政领导绩效考评的现状与改进

李超显

一、研究方法与调查对象

（一）研究方法

本研究主要以长沙市党政部门工作人员作为调查对象进行问卷调查，我们分别选择了长沙市的 3 个市直单位、3 个区（县、县级市）、3 个乡镇和 3 个其他单位作为调查点，共发放调查问卷 250 份，有效回收 205 份，问卷的有效回收率为 82%。

本次调查的抽样采取了二次抽样法。第一次抽样为分层抽样，用以确定调查地点。根据 2007 年长沙市绩效考评的结果，我们在市直单位、区（县、县级市）、乡镇和其他单位中分别选择一位绩效考评排名靠前、中、后的作为调查点；第二次抽样是确定每个调查点的具体调查对象，我们采取目的抽样和整群抽样相结合的方法，根据调查对象的特征和研究的需要，我们对更符合上述要求的样本进行整群抽样。

（二）调查对象

在本研究中，调查对象的性别比例、年龄结构、文化程度、政治面貌、单位层级、职务归属、职级结构等情况分别如下：从性别来看，共有 134 位男性和 71 位女性，分别占 65.4% 和 34.6%。从年龄来看，29 岁及以下的占 14.6%；30 ~ 39 岁的占 52.7%；40 ~ 49 岁的占 28.3%；50 岁及以上的占 4.4%。从学历来看，研究生及以上的占 15.6%；大学的占 72.2%；大专的占 11.2%；中专及以下的占 1.0%。从政治面貌来看，中共党员占 87.3%；民主党派党员占 2.0%；无党派人士占 10.7%。从单位层级来看，市直单位的占 31.2%；区、县、市的占 34.1%；乡、镇、街道办的占 21.0%；村、社区的占 1.0%；其他占 12.7%。从职务归属来看，属于党委部门职务的占 24.4%；人大系统的占 4.9%；政府机关的占 36.1%；政协系统的占 2.4%；法院、检察院的占 0.5%；事业单位的占 22.4%；企业单位的占 6.3%；其他的占2.9%。从职级来看，地厅级的占1.5%；县处级的占18.5%；科级的占53.7%；科员的占16.6%；其他占9.8%。

二、样本分析

为了研究的需要，我们拟从考评认知、考评评价和考评改进三个维度分别进行分析。

（一）考评认知

1. 对考评制度的认知

据本调查的数据显示，调查对象对长沙绩效考评制度的认知情况不很理想，只有6.3%的人对考评制度非常了解，比较了解的人数占47.3%，二者相加占53.6%，刚好过半多一点，还有40.1%的人不太了解，6.3%的人完全不了解，说明长沙市的绩效考评制度宣传和推广工作还有待于进一步加强。由于对考评制度的认知是考评工作开展的前提，如果考评主体、考评对象和人民群众对考评制度不了解甚至是误解的话，那么考评工作就难以顺利推行，更无法取得良好的效果。此外，据调查，市直部门对考评制度的了解率为71.9%，区、县、县级市为55.7%，乡、镇、街道为46.6%，村、社区、其他为17.9%。表明单位层级与认知程度的相关度较高，单位层级越高，则他们的认知程度就越高，反之亦然，越是层级低，认知程度也相对低些。可见，如何进一步提高基层党政工作人员对考评制度的认知，将是我们今后绩效考评工作的一个重点。由于基层党政工作人员在执行党和国家路线、方针、政策和表达群众心声、维护百姓合法权益方面具有重要地位和特殊作用，因此加强该方面的工作就显得十分重要和迫切。

2. 对考评结果的认知

考评结果的公开既是确保考评公平、公正的重要程序，也是实现考评目的、目标的重要保障，更是被考评者行使知情权和人民行使监督权的重要表现。但从现实的情况看，党政部门工作人员对考评结果的了解还非常有限。在我们的调查中，知道且很清楚的占11.2%，知道但不很清楚占45.9%，二者之和为57.1%，而不知道更不清楚的，居然高达42.4%。此外，调查数据显示，市直部门对结果的认知程度相对高些，知道的达70.3%，区、县、县级市57.1%，乡、镇、街道55.8%，村、社区50%，其他26.9%。说明区、县层级及以下对结果的认知程度并不高，而且越往层级低的单位，对结果的认知程度就相对越低，这一点应引起重视。

（二）考评评价

1. 指标评价

考评指标主要涉及"考评什么，不考评什么"和"考评占多大比重"等重大问题，因此考评指标设置的科学性、实效性以及考评对象、人民群众对指标的评价和认同就显得非常重要。据调查，有55.3%的调查对象认为考评指标还有待完善，说明进一步完善考评指标将是今后绩效考评工作的一项重要而紧迫的任务。另外，据调查，地厅级认为指标还有待完善的占33.3%，县处级占52.8%，科级占60.6%，科员占44.1%，其他占55%。说明我国地方绩效考评指标的针对性和实效性还有待提高。这里有两个现象特别值得注意：一是科级领导干部对指标完善度的评价最低，只有38.5%。由于我国科级领导干部中有相当一部分属于乡、镇、街道的正副职，他们是我国基层政权的重要领导力量，与广大农民有着广泛、直接、密切的联系，他们是联系群众与国家政权机关的纽带和桥梁。因此，他们对考评指标的评价和认同就具有非常重要而特殊的意义。如何进一步完善基层党政领导班子和领导干部的绩效考评指标体系，提高他们对指标制定的参与度和对指标体系的认同度，就成为绩效考评工作亟待解决的一个问题。另一个现象就是一般工作人员对指标完善度的评价也较低，仅次于科级领导，占45%，说明普通群众对考评指标的评价也不高。由于群众对考评指标的评价情况在很大程度上反映考评指标的社会认可度和支持度，因此在这方面还需进一步完善。

2. 效果评价

在调查中，我们发现有一个共同特点：调查对象无论是对绩效考评的总体效果，还是对考评促进本地经济和社会发展、提高单位绩效、提升领导干部能力和改进领导作风都基本认可，其满意度分别为58.4%、64.5%、68.8%、62.4%。说明尽管调查对象对考评指标有较高的期待，但这似乎并不影响他们对考评效果的正面评价。由于上述几个问题分别代表总体、宏观、中观和微观四个维度，因此统计结果也比较全面、客观地反映出长沙市绩效考评的实际效果。究其因，主要与有关领导对绩效考评工作的高度重视、考评的得力组织和前期充分准备等因素密切相关。同时我们应看到，调查对象对考评的效果的评价还有不少保留，说明考评效果与人民群众的要求和期待还有较大差距，今后需要改进和完善考评的方式方法，进一步提高考评的群众满意度和实际效果。

（三）考评改进

1. 考评制度的改进

据调查，有六成多的调查对象认为应该进一步完善考评法制。由于考评法制是推进考评工作的法制保证，而法制保证对考评工作更具有根本性、规范性和长期性，因此其作用就不言而喻了。由于种种原因，我国尚未出台全国性的考评法制，这使得各地考评缺乏法制依据和保障，在考评科学性、规范性和强制性方面都难以保证。通过这次调查，说明我国地方领导干部对考评法制的出台有现实的诉求和很高的期望。另外，调查对象对考评文化的制度建设并没有引起足够的重视，只有25.4%的调查对象认为应该加强考评文化的制度建设。

2. 考评指标的改进

据调查显示，七成以上的调查对象认同考评指标应包括工作实绩、行政成本、社会评价、自身建设四大方面的内容，这四大方面分别代表平衡计分卡的内部业务角度、财务角度、顾客角度、创新和学习角度。四大角度的综合运用，使得考评不仅对财务状况，也对非财务状况，不仅对现在，也对未来可持续发展能力和保持组织的持久竞争优势进行评估和改进。因此，考评指标改进可以遵从上述四大角度进行拓展和完善。值得说明的是，过去我们的考评指标常常不包括财务指标，没有把行政成本纳入考评指标体系，导致不少地方铺张浪费、奢华摆阔、盲目攀比，出现了一些"考评政绩工程"的现象。这次调查对象认同行政成本纳入考评指标体系，反映了我们的领导干部对考评认识逐渐走向理性。

3. 考评程序的改进

从调查可以看出，有七成以上的调查对象认为考评程序至少应包括考核评价、结果应用、绩效诊断和改进意见，而且他们把绩效诊断和改进意见作为首选，其次是结果应用。说明领导干部对考评程序的理解已经超越了传统考评的狭隘范畴，认为尽管考核评价仍然十分必要和重要，但不能仅限于此，还应包括结果应用、绩效诊断和改进，甚至把后者排在优先选择的位置。究其因，一方面是部分调查对象对绩效考评有所了解，知道绩效考评与传统考核具有本质不同。另一方面也是更为重要的方面，就是考评结果应用、绩效诊断和改进意见符合现实和发展的需要，他们从现实和自身发展的角度对此有更高的期待。

4. 考评主体的改进

传统考评主体比较单一，一般是根据上级的意见进行考评，上级部门和领导就成为考评的唯一或最主要主体。这种自上而下的单一考评方式的负面影响是非常明显的，最主要的影响就是导致考评责任的错位和考评结果的失真。即被考评者"对上不对下负责"，他们唯上级是瞻，以上级满不满意，高不高兴作为评价标准，而作为国家权力的最终拥有者的人民群众却失去话语权和评价权，这样既不能保证考评的客观性、公正性和真实性，也有悖于考评的根本目的。根据利益相关者等理论，近些年来，国外绩效考评普遍采用了"3600 绩效考评体系"，这种体系被认为能对绩效考评提供更全面、准确、可靠、可信的评价。统计结果也表明，这种考评方式得到多数调查对象的认同。值得说明的是，有九成三的调查对象把服务对象作为考评主体，说明"把考评话语权和评价权交给人民群众"有强烈的现实诉求和期待，这一点值得深思。

三、结论和讨论

如前所述，近些年来，我国地方党政领导班子和领导干部绩效考评探索活动取得了可喜的成绩，也得到了多数群众的肯定和认同。但根据上述分析，以下几点应引起关注：（一）考评指标的科学性和针对性有待提高；（二）考评诊断和改进、考评结果应用还有待加强；（三）考评主体设置有待进一步规范化和多元化；（四）考评的民主化和法制化程度有待加强；（五）绩效文化的缺失。

（作者单位：中共长沙市委党校 长沙行政学院）

地方政府绩效评估的问题与对策

唐琦玉

为深入贯彻落实科学发展观、加快转变经济发展方式、全面促进地方经济社会全面发展和富民强省建设，必须进一步强化对地方各级政府绩效评估研究，深入探寻和挖掘地方各级政府绩效评估管理的实践经验，进一步提升政府绩效评估科学化水平，形成具有地方特色的政府绩效评估制度。

一、地方政府绩效评估的现实意义

1. 地方政府绩效评估是贯彻落实科学发展观的必然要求。科学发展观要求各级政府树立正确的发展观和正确的政绩观。要落实正确的政绩观，就必须科学评估政府的绩效。通过开展政府绩效评估，将科学发展观的原则要求变成可以量化的目标体系，有利于强化各级政府部门的绩效意识，形成正确的决策导向、工作导向、政绩导向，解决什么是政绩、为谁创造政绩、怎样创造政绩的问题，使政府各项工作符合科学发展观的要求，符合人民群众的根本利益，经得起群众和历史的检验。

2. 地方政府绩效评估是建设服务型政府的重要抓手。政府绩效评估是行政管理模式转变的重要标志，是与信息化社会发展要求相适应的新公共管理模式，是行政管理理念和行政管理模式的重要创新。开展政府绩效评估工作有利于促进各级政府机关转变职能、强化服务，不断改进管理方式、优化行政资源、降低行政成本、提高行政效能，提高政府工作的满意度，提高政府公信力。

3. 地方政府绩效评估是提高政府执行力的重要途径。加快富民强省，推进地方发展建设关键在狠抓落实。政府绩效评估是督促各项工作落实的重要措施。通过开展政府绩效评估，建立行政问责制度，将党委、政府的中心工作、重点任务层层分解落实，经常开展督促检查和年终进行评估考核，有利于促进各级政府和广大干部求真务实，真抓实干，确保党委、政府中心任务和重点工作的落实，提高政府执行力，促进经济社会发展。

4. 地方政府绩效评估是加强公务员队伍建设的重要手段。加快富民强省，迫切需要建设一支高素质、专业化的公务员队伍。通过开展政府绩效评估，设置科学合理的评估内容和指标，将工作任务予以量化，使公务员任务更明确、责任更清晰，充分调动广大公务员的积极性和创造性，激发队伍的活力。

二、当前地方政府绩效评估存在的主要问题

1. 值理念缺失，认识存在偏差

政府绩效工作的开展不是为了提高公共服务效率，而是为部门利益服务。存在以下几个方面的表现：①公共服务意识弱化。政府在公共服务方面缺位，本应由政府主导和提供的公共项目不到位，尤其是教育、医疗、住房、社会保障等民生领域的投入不足，公共服务能力和水平不高。因公共服务不足，引发了各种社会问题，引起了政府对公共事业的重视，并在逐步加大投入，但是结构上仍不合理，各级地方政府对于基础设施投入较多，政绩工程层出不穷，而对于体现见效慢、政绩不明显的教育、社会保障、医疗卫生、环境整治、就业等公共项目的投入相对滞后。②公共责任观念淡薄。政府未从过去"全能政府"理念中转变过来，采用传统计划手段对于市场、社会领域、私人领域过多的干预，地方利益、部门利益、个人利益被放大和固化，社会责任被放置一旁。③公正公平有失公允。基于我国的特殊国情，实行支持和鼓励部分地区部分人先富起来，先富带动后富的发展理念，各级政府在过去一段时间，都以追求经济社会快速发展为宗旨，对于效率的强调一度忽视了社会公平公正，造成了地区、城市与农村、社会群体之间、社会成员之间的利益公平性和均衡性失衡。

2. 评估路径狭窄，自我评估为主

从我国各地方政府绩效考核的实践来看，在评估方法上主要采取"自上而下"模式，体现为按照行政上的隶属关系，由上级对下级的直辖式评估，以及部门之间横向评估、被评估单位内部评估（自评）。往往是在一个工作年结束的时候，由上级或同级部门组成临时联席考核小组，通过听取总结回顾、查阅资料、小范围公布部门及领导班子实绩的形式来进行考核。因为政府的层级特点，往往一个部门既是受考核部门，又参与对其他部门的考核，各部门之间有牵扯不断的利益关系，出于维护各自和相互利益的考虑，这些部门会潜意识地结成联盟，出现部门保护，影响到评估的公正性。因此，过去一段时间有些政府只重出"显绩"，对上级负责，而忽视出

"实绩"，对公众负责。同时，参与到考核过程的个体，一般不是专业考核人士，在具体的考核操作上，凭个人价值观念和主观经验来进行评判和打分，甚至，考核人员与被考核单位中人员的人际交往所形成的一些个人印象，也会影响到他能否作出公正的评判。

3. 指标设置单一，侧重经济考核

一是重静态指标，轻动态指标。政府活动本身是一个动态的过程，而且，当今社会瞬息多变，形势发展很快，受外部环境的影响，政府每实施一个行为，其产生的影响是短时间不能全部显现的。现有的政府绩效评估在指标设计上，以测定可量化的工作成绩为主，现实性强而在时间持续性上的考虑有欠周祥，对于潜在影响的考核缺位。二是量化指标为主，定性指标居次要地位。政府绩效评估在本质上是对政府职责履行的效益和业绩作出定性、定量的综合判断，而定量判断要以定性认识为基础。政府行为本身是一个多维广角度的系统，其宽度和广度难以定性，定性指标的设置本身上有难度，相比之下，量化指标更直观和易于操作，在实际的绩效评估实践中，定量指标重于了定性指标。三是突出了政府经济职能，而社会职能指标设置弱化。这与 GDP 指标容易量化是分不开的，而且在以往的指标设置中，经济职能作为政府的首要职能，排在第一位，GDP 指标在数位排列上，自然也是首当其冲，这也给被考核者一个错觉，即 GDP 是政府考核中最为看重的，因此不遗余力地追求 GDP 增长。

4. 制度建设滞后，缺乏统一规范

制度的问题更带有全局性、根本性、稳定性和长期性，作为根本保障，制度和法律是政府绩效评估有效进行的必要条件。像世界上一些国家，都十分重视政府绩效评估法制建设，美国早在 1989 年，里根任总统时，便提出了相关的立法建议，并在 1993 年，克林顿的极力主张下，出台了《政府绩效与结果法案》，英、加拿大等国家这方面的法制也相当成熟，庞大的法律体系的支撑对这些国家的政府绩效评估开展起到了积极作用。相对而言，我国在政府绩效制度方面的建设已经滞后。目前，只有哈尔滨于 2009 年出台了《哈尔滨市政府绩效管理条例》，走在全国首列，像全国其他地区，要么是空白，要么以公文形式就政府绩效工作的开展提出了一些意见，且其作用仅限于发文对象，只能在有限的行政辖区内适用，在公共行政领域的位阶较低，其权威性远不及法律。如果有健全的全国通行的制度，尽管有部门或个人对绩效管理存在着认识上的误差，不能正确对待政府绩效评估，但有了制度的支持，政府绩效评估的开展将不断地规范并形成工作常态，对政府部门及个人形成刚性约束。此外，还存在考核结果简单化，与干部使用或其他工作脱节，没有得到充分运用的问题。

三、进一步推进地方政府绩效评估的主要对策

针对地方政府绩效评估中存在的这些问题，迫切需要按照科学发展观要求，深入政府绩效评估理论研究，完善政府绩效评估体系，进一步规范政府绩效评估行为，实现我省各级政府绩效评估的法治化、制度化与科学化。

1. 积极促进多元化评估主体的形成

针对上级部门作为单一政绩评估主体产生的封闭式的"官评官"的内部评价机制，应该引入"360度绩效评估"理论，设立多元评估主体，破除政府绩效评估中的执行者虚位困局，实行上级组织、社会公众和第三方组织（中介机构）这三个评估主体对政府政绩进行考核评估。将社会公众和第三方组织引入政府绩效评估主体，多角度的评估更能真实地反映其绩效水平。社会公众参与是政府绩效评估管理得以成功实践的社会基础。而第三方组织与政绩的创造者没有直接的利益关系，能够提供更加专业化的技术和更加客观可信的评估结果。

2. 努力推动评估工作制度化进程

地方在政府绩效评估和管理领域的立法缺失，已经成为政府绩效评估和管理深入、有效开展的瓶颈。"运动式"的政府绩效评估，造成地方政府绩效评估工作的持续性不强，不同地区、不同部门在评估中随意性很大，评估秩序混乱、助长了评估中的不正之风和腐败行为。因此，必须完善各级政府绩效评估制度，建立绩效评估的长效机制，提高政府绩效评估管理的法治化程度，依法明确我省政府绩效评估管理的指导思想、基本原则、绩效评估管理主体、主要内容与具体形式、评估标准与评估程序、绩效激励、绩效申诉与绩效改进等重大问题，做到政府绩效评估管理有法可依、有章可循，促进政府绩效评估管理健康发展。

3. 逐步提高评估内容精细化水平

评估内容和评估标准对各级政府绩效评估工作至关重要。应当围绕推进地方和谐稳定、实现科学发展这一中心，按照科学合理、客观公正、职权责统一、简便易行的原则设置评估内容和标准，使之综合反映经济社会和人与自然的全面发展情况，评估指标体系应包括经济建设、社会发展、政治建设、文化建设、生态文明建设和自身建设等多个方面的内容。尤其

要加大民生投入和改善的力度，完善公共服务体系，要深入基层，深入群众，了解人民群众不同时期的不同盼望，把为民办实事、加强民生项目建设和公共服务体系作为绩效评估重点，想群众所想，急群众所急，帮群众所求，真正做到权为民所用，情为民所系，利为民所谋。要重点将社会治安综合治理、安全生产、环境保护、食品药品监管等工作纳入政府绩效评估体系，以绩效评估为抓手，创新和强化社会管理，不断促进和谐社会建设。

4. 严格控制评估成本攀升

对各级政府绩效评估时，应注重政绩成本分析，降低政府运行成本，强化绩效成本控制，不仅要看取得的政绩，而且要看创造政绩的目的和为谁创造政绩，并对为取得政绩所付出的投入和代价进行计量和对比，切实避免不必要的浪费和不计成本的重复建设、资源浪费和环境破坏，尽量减少不必要的财政支出，建设节约型政府，突出对节能减排、环境保护、行政成本运行等方面的评估，促进"四化两型"建设和科学发展。

5. 着力强化评估结果有效运用

只有将绩效评估结果和各级干部的奖与罚、贬与升密切联系起来，才能让各级干部对绩效评估真正重视起来，才能让绩效评估的目的落到实处，才能把各级干部的思想和行为引导到地方科学发展和社会和谐上来。因此，必须把绩效评估与领导班子建设、加强干部考核监督、创先争优活动结合起来，进一步加强干部队伍建设。

（作者单位：中共湖南省委党校 湖南行政学院）

"两型社会"建设中的领导干部政绩考评

黄　菊

领导干部的政绩作为政府绩效的一个重要组成部分,对其设置科学的考核评价机制也成为一个时代课题。在"两型社会"的建设过程中,必须调整领导干部政绩追求及创新政绩博弈机制,把"了解公众需求、满足公众要求、使公众满意"作为新时期政府工作的基本使命和核心策略。

一、"两型社会"建设中领导干部政绩考核评价机制存在的问题

1. 考核评价指标缺少"绿色指标"

在领导干部的政绩考核中重经济指标,轻其他指标,严重缺少"绿色指标"。我国在市场经济发展的长期过程中,对地方政府及其领导干部政绩考核的核心指标就是 GDP 或人均 GDP 数据,过于偏重经济发展的内容甚至全部定位在 GDP 等几项经济指标上,简单地把政绩与几个经济指标画等号,片面强调经济增长速度。在"两型社会"的建设中,我国还未把可再生和清洁能源消费比重、单位国内生产总值二氧化碳排放量下降、利用清洁煤炭比例、自然灾害直接经济损失减少等"绿色指标"作为重要考核指标。

2. 考核评价方式未引入公众参与机制

目前领导干部政绩考核方法主要采取定性的方法,对干部实绩缺乏科学有效的量化分析;主要实行年度考核、任职考核等集中考核,缺乏制度化、规范化的日常工作绩效考核;偏重听取述职报告、开展民主测评和查阅档案材料等,对于干部日常履行岗位职责情况了解掌握不够。因此,目前对领导干部的政绩考核评价机制没有正确处理好定性与定量的关系、纵向与横向的关系、显绩与潜绩的关系,没有在考核过程中引入公众参与机制。

3. 考核评价结果运用未以公众满意为导向

目前我国对领导干部的政绩考核重视上级领导评价,轻视群众意见,助长了"只唯上,不唯下"的作风;考核结果与干部奖惩使用有脱节,没

有树立公众满意导向。在有些地方，对领导干部政绩的考核评价往往只是由上级组织和上级领导说了算，缺乏群众公认，群众的"知情权、参与权、监督权、选择权"往往难以落到实处。

二、按照"两型社会"要求，以公众满意度为导向建立领导干部政绩考核评价机制

当前正处于"两型社会"建设的重要战略机遇期，对领导干部的政绩考核体现"两型社会"要求，已成为一种现实选择和必然趋势。按照科学发展观的要求，"以人为本"，以公众满意度为导向，在考核标准确定、考核方式选择和考核机制保障三个方面来探索建立科学的领导干部政绩考核评价机制。

1. 确定科学的评价标准，包含绿色指标和公众满意指标。在考核指标的设定上体现"两型社会"的要求，要改变过去以单一的 GDP 目标评价干部政绩，把保障率、就业率等 9 大指标作为考核领导干部政绩的主要标准，把可再生和清洁能源消费比重、单位国内生产总值二氧化碳排放量下降、利用清洁煤炭比例、自然灾害直接经济损失减少等"绿色指标"也作为重要考核指标。总体而言，应按照发改委的最新政绩考核标准，淡化对 GDP 增长数量和增长速度的单一追求，强化注重以人为本的全面发展，注重人与自然的和谐，注重"人口、资源、环境、发展"四位一体的总协调，注重人民生活质量的持续提高。这样就避免了以 GDP 增长"一俊遮百丑"的偏差，明确了以公众满意为出发点的选人用人导向。根据干部德能勤绩廉的总体框架和不同层次干部的素质要求，把构成这些标准的内容和影响这些标准的因素逐一排列起来，并逐项进行分解，成为看得见摸得着的要素。

2. 引入公众参与评价机制，建立公众评议绩效制度。群众满意程度反映了领导干部是不是真正为群众谋利益，是领导干部工作的最终目的。领导干部的政绩不能只由上级组织和上级领导评定，还必须看群众的公认程度，要看群众拥护不拥护、满意不满意。要客观、公正地评价和认定干部的政绩，就必须坚持走群众路线，发扬民主，扩大人民群众对领导干部政绩的知情权、评价权、监督权；必须发挥公众的主体作用，坚持公众的最终评价权，建立健全民主、开放、透明的领导干部政绩考核评价机制。这样就能克服领导干部"只唯上，不唯下"的作风，使他们做到"眼睛既向上又向下"，既认真贯彻执行上级的工作部署，又能处处为群众着想，树立"为官一任造福一方"的思想，真正做到"权为民所用、情为民所系、利为

民所谋"。

3. 完善考核评价保障机制。首先加强考核评价组织领导。建立专门的考核评价机构，赋予其一定权力，明确其工作职责，做好集中考核和日常考核等工作。不断提高考核工作人员综合素质，加强其职业道德建设，促使其业务工作水平提高，更好地适应新时期干部考核工作的需要。一是要强化培训教育。在学习理论的同时，广泛学习经济、政治、法律、科技等知识，按照干部考核所需业务，不断提高自身素养。二是要增强考核人员的责任心和使命感。要加强党性修养，端正思想作风，全面、正确地贯彻执行党的干部工作方针政策。其次，健全完善干部考核评价配套制度，形成有利于干部考核评价的长效机制。一是建立政绩治假、防假机制。采取走访群众核实、查阅资料、核对数据、专家评价等考核方式同时进行，加大财政、审计等职能部门对考核评价的监控力度，防止出现"虚假政绩"。二是建立民主公开的政绩考核机制。建立健全政绩考核预告制、政绩公示制、政绩公议制、民主测评制、政绩考核结果反馈制、政绩考核申诉制，增强政绩考核的透明度。三是建立政绩考核的技术支持机制。把现代信息技术引入干部政绩考核，提高政绩考核的信息发布速度及信息处理水平。四是建立政绩考核监督约束机制。不断健全完善政绩考核工作责任制和责任追究制。

（作者单位：中共湘潭市委党校）

健全乡镇绩效考核机制

杨华宏

乡镇政府引入绩效考核机制，是深化行政体制改革和转变政府职能的必然要求，也是政府提高效能的有效手段。科学的考核机制有利于提供优质、高效的公共产品和公共服务，促进农村经济发展，增加农民收入，更好地推动社会主义新农村建设，也有利于构建社会主义和谐社会和全面小康目标的实现。所以，探讨建立适合我国情况的乡镇绩效考核体系是我国基层行政管理现代化的迫切要求，具有很重要的理论和实践意义。

一、长沙县乡镇绩效考核工作介绍

（一）起步和发展阶段

长沙县2004年制订了《各乡镇人员工作职责和目标管理的规定》，开始了绩效管理探索的步子。此时的考核方式比较笼统、粗放。全县20个乡镇共用一个"办法"对经济工作、社会事业和党务工作三大块进行考核。2006年《长沙县2006年乡镇目标管理考核办法》出台，突出发展为第一要务的原则，重点考核经济发展指标体系，突出财源建设。将星沙镇的一些工作如"三农"工作、招商引资工作等不纳入"统考"范围，转而考核拆迁安置、城市管理和社区建设工作。区域分类指导的战略思维种子开始萌芽。2007年的《长沙县2007年度乡镇党政领导班子绩效考核办法》的实施，考核原则突出"又好又快，优势优先"，体现"以人为本、和谐发展"，继续对全县重镇星沙的一些工作项目单独考核，侧重区域重点工程建设工作、安置区建设、拆迁群众培训就业工作、综治维稳工作等。区域分类指导的战略逐步形成。

（二）改革完善阶段

2008年，县委、县政府调整决策部署和工作思路，兼顾南北部乡镇发展特色和经济基础差异，合理制定工作内容，客观、公正、准确地反映各乡镇工作实绩，果断决定从2008年起对乡镇党政领导班子实行"1568"模式进行分类考核，即服务县区发展为主的乡镇 1 个，突出工业发展的乡镇 5 个，综合发展的乡镇 6 个，突出农业发展的乡镇 8 个。区域分类指导的战略正式付诸实施。

2009 年，根据各乡镇的发展特色和经济基础差异，按照县委、县政府提出"又好又快、优势优先、分类指导、南工北农"的发展战略思想，突出了这一"指挥棒"原则。尤为值得一提的是今年还增加了"乡镇与单位集约、节约理财"、"创业富民"及用"出境断面水质"考核乡镇环保等内容。

2010 年出台的绩效考核办法在以往的基础上加大环保考核分值并引入了社会公认评估模块，广泛征集民情民意，充分发挥社会各界的监督评价作用。

二、健全乡镇绩效考核的建议

（一）要实事求是，转变政府管理理念

1. 充分明确定位，科学分类。在发展方向上，工业优势区着重发展工业；农业优势区着重发展现代农业；综合开发区将抓好工业和农业的共同发展，同时加快发展现代服务业。各乡镇要根据从各自的实际情况出发，要宜工则工，宜农则农，突出优势。

2. 坚持全盘考虑，统筹发展。统筹基础设施，统筹推进交通、水利、电力、环保等重大基础设施建设，促进全县基础设施共建共享共用。统筹公共服务，实行全县科技教育、医疗卫生、文化体育等社会事业统筹规划、合理布局。建立综合协调机构，调整区域管理方式。

3. 立足辩证把握，逐步完善。坚持用发展的眼光来看待乡镇绩效考核，在实践中不断改进，不断完善。农业优势区也并不是要忽视、放弃工业，对于好的工业项目特别是农产品精深加工项目，同样要给予高度重视和大力支持。

（二）要立足长远，坚持统筹兼顾原则

一是要处理好当前利益和长远利益的关系。对于整个经济社会的发展，一定要相对地、辩证地看待，注重长远的、可持续的发展，不能把"发展是硬道理"片面地理解为"GDP 增长是硬道理"，片面强调经济增长速度；二是要加大对发展相对落后区域的支持力度。区域分类发展首先必须坚持以人为本。相对于工业优势区域，农业区域的发展水平、发展速度和居民收入等方面都有一定差距。三是要加强对区域发展的远期研究和规划。区域

的分类不是一成不变的，随着经济社会的发展，各类区域都会呈现出动态演化的特征。如长沙县地处省会长沙近郊，随着城市化的推进以及"长株潭"融城的加速，全县各类区域所承载的功能也将得到相应的调整。

（三）引入第三方考评机制，建立多重评估体制

面对第三方即公民社会的兴起，政府部门要得到公民的支持，不仅要在决策中吸纳公民的参与，更重要的是在考核政府绩效时不能只有官方说了算，而应增强民众的意见。

1. 要把公众的参与度和满意度作为考核的主要导向

政府管理运作追求的一切都应该以公众的立场和角度来评价，不能取得大部分公民的满意和认同，任何的佐证和借口都无济于事，因此改善政府部门的绩效评估应取得公民的关注和积极的参与。有效的公民参与能改善政府绩效评估。

2. 要建立专门的政治上独立的绩效评估机构，配备专业的评估人员

由相对独立的民间机构，而不是由政府及其附属机构，依据一套科学的评估标准和严格的评估程序，对地方政府绩效进行评估和奖励。这种做法不仅有利于评估活动的科学性、客观性和公正性，更重要的是能够促进政府不断完善自身的制度和行为，增强公民对政府的认同和信任。对于一些专业性较强的部门，普通民众很难分辨出这些部门的工作情况到底是好是坏，这时就需要专业人员介入考评。由政治上独立的权威性的学术机构对政府一些特殊行为进行评估是世界上许多国家的普遍作法。这对于真正发挥绩效评估制度的管理作用是十分有益的。

（四）加强绩效考核立法，确保法制化、规范化

外国政府在进行绩效考核过程中十分强调制度的完善。通过国家立法或部门法规，制定《预算法》、《行政法》、《公共服务部门法》、《公务员法》等，将整个绩效评估工作纳入了法制化轨道。制定基本的绩效考评制度包括确定：战略规划（部门职能设计）、年度绩效计划、绩效报告制度、绩效考评制度、检查监督制度、考评结果使用、公开共享制度等完善制度确保考核的顺利实施。而我国绩效考核没有专门法律出台导致考核混乱和随意。建议我国立法部门尽快制定出《政府部门绩效考核管理与实施法》。

（作者单位：中共长沙县委党校）

完善促进科学发展的干部考核评价机制

田松柏

党的"十七大"提出要"完善体现科学发展观和正确政绩观要求的干部考核评价机制",《中共中央关于加强和改进新形势下党的建设若干重大问题的决定》中继续指出,要"健全促进科学发展的领导班子和领导干部考核评价机制,强化考核结果运用,引导各级领导干部树立正确政绩观"。这对于科学评价领导干部政绩,教育、激励和引导领导干部坚持立党为公、执政为民,切实加强党的执政能力建设,具有较强的指导意义和现实价值。因此,我们应该从理论和实践操作相结合,坚持以人为本,树立全面、协调、可持续的科学发展观角度,扬长避短,合理设定考评内容、指标,科学设置实现的途径、方法,以及正确运用考评结果等,进而形成一套科学、有效、规范的干部考核评价机制。

一、以人为本、尊重民意,突出考核评价机制的民主性和开放性

以人为本是科学发展观的本质和核心;实现人民群众的根本利益是党政领导干部全部工作的根本目的。因此干部考核评价必须重在群众认可,走群众路线,请群众当裁判,最大限度地扩大人民群众对干部考核评价的知情权、参与权、评价权、监督权。

1. 扩大知情权,建立多种形式的干部考核评价公示制度。结合各地的实际情况,干部要通过各种途径和方式向全社会公开工作,将工作目标和完成结果等情况向广大群众公示,落实人民群众对干部工作情况的知情权。

2. 扩大参与权,建立干部考核评价审核把关制度。在依靠群众、扩大民主的同时,充分发挥党委、政府等相关专业职能部门的作用。扩大考核评价组人员的构成,吸收相关专业人员参与考核评价工作,对一些反映干部实绩的指标和数据,由专业职能部门进行审核、把关并落实责任追究制,增强考核评价工作的权威性和可靠性。

3. 扩大考核评价权,建立干部评议制度。通过民主测评、个别访谈、

民意调查等方式，最大范围地组织知情干部群众公开评价干部的工作，充分了解干部群众对干部的认可度和满意度。

4. 扩大监督权，建立干部考核评价监督举报制度，充分利用信访举报、网络举报和干部监督电子邮箱等科学平台，实施考核预告、考核公告、群众举报，进一步畅通群众对干部考核评价监督的渠道。

二、统筹兼顾、协调发展，突出考核评价要素的科学性和全面性

统筹兼顾、全面协调、可持续发展是科学发展观的基本内容和根本要求。统筹兼顾，就是要总揽全局，科学筹划，协调发展，兼顾各方；全面、协调、可持续发展，就是经济发展、社会发展和人的全面发展的统一，经济社会与人口、资源、环境的统一，物质文明与政治文明、精神文明和社会和谐的统一。

1. 注重考核评价要素的全面性，防止不适当地突出数字指标，片面追求 GDP，单纯追求数字增长等偏向。考核评价必须全面体现党的基本路线的要求，涵盖领导工作的主要方面，坚持经济建设、社会发展和精神文明建设、党的建设协调统一，共同发展。

2. 增强考核评价要素的针对性，防止考核评价要素过于笼统或过于细致，过于繁杂的偏向。要坚持从实际出发，实事求是，充分考虑地方特点和客观条件，使考核评价要素与对领导干部的客观要求相符合，与其岗位职责的实际内容相一致，做到责权统一。要注意把握考核评价要素的侧重点，坚持突出考核评价要素的代表性，发挥其辐射带动作用，形成正确的导向。要实现由多头单项考核评价向统一规范化考核评价的转变，使考核评价有较好的兼容性，有公认的权威性和较强的可操作性。

三、注重实绩、群众公认，突出考核评价结果的客观性和准确性

在确定领导干部实绩时，特别要注意处理好以下五个关系：

1. 客观条件与主观努力的关系。领导干部的实绩是主客观的统一，它既是领导干部主观努力的结果，同时也受到客观条件的制约。由于领导干部的客观环境不同，物质条件、工作基础迥异，取得实绩的难易程度就有所区别。因此，看实绩不能做简单机械的比较，既要看领导干部的主观努力程度，又要看其所处的客观环境、物质条件、工作基础，绝不能孤立地看领导干部。

2. 工作数量与工作质量的关系。领导干部考核评价属于功绩测评范畴，

是社会系统工程。没有质的考核评价，就难以做出基本评价；没有量的考核评价，考核评价就难以在更高层次上和水平上完善深化。工作数量就是领导干部所做工作的多少，工作质量就是领导干部所做工作的优劣，考核评价领导干部，要坚持数量和质量的统一，解决"干多干少"和"干好干坏"的问题。当衡量一个领导干部经济建设方面的实绩时间，就应该既看到发展速度和规模，又看到质量和效益。

3. 显性实绩与潜性实绩的关系。领导干部的实绩有"显"、"潜"之分。显性实绩就是看得见、摸得着的实绩。潜性实绩是经过较长时间才能看出效益的实绩。考核评价实绩，既要看领导干部的现实成果，又要看领导干部能否致力于本地区、本部门的长远发展。在考核评价中，要注意有的领导干部搞短期行为，只考虑眼前的增长速度，不作周密的调查和可行性论证，表面上政绩突出，实际上效益不高的错误做法。同时也要发现那些从当地利益出发，做了大量基础性工作，因成绩一时没有显现出来的事例。

4. 集体实绩与个体实绩的关系。领导班子和领导干部个人的实绩是相辅相成。许多实绩是领导班子共同努力的结果，但领导干个人的实绩也是领导班子集体实绩的基础。考核评价领导干部的实绩，要用系统论的观点，把班子看作系统，把成员看作部分，从中分析成员在集体中的作用。

5. 局部利益与全局利益的关系。能否处理好局部利益与全局利益的关系，是衡量领导干部是否具有全局观点的主要尺度。考核评价领导干部，就是要用小局服从大局、局部服从全局这把尺子衡量领导干部。既要看领导干部局部工作成绩，又要看领导干部对全局利益所持的态度和所作的贡献。领导干部在局部范围内所取得的成绩对全局利益的影响和作用越大，实绩就越大。

四、以考促建、奖惩分明，突出考核评价目的的激励性和导向性

科学运用考核结果，对领导干部树立落实科学的发展观和正确的政绩观有着直接的导向作用，是绩效考核的必然延伸，也是管理和使用干部的重要依据。在保证考核要素（指标）和方法科学正确的前提下，考核评价机制要真正发挥其应有的作用，还必须注重加强对考核评价结果的运用，切实与加强领导干部成长进步、切身利益挂起钩来。把考核评价结果作为加强领导干部队伍建设的主要依据和重要途径；把考核评价结果作为领导干部选拔任用和奖惩的依据；加强对考核评价全过程的公开和宣传，形成良好的舆论导向。

（作者单位：中共长沙市芙蓉区委党校）

完善领导干部政绩考核评价机制

张　慧

如何适应当前的经济社会发展大局，不断健全和完善干部考核评价体系，通过这个体系形成正确的用人导向，使领导干部树立正确的政绩观，把全社会的发展积极性引导到科学发展上来，是我们亟须研究和解决的一个课题。

一、干部政绩考核工作的发展历程及现状

（一）我国领导干部政绩考核的历史回顾

政绩考核作为一种行之有效的管理手段，在我国古代就已经出现。我国古代的政绩考核（当时称为考课），是对在职官吏的官德、政绩、功过的考核，始创于西周，战国以来，这种政绩考课制度已经粗具规模，历经秦汉、唐宋、明清等朝代逐渐形成了一套包括内容与标准、奖惩制度、方法及机构为主要内容的较为完整的官吏政绩考课制度。到了现代，我们党，特别是组织人事部门一直在对政绩考核问题进行探索。1973 年，中组部首次提出了要考核干部的德、能、勤、绩，1979 年，中组部正式提出了考绩的概念，1988 年和 1995 年，中组部先后下发了县级党政领导班子年度考核和工作实绩考核两文件，此后，各地对政绩考核进行了艰苦的探索，提出了注重工作实绩、注重群众评价、注重程序民主等一些有益的思路和办法。2000 年《深化干部人事制度改革纲要》提出以工作实绩为主要内容的考核指标体系，2002 年《党政领导干部选拔任用工作条例》规定党政领导干部六项基本条件的出台，我国干部考核评价经历了从局部到全面，从单项到综合，从不完善到完善的过程。党的十六届三中全会提出了科学发展观，2003 年底的中央经济工作会又提出了正确政绩观，这对领导干部的政绩考核提出了新的要求，特别是十六届四中全会提出"抓紧制定体现科学发展观和正确政绩观要求的干部实绩考核评价标准"。2006 年 7 月，中组部颁布了《体现科学发展观要求的党政领导班子和领导干部综合考核评价试行

办法》，各省、自治区、直辖市按照中组部的要求制订了《实施办法》。此后，各地的《实施办法》便成为考评地方党政选拔领导干部的依据。党的"十七大"明确提出"完善体现科学发展观和正确政绩观要求的干部考核评价体系"，2009年1月，中央办公厅印发了《关于建立促进科学发展的党政领导班子和领导干部考核评价机制的意见》（中办发〔2009〕30号）；2009年9月，十七届四中代表会通过的《中共中央加强改进新形势下党建若干重大问题的决定》中，对新形势下深化干部人事制度改革，建设善于推动科学发展、促进社会和谐的高素质干部队伍阵容作出了全面部署。

（二）我国领导干部政绩考核的实施结果分析

综合一些学者和研究机构的理论和实证研究成果，笔者把干部政绩考核评价机制存在的问题简要概括为四个方面。

1. 政绩认定不准确

有什么样的政绩观就会有什么样的考核方式。现代的政绩考核在中国发展的历史并不长，一些干部对政绩考核的相关理论认识没有达到一定的深度，他们对政绩没有一个准确的定位，加上行政系统本身的复杂性，在政绩考核中，难免出现个人政绩和团体绩效、"显绩"和"潜绩"的边界模糊。科学发展观提出以前，政绩考核一般都是只关注实际效益，忽视政绩背后的代价，无形的社会成本、生态成本都成了政绩工程的陪衬。

2. 考核指标不系统

2006年中组部颁布《体现科学发展观要求的地党政领导班子和领导干部综合考核评价试行办法》以前，大多机构都是按照德、能、勤、绩、廉的模式对领导干部进行考核。而这五个标准本身就比较抽象，难以细分并制定出可量化的标准，主观性和随意性很大。干部政绩考核工作仍然存在一些问题，片面注重经济效益，"以数字论英雄"，经济上"一俊遮百丑"现象依然普遍；遇到党建、计生、安全事故等还是一票否决；各级机关、各机构考核指标设置大多套用中央的标准，没有部门特色，从中央到地方没有一个系统的层级。有些部门虽然会根据上级的要求不断增加考核指标，如环保、维稳等，但是由于不符合部门实际，没有具体的可操作的标准，结果使考核指标变成了门面。

3. 考核办法不科学

目前，干部政绩考评的模式，除少数高级领导职务意外，其他的干部还是一律采取的"上级＋同事＋自我"的封闭评价模式，对于基层群众的印象和评价仍然处于空白状态。统计部门新时期的统计年鉴，审计部门的年终、离任的审计，其实都是翔实的数据资料，完全可以经过整合成为绩效考评的有效资源，但多数部门之间都是各行其是，没有很好整合，造成了考评资源的浪费。广大群众对干部的政绩实际上是最有发言权的，他们的反馈信息是最真实和有效的，但是目前这一最有利的信息资源也没有得到充分利用。

在考核方法上，普遍存在重视年度考核，忽视平时考核；重视定性考核，缺少定量考核；重视考评结果，忽视考评过程的现象。这导致考核主观性大，考评主体自由裁量权膨胀，一考定终身。在很多乡镇机构，评优就是几个人开会讨论出来的，没有量化的标准，也没有外界的监督；还有一个严重的问题就是盲目地追随国际潮流，不结合本部门的实际情况，把国际上流行的一些考核方式如360度考核方式、平衡积分卡、关键指标评价方法等硬套进来，不仅浪费了资源还没得到理想的效果。

4．结果运用不充分

在大多数机构，干部政绩考核结果仍然只是作为年终发放奖金、奖惩的一个工具，在激励干部积极性、提拔干部、改进干部不足这方面发挥的反馈效应还很小。

二、建立完善体现科学发展的干部考核评价机制的对策

创建科学合理的政绩考评体系是一个世界性的难题，任重而道远。建立科学的政绩考核评价机制，不仅需要从指标设置、考核方法、考核程序和考核结果等方面努力，还需要有多部门共同参与，并有相关的制度保障。

（一）科学树立政绩理念

科学的干部考核评价体系，必须从考核评价的标准、考核评价的方法和相关配套制度等方面体现这些内涵，让人们重视干部政绩考核。

（二）系统设置考核指标

什么是科学的政绩考核机制，本文不能给出一个明确的定义，但是笔者认为结合科学发展观的内涵和科学管理理论的要点，它至少应具备几个特点：

1．专业性。不仅要包含凭借经验分析和价值判断的德、能、廉指标，而且要有来自权威部门统计的经济、就业、社保等实证指标，各项指标的权重和标准都必须有一个规范、统一的描述。

2．全面性。指标的设置应尽量完备，不仅要有体现经济的指标，还要有政治、文化、社会服务等方面的指标。

3. 认可性。评估指标的设置只有符合本部门的实际情况，便于操作，并能公平的反映出干部的真实水平才能被受评估的政府组织接受。

4. 动态性。事物是运动变化的，考核指标的设置应该根据部门的内外环境随时变动更新。目前，我们就应该考虑把行政程序执行力指标、创新能力指标、廉政能力指标、维稳能力指标、政绩成本指标、人的全面发展指标等作为干部政绩考核的重要指标进行考核，并不断完善这些指标的设置。

（三）合理采用考核方式

合理的政绩考核方式，应做到三个方面：

1. 专门的政绩考核机构。只有建立一支门类齐全、相互配套的、具有考察干部资格权威的队伍，干部评价机制才能高质量运行。有专门化的政绩考核队伍，他们才有足够的时间精力来研究政绩考核问题，不断改进其中的不足，吸收最新元素，保证政绩考核的科学性。考核机构应该独立于行政首长但受法律束缚，由专业化的、权威的干部考察人员组成委员会，在年龄、资历、阅历和业务知识等方面进行合理搭配，并定期接受相关的专业培训。

2. 适宜的政绩考评方法。科学的考核方法并不是一定要把国际上最先进的政绩考核办法引入部门，而是要结合中国的国情和本部门来定，像党建部门，考核指标本身就难以量化，所以可以适当地多用定性考核方式；对于商务、公安等部门，很多都是有具体的数字统计的，可以结合相关数据多进行量化分析。对于乡镇一级的考核，可以多收集群众的意见，而对于县、市一级的干部考核则可以尽量发挥现代化考核工具如网络、新闻媒介的作用。

3. 完备的政绩考核制度。干部政绩考核，不仅是对领导干部要严格要求，对于考评主体的行为同样要规范。所以必须对考核程序、考核过程等制订一系列刚性的制度和办法，以刚性的制度和办法约束考评主体行为的随意性，限制考评主体的自由裁量权。把领导干部政绩评价的内容、方式和标准法制化、制度化，真正做到有章可循、有法可依。同时要求考核主体行为对被考评者公开，对群众公开，以制度约束其行为。通过一套严密的组织监督和广泛的民主监督相配套的有效制度，把制度约束与群众监督、社会监督和舆论监督结合起来，同时要完善奖惩制度，实行责任追究制度，使每个考评人员慎重行使考评权力，使形式主义得到及时遏制。

（四）充分应用考核结果

干部政绩考核工作是一项费时费力的工作，要保证科学的选人用人，提高干部的科学领导能力，我们不仅需要研究出一套科学可行的考核标准，有专门的考核机构和合适的考核方法，而且还要重视考核结果的应用。考核不单是区分谁优谁劣、奖谁罚谁这么简单。评优也不应该搞平均主义，谁需要就给谁。我们必须把干部政绩考核的结果作为调整领导干部的重要依据，坚持考核和任用相统一；在提拔使用干部过程中，要坚持从考绩优秀者中优先选拔。这样才能使每个领导班子、每个领导干部都有动力、压力和活力，调动被考评者的积极性，也可以提高人民群众对考评者的信任感，真正发挥考核评价体系"指挥棒"作用。

（作者系中共湖南省委党校 湖南行政学院行政管理专业硕士研究生）

完善干部考评机制　加快发展方式转变

王建华

加快经济发展方式转变，作为深刻的经济社会变革和刻不容缓的战略任务，已经成为全党全社会的共识。转变经济发展方式源于经济领域，但其所具有的重大意义和影响却远远超出经济领域，对政治领域的干部人事制度改革，特别是对完善干部政绩考核评价机制也提出了新的要求。

一、着眼于体现科学性，统筹安排考核评价内容

考核评价内容的设置是干部考评的基础工作。当前对干部考核的内容主要涉及德、能、勤、绩、廉五个方面，而且明确要求注重考察工作实绩。在实施过程中，要从有利于经济、政治、文化、社会以及生态文明等建设全面推进，有利于形成全面、协调、可持续的发展模式出发，全面考量这五个方面在考评中的比重，对考核内容进行量化，科学配置各方面的比例，考察时要注重经济发展与生态保护的统一、发展速度与发展质量的统一、当前发展与永续发展的统一。一是考核评价指标设置要具有针对性，突出不同区域、不同层次、不同类型考核对象的个性。对各级领导班子和领导干部在考核区域、层次和类别上要区别对待，如对县（市、区）、乡镇（街道办事处）、县（市、区）直部门、学校、医疗卫生、其他企事业单位，以及其正职与副职等，要设置符合全面、协调和可持续发展要求的考核评价指标体系，特别是要将城乡面貌变化和基础条件改善，经济增长和社会发展，城乡居民收入增长以及人口与计划生育，科技教育与文化，节能减排和生态环境保护，综合治理与和谐稳定，处置和应急突发事件，承担急难险重任务，履行基本职能，推动和服务科学发展开展为基础，为群众服务的有关质量，效率和效果，关系民生问题的改善，机关作风，党的建设，干部队伍建设和精神文明建设，党风和勤政廉政建设等事关科学发展、事关百姓生活、事关环境保护、事关政权稳固的综合性和核心指标纳入考核评价体系，合理确定各项考评指标的权重比，建立多层次的干部政绩考核

评价体系。二是考核评价标准确立要具有均衡性，突出不同区域、不同层次、不同类型考核对象的共性。考核评价标准就是"指挥棒"和"风向标"，决定着干部努力的方向。有什么样的标准，就会有什么样的干部、什么样的发展。

二、着眼于体现系统性，适时改进考核评价方式和方法

考核评价方式和方法能够决定考评工作的实际效果。单一的考评方式和方法犹如盲人摸象，得出的结论只能是片面的。必须统筹各种技术手段，采取灵活多样的考评方法，对干部进行综合评价。要在全面掌握考核信息的基础上，采取类型分析、数据分析、比较分析、环境分析、历史分析等方法，对考核客体进行研究。要"在强化经常性考核，坚持以平时考核、年度考核为基础，以换届（任期）考察、任职考察为重点，相互补充，相互印证"的基础上，灵活运用民主推荐法、民主测评法、民意调查法、个别谈话法、实绩分析法、综合评价法等方法对干部全面考核。这样才能对领导干部作出更加全面、更加客观公正的评判。

三、着眼于体现民主性，合理规范考核评价主体和程序

一方面，考评主体要突出广泛性。坚持把上级评价、相关职能部门评价、本单位评价、基层群众以及社会评价结合起来，多层次、多渠道、多角度考核评价干部。一是要坚持组织评定。认真执行"集体领导、民主集中、个别酝酿、会议决定"的党委内部议事规则，对领导班子和领导干部作出科学合理的评定。二是要坚持社会评估。注意吸收媒体、纪检监察、政法、审计、信访、统计、计生等部门、"两代表一委员"以及考评对象的工作对象和服务对象参加评估，建立社会性评估体系。三是要坚持群众评议。加大对领导班子和领导干部的民意调查力度，全面推行机关作风建设评议，将评议纳入日常化、公开化、民主化轨道，把群众评议、投诉举报作为考评的重要内容，开辟专门的群众意见收集渠道，同时开展明察暗访，严厉查处损害经济增长的各种行为和人员，着重从制度和考评机制上促进机关干部忠诚履职、高效办事、优质服务。另一方面，考评程序要突出公开性。"知屋漏者在宇下，知政失者在草野。"对干部的考评，不是要看领导满意不满意，而是要看群众满意不满意。

四、着眼于体现导向性，强化运用考核评价结果

干部考评结果的运用是干部考评工作的必然延伸，决定着干部考评工作的价值，是干部考评的根本目的。只有坚持把考评结果作为领导班子建设和领导干部选拔任用、管理监督的重要依据，才能充分发挥考评的积极作用，干部考核评价工作才不会流于形式。要建立科学的干部考核结果运用体系和领导干部能上能下的机制，优化领导班子结构，真正把那些自觉坚持转变发展方式、善于领导科学发展的优秀干部选拔到各级领导岗位上来，形成立党为公、勤政为民、踏实苦干的优良风气，营造风清气正的选人用人导向，引导各级领导干部向有着正确政绩观和良好政绩的干部看齐。一是考评结果要充分体现"看工作、看表现、看需要"的用人导向。二是考评结果要充分体现"凭业绩、凭公认、凭实效"的实绩导向。三是考评结果要充分体现"重长远、重节约、重环境"的发展导向。

（作者单位：中共岳阳市委党校）

完善领导干部考核机制
促进经济发展方式转变

刘布光

建立和完善科学的领导干部绩效考核机制，是深化干部人事制度改革的一项重要而紧迫的任务，也是促进领导干部转变经济发展方式的一项重要举措。围绕转变经济发展方式，当前领导干部绩效考核机制重点要解决以下几个问题。

一、不能唯GDP考核领导干部绩效

按照要素投入方式划分，经济增长方式大体分为两种。一种是通过增加生产要素占用和消耗来实现经济增长，即粗放型增长方式；另一种是通过优化生产要素配置和提高利用效率来实现经济增长，即集约型增长方式。转变经济增长方式，就是从粗放型增长方式转变为集约型增长方式，即从主要依靠增加生产要素占用和消耗来实现经济增长转变为主要依靠优化生产要素配置方式和提高利用效率来实现经济增长。

经济发展则是一个量变和质变相统一的概念，不仅包含数量上的增加，也包括结构、质量、效益、就业、分配等质的变化过程。经济发展包含经济增长，但是经济增长不一定包含经济发展。所以，经济发展的涉及面更广，含义更深刻，不仅重视经济规模扩大和效率提高，而且更强调经济增长过程的协调性、可持续性和增长成果的共享性。转变经济发展方式，不仅包含转变经济增长方式，而且包括技术、结构、质量、效益、生态和环境等方面的转变。

自1985年以来我国用GDP取代国民生产总值，并用GDP作为衡量经济发展的指标，GDP增长率成为有效和最常用的指标，并扩展到政治领域成为考核任用干部政绩的重要尺度。客观地说，GDP尺度有它的不足之处，它代表的是经济发展数量，无法体现经济增长的质量和效益，特别是重复性甚至是破坏性的增长，更无法完全体现经济发展对人民福利和社会保障的促进。从经济上看弊端明显。如再用经济 GDP 论衡量干部的成绩及任用，并作为考核提拔任用干部的尺度，自然严重影响了经济发展方式的转变。在现实中有的领导干部为了追求经济 GDP，实质是个人的发展，造成了环境污染，治理污染又创造了新的 GDP；许多不讲质量的粗放型发展，破坏了环境、污染了水源、毁坏了生态，为了单一的经济 GDP 丢了绿水青山，与此同时有的领导干部为了追求经济 GDP，滋生"形象工程"、"政绩工程"等，这些都无法推进经济社会的科学发展。

二、要突出人本考核指标

经济发展方式，可以理解为实现经济发展的方法、手段和模式，其中不仅包含经济增长方式，还包括结构优化、环境改善、技术不断创新、人民生活水平提高、资源配置趋于合理等方面的内容。党的十四届五中全会就提出了"转变经济增长方式"，即从粗放型增长方式转变为集约型增长方式。"转变经济发展方式"则至少包括以下内容：（一）粗放型增长方式向集约型增长方式转变，即处理好速度与效益的关系，从过去那种单纯追求速度、盲目扩大数量的增长方式转变到数量和质量、速度和效益相统一的发展方式上来；（二）资源消耗型发展向资源节约型、环境友好型发展转变，即处理好经济发展与资源环境的关系，从经济发展严重依赖资源和破坏环境转到经济发展要以节约资源保护环境为前提；（三）技术引进型发展向技术创新型发展转变，即处理好技术引进与技术创新的关系，从过去那种过度依赖技术引进转到注重消化吸收和提高技术创新的发展模式上来；（四）外需拉动型发展向内需主导型发展转变，即处理好国外市场与国内市场的关系，从过去的"让利性"开放转向"互利性"开放、从过于重视"引进来"转变为"引进来"和"走出去"相结合；（五）投资拉动型增长向居民消费拉动型增长转变，即处理好投资与消费的关系，由多度依赖投资拉动经济增长向主要靠消费拉动经济增长转变；（六）倾斜型发展战略向均衡型发展战略转变，即处理好城乡之间、区域之间协调发展的关系，改变由于"政策倾斜"形成的地区之间、城乡之间发展不平衡、不协调的状况；（七）效率优先的分配模式向兼顾效率与公平的分配模式转变，即处理好效率和公平之间的关系，改变收入分配失衡状况，让人民平等地享受发展成果。

按科学发展观的要求重建和完善领导干部政绩考核机制、用人机制，把促进消费、解决民生等社会建设内容作为重要内容，内在要求政府和领导干部千方百计地保障和关注民生，实现"学有所教、劳有所得、病有所医、老有所养、住有所居"。因此，必须改革改变过去对领导干部的政绩考核和用人机制、标准，变以经济 GDP 为中心的"物本考核"为"人本考核"，除了经济建设因素外，还要把政治、文化、社会、生态文明建设和党的建设等内容，量化为对领导干部的政绩考核评价指标，体现科学发展观的精髓和本质，尤其体现以人为本、关注民生的内容。

三、考核要从"官本位"转向"民本位"

领导干部绩效考核既是管理组织的重要手段，又是管理干部的有效工具，其目的既要推动各部门工作高效运转，又要大力培养选拔优秀人才。领导绩效考核的目标设定，应考虑三个维度：一是发展战略目标，二是管理效率目标，三是人才开发目标。发展战略目标一般是指按照国家制定的社会和经济发展五年规划，各项事业发展战略，如可持续发展战略、科教兴国战略、小城市发展战略、人才开发战略的总体要求，各级党政领导机关根据自己的职能范围，制定的五年发展规划及目标。发展战略目标是统揽领导绩效的总目标，管理效率和人才开发是服从发展战略的具体绩效目标，这三个目标不是并列的关系。但是一些干部把绩效考核的目标单纯地设定在干部的晋升去留上，创造绩效就是为了追求提拔的价值取向，想方设法用所谓的"绩效"，为个人捞取好处。这些现象，严重侵害了群众利益，损害了党的形象，必须引起我们的高度重视。选拔优秀人才不是最终目的，它是落实发展战略，满足社会公共需求的资源条件。所以，我们必须始终把发展战略目标放在绩效考核的首位，在当前，尤其要把按照科学发展观的内在要求转变经济发展方式作为首要目标，离开了这个总目标，其他两个目标都会误导干部创造绩效的价值取向。管理效率目标是指通过绩效考核，推动和促进党政机关内部建立健全工作责任机制，优化组织结构，提高工作效率，降低行政成本，克服官僚主义，改进工作作风的问题。人才开发目标是指通过绩效考核，对领导干部的德才表现做出公正的评价，给予合理的奖励和报酬，发现优秀领导人才，做出更有针对性的培训计划，以及科学配置、合理交流人才资源。

转变经济发展方式是一项长期而复杂的庞大工程，涉及收入分配、城镇化建设、发展战略性新兴产业、生态建设等经济社会发展各个方面。但不论是靠政府调控还是市场机制，都离不开人。正如胡锦涛总书记在中央经济工作会议上所说，"要用那些贯彻科学发展观态度坚决而有能力的人"。

因此，要取得实质性进展和突破必须解决转变经济发展方式的主体，改变以往对领导干部考核标准和机制问题，实现党政领导干部考核由"官本位"转向"民本位"，使各级党政领导干部增强转变经济发展方式的主动性、紧迫性、自觉性。

各级党政领导干部应从思想上高度、理性认识转变经济发展方式的极端必要性，并结合经济发展方式转变的实践，破除传统的对领导干部的"官本位"考评政绩的机制。一是破除唯经济 GDP 的单一考核和任用干部的标准；二是破除干部考核任用中的"唯官"、"唯上"而无视群众参与的机制和做法。中央经济工作会议着重将转变经济发展方式与对领导干部的政绩考评机制结合起来，根本的突破和创新，就是改革以往的对领导干部政绩考核标准和机制，实现由"官本位"向"民本位"的转变，健全符合科学发展观要求，体现以人为本，让群众参与并有更大、更多话语权、评价权的考核评价机制。

（作者单位：中共湖南省委党校 湖南行政学院）

创建节约型机关　促进"两型社会"建设

谭迪光

创建节约型机关，对于加强机关自身建设、提高行政效能，节能降耗、降低行政成本，密切干群关系，对建设"两型社会"具有十分重要的意义。

一、行政机关浪费的主要表现

我国的行政成本高居世界第一。据中国青年报调查显示，在 17836 名受访者中，98.3% 的人认为行政成本的浪费现象非常普遍。90.3% 的人认为政府浪费现象比个人更为严重。全国政协委员冯培恩通过调查发现："从 1986 年到 2005 年，我国人均负担的年度行政管理费用增长 23 倍，而同期 GDP 却只增长了 14.6 倍。"他认为："这种超常规增长与政府浪费现象有关。"当前国家行政机关奢侈浪费现象主要表现有以下几个方面：

1. 政绩工程屡禁不止。近年来，一些地方政府不顾实际需要，大举巨债打造超豪华大广场、大剧院、大体育馆、高尔夫球场及大学城等所谓标志性工程、形象工程。据有关部门披露，我国五分之一的城镇建设存在"政绩工程"。各级政府的办公楼也愈来愈气派，甚至一些欠发达地区政府也盖起一座座豪华建筑。

2. 公务接待奢侈浪费。公务接待是地方政府浪费最为普遍的现象。近 20 年来中央下发了数十个旨在遏制公款吃喝的文件，但收效并不显著。据报道，湖北省的一个县纪委，年招待费上百万元；贵州省的一个贫困县，每年招待用茅台酒一卡车。另据新华网法制日报的一篇文章提供的资料显示，我国一年公款吃喝 3700 多亿元，相当于"吃"掉了我国全民的义务教育经费或一个三峡工程。

3. 公车私用司空见惯。资料显示，我国目前有公车数百万辆，每年消耗超过 2000 多亿元，其中真正用于公务的约占三分之一。公车私用非常普遍，一是领导配车普遍。有的地方，不仅党政机关的大大小小不同级别的领导干部配有专车，连全额财政拨款事业单位的大小头目也都享受专车待遇。

4. 公款旅游屡禁不止。近年来，各地官员出国考察和培训热持续升温，不必要的出国甚至变相的公费旅游屡禁不止，公费出国一年耗资数以千亿计。耗费了大量的行政资源，由于国家近年来加大了限制力度，但在费用的报销上手段却更隐蔽了，如加在差旅费、会务费中或模棱两可瞒天过海。本来一天可以开完的会非要开三天，本单位可以开的会，非要拉到大饭店、度假村等。

5. 办公费用居高不下。地方行政机关除去几项大的浪费外，在使用其他办公资源和费用方面也存在很大浪费现象。人均消费、消耗相当高。

二、行政机关浪费的原因探析

1. 奢侈浪费风险小。经济学认为，人的行为选择都是当损害公共利益没有什么成本、不需付出什么代价、甚至还会因此获利、升迁时，他们便会毫无顾忌、大胆积极地去实施这种行为。现实生活中，我们的行政成本过高、行政经费浪费惊人，这已是不争的事实，也有不少的人喊出严惩的口号，甚至出台了不少的惩罚措施。但是，真正因为铺张浪费受到处罚、特别是影响到政治前途和命运的官员却没有多少，即便是对个别人进行追究，基本上也是大事化小，小事化了。

2. 勤俭节约意识淡。节约在本质上属于道德的范畴，节约与否在很大程度上靠的还是消费者的自觉性。客观地说，我国机关工作人员节约意识比较淡薄，是有一定心理因素和历史原因的。当然，也不能排除有很大一部分机关人员，并不是没有节约的意识，而是没有节约公共资源的意识。因为花的是"公家钱"，"不花白不花"，办的是"公家事"，"不做白不做"，"羊毛"没出在自己身上，所以不自觉、不自制。而这也是导致机关浪费行为难以根治的重要原因。

3. 财政预算漏洞大。首先，财政预算科目设置不够科学。现行的预算分类科目主要是按照经费的性质来分类的，比如用于农业、科技、教育，但具体钱是怎么花的，花到谁身上去了，具体效果怎么样，人大代表看不懂，纳税人更看不懂，这就给"暗箱操作"留下了空间。其次是执行不严格。按照法律规定，财政预算经人大批准后无权任意改变，但事实上行政部门不严格执行预算和财政制度的情况屡见不鲜，预算执行的弹性化和易变通为行政机关官员大手大脚地花钱提供了便利。

4. 监督查处力度弱。基层行政机关的铺张浪费现象，原因不在于我们的监督制度不健全，监督机制不完善，实际上我们已经有了一整套的监督制约制度，但是效用不大。根在监督的乏力，上级不好监督，同级不愿监督，下级不敢监督，人大、政协、民众和舆论的监督无用，甚至有的地方领导人说"吃点喝点不是什么大事"，从而使人们对行政机关的浪费现象长期处于一种无奈状态，视而不见，熟视无睹。

三、创建节约型机关的对策建议

创建节约型机关，制止奢侈浪费，要标本兼治，要从源头预防，做到防与治两手抓。

1. 抓教育，倡导节约良好风气。创建资源节约型机关，最根本的就是要使节约行为全员化、终生化。要在机关内部大力营造勤俭节约的环境。各级部门要把创建节约型机关作为贯彻落实"十七大"精神，全面实现小康社会，推动本系统各项工作落实的重要举措，认真抓好思想发动和舆论宣传工作，广泛宣传创建节约型机关的目标、要求和理念，使机关党员干部深刻理解创建的意义，掌握创建活动的内容、方法，营造以节约为荣、以浪费为耻的社会氛围，为创建节约型机关提供强大舆论支持。

2. 抓制度，形成良好奖惩机制。节约型机关的创建是一项长期的任务和系统工程。在制度建设上，要着重突出奖惩机制，要实行节约成果考评制，并把考评成果同纳入单位年终目标管理考核、工资奖金相结合。努力激发机关工作人员的节俭意识和热情，形成重节俭、拒浪费的良好氛围。

3. 抓创新，发挥科技节能功用。科技创新，是加快节约型机关创建工作的重要途径。要主动了解节能降耗的各种新技术、新成果，并自觉成为这些技术成果的代言人和推广人。要合理运用经费，从长远角度出发，适时更换一批能耗高，污染大的办公设施，对于计划购置的办公用品和电气设备，小到一盏电灯，大到一幢办公楼，都要仔细考虑其节能特性，做出合理的选择。要大力鼓励探寻资源节约方面的小窍门、小方法，并加以推广和普及，实现"能"半功倍的节约新理念。

4. 抓关键，确保创建顺利开展。创建节约型机关内涵十分丰富，涉及方方面面，需要形成合力。因此，必须加强对创建节约型机关的领导。要建立创建节约型机关领导小组，明确职能处室，负责对创建节约型机关工作的具体指导和协调，建立主要领导负总责，分管领导亲自抓，班子人员配合抓，机关党组织具体抓的领导机制和工作机制，确保责任到位、精力到位、人员到位。

5. 抓监督，发挥社会监督作用。权力失去监督，必然导致腐败，没有监督，没有约束机制，制度纪律就难以贯彻执行，反对奢侈浪费也就成了一句空话。要调动纪检监察机关以及各级权力机关和广大群众，参与到监督中来。要建立层层举报制度，把一切行政行为纳入监督体系之中，增加行政行为的透明度。

（作者单位：中共茶陵县委党校）

完善政绩考评机制　降低政府行政成本

李　飞　龙　建

为贯彻落实科学发展观，现实国情要求相关部门在干部选拔任用过程中选人方法上不断创新，完善考评机制。党中央高瞻远瞩，于2006年颁布了《地方党政领导班子和领导干部综合考核评价办法》，为进一步规范选人用人提供了制度保障。规定指出，坚持德才兼备、以德为先，把按照科学发展观要求领导和推动经济社会发展的实际成效作为基本依据，综合运用民主推荐、民主测评、民意调查、个别谈话、实绩分析、综合评价等方法，全面客观准确地考核评价地方党政领导班子和领导干部。

一、领导干部政绩考评与政府行政成本的路径联系

用什么样的标准来考核领导干部的政绩，对干部有什么样的工作追求、从政行为和德才素质产生很大影响，在很大程度上决定着干部能取得多大的政绩、创造什么样的政绩。在领导干部政绩考核中加入成本分析，是现实的呼唤，也是公共管理现代化的必由之路。成本性态是管理会计中的核心概念，也称成本习性，描述的是成本与业绩之间的依存关系。了解成本如何随着业绩的变化而变化，对于进行正确的管理决策有着重要意义。领导干部政绩成本性态描述的是政绩成本对领导干部政绩的依存关系，亦即为了达到特定的政绩目标所付出的外部投入。

（一）政绩考评与经济成本

施政者为实现其施政意图，取得政绩，必然要耗费一定的经济资源。经济成本的路径依赖体现在经济投入难以挽回。如果没有政绩的经济成本意识，经济的高成本、粗放式运行必然带来资源的枯竭以及效益和竞争力的低下，经济发展将难以持续，就会形成"吃光祖宗留下的，用完当代现存的，借了后代子孙的"施政败绩。因此，考察政绩，首先要看创造政绩的人、财、物投入情况，应该考察路径依赖原理下的可控经济成本，转变发展方式；看政绩在扣除经济成本后的盈余，是否以最小的投入获得最大

的成效，提高发展质量。其次，要看政绩投入的来源渠道，主要看是否加重群众负担和大规模举债筹措资金，防止出现"负债过度的政绩"，增强发展后劲。再次，看政绩投入是否量力而行，主要分析财政支付能力和群众的承受能力，防止出现劳民伤财的"形象政绩"，节约利用稀缺资源。

（二）政绩考评与政治成本

施政的过程也是政治资源自然耗费的过程，而施政者的决策失误、措施不当，甚至严重脱离群众，违背群众意志，都不可避免地带来政治资源的非正常消耗，对施政能力产生重大的冲击，导致政治成本的升高。对一个执政党来说，这种政治资源的长期过度耗费，会带来执政成本不断升高，严重影响其执政能力和执政的合法性。政治成本的路径依赖体现在施政的民本性。政绩的政治成本，就是施政者的群众认可度，就是是否坚持"以民为本"，是否以人民群众为最广泛、最重要的政治资源。政绩考评要看是否反映民意、凝聚民心，调节社会矛盾，保障民主权利，促进社会和谐；是否履行职责，为民排忧解难，群众口碑好；是否深入实际，联系民生情况，群众基础好。

（三）政绩考评与机会成本

经济学的一个重要原则是：资源是稀缺的这意味着每次我们采用一种方法使用资源时，就放弃了用其他方法利用该资源的机会。失去的相应选择被称为机会成本。政治资源具有稀缺性，施政做决定也同样具有机会成本，任何决策都是在不同的方案中博弈选优的。机会成本的路径依赖体现在机会的转瞬即逝性。把机会成本引用到政绩考核中，考察施政的机会成本，就是要看是否选择了取得的政绩大于机会成本的最优方案的结果，提高领导者决策的前瞻性、科学性、针对性。资源是稀缺的，有限的资源用于某项工作中可能也会取得一定的成果，但如果机会成本太高，这种政绩是要大打折扣的，强化机会成本意识，不将物化的成果作简单的比较，更多地看领导者个人的主观努力、工作态度、工作思路和组织协调能力，依法办事能力。

二、当前领导干部政绩考评机制的弊端

面对贯彻落实科学发展观的新任务和新要求，原有政绩考核机制已不能很好适应新形势发展需要。这主要表现在：

（一）领导干部政绩考评的指标体系不合理

政绩考核指标体系是评价、衡量干部政绩的标准，是干部从政行为的

导向和指南。在以往政绩考核的指标设计中，体现经济发展总量的指标多，权重大，涉及人民群众最关心、最直接、最现实的民生利益指标少、权重小；体现经济建设的指标多、权重大，体现社会、政治、文化、人的全面发展和生态环境保护的指标少、权重小；体现经济增长速度的指标多、权重大，体现发展质量的指标少、权重小；体现当前发展，短期效益的指标多、权重大，体现长远发展、可持续发展的指标少、权重小。不科学的考核指标设计，助长了部分官员不健康的政绩观、事业观的出现。

（二）领导干部政绩考评的主体架构不合理

重领导评价，轻群众意见，易助长"只唯上，不唯下"的作风。在有些地方，对领导干部政绩的考核评价往往只是由上级组织和上级领导说了算，缺乏民意调查。领导干部的政绩大小、是非功过，群众看得最清楚。按照政治学的原理，公权力的本原来自于公众的权力委托，公众对于政绩的考核最有发言权。而现实情况是，对领导干部政绩的考核评价，在一定程度上是由上级组织和上级领导说了算，群众的"知情权、参与权、监督权、选择权"往往难以落到实处。而上级与下级在政绩问题上，利益具有关联性，下级的政绩也就是上级的政绩，使得上级评价难免出现偏差。在一种扭曲的政绩观驱使下，急功近利、只顾局部、不顾全局、好大喜功，大搞形象工程，他们追求"政绩"的目的不是为人民谋利益，而是片面追求个人政绩讨好上级，以此为自己邀功请赏。这样的"政绩"，往往是树立了领导干部个人的"丰碑"，却严重损害了公众和社会长远利益。

（三）领导干部政绩考评的实绩分析不到位

考核过程中，重数据报表，轻实际调查，易滋生"做表面文章，自我吹嘘"的不道德现象。上级对下级干部的考核十分看重数据报表，这种考核往往浮于表面，难以从深层次、全方位评价基层干部的工作。有的基层干部注重政绩而不讲政德，急功近利，为了能够多出政绩达到升迁的目的，制造假典型、假经验、假政绩以求得上级认可。吹牛得"牛"、报喜得"喜"、受"益"匪浅等恶性循环的怪圈便应运而生了。少数地方在对干部进行考核时，不愿意深入实际调查研究，对于群众意见等社会评价，上级考核部门往往采纳很少或者流于形式。干部的工作业绩在党委、政府内部进行考核，群众难以对干部任用进行监督。部分干部存在一些有待改进的缺点，而且群众意见很大，结果照样带"病"提拔。

三、完善考评机制、降低行政成本的对策思考

健全和完善干部政绩考核机制，可以有效引导和推动各级干部贯彻落

实好科学发展观。政绩考核的关键在于通过科学的考核指标引导、监督和制约权力的正确行使，降低政绩产生的成本路径。对领导干部的政绩考核，不仅要看其对当地经济发展的贡献，如基础建设，市场秩序，制度建设等，也要考察其行政的行政成本，将过去的"业绩等于GDP"调整为"业绩等于GDP减去发展成本"。进一步健全和完善领导干部政绩考核机制，即充分体现科学发展观的要求，又充分体现干部任期内的工作思路、工作投入和工作成效，客观、全面、公正、准确反映干部从政业绩。

（一）完善政绩考核指标体系，降低经济成本

完善经济发展指标，不仅要考核GDP及增长率、财政收入及增长率、人均GDP及增长率、人均财政收入及增长率，更要综合评价领导干部任期内经济发展的综合效益，城乡居民收入的增长速度比，管辖区域内的经济发展差异。但考察经济的发展不应只关注区域经济增长极的发展和发展的速度，而忽视发展质量和农村以及落后地区的发展。完善人文民生指标，这体现了以人为本、人民安居乐业、人的全面发展等要求，反映人民生活福祉、社会事业进步、社会和谐等，是老百姓最关心、最直接、最实在的利益。在我国总体已经进入小康社会，向建设更高水平小康社会迈进的新时期，基础教育、医疗卫生、城乡文化生活、社会安全应该成为衡量领导干部政绩的关键指标之一。增加可持续力指标，体现资源开发和保护、能耗与产出、城镇辐射带动、科技进步、发展潜力等长远、宏观、整体发展要求，反映一个地区人与经济、科技，经济、科技与资源、能源的协调关系，经济增长方式和持续协调发展能力。通过这类指标，可以把握一个地区人口生产、物质生产、科技进步、能源消耗、资源保护相互关系，当前和长远、局部与整体之间的协调程度，经济科技发展的可持续力和宏观综合效益。

（二）强化政绩考核的下行维度，降低政治成本

政绩考核的下行维度即群众的满意程度，领导干部是不是真正为群众谋利益，这是"三个代表"重要思想对党员特别是各级党的领导干部的要求，也是领导干部工作的最终目的。在政绩评价过程中要充分发扬民主，要让群众有条件、有渠道了解领导干部的政绩，实行阳光行政。如建立政务公开、定期沟通、听证会和新闻发言人制度等。在考核过程中，要让参与主体充分了解情况，提高考核评价的质量。在群众满意维度中，将收入水平提高，人居环境改善，就业最低生活保障，群众看病就医，子女就学，交通出行，群众安全感，社会矛盾调解，信访接待，民主权利保障，基层

民主政治建设，依法办事（依法行政），党务（政务）公开，机关服务质量，工作作风，领导干部廉洁自律的主导评价权交给群众，从机制上解决了群众参与评价干部、扩大干部工作中的民主的问题。江泽民同志曾强调："人民，只有人民，才是我们工作价值的最高裁决者。"只有通过老百姓检验的干部才是优秀的领导人才，才是"上得去，下得来，领导得力，人民满意"的干部，才能增加施政者的群众认可度，降低政治成本。

（三）发挥政绩考核选人用人，降低机会成本

政绩是考核一名领导干部综合素质的重要指标，通过政绩考核要让那些想干事、能干事、干成事的领导干部得到客观公正的评价。在条件允许的情况下，为他们提供更加宽广的事业平台，在更大的舞台上充分发挥其领导才智，驾驭地方经济社会发展。这不仅是一方百姓的福音，也是政绩考核的应有之义。对于这类干部要通过公开评议、个别访谈、问卷调查等方式，最大范围地组织知情群众公开评价领导干部的工作，建立领导干部政绩监督举报制度，落实人民群众对领导干部政绩的监督权，增强领导干部政绩评定的权威性和可靠性，对于靠虚假政绩在职的各级领导视情节予以相应处罚，把更多的事业平台交给群众信得过的求真务实的干部。通过考评增加政绩的可信程度和政府决策的可行程度，使稀缺的政府资源得到优化配置，降低经济社会发展的机会成本。

（作者系中共湖南省委党校 湖南行政学院行政管理硕士研究生）

建立绿色政绩考核体系

何吉多

构建科学、规范的、绿色的政绩考核体系是引导领导干部树立科学的发展观和正确的政绩观的重要基石，是加强党的执政能力建设、提高党的执政水平的重要组成部分，是加快经济发展方式转变的关键所在，也是我省坚定不移地推进"一化三基"战略，努力实现科学跨越、富民强省的重要战略抓手。

一、建立绿色政绩考核体系的重大意义

所谓绿色政绩考核指标体系，就是把绿色 GDP 核算（GDP 扣除生态、资源、环境成本和相应的社会成本）的主要内容和指标作为干部政绩考核的硬性指标。建立绿色的政绩考核体系是加快经济发展方式转变、深入贯彻科学发展观、构建和谐社会主义和谐的社会的重要战略抓手和重要组成部分。其重要意义主要体现在以下三个方面。

第一，建立绿色政绩考核体系是加快经济发展方式转变的迫切要求。实现科学发展，需要转变经济发展方式，调整经济结构，而政绩考核标准是领导干部和政府部门谋划经济社会发展的"指挥棒"，因此，发展模式的转型需要政绩考核机制的完善。相当长一个时期以来，以 GDP 考核论英雄，只考核经济增长，不考核污染增长，即使考核也是走过场，说起来重要做起来次要。因此，不完善政绩考核和评价体制，就不能树立正确的政绩观；不树立正确的政绩观，就不能保证科学发展观的落实。

第二，建立绿色政绩考核体系是促进人与自然和谐相处的重要杠杆。人与自然和谐相处，就是生产发展，生活富裕，生态良好。目前经济社会发展中出现的"不和谐"问题，直接或间接地与政绩考核机制不科学、不合理、不完善有关。政绩虚化、政绩异化、政绩行为短期化，诸如此类的不正确的政绩现象，其根源在政绩考核机制的科学化、民主化、制度化程度不高。建立完善一套更为科学的政绩考核评价机制，促使被考核对象放

弃追求短期效益的"形象工程"，保证他们从社会全面、和谐、可持续发展的角度执政，是当前地方政绩考核工作的一个重点。

第三，建立绿色政绩考核体系是推进民主法治的重要载体。政绩考核体系是一种压力型的行政管理体系，在这一体系中，能否完成中央下达的任务指标，能否完成上级的指令，直接影响考核体系的评价因素，进而决定政府官员的升迁和政治前途。而建立绿色政绩考核体系必然要求赋予公众一定的考核权限，反映自下而上的考评意见，突出民生、环保、生态等诸多软性指标。从某种程度上来讲也是推进社会主义民主建设的重要载体和渠道。

二、建立绿色政绩考核体系，加快经济发展方式转变

要促进经济增长由主要依靠投资、出口拉动向依靠消费、投资、出口协调拉动转变，由主要依靠第二产业带动向依靠第一、第二、第三产业协同带动转变，由主要依靠增加物质资源消耗向主要依靠科技进步、劳动者素质提高、管理创新转变，关键要加强和改进新形势下党的建设，加强和改进领导政绩考核体系。

1. 树立绿色政绩考核的先进理念。近年来，根据中央提出的树立科学发展观和正确政绩观的有关精神，各地积极进行政府政绩评估的试点和探索，积累了一些宝贵的经验，取得了明显的成效。但要真正树立科学的绿色政绩观，必须做到三个转变：第一，从以经济建设考核为主向经济社会建设全面综合考核转变；第二，从以GDP考核为主向以"绿色GDP"考核为主的转变；第三，从重短期效应考核向突出长期效应考核转变。

2. 健全绿色政绩考核的内容体系。考核评价标准是党政领导干部考核评价体系的核心。要解决发展中存在的各种问题，就要建立一整套符合科学发展观要求的政绩考核指标体系，规范和引导各级干部的执政行为，而绿色政绩考核指标体系就是这样的指标体系。

第一，要将节约资源、降低能耗与干部政绩考核挂钩。对于节能降耗指标，对于环保投入比重，对于危及群众安全的产业投入控制指标，应当建立"高压线"制度，直接确定量化的考核指标，并将其列入干部政绩考核指标体系。要以万元GDP能耗、万元GDP水耗、万元GDP的污染排放量等为核心指标，附加其他经济建设、社会发展、精神文明建设等指标，改革现行的以GDP为核心的干部政绩考核体系，探索建立一套绿色干部政绩考核体系。

第二，要将居民"幸福指数"与干部政绩考核挂钩。加快经济发展方式转变，不但要投资、生产，也要关注消费和人民群众的切身感受。"幸福指数"是衡量人民群众主观感受的重要指标，是加快经济发展方式转变，深入贯彻科学发展观的充分体现。GDP可以作为经济增长程度的根本性指标，但决不能作为社会发展程度和人民幸福程度的根本性指标，我们应在重视经济发展的同时，将"幸福指数"作为GDP指标的必要补充。通过建立科学的指标体系，将"幸福指数"引入和谐社会建设，将"普通人的幸福感"纳入地方发展目标，促进领导干部的政绩考核的全面性。

第三，要将经济发展的成本与干部政绩考核挂钩。跟生产一件产品一样，领导干部创造政绩也要付出成本。领导干部在创造政绩的过程中，需要消耗大量的资源，需要付出相应的经济成本、政治成本和环境成本。从投入和收益的比例关系中分析政绩和领导干部的执政能力，可以反映出两种情况。一种情况是，如果政绩成本和政绩收益大致平衡，或政绩成本小于政绩收益，或虽然政绩成本大于政绩收益，但不对环境、生态、资源产生破坏和掠夺，符合全面、协调、可持续发展要求，表明领导干部有一定的执政能力。另一种情况是，如果政绩成本大于政绩收益，获取政绩急功近利，竭泽而渔，吃祖宗饭，断子孙路，这表明领导干部执政能力和思维方式扭曲，搞短期行为，损害长远发展。因此，要在干部绩效考核中，引入成本运算。

3. 完善绿色政绩考核的运行机制。运行机制是一个系统内相互联系的构成要素按照固有的规律或既定的规则运行所具有的特定的功能。"绿色政绩考核机制"不仅是指政绩考核的标准、方法和具体制度，更为重要的是指由包括这些标准、方法和制度在内的政绩考核工作系统各要素按照固有的规律或既定的规则在加快经济发展方式转变、落实科学发展观上运行，发挥特定的功能。第一，考核主体要多元化；第二，考核方式要动态化；第三，考核标准要具体化；第四，考核指标要全面化。

4. 建立绿色政绩考核的制度保障。要把政绩考核工作中形成的政策、成功经验和科学认识成果以法律、法规、规章的形式固定下来，形成相互配套、紧密衔接的制度体系，并在实践中不断加以完善，以求不断增强政绩考核工作的规范性、程序性，防止随意性。

（作者单位：中共长沙市岳麓区委党校）

后　记

　　湖南省领导科学学会于 2010 年 11 月在株洲召开理论研讨会，会议的主题是"提升科学领导能力，加快经济发展方式转变"。这次研讨会在中共湖南省委组织部和中共株洲市委、市政府的大力支持下，经过与会代表的共同努力，取得了较大的理论收获，《科学领导推进发展方式转变》一书就是这次会议成果的体现。

　　根据学会会长罗海藩同志的指示精神，我们组织专门人员，对研讨会入选部分论文进行了精心编撰。全书以创新科学领导、推进发展方式转变为基本线索，从转变观念、创新体制、增强素质、改进方法、提升绩效等角度，深入探讨了科学领导的一系列理论与实践问题。

　　本书是共同努力而成的集体著作，由湖南省领导科学学会副会长兼秘书长、中共湖南省委党校湖南行政学院副校（院）长袁准教授，中共株洲市委常委、市委组织部部长程绍光任主编，由湖南省领导科学学会常务理事、中共湖南省委党校湖南行政学院副巡视员陈明文，湖南省领导科学学会常务理事、中共湖南省委党校湖南行政学院管理学教授唐琦玉，湖南省领导科学学会常务理事、中共湖南省委党校湖南行政学院管理学教授缪炳塑，湖南省领导科学学会常务理事、中共湖南省委党校湖南行政学院党建教授冷福榜任副主编。

　　在《科学领导推进发展方式转变》即将出版之际，我们对关心、帮助和支持这本著作出版的中共株洲市委组织部、市委党校等单位及领导表示衷心感谢。由于时间和水平的限制，书中不妥之处恳请各位同行和读者批评指正。

编　者

2011 年 5 月于岳麓山下

合格证

质检员　11　工号